Prominente in Berlin-Pankow

(Krummenacher s)

Harry Balkow-Gölitzer, Ralph Hoppe

Prominente in Berlin-Pankow

und ihre Geschichten

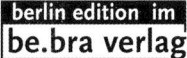

berlin edition im
be.bra verlag

Impressum

Bibliografische Information der Deutschen Nationalbibliothek
Die Deutsche Nationalbibliothek verzeichnet diese Publikation in
der Deutschen Nationalbibliografie; detaillierte bibliografische
Daten sind im Internet über http://dnb.d-nb.de abrufbar.

© berlin edition im be.bra verlag GmbH
Berlin-Brandenburg 2014
KulturBrauerei Haus 2, Schönhauser Allee 37, 10435 Berlin
post@bebraverlag.de
Lektorat: Ingrid Kirschey-Feix, Berlin
Gesamtgestaltung: Friedrich, Berlin
(Auf dem Titel abgebildete Personen: Marianne Wünscher, Ernst Busch, Lotte Ulbricht,
Heiner Müller, Christa Wolf, Hans Fallada, Erwin Geschonneck)
Schrift: New Baskerville 9/11 pt
Druck und Bindung: FINIDR, Český Těšín
ISBN 978-3-8148-0202-2

www.bebraverlag.de

Inhalt

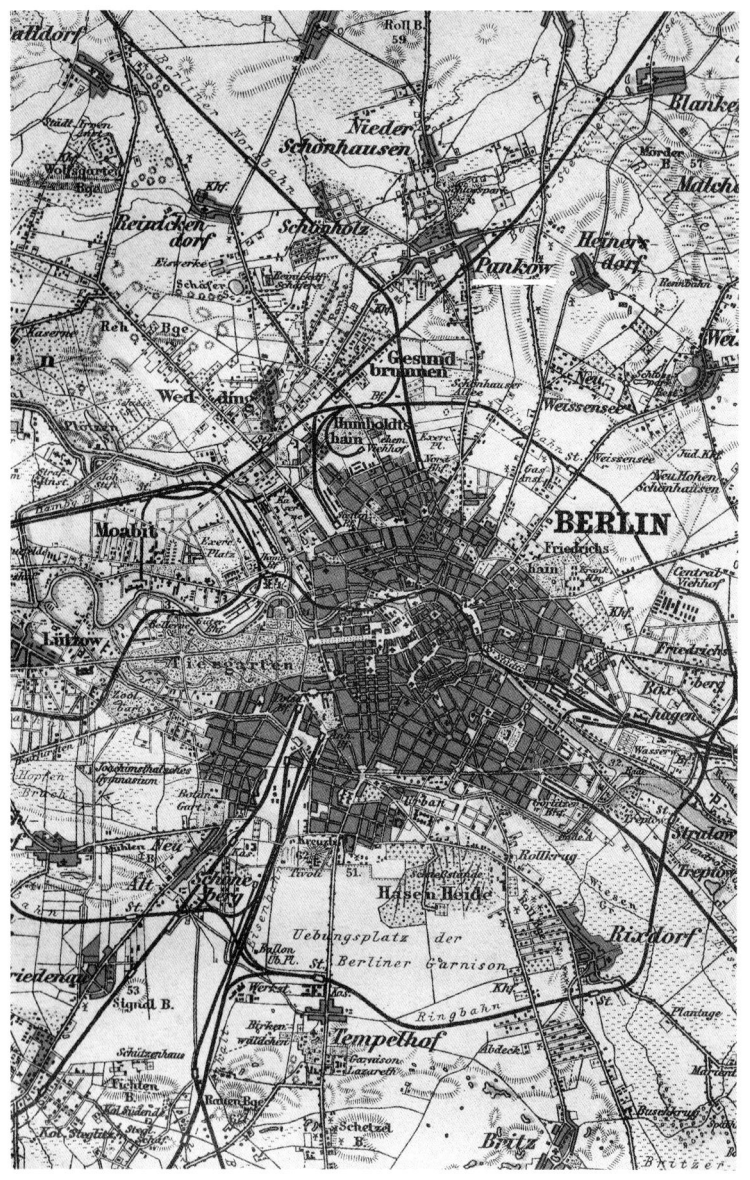

Berlin und Umgebung, Plan von 1889.

Eingang zum Bürgerpark Pankow.

Hier erwarten Sie Geschichten aus und über Berlin-Pankow und seine Prominenten. Wohltuend waren die Gespräche mit zahlreichen Pankower Bewohnern, die sich ihrer prominenten ehemaligen Nachbarn erinnerten, interessant war es auch, bislang unbekannte Geschichten aufspüren zu können, und wichtig erschien es, vor- und mitunter eng gefasste Meinungen über den einen oder anderen Prominenten ein wenig gerade zu rücken und so manches in Eisen gegossene Vorurteil zumindest ein klein wenig aufzuweichen.

Zur freundlichen Erklärung sei angemerkt, dass sich das vorliegende Buch auf die so genannten »Kerngebiete« von Pankow und Niederschönhausen beschränkt. Andere Ortsteile wie Buch, Blankenburg, Buchholz oder Rosenthal blieben in diesem Buch außen vor. Und natürlich hat Pankow auch heute noch prominente Einwohner, die für längere oder kürzere Zeit hier ihr Wohn- oder Arbeitsquartier aufgeschlagen haben – diese finden in diesem Buch allerdings weniger Beachtung, sondern vor allem solche, die hier einst gelebt und gewirkt haben und damit durch unsere Erkundungen in ihrer heimischen Ruhe nicht mehr gestört werden können.

Für mich ist das ein ganz besonderes Buch, denn ich habe selbst zwanzig Jahre in Niederschönhausen gelebt und natürlich auch viel erlebt. Als ich mit großer Lust und noch größerer Freude begann, an diesem Buch zu arbeiten, ertappte ich mich dabei, eine Fahrkarte Erster Klasse für den Zug gelöst zu haben, der mich auf eine Zeitreise in die Vergangenheit fort trug. Viel Schönes ist mir da begegnet, manch Sonderbares, ein klein wenig Schlechtes freilich auch. Eine Menge Bilder aus den Siebziger- und

Achtzigerjahren sind auf meiner gedanklichen Festplatte gespeichert. Ich musste sie nicht mal abrufen, sie kamen von ganz allein wieder. Unvergessen sind die zahllosen Grillfeste im Garten unseres Hauses, beinahe Pflichttermine für die Schauspieler- und Musikszene. Holger Biege war dabei, Nina Hagen auch, dazu Veronika Fischer, die Soulful Dynamics, Hans-Jürgen Beyer, das Schauspieler-Unikum Axel Triebel, das holländische Pop-Duo Bolland und Bolland und meine ungarischen Freunde, die Bands Omega, Skorpio, Fonográf, Illés, Bergendy und die Sängerin Zsuzsa Koncz, in der ich damals so eine Art Göttin sah …

Die Gnade, ein Haus in unmittelbarer Nähe zum Schloss Niederschönhausen zu besitzen, brachte viel Angenehmes, aber auch das eine oder andere Lästige. Die Staatsbesuche waren so etwas. Zum Schlosskomplex gehörte ein so genanntes Gästehaus, in dem die ungekrönten proletarischen Könige aus den sozialistischen Bruderstaaten ihr müdes Haupt betten konnten, nachdem sie der stets gut gelaunte Generalsekretär des Zentralkomitees der SED und Vorsitzende des Staatsrates der Deutschen Demokratischen Republik und Vorsitzende des Nationalen Verteidigungsrates der Deutschen Demokratischen Republik quer durch die Republik gejagt hatte, um ihnen die Errungenschaften des Sozialismus nahezubringen. Fidel Castro war da, auch Kim Il Sung, Gustáv Husák und Leonid Breshnew. Dann war Sicherheitsalarmstufe Rot gegeben. Durch die Tschaikowskistraße, den Güllweg, die Stille Straße und die Straße 106 schlenderten unauffällig-auffällige Bedienstete der Staatsmacht, immer auf der Suche nach subversiven Elementen, die den Staatsgästen den physischen Garaus machen könnten. Und einem der potenziellen zivilgekleideten Attentatsjäger wurde sein Kampfplatz direkt vor meinem Gartentor zugewiesen. Meinen Ausweis vorzuzeigen, wenn ich mein Grundstück verließ oder betreten wollte – manchmal auch zehnmal pro Tag – gehörte zu den netten Abwechslungen in unserem Familienleben. In den Nächten muss die Gefahr besonders groß gewesen sein, denn dann wurde an meiner Gartenpforte ein uniformierter Genosse des Wachregimentes aufgeboten. Und es hat mir diebische Freude bereitet, ihn irgendwann mal – nachts um ein Uhr – mit einer Flasche Rotwein zu einer Dienstverletzung auf allerhöchster Stufe zu verleiten. Irgendwie muss sich das bei den anderen Wachsoldaten herumgesprochen haben. Zwei Stunden später waren wir zu viert, und drei Flaschen waren leer. Ich schwöre, dass das genau so passiert ist. Ich habe die Jungs nie wiedergesehen.

Ich erinnere mich an die »Sorgenpause« am Kurt-Fischer-Platz, dem heutigen Pastor-Niemöller-Platz. Eine Kaschemme reinsten Wassers – nein, Bieres –, die ich jedoch nie betreten hatte. Schon die Wahrnehmung des untrüglichen Geruches in zehn Metern Entfernung ließ auf das

Blick in die Breite Straße mit der Kirche, um 1910.

Innere des Etablissements und die geistige und körperliche Konstitution seiner Gäste schließen. Über dieser Kneipe wohnte ein damals sehr bekannter Film- und Theaterschauspieler, der die trunkenen Übeltäter auf seine ganz eigene Weise zu missionieren versuchte. In seinem Fenster hing ein großes Plakat, aus dem die flammenden Worte »Gott sieht alles!« auf die Straße herunter schrien. Über die Jahrzehnte hat dieser Versuch der Läuterung nicht so viel Erfolg gebracht, aber für Gott waren dessen Beobachtungen gewiss nicht langweilig … Und ich erinnere mich mit warmem Herzen an die Evangelische Friedensgemeinde am Ossietzkyplatz. Als mir Anfang der Achtzigerjahre der DDR-Rundfunk auf recht deutliche Art zu verstehen gab, dass man »Verräter an der Sache der Arbeiterklasse« nicht länger beschäftigen werde, waren es die Pastoren der Friedenskirche, die mir eine Anstellung boten. Und seither weiß ich, wie man mit einer Niederdruckheizung innerhalb von sechs Stunden einen riesigen Kirchenraum warm bekommt.

In dem vorliegenden Buch werden Sie viel Interessantes, Vertrautes, aber auch Neuentdecktes nachlesen können. Sie werden erfahren, dass eine der populärsten Schauspielerinnen der DDR Anfang der Fünfzigerjahre wegen »erwiesener notorischer Talentlosigkeit« aus ihrem Engagement am Deutschen Theater gefeuert wurde, und Sie werden über Ernst

Busch und seine manchmal äußerst reservierte Haltung gegenüber den DDR- Oberen lesen. Und Sie können sich an der beinahe unglaublichen Geschichte ergötzen, wie ein Pankower Schausteller als »König von Albanien« beinahe den ganzen Balkan durcheinander wirbelte.

Auch das Buch »Prominente in Pankow und ihre Geschichten« unterliegt – wie die vorangegangenen Bücher über Prominente in Dahlem, Wannsee, Grunewald, Westend, Lichterfelde und Friedenau – einer ganz einfachen und überschaubaren Gliederung. Einigen geschichtlichen Abrissen folgen die Porträts von ausgewählten Prominenten, denen sich eine Namens- und Adressliste, verziert mit kleinen biografischen Anmerkungen, anschließt. Und wir laden Sie wieder herzlich ein, sich auf sieben empfohlene Rundgänge zu den ehemaligen Wohnstätten der Pankower Prominenz zu begeben. Die beste Methode ist jedoch, selbst auf die Suche nach der prominenten Nachbarschaft zu gehen und bei jedem Spaziergang durch Pankow oder Niederschönhausen dieses Buch – aufgeschlagen – in der Hand zu halten. Sie werden sich wundern, was man da alles erleben kann.

Erwähnt sei, dass Ralph Hoppe erstmals als Mitautor an dieser Reihe von »Prominenten«-Büchern fungiert. Der Grund ist ein einfacher wie auch besonders guter. Ralph Hoppe, dessen Buch »Pankow – Zwischen Idylle und Metropole« ich Ihnen an dieser Stelle sehr empfehlen möchte, wurde ins Boot geholt, weil er Pankow kennt wie seine Westentasche … Mit seinen feinen Manuskripten hat er das vorliegende Buch ungemein bereichert, und ich danke ihm für eine angenehme kollegiale Zusammenarbeit. Ich danke auch allen Pankower Einwohnern, die sich die Zeit nahmen, mir Fragen zu beantworten. Und ich danke Rüdiger Reitmeier, dem brillanten Autor, mit dem mich schon seit dem ersten, dem Dahlem-Buch, eine enge Zusammenarbeit verbindet. Sein immenses Wissen über Johannes R. Becher und Max Skladanowsky haben mir wertvolle Dienste geleistet.

Harry Balkow-Gölitzer
Februar 2014

Pankower
Prominenten-Geschichte(n)

Rathaus Pankow, Breite Straße.

Das Wort »Prominente« ist noch relativ jung, erst gut 100 Jahre im Sprachgebrauch. Ähnlich verhält es sich mit dem Bekanntheitsgrad von Pankow, auch der ist der jüngeren Geschichte zuzuschreiben.

Prominent aus dem »alten« Pankow sind vor allem Lieder. Sie stammen aus dem 19. Jahrhundert. Im darauf folgenden Säkulum ist da – bis auf den »Sonderzug nach Pankow« – nichts Prominentes mehr dazugekommen, aber die Masse macht es ja nicht.

Das Liedgut hing mit dem Ausflugsort zusammen, als solcher ist Pankow allgemein bekannt geworden. Doch was trieb Ausflügler hierher? Der Schriftsteller August Trinius, eigentlich Begründer des Rennsteig-Booms zur Kaiser-Wilhelm-Zeit, schrieb im Jahre 1888: »Pankow galt immer den Berlinern als ein sonntägliches Eldorado harmloser Vergnügungen. Hier hinaus ging es Kegelschieben, Kaffeekochen, Maikäfer schütteln und Versteck und Ringelreihn im Walde spielen, um dann am Abend truppweise mit leeren Kobern und vollen Herzen singend wieder heimzukehren.«[1] Zu den Liedern, die gern gesungen wurden, gehörte auch: »Komm Karline, komm Karline, komm – wir woll'n nach Pankow gehn, da ist es wunderschön. Pankow, Pankow, Pankow, kille kille Pankow, kille kille hopsasa.« Selbst der Kritiker Alfred Kerr bemerkte: »Zwei Millionen Deutsche singen es jetzo […][2] Doch harmlose Vergnügungen? Wenn wir an das Lied mit Bolle denken, wohl eher nicht. Waren Alkohol und Frauen im Spiel, dann meist auch Schlägereien: »In der Schönholzer Heide / Da gab's ne Bolzerei, / Herr Bolle tät nicht zagen / Er war sogleich dabei, / Hat's Messer vorgezogen / Und einen massakriert, / Aber dennoch hat sich Bolle ganz köstlich amüsiert.«

Dem Ansehen der Ausflugsgegend haben solche Vorkommnisse offensichtlich nicht geschadet, im Gegensatz zu Rixdorf, das sich wegen seines schlechten Rufes dann sogar in Neukölln umbenannt hat. Pankow blieb beliebt und andere Ortsteile kamen für die Fahrt »ins Jrüne« hinzu, vor allem das benachbarte Niederschönhausen, das ebenfalls eine Vielzahl an Ausflugslokalen aufwies. An der Grabbeallee/Ecke Tschaikowskistraße existiert von der »Restauration Schloss Schönhausen« heute noch – oder besser wieder – der von der Straßenecke zurückgesetzte Ballsaal.

Die Popularität Pankows rührte wohl vor allem vom so genannten Fliegenfest her. Die Berliner Innungen begingen im Sommer außerhalb der Stadt ihre Feste, so die Raschmacher, die Hersteller grober Wollstoffe, die nachweislich nach 1830 dort feierten. Der Dorfkrug am Pankower Anger war ihr Ziel und die Entscheidung ist wohl durch den Ausbau des Schönhauser Weges 1825/26 zur Pankower Chaussee, der heutigen Schönhauser Allee, begünstigt worden. Der Musikkritiker und Dichter Ludwig Rellstab schrieb 1835, er hätte das eine der drei hohen Feste Berlins, Mottenfest, Fliegenfest und Stralauer Fischzug, besucht. »Aber noch fehlt mir der Athem es zu beschreiben, denn wer den Staub, den 30.000 Berliner (mindestens) aufregten etc., eingeschluckt hat, der muß erst seine Lunge acht Tage ausheilen lassen, ehe er in die Ruhmposaune stößt.«[3]

Jahrzehnte später brauchte es solche Anlässe nicht mehr, die Massen fanden auch alleine hierher in die Pankower Region. Im Zuge der Industrialisierung wuchs das Bedürfnis, der steinernen Großstadt Berlin zu entfliehen, und Pankow lag im Radius des aus Berlin Erreichbaren. Beliebt wurde zum Beispiel die Schönholzer Heide, die ja schon nördlich der Panke begann und in der sich eine große Anzahl von Ausflugslokalen etablierte.

Die ersten Jahrhunderte der Pankower Entwicklung seit der ersten urkundlichen Erwähnung im Jahre 1311 sind nicht so bedeutend, weder für die Berliner noch für die deutsche Geschichte – sie ist stark vom Lokalkolorit gefärbt. Gleiches gilt für die Dörfer Niederschönhausen, Rosenthal, Blankenburg, Buchholz und Buch. Bedeutsam wird es erst mit dem Ankauf eines Anwesens durch den Kurfürsten Friedrich III., der sich 1701 selbst zum ersten preußischen König Friedrich I. krönte und danach das »Petit Palais« genannte Schlösschen durch den spätbarocken Baumeister Eosander Freiherr von Göthe erweitern ließ. In das an der Panke gelegene Areal verliebte sich dann Elisabeth Christine, die das Schlösschen 1740 von ihrem Gatten Friedrich II. im Kontext ihrer Krönung geschenkt bekam und es fortan als königliche Sommerresidenz nutzte. Beide lebten räumlich getrennt, es gab eine doppelte Hofhaltung. Erst nach Ende der

Schlesischen Kriege 1763 erfolgte der Umbau des Schlosses Schönhausen zur – für hiesige Verhältnisse – repräsentativen Einflügelanlage. Da sich ihr Gemahl, Friedrich II., im Verlaufe seiner Regierung immer mehr von öffentlich-zeremoniellen Pflichten zurückzog, repräsentierte Elisabeth Christine das Königshaus und die Dynastie. Dennoch ist sie im Bewusstsein vieler Menschen überhaupt nicht präsent, weil König Friedrich II. alles überstrahlte. Im Gegensatz zu dem später in Pankow lebenden ehemaligen »König von Albanien« ist Elisabeth Christine jedoch eine richtige Königin gewesen, deren Leben im Museum Schloss Schönhausen der Stiftung Preußische Schlösser und Gärten nachgespürt werden kann. Die preußische Monarchin verbrachte hier bis zu ihrem Tod die Sommerzeit – sie starb Anfang 1797 im Berliner Schloss. Danach nutzte kein Mitglied des Hohenzollernhauses die Pankower Anlage auch nur annähernd so lange wie sie.

Einzig erwähnenswert ist, dass die Schwester der Königin Luise, Friederike, sich im Schlosskomplex ab und an aufhielt, zunächst mal nach dem Tod ihres Mannes, Friedrich Ludwig Karl von Preußen, dem Bruder des preußischen Königs Friedrich Wilhelm III. Später als Herzogin weilte sie um 1820 noch ein paar Mal auf Schloss Schönhausen. In der Lenné-Forschung findet Erwähnung, dass sie ihre Veränderungswünsche am Schlosspark durch den damals bedeutenden Gartenkünstler Peter Joseph Lenné ausführen ließ. Der Verschönerungsplan von ihm datiert auf das Jahr 1828. Viel an Umgestaltung der barocken Anlage wird es nicht gewesen sein, denn der amtierende preußische König Friedrich Wilhelm III. genehmigte in den meisten Fällen nur einen geringen Teil an Ausführung. Auch Erweiterungen der Gartenanlage zum Landschaftspark, nach dem in jener Zeit dominierenden englisch geprägten Naturvorbild, konnten nur am Südufer der Panke realisiert werden. Heute ist die Gesamtanlage nicht mehr erlebbar, weil nach dem Zweiten Weltkrieg der innere Teil des Schlossparks abgetrennt wurde. Aber immerhin, Lenné hat sich mit Niederschönhausen beschäftigt. Ob er allerdings jemals vor Ort war, ist nicht belegt, denn die Fachwelt geht davon aus, dass er für weit über hundert Schloss- und Gutsgärten Planungen vornahm und wahrlich nicht alles bereisen konnte.

Weiter nördlich an der Dietzgenstraße gibt es eine im Verhältnis zum Schlosspark kleine Grünanlage: den Brosepark. Der Namensgeber war Christian Wilhelm Brose, ein Kaufmann, seit 1804 Bewohner eines Hauses an der Straße nach Blankenfelde, der alten Dorf- oder Hauptstraße. Sein Schwiegervater Heinrich Friedrich Fetschow, ebenfalls Kaufmann und Bankier, aus der Berliner Klosterstaße 87, sowie dessen Schwager, der Wechselhändler und Bankier Christian Christoph Engel, entdeckten Niederschönhausen als Sommerfrische und pachteten bzw. erwarben dort Grundstücke. Zum ehemaligen Fetschow-Besitz gehörte auch das auf dem Grundstück Dietzgenstraße 51–53 stehende, um 1850 erbaute und aufgestockte »Holländerhaus«, das an der Nordseite einen reich verzierten hölzernen Balkon erhielt, der mit seinem gotischen Zierrat bis unter die Übergiebelung des Daches reicht.

Christian Wilhelm Brose erwarb schließlich 1818 das Grundstück an der heutigen Dietzgenstraße 42, das mit drei Gebäuden straßenseitig bebaut war, mit dem Haupt- bzw. Herrenhaus sowie dem nördlichen und südlichen Traufenhaus, die zusammen ein offenes Carré bildeten. Nur letzteres existiert nach erfolgter Rekonstruktion in den Neunzigerjahren wieder, denn es konnte auf Grund seines Bauzustandes nach der deutschen Vereinigung nicht mehr restauriert werden. Als neu aufgebautes »Brose-Haus« ist es seit 1994 Heimat des »Freundeskreises der Chronik Pankow e.V.« und ihrer Veranstaltungen und Ausstellungen.

Der dahinter gelegene Brosepark ist seit 1920 öffentlich zugänglich, nachdem die Gemeinde Niederschönhausen das Anwesen ein Jahr zuvor erwarb. Der Park muss zu Lebzeiten Broses den einen oder anderen Prominenten gesehen haben, da der Hausherr auf seinem Sommersitz zahlreiche Gäste empfing. Zu ihnen zählte auch Karl Friedrich Schinkel, der wahrscheinlich das neogotische Mausoleum der Familie Brose auf dem Alten St. Marien-/St. Nikolai-Friedhof entwarf, das 1815 fertiggestellt wurde. Dort ließ Brose im selben Jahr seine Ehefrau Henriette beerdigen, die ein paar Wochen nach der Geburt ihrer Zwillinge verstorben war. In einem erhalten gebliebenen Tagebuchfragmet gibt es einen Eintrag Henriettes unter dem 16. Oktober 1812: »Wir gingen den Morgen mit Karstens zu Schinkels, um die sehr schönen Landschaften zu sehen, die Schinkel gemahlt hat.« Und unter dem 10. November findet sich der Hinweis: »Die Schinkel trank Thee bei mir.«[4] Gemeint ist des Künstlers Ehefrau Susanne Schinkel, mit der er seit 1809 verheiratet war.

Brose kannte durch seine Tätigkeit als beauftragter Rechnungsprüfer im »Verein der Kunstfreunde im preußischen Staat« einige Künstler persönlich. Er freundete sich auch mit dem Vorstandsmitglied des 1825 gegründeten Kunstvereins, Carl Knoblauch, an, dem Seidenfabrikanten aus der Poststraße im Nikolaiviertel, wo das »Knoblauch-Haus« heute noch steht. Dessen Bruder wiederum, Eduard Knoblauch, entwarf als bekannter Architekt die Synagoge Oranienburger Straße. Carl Knoblauch notierte am 15. August 1825: »... zum Tee und Abendbrot zu Brose nach Schönhausen.[5] Des Weiteren war Brose dem 1821 durch Christian Peter Wilhelm Friedrich Beuth gegründeten »Verein zur Beförderung des Gewerbefleißes in Preußen« beigetreten. Mit dem Vorsitzenden des Vereins,

Das für Königin Elisabeth Christine errichtete Schloss Schönhausen.

der zugleich das Königliche Technische Institut, ab 1827 »Königliches Gewerbe-Institut«, leitete, verband Brose ebenfalls eine Freundschaft, die zu gegenseitigen Privatbesuchen führte. Nachdem Brose ein weiteres Grundstück am Weg nach Buchholz (heutige Beuthstraße) erwerben konnte, ließ er das nicht direkt an der Straße gelegene eingeschossige und holzverkleidete Fachwerkgebäude 1825 durch Karl Friedrich Schinkel zum Sommerhaus umbauen. Die Decke der offenen Halle an der Ostseite ist nach den Vorstellungen Schinkels klassizistisch ausgemalt und mittlerweile restauriert worden. Brose vermietete das Häuschen bis 1870 an die Familie Beuth. Durch die Persönlichkeiten, die hier verkehrten, bürgerte sich der Name »Gelehrtenheim« ein. Schinkel fertigte übrigens 1835 ein Aquarell mit dem im Stil eines »Schweizerhauses« gestalteten, aber großteils durch Bäume verdeckten Gebäudes an, das den Titel »Nachspiel der Gedanken aus Schönhausens Sommerstunden« trägt und Beuth zu Weihnachten geschenkt bekam.

In Niederschönhausen pflegte Brose weitere Kontakte, ob zu den Brüdern Gropius, von denen einer der Vater des Architekten Martin Gropius war, sowie zu Künstlerpersönlichkeiten wie Carl Joseph Begas, Carl Blechen oder Christian Daniel Rauch, die er regelmäßig zu sich einlud.

17

Außerdem gehörte der Parade- und Stadtdarsteller, Porträt- und Jagdbildermaler Franz Krüger dazu, der mehrmals auch Broses Sohn Eduard porträtierte, einen großen Pferdeliebhaber.

Broses Schwiegermutter Henriette Sophia Fetschow führte auf ihrem Sommersitz ebenso ein gastfreundliches Haus und gehörte zu den Mitbegründerinnen des »Frauenvereins der Sommergäste in Pankow und Schönhausen«, wofür sie 1816 mit dem Luisenorden geehrt wurde, dem 1814 erstmals zu Ehren Königin Luises gestifteten höchsten Damenorden Preußens.

Dass sich der Ort Niederschönhausen prächtig entwickelte, davon zeugt das dem Brose-Haus gegenüber gelegene ehemalige Rathaus an der Dietzgenstraße 41, 1908 bis 1910 in Neorenaissanceform nach Entwürfen von Carl Fenten erbaut. Im Zuge der Eingemeindung nach Berlin wurde es im Jahre 1928 zum heutigen Max-Delbrück-Gymnasium umgebaut und erweitert.

Es sollten noch ein paar Jahre vergehen, bevor das Dorf Pankow nach Mitte des 19. Jahrhunderts Niederschönhausen an Prominenz und Bekanntheit übertreffen sollte. Je intensiver sich der Industriestandort Berlin im Verlaufe des 19. Jahrhunderts entwickelte, desto stärker änderte sich auch das Leben an der Peripherie der Großstadt. Der schon erwähnte August Trinius beschrieb 1888 »das allen Berlinern wohlbekannte Dorf Pankow, das zwar längst in seiner äußeren Gestalt den Charakter eines Dorfes abgestreift hat und mit seinem herrlichen Baumschmuck, den reizenden Vorgärten, eleganten Landhäusern und der stattlich neu erbauten Kirche eher einen städtischen Eindruck hervorruft; sagte uns nicht die beruhigende Stille, die balsamische Luft bei jedem Schritte, dass wir uns zwar in nicht allzu großer Entfernung von einer Hauptstadt befinden, trotzdem aber auf dem Lande weilen.«[6] Das lockte offensichtlich wohlhabende, Erholung suchende Berliner an, die am und um den Dorfanger herum ihre Villen errichteten. Als Unterschied zu den Vororten im Westen und Südwesten der deutschen Metropole bemerkte der Heimatforscher Ernst Friedel 1890 beim alten Dorf Pankow: »Es präsentiert sich dieses vielmehr behäbig und freundlich dem von Berlin kommenden rechts und links, als eins der besten märkischen Bauerndörfer. Freilich Luxusbauten, wie in … Westend, Steglitz, Lichterfelde und Wannsee, wird man hier nur wenige finden, dafür aber auch nicht das Parvenue- und Gründertum, wie es sich anderweitig vielfach in der Umgebung Berlins breitgemacht hat. Dem aufmerksamen Beobachter werden die soliden Landsitze und schlichten, behaglichen Landhäuser aus der alten guten Zeit nicht entgehen. Zum Teil haben sie sich seit mehreren Geschlechtern vererbt – und das will bei der Veränderlichkeit des Grund-

Werbung vor dem Ersten Weltkrieg.

besitzes in und um Berlin schon etwas bedeuten; es herrscht hier gedie-
gene Wohlhabenheit, die sich nicht breit zu machen liebt, vielmehr, teilweise vielleicht aus Besorglichkeit vor dem Anziehen der Steuerschrauben,
hinter Schlichtheit und Einfachheit sich zurückzuziehen und zu verbergen sucht.«[7] Und wie schrieb Gewährsmann Trinius? Pankow sei »vorneh-
mer, zurückhaltender geworden; reiche Berliner Kaufleute haben hier
für den Sommer Luft und Grün in Pacht genommen, und auch einen Teil
der alten Gemütlichkeit«.[8] Vielleicht dachte er dabei an die Kommerzien-
räte Brüstlein und Dellschau (Breite Straße 6, 7), den Rechnungsrat im
Kultusministerium Praedikow (Breite Straße 39a), den Rittergutsbesitzer
von Westernhagen (Breite Straße 47a, b) oder den Geheimen Kanzlei-Se-
kretär Albrecht (Florastraße 3). Hervorzuheben wären außerdem noch
Bankiers und Bankiershäuser, wie Ball (Breite Straße 5), Bleichröder
(Breite Straße 33), Friedländer (Breite Straße 43a), Lessing (Breite
Straße) und die Gebrüder Schickler (Breite Straße 4 und 42). Im benach-
barten Niederschönhausen gehörten die schon erwähnten Bankiers Fetschow, Engel und Brose dazu. Wie dort der Brosepark, entstand auch hier
am Rande des Pankower Dorfangers eine Parkanlage, die ab 1907 öffentlich gemacht wurde. Namentlich ist nicht mehr erinnerlich, dass es sich

dabei um das Anwesen des Barons Killisch von Horn handelte, den Gründer der »Börsen-Zeitung«. Die Erben des Barons wollten die Gesamtanlage Anfang des 20. Jahrhunderts an Bauherren verkaufen, aber weil Pankow keine öffentliche Grünanlage vom Format des Schlossparks besaß, wie die Nachbargemeinde Niederschönhausen, engagierten sich die Gemeindevertreter für den Ankauf und die Eröffnung als »Bürgerpark«.

Und nicht zu vergessen, es gehörten auch niedergelassene Ärzte zur Bürgerschaft, weniger Allgemeinmediziner, sondern eher Spezialisten. Schon Alfred Kerr resümierte 1895 kess: »Berühmt ist Pankow durch Irrenpflege, und ›Sie müssen nach Pankow!‹ bedeutet nicht unmittelbar eine Liebenswürdigkeit.« Bei einem Ausflug drei Jahre später hörte er die Pankow-Hymne »Kille, kille« und bemerkte, dass sich im Ort Pankow nicht nur zahlreiche Biergärten, sondern auch ein Irrenhaus befand. »Aus diesem Irrenhaus offenbar entsprang ein Patient und dichtete das Lied. Jede Zeile ist eine Gehirntuberkulose.«[9] Schon 1868 begann in der Breite Straße 18 eine Privatklinik mit der Behandlung von Geisteskranken, die Dr. Emanuel Mendel leitete und die bis 1895 in seinem Besitz war. Dr. med. Richter, sein Nachfolger, wurde dann Direktor der »Privat Heil-Anstalt für Gemüths- und Geisteskranke«. Mendel lehrte an der Berliner Universität und gründete 1882 die Zeitschrift »Neurologisches Centralblatt«. Des Weiteren gehörte das Parksanatorium dazu, ein für den Nervenarzt Dr. Adolf Blitz erbautes Kurhaus an der Ecke Dusekestraße 43/Schulstraße, heute als Wohnanlage genutzt. Es gehört als rückwärtiger Teil zum Grundstück Breite Straße 32, wo ein zweigeschossiger Bau mit dreiachsig erhöhtem Giebel steht, der schon in den letzten beiden Jahrzehnten des 19. Jahrhunderts als Kurhaus für Nervenkranke von Dr. Gnauck geführt wurde. Der Namensgeber einer Straße, Dr. Hadlich, praktizierte als Wundarzt und Geburtshelfer in der Schlossstraße 9–10.

Mit der Entwicklung des Ortsteils Buch zur Krankenhausstadt kamen weitere bedeutende medizinische Bereiche dazu. Der verdienstvolle Stadtbaurat Ludwig Hoffmann entwarf etliche Berliner Wohlfahrts-, Pflege- und Krankeneinrichtungen, zu denen eine »Heimstätte für männliche Brustkranke«, ein Alteleuteheim, eine Irrenanstalt, ein als Kinderheilstätte genutzter Gebäudekomplex und eine Lungenheilstätte zählten, die zwischen 1905 und 1929 errichtet und eingeweiht wurden.

Zu den Prominenten, die hier draußen wirkten, gehörte auch der Arzt Alfred Döblin, der zwischen 1906 und 1908 in der III. Irrenanstalt arbeitete. Der Autor Döblin greift in seinem 1929 erschienenen, bedeutenden Großstadtroman »Berlin Alexanderplatz« darauf zurück. Seine fiktive Romanfigur Franz Biberkopf, den das Leben »mächtig angefasst« hat, verlor nicht nur einen Arm, sondern auch durch Mord seine Freundin »Mieze«.

»Als er zwei Tage die Nahrung verweigert hat, führt man ihn nach Buch heraus, in die Irrenanstalt, auf das feste Haus. Das ist in jedem Fall richtig, denn beobachtet muß der Mensch sowieso werden.«[10] So landete der literarisch prominente Protagonist Biberkopf im Alt-Bezirk Pankow.

Wenig bekannt ist der Aspekt, dass 1930 in Buch das Institut für Hirnforschung der Kaiser-Wilhelm-Gesellschaft (heute Max-Planck-Gesellschaft) mit angeschlossener neurologischer Klinik eröffnet wurde, damals das weltweit größte und modernste Institut seiner Art. Es stand unter Leitung von Oskar Vogt, der wegen seiner politischen Gesinnung 1937 entlassen wurde.

Seinen Bekanntheitsgrad verdankt das Institut auch den Arbeiten des russischen Genetikers Nikolai Timofejew-Ressowski, der hier in den Zwanziger- und Dreißgerjahren über Genmutationen und die Struktur der Gene forschte, teils mit Max Delbrück zusammen, nach dem der Komplex heute benannt ist. Und es gibt am hiesigen Max-Delbrück-Centrum für Molekulare Medizin (MDC) seit 2008 eine Berliner Gedenktafel, die an den US-amerikanischen Nobelpreisträger Hermann Joseph Muller erinnert, der als Guggenheim Fellow nach Berlin kam, um mit dem sowjetischen Genetiker Timofejew-Ressowski zusammenzuarbeiten. Der Biologe und Genetiker Muller arbeitete von November 1932 bis September 1933 als Gast des Kaiser-Wilhelm-Instituts für Hirnforschung an grundlegenden Fragen der Genetik. 1946 erhielt er den Nobelpreis für Physiologie und Medizin. Muller brach seinen Berlin-Aufenthalt jedoch vorzeitig ab, nachdem ein SA-Trupp das Bucher Institut gestürmt und dabei auch ihn festgenommen hatte.

Trotz der Nähe zu Berlin spielte Pankow zunächst keine bedeutende Rolle im Zuge der Industrierandwanderung, d. h. der Besiedlung durch Industrie- und Gewerbetriebe, die an die Ränder der Stadt zogen. Die aufsteigende Elektrobranche mit AEG, Siemens oder Osram an der Spitze machte einen Bogen um diese Gegend, da in der Nähe der Eisenbahnanbindungen geeignete große Flächen fehlten. Dass die Bergmann Elektrizitätswerke nordwestlich von Wilhelmsruh ein 76.000 m² großes Gelände für die Verlagerung ihrer Produktion aus der Weddinger Seestraße erwarben, können wir zunächst vernachlässigen, weil dieses Areal als Teil von Rosenthal – wie der Ortsteil Wilhelmsruh – erst seit 1938 durch Gebietsaustausch zum Alt-Bezirk Pankow gehörte und dem Alt-Bezirk Reinickendorf verloren ging. Für die seit 1907 begonnene Ansiedlung des von Sigmund Bergmann gegründeten Elektrounternehmens fehlte eine direkte Wasserstraßenanbindung, denn der später vollendete Nordgraben diente zunächst nur als nichtschiffbarer Entwässerungsgraben. Die Schienenanbindung hingegen war vorzüglich durch den Bau der Industriebahn, die 1908 zwischen Friedrichsfelde und Tegel durchgängig befahrbar wurde, und sie ermöglichte die Verbindung zum Tegeler Hafen und damit zum Wassertransport. Die Eisenbahnstrecken der »Heidekrautbahn« und der »Nordbahn«, die das Industriegelände im Südwesten und Südosten einfassten, gewährleisteten durch ihre Haltepunkte zudem den Personentransport. Einzig der Zigarettenfabrikant Joseph Garbáty beschloss aus Platzgründen seine industrielle Randwanderung nach Pankow. Er hatte bereits 1901 eine 1867 erbaute Villa in der Berliner Straße 126/127 erworben, und kannte das unbebaute größere Nachbargrundstück, das seine Begehrlichkeiten weckte. 1906 firmierten Fabrik, Kontor und Expedition schon in der Hadlichstraße, wie es in einer Werbeanzeige ein Jahr später hieß. Im alten Betrieb an der Schönhauser Allee 56 verblieb eine Engros-Verkaufsstelle. Von der Berliner Straße gut sichtbar warb auf dem Dach der Industrieanlage der Schriftzug »Cigaretten-Fabrik J. Garbáty Berlin-Pankow«, deren Garagenhof genauso in der Hadlichstraße lag, wie die Tochtergesellschaft der Zigarettenfabrik, die Pappen- und Papier-Verarbeitungs-AG »Pa-Pa-Ge«.

Zu den späteren Industrieansiedlungen in Pankow gehörten dann einige Unternehmen, die auch über die regionale Bedeutung hinausragten, wie die chemisch-pharmazeutische Fabrik »Eta« in der Hiddenseestraße 10/Borkumstraße 2 von Leo Maximilian Baginski, der die Much AG als Herstellerin der Spalt-Tablette mitgründete sowie die Vereinigte Magnesia Co. & Ernst Hildebrandt, die führend bei der Herstellung von hochwertigen Isolatoren für die Elektrowärmetechnik der chemisch-metallurgischen Industrie war. Letztere firmierte ab 1922 als Steatit, Magnesia AG (Stemag) und begann auf dem Fabrikgelände an der Gaillardstraße ab den späten Zwanzigerjahren auch »drahtlose Widerstände« herzustellen, woraus sich der Name des Betriebes Dralowid ableitete. Neben Radio- und elektrotechnischen Erzeugnissen wurden bei Dralowid auch Hochleistungsmikrophone und Projektoren hergestellt, die das Werk weit über Pankow hinaus bekannt machten. Nach dem Zweiten Weltkrieg gründete sich in Pankow der VEB Elektrokeramik, der keramische Teile für Elektrowärme, Lichtbogenschutz und Schaltgeräte sowie Hochfrequenztechnik produzierte und für seine Produktpalette der einzige Herstellerbetrieb in der DDR war. Nach der Wiedervereinigung schloss der Betrieb und nach dem Abriss der alten Fabrikreste bis 2012 entstand auf dem Gelände eine neue Wohnanlage. Nach 1890 entwickelten sich in der Florastraße 8 auf dem Grundstück einer Gärtnerei diverse Produktionsstätten, wie das Berliner Kohlensäurewerk und eine Eisengießerei, die im ersten Jahrzehnt des 20. Jahrhunderts im Besitz der Siemens & Halske AG war. Weiterhin zählte die Hutformenfabrik von Alexander

Ehemaliges Tabaklager der »Cigaretten-Fabrik J. Garbáty« an der Hadlichstraße.

Kremener dazu. In der Nachbarschaft produzierte die Stuhlrohrfabrik von Fritz Heyn in der gleichnamigen Heynstraße, die Fabrik elastischer Glühkörper in der Nordbahnstraße 17, die Berliner Wagenachsenfabrik Eggebrecht & Schumann in der Schultzestraße 29–31, die Handschuh-Fabrik von Albert Beeser in der Wollankstraße 7 und die Reformschuhwerkstätten von A. Weber in der Damerowstraße 14.

Mit Blick auf das Massengetränk des ausgehenden 19. Jahrhunderts überrascht sicher nicht, dass es auch in Pankow zur Ansiedlung von Brauereien kam. Die marktbeherrschende Schultheiß Brauerei pachtete 1875 zunächst eine Mälzerei an der Mühlenstraße. Doch das Unternehmen musste investieren, um den steigenden Bedarf an Malz zu decken. Die Fertigstellung der neuen Mälzerei zog sich bis Ende des Jahres 1885 hin. Pankow hatte – für seine Verhältnisse – den ersten großen Industriebetrieb, dank der 1864 erfolgten Übernahme der Brauerei von Jobst Schultheiß durch Adolf Roesike und dessen Sohn Richard, der den Kauf initiierte und die Malzfabrik modernisierte. An der Berliner Straße 80–82, Ecke Eschengraben steht auf einem 1880 von Emil Willner erworbenen Grundstück ein verwinkelter, aus gelben und rötlichen Ziegeln errichteter Brauereikomplex. Willner richtete im hier schon stehenden ehemaligen Zollhaus einen Bierausschank mit Biergarten ein. Er, der aus dem Bier-Export-Geschäft kam, verlegte sich ab 1882 aufs Weißbierbrauen in seiner eigenen Willner-Brauerei. Zu ihr gehörten neben einem Sudhaus, einer Mälzerei, Gär- und Lagerungskellern auch Fuhrhof, Schmiede und Schlosserei – Willner hatte an alles gedacht. Nach seinem Tod führten Witwe und Schwiegersohn das Unternehmen weiter, das erst in den Dreißigerjahren in eine GmbH umgewandelt und dann zur »Willner Brauerei Aktiengesellschaft« wurde. Die Brauerei schloss 1990 als letzte aller Pankower Ansiedlungen, zu denen auch die namentlich bekanntere Engelhardt-Brauerei gehörte, die ebenfalls in der zweiten Hälfte des 19. Jahrhunderts entstanden war und im frühen 20. Jahrhundert ihre Brauereiaktivitäten in Pankow begann. Das an der Kaiser-Friedrich-Straße 21–29 (Thulestraße 48–64 zwischen Neumann- und Talstraße) ansässige Unternehmen setzte nach der Umwandlung 1907 auf Bieraktien. Nach dem Zukauf weiterer Grundstücke lag nun hier die Abteilung I der Engelhardt-Brauerei. Die im Zweiten Weltkrieg stark zerstörten Gebäude der in Volkseigentum überführten Engelhardt-Brauerei hatten 1949 die Stilllegung des Betriebs in Pankow zur Folge, an anderen Orten Berlins existierten aber noch Produktionsstätten. Das 1969 gebildete Volkseigene Getränkekombinat Berlin war übrigens seit dieser Zeit Nachfolger der Schultheiß-, Engelhardt- und Willner-Brauerei in Ost-Berlin.

Trotz der Vielzahl unterschiedlicher industrieller Arbeitsstätten ist Pankow nie zu einem bedeutenden Industriezentrum geworden, aber das war auch nicht gewollt. Dafür bevorzugten kleinere industrielle Fertigungen, Fabriken und Gewerbe den Standort. Sie konzentrierten sich vor allem auf die Ortsteile Pankow und vereinzelt Buchholz, wie die 1857 gegründete Lederfabrik. Das Traditionsunternehmen mauserte sich nach und nach zu einem wichtigen Fabrikationsstandort der Lederbearbeitung und war auch nach der teilweisen Weltkriegszerstörung die größte industrielle Produktionsstätte von Buchholz. Heute befindet sich dort ein Gewerbezentrum. Lediglich Wilhelmsruh beheimatete mit Bergmann-Borsig einen Großbetrieb. Typischer für Pankow waren und sind Landwirtschaft und Laubenpieper.

Und natürlich Wohnen im Grünen. Bekannte Fabrikanten und Unternehmer bauten hier ihre Villen, so seit Beginn des 20. Jahrhunderts in hoher Konzentration um den heutigen Majakowskiring in Niederschönhausen. Zu den frühen Villenerbauern zählte Richard Kasbaum in der Kronprinzenstraße 28 (Majakowskiring 2), ein Unternehmer und Photograph mit Atelier in der Berliner Friedrichstraße 125 in Mitte. Der Ingenieur Richard Piechatzek, Fabrikbesitzer im Wedding, kaufte das Anwesen nach dem Ersten Weltkrieg. Der Ingenieur Fritz Eichert, Erfinder des

Fahrraddynamos und Mitgründer der späteren Berko-Werke Quast & Eichert, lebte mit seiner Familie in der Kronprinzenstraße 6 (Majakowskiring 63). Max Hensel, dessen Fabrik für Drehbühnen in der Hermsdorfer Straße in Wittenau lag, wohnte in einer imposanteren Villa in der Friedrich-Wilhelm-Straße 4–5 (heute Stille Straße 4–5). Ewald Beumer, der Direktor der Firma Eisenkonstruktionen für Hoch- und Brückenbau Breest & Co. aus der Wollankstraße 54–56, die mit der 1907 gegründeten Berliner Aktiengesellschaft Steffens & Nölle fusionierte, wohnte in der Kronprinzenstraße 23 (Majakowskiring 58). Christian Zeller, Gesellschafter der RABOMA-Maschinenfabrik (Radialbohrmaschinen) in Berlin-Borsigwalde, baute sich eine Villa in der Viktoriastraße 13 (Majakowskiring 29) und August Wittler, Geschäftsführer der Weddinger Großbäckerei in der Maxstraße 2–4, die auch die Olympiade 1936 in Berlin belieferte, wurde in der Kronprinzenstraße 19 (Majakowskiring 46–48) ansässig.

Zu Beginn des Zweiten Weltkriegs ahnte noch keiner dieser Pankower Villenbesitzer, dass es sechs Jahre später zur Beschlagnahme ihrer Häuser kommen und noch ein paar Jahre später die Polit-Prominenz der DDR darin wohnen würde. Das benachbarte Schloss Schönhausen erlangte durch seine Wahl zum Amtssitz des DDR-Präsidenten eine besondere Bedeutung in der noch jungen DDR. Über den ersten Amtsträger Wilhelm Pieck dichte Bertolt Brecht 1950: »Wenn die Republik / Will sehn den Präsidente / Kommt Willem in sein Schloß / Und schüttelt viele Hände.«[11]

So einfach ging das aber nicht, denn um den inneren Schlossbereich war eine Mauer gezogen worden, die bis heute besteht. Dazu entstanden in der axialen Ausrichtung auf den DDR-Präsidentensitz an der Ossietzky- und der Tschaikowskistraße hervorgehobene Eingangs- und Einfahrtsbereiche, komplettiert auf der Nordseite durch den Garagen-, Tankstellen- und Fuhrparkkomplex sowie eine weitere Tordurchfahrt. Mit dem Schlossbereich und dem »Städtchen« existierten somit nebeneinander zwei unterschiedliche Sperrgebiete, wobei auch den Bewohnern des »Städtchens« kein Zutritt zum Schloss gestattet war – das hatten sie mit dem Rest der DDR-Bevölkerung gemein.

Durch die zunächst kaum vorhandene diplomatische Anerkennung der DDR mangelte es auch an Staatsbesuchern im Präsidentenschloss. Lediglich die Sowjetunion und die sozialistischen »Bruderländer« unterhielten Beziehungen zur DDR und entsandten Repräsentanten. Da war es schon ein Großereignis, wenn sich der sowjetische Parteichef Chruschtschow angesagt hatte – und der kam ab 1957 häufiger.

Als repräsentatives Gästehaus im »Städtchen« stand bis 1964 die Villa Kasbaum im östlichen Scheitel des Majakowskirings zur Verfügung. Zu den letzten offiziellen Gästen gehörten im Oktober 1963 die sowjetischen Kosmonauten Walentina Tereschkowa und Juri Gagarin, denen ein triumphaler Empfang in der DDR-Hauptstadt bereitet wurde – ohne, dass die Menschen zum Spalierstehen bestellt oder gar genötigt werden mussten, wie das bei solchen Anlässen öfter üblich war. Das Schloss Schönhausen beherbergte zu dieser Zeit noch den Nachfolger des Präsidenten, den DDR-Staatsrat samt seinem Vorsitzenden, bis zu dessen Umzug in den eigens dafür konzipierten Neubau, das Staatsratsgebäude am Marx-Engels-Platz, dessen Schlüsselübergabe am 3. Oktober (sic!) 1964 kurz vor dem »Republikgeburtstag« am 7. Oktober zum großen Festakt wurde. Danach erfolgte der Umbau des Schlosses Schönhausen zum Gästehaus der Regierung. Mit dem Beitritt der DDR zur UNO am 18. September 1973, gleichzeitig mit der Bundesrepublik, kam auch die diplomatische Anerkennung des zweiten deutschen Staates in Gang und etliche Botschaften begannen mit ihrer Arbeit in der Hauptstadt der DDR. In Pankow wurden spezielle Gebäude für Botschaftszwecke errichtet bzw. Botschaftsresidenzen eingerichtet, und der Bezirk entwickelte sich in dieser Hinsicht zu einem der wichtigsten Standorte in Berlin. Das, was Walter Ulbricht nicht vergönnt war, der lediglich Dschafar Muhammad Al Numeiri nach dem Putsch im Sudan als erstes Staatsoberhaupt eines nichtsozialistischen Landes in der DDR begrüßte, konnte sein Nachfolger Erich Honecker genießen: die internationale Anerkennung. Zu den offiziellen Staatsgästen, die nun auch Pankower Boden betraten, gehörten zum Beispiel Jassir Arafat (Anfang November 1971), Indira Gandhi (Anfang Juli 1976), Dr. Bruno Kreisky (Ende März 1978). Honecker empfing während seiner Amtszeit mehr als 50 ausländische Staatsoberhäupter bzw. Regierungschefs, darunter auch bundesdeutsche bzw. West-Berliner Politiker wie Richard von Weizsäcker und Eberhard Diepgen, die Schloss Schönhausen besuchten. Der letzte Staatsgast vor dem »Wendeherbst« 1989 reiste wieder aus der Sowjetunion an: Michail Gorbatschow.

Als politischer Umgestalter im eigenen Land ermutigte er ebenfalls die Menschen in anderen sozialistischen Ländern zu Veränderungen und wurde gerade durch seinen Staatsbesuch aus Anlass des 40. Jahrestages der DDR zu einem Hoffnungsträger. Doch dass die SED-Vorherrschaft gebrochen werden konnte, hatte eine viel längere Vorgeschichte. Dazu zählte auch die Gründung des Friedenskreises im Herbst 1981 in der Evangelischen Kirche »Zu den Vier Evangelisten« auf dem Pankower Dorfanger. Zu seinen Initiatoren gehörten die in der Gemeinde wirkende Pfarrerin Ruth Misselwitz und ihr Mann Hans-Jürgen sowie die Lektorin Vera Wollenberger, die nach der Enttarnung ihres Mannes Knud als Informeller Mitarbeiter des MfS 1991 wieder ihren früheren Namen Lengsfeld annahm. Sie ist nicht die einzige Oppositionelle aus Pankow, die im Zuge der politischen Ereignisse im Herbst 1989 und der Deutschen Einheit Berufspolitikerin und Mitglied des Deutschen Bundestages wurde. Auch der später zum Pankower Friedenskreis hinzu stoßende Werner Schulz zählt dazu, im Herbst 1989 engagiert im Neuen Forum und so auch zum Zentralen Runden Tisch der DDR gekommen, der bis zur Volkskammerwahl am 18. März 1990 in Pankow tagte. Der begnadete Rhetoriker arbeitete danach noch als Mitglied in der ersten, frei gewählten DDR-Volkskammer und nach der Deutschen Einheit im Deutschen Bundestag für die Fraktion Bündnis 90/Die Grünen. Der Querdenker Schulz ist seit 2009 auf der europäischen Ebene als Mitglied des Parlaments in Brüssel tätig und nur noch selten in Pankow. Das Neue Forum mitgegründet hatte übrigens Jens Reich, der seit den späten Sechzigerjahren am Zentralinstitut für Molekularbiologie in Buch arbeitete. Eine Initiative schlug ihn 1994 als Kandidat für das Amt des Bundespräsidenten vor und Bündnis 90/Die Grünen nominierten ihn schließlich. Reich bekam im 1. Wahlgang 4,7 Prozent der Stimmen und trat zur zweiten Runde nicht mehr an. So blieb der einstige DDR-Bürgerrechtler in der Wolfshagener Straße wohnen. Das benachbarte Schloss Schönhausen wäre nicht, wie zu Piecks Zeiten, sein Amtssitz geworden. Bis zum Amtsantritt von Joachim Gauck vergingen noch 18 Jahre, erst dann wurde er als erster Ostdeutscher zum Staatsoberhaupt gewählt, aber zu den Pankower Prominenten zählt er nicht. Exakt 22 Jahre nach der letzten, aber einzig bedeutenden Wahl in der DDR, nämlich der ersten freien Wahl am 18. März 1990, die der Zentrale Runde Tisch, in einem Nebengebäude des Schlosses Schönhausen tagend, beschloss, wählte die Bundesversammlung den elften Bundespräsidenten – so schließt sich zumindest dieser Kreis von Pankow aus. Denn es war Werner Schulz, der den Vorschlag einbrachte, nicht erst im Mai (wie in der DDR üblich), sondern schon am 18. März zu wählen. Dieser fiel nämlich 1990 auf einen Sonntag und bot damit die Möglichkeit, an die beginnende demokratische Tradition in Deutschland vom 18. März 1848 anzuknüpfen.[12] Insofern passt es, das genau an jenem Tag im Jahre 2012 – in nur einem Wahlgang – Gauck zum Staatsoberhaupt gewählt wurde.

Carl von Ossietzky – Denkmal in der Ossietzkystraße.

Pankow im Widerstand

EINE GROSSERE LIEBE
HAT NIEMAND ALS WER
SEIN LEBEN GIBT FÜR
SEINE FREUNDE.

PFARRER
JOSEPH LENZEL

STARB FÜR SEINE
POLNISCHEN GLAUBENS-
BRÜDER AM 3.7.1942
IM KZ DACHAU.

Gedenkstein vor der Kirche St. Maria
Magdalena.

In der Zeit des Nationalsozialismus gehörten die roten Fahnen mit dem Hakenkreuz auf weißem Grund, die allgegenwärtigen braunen und schwarzen Uniformen auch in Pankow zum Straßenbild. Der beschauliche, von viel Grün durchzogene Stadtbezirk, gehörte selbstverständlich schon damals zu den bevorzugten Wohngebieten des Bürgertums, und auch zahlreiche Funktionäre des Regimes hatten ihr Domizil in Pankow und Niederschönhausen gefunden. In der Paul-Francke-Straße, einer Wohnanlage an der Grabbeallee, in der Nähe des Bürgerparks, wohnte beispielsweise Dr. Fritz Hippler, Doktor der Philosophie, Intimus von Dr. Joseph Goebbels und als Reichsfilmintendant linke und rechte Hand des klumpfüßigen Teufels im Reichspropagandaministerium unterwegs. Hippler war in seiner Eigenschaft als Leiter der Filmabteilung verantwortlich für die »Wochenschauen«, unter seiner Ägide entstanden abendfüllende Leinwandepen über die Feldzüge in Polen und Frankreich. Vor allem der die Wehrmacht heroisierende Streifen »Sieg im Westen« kündete beinahe euphorisch vom ruhmreichen deutschen Soldatentum.

Der schwärzeste Fleck in der propagandistischen Arbeit des Dr. Fritz Hippler war jedoch der Dokumentarfilm »Der ewige Jude«, der in seinem Auftrag gedreht und mit seinen Texten versehen wurde. Die Premiere erlebte dieser »Anschlag auf die Menschheit«[13] am 28. November 1940 im Ufa-Palast am Zoo. Alfred Brodbeck, Schriftleiter der *Deutschen Allgemeinen Zeitung*, konnte in seinem Blatt hierzu folgende Rezension lesen: »Der deutsche Zuschauer kennt den Juden hauptsächlich als zivilisierten Westeuropäer. Wenig weiß er vom Urzustand des Juden. Mit der Skizzierung der jüdischen Ghettos in Polen zeigt der Film unbeschreibliche Bilder, Schmutz, grenzenlose Verwahrlosung, zeigt, wie der Jude überall schachert, wie Kinder auf Märkten mit letztem Plunder Profit machen. Wenn der Film ausklingt, indem er deutsche Menschen zeigt, atmet der Betrachter auf …«[14] Für seine Verantwortung an diesem Film erhielt Hippler als Anerkennung einen SS-Ehrenrang. Nach dem Zusammenbruch des Nazi-Regimes erging es Hippler wie so vielen seiner ehemaligen Gesinnungsgenossen in der Bundesrepublik Deutschland. Ihm geschah nichts. Er arbeitete als Autor und Regisseur für Dokumentar- und Industriefilme, beriet zahlreiche Politiker und arbeitete besonders eng mit den FDP-Größen Walter Scheel, Erich Mende und Willy Weyer zusammen. Mit seiner Verantwortlichkeit für »Der ewige Jude« konnte er offenbar gut umgehen, dafür durfte er die Fernsehproduktionen von Guido Knopp über die Zeit des Nationalsozialismus öffentlich als »primitiv«, »extrem einseitig« und als »indiskutabel«[15] verunglimpfen.

Von der Paul-Francke-Straße 11, dem Wohnort Hipplers, ist die Florastraße 26 per Luftlinie nur den berühmten Katzensprung entfernt. Hier, in der Wohnung von Walter Husemann, zeigte sich das andere, das patriotische Pankow. Bereits Ende der Zwanzigerjahre war Husemann ein in den Arbeiterkreisen von Pankow und Prenzlauer Berg bekannter Jungkommunist, dem es nicht an politischer Weitsicht fehlte, aber auch nicht an der damals in allen politischen Lagern verbreiteten Bereitschaft, den »Klassenkampf« mittels wüster Massenprügeleien auf den Berliner Straßen auszutragen. Husemann arbeitete als Sportredakteur und Reporter bei der *Roten Fahne*, dem Zentralorgan der Kommunistischen Partei Deutschlands, und konnte anlässlich seiner vielen Reisen durch das gesamte Reichsgebiet immer wieder neue Gleichgesinnte im Kampf gegen den aufstrebenden Nationalsozialismus gewinnen. Nach der Machtübernahme der Nazis schloss sich der gelernte Werkzeugmacher einer kommunistischen Untergrundorganisation an, die jedoch nach drei Jahren der illegalen Arbeit durch Verrat aufgedeckt wurde. Husemann wurde im November 1936 festgenommen und verbüßte eine zweijährige Haftstrafe im Konzentrationslager Sachsenhausen. Auch nach der Entlassung gab Husemann seinen Widerstand gegen das NS-Regime nicht auf. Er erlangte Zugang zur Schulze-Boysen/Harnack-Gruppe, für die die Gestapo den Namen »Rote Kapelle« erfunden hatte. Gemeinsam mit John Sieg, Wilhelm Guddorf und Adam Kuckhoff arbeitete er dort unter anderem an der Untergrundzeitung *Die innere Front*. Im September 1942 wurde Walter Husemann verhaftet, vor das Reichskriegsgericht gestellt und zum Tode verurteilt. In seinem Abschiedsbrief an seinen Vater schrieb Walter Husemann: »… Grüßt alle Bekannten und Freunde. Ich will sie nicht mit Namen nennen. Aber ich drücke noch jedem einzelnen in Gedanken die

Hand und danke für alle Liebe und alles Gute. Ich sterbe leicht, weil ich weiß, warum ich sterben muß. Die mich töten, werden in nicht so langer Zeit einen schwereren Tod haben. Das ist meine Überzeugung. Hart bleiben, Vater, hart! Nicht nachgeben. Denke in jeder schwachen Stunde an diese letzte Forderung …«[16] Am 13. Mai 1943 wurde Walter Husemann hingerichtet. Sein Pankower Mitbewohner Dr. Fritz Hippler konnte die Nazizeit nach dem Krieg ungestraft verniedlichen, für Walter Husemann und die anderen zahllosen Opfer endete das Leben in Hipplers Traumdeutschland an einem Fleischerhaken in der Hinrichtungsstätte Berlin-Plötzensee.

Die Trelleborger Straße 26 war die Adresse von Anton Saefkow. Er war eine führende Persönlichkeit des aktiven kommunistischen Widerstandes und einer der Köpfe der Widerstandsgruppe um Franz Jacob und Bernhard Bästlein. 1942 war die Untergrundorganisation um Robert Uhrig durch die Gestapo zerschlagen worden, vor Anton Saefkow stand nun die Aufgabe, eine neue, funktionierende Inlandsleitung der Kommunistischen Partei Deutschlands aufzubauen. Sein Kontaktnetz umfasste bald effizient arbeitende Zellen in rund siebzig Berliner Betrieben, unter anderem bei der Bergmann AG, bei Siemens, bei den Deutschen Waffenund Munitionswerken, bei der Argus Flugzeugmotorenbau und bei den Firmen Alfred Teves und Stolzenberg. »Neben der allgemeinen politischen Agitation lag die Hauptaufgabe der Saefkow-Jacob-Gruppe im Aufruf zur Sabotage der Rüstungswirtschaft, um den Zusammenbruch der NS-Diktatur und damit das Ende des Krieges zu beschleunigen.«[17]

Für die innere Leitung seiner Widerstandsgruppe wählte Anton Saefkow ausschließlich in der Illegalität erprobte und erfahrene Mitstreiter aus, zu denen auch Fritz Goltz, Cäsar Horn, Julius Balkow, Erwin Reisler und Erich Fähling gehörten. Letzterer beschrieb den Plan Saefkows, eine Einheitsfront aller deutschen kommunistischen Widerstandsgruppen als Fundament für eine erfolgreiche Arbeit gegen den Nationalsozialismus zu schaffen, im Jahre 1959 als »entscheidende Wandlung« in der illegalen Tätigkeit. »Die meisten noch weitgehend nach dem alten Parteischema gebundenen Gruppen waren zerschlagen und die Verbindungen zur Emigration so gut wie abgerissen. Man fand sich nicht mehr in sich streng an die Parteilinie haltenden Gruppen, sondern versuchte vielmehr, mit allen aktiven Genossen, deren einwandfreie antifaschistische Gesinnung sicher war, nunmehr gemeinsam zu arbeiten.«[18]

Aber zu den »in der Illegalität erprobten und erfahrenen Mitstreitern« gehörte auch Ernst Rambow, der lange Zeit als Saefkows »rechte Hand« galt, seine intimsten Kenntnisse jedoch als wertvoller Informant der Geheimen Staatspolizei weitergab. Anton Saefkow und Franz Jacob wurden am 4. Juli 1944 verhaftet, mit ihnen hunderte Mitglieder des illegalen kommunistischen Widerstandes. Anton Saefkow wurde vom Volksgerichtshof zum Tode verurteilt und am 18. September 1944 im Zuchthaus Brandenburg hingerichtet. Ernst Rambow, dem Verräter, widerfuhr ein ähnliches Schicksal. Er wurde nach Kriegsende aufgespürt und in ein sowjetisches Militärlager überstellt. Auch ihn erwartete ein Prozess, allerdings einer, den man im allgemeinen Sprachgebrauch als einen »kurzen« bezeichnet. Am Haus Trelleborger Straße 26 erinnert heute eine Gedenktafel an Anton Saefkow.

Eine besondere Adresse des Pankower Widerstandes war um 1944 die Berliner Straße 27 in Heinersdorf, die Kleingartenanlage »Friedrichshöhe II«. Die Beyermannsche Laube, genannt »Die rote Festung«, war der Stützpunkt einer illegalen Gruppe um Herbert Bogdan und Gerhard Sredzki, die dort, zwischen Tomaten, Rotkohl und Stachelbeeren, Aufrufe an die deutsche Bevölkerung verfasste und Flugblätter herstellte. Eines der Flugblätter war mit einem roten Sowjetstern versehen und trug die Inschrift »Berliner zum Kampf! Rettet, was noch verblieben ist. Tod den Hitlerbanditen! Unser das Leben! Unser die Zukunft!«[19] Bis zum Kriegsende blieb »Die rote Festung« von der Gestapo unentdeckt, Ende April 1945 übergaben die sieben in der Laube verbliebenen Widerstandskämpfer, eine rote Fahne vorantragend, einer Einheit der sowjetischen Armee alles Untergrundmaterial sowie einige Waffen. Allerdings zeigte sich die Art ihrer Erlösung nicht unbedingt so, wie es sich die unermüdlichen Kämpfer gegen den Hitlerfaschismus vorgestellt oder gar erträumt hatten. Die sowjetischen Befreier hielten die Szenerie für ein Manöver der Nazis. Das Ergebnis war die Verhaftung der männlichen Untergrundkämpfer und die Vergewaltigung der weiblichen Gruppenmitglieder.

In diesem Zusammenhang erscheint auch das Schicksal des Rosenthaler Antifaschisten Erich Dawideit als besonders tragisch. Dreieinhalb Jahre hatte der Kommunist Dawideit bei den Nazis im Zuchthaus gesessen, anschließend wurde er mit anderen deutschen Widerstandskämpfern, unter ihnen das spätere SED-Politbüromitglied Alfred Neumann, zum berüchtigten Strafbataillon 999 eingezogen. Bei dessen Einsatz in Jugoslawien geriet Dawideit in Gefangenschaft. An seine Beteuerung, er sei Kommunist, glaubten die jugoslawischen Partisanen nicht und erschossen den angeblichen Nazi.[20]

Eine der bedeutendsten Persönlichkeiten im Pankower Widerstand gegen das NS-Regime war der junge Funktionär der Sozialistischen Arbeiterjugend und SPD-Mitglied Fritz Erler. 1913 in Berlin-Prenzlauer Berg geboren, verbrachte er dort in der Zelterstraße seine Kindheit und Ju-

Robert Uhrig.   *Anton Saefkow.*

gend. Später, in den Dreißiger Jahren, zog es die Familie nach Pankow, wo sie sich in der Blankenburger Straße 62 in einem kleinen Wohnhaus einrichtete. Diese Adresse galt bis 1938 als ein Anlaufpunkt für oppositionelle Widerstandsgruppen unterschiedlichster Couleur. Hier verkehrten die im Untergrund wirkenden kommunistischen Arbeiter aus Wilhelmsruh, der evangelische Pfarrer und der »religiöse Sozialist«[21] Erich Kürschner, der als Mitglied der Tegeler SPD eine Gruppe engagierter und intellektuell interessierter junger Menschen um sich scharte, zu denen auch die angehenden Juristen Horst Emmelmann, Walter Böhm und Georg Zimmermann gehörten.

Das Haus Fritz Erlers war aber seit Anfang 1933 auch die Heimstatt der oppositionellen Gruppe »Neu Beginnen«, deren Name auf eine Schrift des marxistischen Theoretikers Walter Löwenheim zurückging und sich in direkter Konfrontation mit der Führung der Sozialdemokratischen Partei Deutschlands befand. »Statt sich in waghalsigen Widerstandsaktionen zu verschleißen, zog es dieser elitäre Kreis vor, qualifizierte Kräfte für eine Erneuerung der Arbeiterbewegung zu sammeln.«[22] »Neu Beginnen« schaffte es binnen kürzester Zeit, sich über ganz Berlin auszubreiten, überall trafen sich deren Mitglieder in kleinen Gruppen, »um die politische Situation zu analysieren, [...] Informationen über die Stimmung in den Betrieben, über Rüstungsanstrengungen und die Entwicklung der Gesellschaft [...] zu sammeln, um ein möglichst realistisches Bild von den

Zuständen in Deutschland zu erlangen«.[23] Kluge Aktivitäten, die die Auslandsleitung der mittlerweile verbotenen SPD rigoros ablehnte, zumal sie der revolutionären Grundgesinnung von Fritz Erler höchst skeptisch gegenüberstand, der sogar eine enge Zusammenarbeit mit dem kommunistischen Widerstand favorisierte. Bereits im April 1933 wurde er aus der SPD und aus der Sozialistischen Arbeiterjugend ausgeschlossen, nach fünf weiteren Jahren Untergrundarbeit wurde er 1938 von der Gestapo verhaftet. Die gemeinsam mit Fritz Erler und seinen Genossen operierende Untergrundbewegung »Volksfrontgruppe« hatte, entgegen den Warnungen der in geheimen Dingen weitaus erfahreneren Gruppe »Neu Beginnen« schwerste konspirative Fehler begangen. Nach langer Einzelhaft in Berlin-Moabit wurde Fritz Erler vom Zweiten Senat des Volksgerichtshofes nach den Verhandlungen am 14. und 15. September 1939 wegen Verdachts des Landesverrates zu einer zehnjährigen Haftstrafe verurteilt. Er wurde im Konzentrationslager Dachau interniert und konnte im März 1945 auf einem der so genannten »Todesmärsche« fliehen.

Nach dem Krieg konnte Fritz Erler eine beinahe atemberaubende Karriere starten. 1949 zog er für die SPD, die seinem Wunsch nach Wiederaufnahme in die Partei entsprochen hatte, in den ersten Deutschen Bundestag ein. In der Folgezeit avancierte er zum stellvertretenden SPD-Fraktionschef, am 3. März 1974 übernahm er nach dem Tod Erich Ollenhauers den Fraktionsvorsitz und war in der Ära des CDU-Bundeskanzlers Ludwig Erhard der Oppositionsführer im Deutschen Bundestag. In Fritz Erler setzte die SPD höchste Hoffnungen, aber bereits seit dem Spätherbst 1966 konnte der ehemalige Pankower Widerstandskämpfer seine Amtsgeschäfte in Bonn nicht mehr wahrnehmen. Am 22. Februar 1967 hatte Fritz Erler seinen Kampf gegen den Krebs verloren.

Im aktiven Widerstand arbeitete auch Paul Zobel, der seine Wohnung in der Berliner Straße 78/79 hatte. Bereits in der Weimarer Republik galt er als führender Vertreter der kommunistischen Arbeitersportbewegung, er schloss sich sehr früh der Gruppe um Robert Uhrig an und fand Ende der Dreißigerjahre über seine Beziehungen zu dem ehemaligen Sportfunktionär Bernhard Almstadt Zugang zu Franz Jacob und damit auch zu Anton Saefkow. Auch Paul Zobel ereilte dass Schicksal vieler seiner Kampfgefährten. Im Juli 1944 wurde er verhaftet und in das Konzentrationslager Sonnenburg eingeliefert. Dort starb er am 22. März 1945. Nach ihm wurde in der DDR der 15.000 Zuschauer fassende Pankower Paul-Zobel-Sportplatz benannt, wo es zwischen 1950 und 1952 dank der Heimmannschaft VfB (Verein für Bewegungsspiele) beziehungsweise BSG (Ballsportgemeinschaft) Einheit Pankow sogar Oberligafußball (in der DDR) gab.

Fritz Erler (l.) im Gespräch mit Willy Brandt und US-Außenminister McNamara, 1965.

Eine bedeutende Persönlichkeit im inneren Widerstand war Joseph Lenzel, seit 1930 Pfarrer in der katholischen St.-Maria-Magdalena-Gemeinde in Niederschönhausen. In den Kriegsjahren – und nicht nur zu der Zeit – folgte er bedingungslos dem Evangelium und kümmerte sich in besonderer Weise um die nach Deutschland verschleppten polnischen und russischen Zwangsarbeiter, die in Pankower Fabriken arbeiten mussten. Viele von ihnen waren katholischen Glaubens, und für diese hilflosen und täglich erniedrigten Menschen hielt er in deren Lager in Schönholz sogar »Sondergottesdienste«[24] ab. Die Zustände in diesem Lager waren verheerend. Erwin Scheil, Sozialdemokrat, Widerstandskämpfer und Dreher bei der Wilhelmsruher Firma Bergmann, erinnerte sich kurz vor seinem Tod im Jahre 1991 daran: »vor allem […] den Frauen ging es sehr schlecht. Sie trugen immer dieselbe Kleidung, Tag und Nacht, und haben vor Dreck gestarrt. Sie mussten in unserer Firma die schmutzigste Arbeit verrichten: Lackieren […] Für ein Stück Brot fertigten sie […] im Tausch schöne Ringe an. Ihr Lohn waren die Prügel des Werkmeisters.«[25]

Das Schicksal der billigen Arbeitskräfte aus dem Osten Europas ließ Pfarrer Joseph Lenzel, den katholischen Seelsorger, nicht mehr los. Er wandte sich an die Werksdirektion, um bessere hygienische Bedingungen für die Zwangsarbeiter anzumahnen, er informierte seine Kirchenleitung

Kirche St. Maria Magdalena.

über die dortigen Zustände und er besuchte immer öfter das Lager in der Nähe der Fontanestraße, um den bedauernswerten Insassen Trost zu spenden. Aufgewühlt durch diese Erlebnisse begann Pfarrer Lenzel, sich auch konfessionsübergreifend für Gerechtigkeit und Menschenrechte zu engagieren. Öffentlich prangerte er die Übergriffe auf jüdische Mitbürger an, er protestierte gegen die von den Nazis verordnete Schließung des jüdischen Lehrlingsheims in der Mühlenstraße 24 und die Auflösung des jüdischen Altersheims für Taubstumme in der Kaiserin-Augusta-Straße 37, der heutigen Tschaikowskistraße. Pfarrer Lenzels urchristliche Interpretation der Nächstenliebe musste in einem totalitären Umfeld zwangsläufig zu Konsequenzen führen. Seine Predigten wurden überwacht und fanden Kritik nicht nur bei der Gestapo, sondern auch bei der katholischen Kirche. Eugenio Pacelli, Lenzels oberster Dienstherr auf dem Stuhl Petri in Rom, war – wie damals schon bekannt – nicht immer geneigt, den Nationalsozialisten in deren Politik gegenüber dem jüdischen Volk mit lauter Stimme entgegen zu treten. Pfarrer Lenzel jedoch ließ sich in seiner christlichen Bestimmung nicht aufhalten. Bis zum Jahre 1942. Dann wurde er verhaftet und im Strafarbeitslager Wuhlheide in Berlin-Köpenick interniert. Wenige Monate später verschleppten ihn die Nazis in das Konzentrationslager Dachau. Dort wurde Pfarrer Joseph Lenzel im Juli 1942 grausam ermordet.

Pankow war eines der Zentren des Widerstandes zwischen 1933 und 1945. Hierfür stehen auch die Mitglieder der evangelischen Bekennenden Kirche, der kommunistische Emigrant Ernst Sasse, der Schlosser Walter Köppe, der Gewerkschaftsfunktionär Fritz Saar, der Vorsitzende der Jüdischen Gemeinde Siegmund Weltlinger und das Ehepaar Georg und Dorothea Möhring, das bis 1945 seine kleine Pankower Wohnung untergetauchten Juden als Versteck zur Verfügung stellte. Auch bei Berta Kutzera, die in der Schulzestraße einen Lebensmittelproduktionsbetrieb unterhielt, fanden sechs »Nichtarier« Hilfe und Unterstützung.[26]

All den ermordeten Widerständlern und den zahllosen »unbesungenen Helden«[27] im Wirken um ein besseres Deutschland soll für immer der Respekt, die Achtung und das Nichtvergessen der nachfolgenden Generationen gelten.

Ehemaliger Nebeneingang am Postenweg um das »Städtchen«.

Das »Städtchen«

Im Wohnzimmer von Walter Ulbricht.

Abgesperrte Wohngebiete in Berlin waren nach dem Zweiten Weltkrieg etwas Neues. Im sowjetischen Sektor ist das Pankower »Städtchen« dabei durchaus nicht das einzige, aber das prominenteste Beispiel gewesen. So ließ der sowjetische Stadtkommandant Nikolai Bersarin in Biesdorf für die Mitglieder des Berliner Magistrats eine »geschlossene Siedlung« einrichten. In Karlshorst, im Umfeld jenes Ortes, an dem in der Nacht vom 8. zum 9. Mai 1945 drei deutsche Wehrmachtsgenerale die Kapitulation unterschrieben hatten, entstand auf einer Fläche von rund 200 Hektar das größte Sperrgebiet der Sowjets in Berlin. Schließlich folgte im August 1945 die Abriegelung um den heutigen Majakowskiring in Pankow. Wie in der Sowjetunion üblich, lebten nun auch hier im Bezirk Pankow Offiziersfamilien in einem von der Außenwelt abgeschirmten Wohngebiet, das auf Grund des Befehls Nr. 49 vom sowjetischen Stadtkommandanten eingerichtet wurde. Welche hochrangigen Offizieren der Propaganda- und Politverwaltung der Sowjetischen Militäradministration (SMAD) zunächst einquartiert worden sind, lässt sich heute nur lückenhaft belegen.

Schon seit Ende April 1945 wohnte der erste Kommandant von Pankow, Oberstleutnant Petkun, in der Friedrich-Wilhelm-Straße 4–5 (heute Stille Straße 4–5), also im Bereich des späteren Sperrgebiets. Bekannt ist, dass nach der Herrichtung des Militärstädtchens bis Januar 1946 Oberstleutnant Tarakanow, der zur Militärverwaltung in Pankow gehörte, und danach der sowjetische Stadtkommandant und Chef der Garnison, Alexander Kotikow, in der Kronprinzenstraße 19 (heute Majakowskiring 46–48) ihr Quartier hatten. Oberst Nikaschin von der sowjetischen Geheimpolizei NKWD bezog das Haus im Eisenmengerweg 23 (heute Rudolf-Ditzen-Weg 23), das sich Familie Leissering vor allem zur Linderung des Lungenleidens von Hildegard Leissering am Wasser der Panke hatte bauen lassen – die Beschlagnahme des Anwesens 1945 hat sie nur kurz überlebt. Oberst Dalada und Oberst Melnikow aus der Propagandaverwaltung wurden in einem Brief des Gartenbauers Johannes Albrecht aus dem Jahre 1947 als Bewohner erwähnt. Auch die sowjetische Kommandantur befand sich bis 1949 in der Viktoriastraße 15 (heute Majakowskiring 33).

Gleichzeitig legten die Sowjets Wert darauf, dass die kommunistische Führungsriege, mit der sie das politische Schicksal im Osten Deutschlands für Jahrzehnte besiegelte, gut und sicher untergebracht wurde. Ihnen wichtige deutsche KP-Funktionäre, die gleichsam die Säuberungen im Moskauer Exil überlebt hatten, bezogen neben den sowjetischen »Freunden« 1945 Häuser im »Städtchen«: Anton Ackermann, Wilhelm Pieck und Walter Ulbricht. Der Überlebende des KZ Mauthausen, Franz Dahlem, seit 1920 Mitglied des Zentralkomitees der KPD, gehörte genauso zu den privilegierten Polit-Promis, wie der Moskau-Rückkehrer und inzwischen wichtigste Kulturfunktionär Johannes R. Becher. Die fünf Genannten lebten alle im Südwesten des Sperrgebiets, in der Viktoriastraße (heute Majakowskiring). Ab 1946 bewohnte auch Otto Grotewohl, der symbolisch als Vertreter der ostdeutschen Sozialdemokratie mit dem Kommunisten Wilhelm Pieck am 21./22. April per Handschlag die SED gegründet hatte und nun gemeinsam mit Pieck als Parteivorsitzender fungierte, eine Villa in der Friedrich-Wilhelm-Straße 4–5 (heute Stille Straße 4–5).

Eine Ausnahme in dieser Spitzenriege stellte die Mitgründerin der Liberaldemokratischen Partei Deutschlands (LDPD), Wilhelmine Schirmer-Pröscher dar, die 1947 in die Straße 106 Nr. 2a (heute Boris-Pasternak-Weg) zog. In jenem Jahr war sie Gründungsmitglied des Demokratischen Frauenbundes Deutschlands, und vielleicht stand ihr Herzug damit im Zusammenhang. 1948 komplettierten Alexander Abusch, der damals Mitglied des Parteivorstandes der SED geworden war, und Erich Wendt, der seit seiner Rückkehr nach Deutschland im Jahre 1947 den Aufbau-Verlag leitete, den »nicht-sowjetischen« Zuzug ins Pankower Sperrgebiet. Beide wohnten in der Friedrich-Wilhelm-Straße 8 (heute Stille Straße 10). Anfänglich gab es auch noch einige andere Ausnahmen im »Städtchen«. Hans Bausch, obwohl bis zum Ende des Dritten Reiches »Pg«, also Parteigenosse der NSDAP, durfte als Professor für Gärungschemie zunächst in seinem Haus Eisenmengerweg 24 wohnen bleiben. Sein Nachbar in Nr. 19 wurde im November 1945 übrigens der populäre Schriftsteller Hans Fallada.

Bei der sowjetischen Beschlagnahme im Sommer 1945 wurden die Häuser nicht reihenweise enteignet, sondern deren Besitzer blieben weiterhin im Grundbuch eingetragen, bekamen aber von Amts wegen Ersatzwohnraum zugewiesen. Wenn durch den Einzug der neuen Nutzer infolge Kriegseinwirkung Instandsetzungen notwendig oder bauliche Veränderungen für den Wohnkomfort vorgenommen wurden, sahen das die Sowjets als Teil deutscher Bringschuld und Wiedergutmachung an – die Kosten gingen also zu Lasten der Besitzer. Nur in schwerwiegenden Fällen verloren die Eigentümer ihr Hab und Gut, wie der Brotfabrikant August Wittler, der als ehemaliger Wehrwirtschaftsführer ins sowjetische Speziallager 7 nach Sachsenhausen kam und dort verhungerte. Bei entsprechenden Verstrickungen in der NS-Zeit beschlagnahmte die Siegermacht die Häuser, aber die »Eigentumsübertragungen« sollten »nur auf dem üblichen bürgerlich rechtlichen Wege erfolgen«.[28]

Nachdem der Osten Deutschlands am 7. Oktober 1949 mit der Gründung eines eigenen Staates der Bundesrepublik gefolgt war, übergab die SMAD drei Tage später offiziell die Verwaltungsfunktionen an die erste DDR-Regierung. Gleiches galt für das »Städtchen«, das in die Verantwortlichkeit des Verwaltungsamtes der Regierung kam. Seit dem 16. Oktober 1949 war es der Sohn des DDR-Präsidenten, Arthur Pieck, der das Amt des Hauptabteilungsleiters innehatte. Einige Gebäude behielten die Sowjets für sich reserviert, u. a. für Botschaftszwecke und den ersten Botschafter Georgi Puschkin, die Handelsvertretung sowie für die Unterbringung von Mitarbeitern und ihren Familien. Ansonsten regelte das Verwaltungsamt alle Belange der neuen deutschen Mieter mit den Eigentümern, ohne dass diese mit jenen in Kontakt kamen. Ein Kindergarten, zwei Läden der Handelsorganisation HO sowie medizinische Anlaufpunkte wurden eingerichtet. Und es erfolgten 1950/51 Straßenumbenennungen: die Viktoriastraße mutierte mit der Kronprinzenstraße zum Majakowskiring, der Eisenmengerweg zum Majakowskiweg, die Friedrich-Wilhelm-Straße zur Stillen Straße, die Kaiserin-Augusta-Straße zur Tschaikowskistraße, nur der Güllweg und der Köberlesteig behielten ihre 1938 verliehenen Namen. Völlig unberührt blieb auch die Straße 106.

Die meisten Sowjetoffiziere verließen 1949 mit ihren Frauen und Kindern das »Städtchen« und deutsche Familien zogen ein, vorrangig von SED-Funktionären und neuen Regierungsmitgliedern. Noch im selben Jahr waren das Horst Sindermann als Mitglied des Sekretariats des SED-Politbüros, Peter Florin als stellvertretender Abteilungsleiter im ZK der SED für Internationale Verbindungen, Gerhart Eisler als Mitglied des Parteivorstandes und Leiter des Informationsamtes der Regierung sowie Karl Maron als stellvertretender Chefredakteur des SED-Zentralorgans *Neues Deutschland* und ab 1950 Chef der Volkspolizei. Doch die DDR-Regierung setzte sich nicht nur aus SED-Mitgliedern zusammen. Hans Loch, erster

DDR-Minister für Finanzen, gehörte der LDPD an und wohnte in der Kronprinzenstraße 24 (Majakowskiring 60). Der Christdemokrat Friedrich Burmeister, ebenso wie Loch Mitglied des DDR-Parlaments »Volkskammer«, übernahm den Ministerposten für Post- und Fernmeldewesen und hatte seine Adresse im Eisenmengerweg 23 (Rudolf-Ditzen-Weg 23). Zwei hochrangige CDU-Politiker lehnten allerdings das Privileg ab und zogen nicht in diese Siedlung: Reinhold Lobedanz, der Präsident der DDR-Länderkammer, und Georg Dertinger, Minister für Auswärtige Angelegenheiten.

Im Jahre 1950 ging es dann Schlag auf Schlag mit der Übersiedlung ins »Städtchen«: Karl Steinhoff, Mitglied des ZK der SED und Minister des Innern, Walter Besenbruch, Hauptredakteur der SED-Zeitschrift *Einheit*, Walter Franze, stellvertretender Chefredakteur des SED-Zentralorgans *Neues Deutschland*, Herbert Grünstein, Chefinspekteur der Volkspolizei im Ministerium des Innern, in dem er ab 1955 als stellvertretender Minister fungierte, Willy Rumpf, bis 1955 Staatssekretär im Ministerium für Finanzen und danach Nachfolger von Hans Loch als Minister, sowie Kurt Gregor, der zunächst in seiner Funktion als Staatssekretär im Ministerium für Schwerindustrie hierher zog, ab 1951 als Staatssekretär ins Ministerium für Außenhandel und Innerdeutschen Handel wechselte und dort 1952 zum Minister aufstieg. Zu den Privilegierten zählte ebenso der im Majakowskiring 59 wohnende Ernst Melsheimer, seit dem 7. Dezember 1949 Generalstaatsanwalt der jungen DDR, der sich den zweifelhaften Ruf eines zweiten Andrej Januarjewitsch Wyschinski erwarb. Jener sowjetische Generalstaatsanwalt war 1936 bis 1938 Chefankläger während der berüchtigten Moskauer Prozesse und damit wesentlich an den Stalinschen Säuberungen beteiligt. Melsheimer wiederum gab bis 1955 zu 90 Todesurteilen und 200 lebenslänglichen Zuchthausstrafen seine Zustimmung und führte nachfolgend Prozesse u. a. gegen Walter Janka und Wolfgang Harich, die beide wegen »konterrevolutionärer Verschwörung« mehrjährige Haftstrafen verbüßen mussten. Auch der Mitgründer der Kammer der Technik, Hans-Heinrich Franck, der 1949 ihr Präsident wurde, zog in eine Villa am Majakowskiring 59. Der Leiter der Hauptabteilung Gesundheitswesen im Ministerium für Arbeit und Gesundheitswesen, Carl Litke, war zum Zeitpunkt seines Einzugs in das Haus am Majakowskiring 17 zugleich Kandidat des ZK der SED. Der noch relativ junge Heinz Eichler, mit 17 Jahren kurz vor Kriegsende noch NSDAP-Mitglied geworden, trat nach Wiederzulassung der KPD bei. Sein Aufstieg als junges SED-Mitglied war rasant. Nach DDR-Gründung arbeitete er zunächst als Hauptsachbearbeiter im Ministerium des Innern, aber schon sehr bald wechselte er in die Regierungskanzlei. Eichler, der ab 1950 ein Haus

Willi Stoph, Lotte und Walter Ulbricht, 1967.

im Eisenmengerweg 22 (Rudolf-Ditzen-Weg 22) bewohnte, rückte 1960 als persönlicher Referent des Vorsitzenden des Staatsrates, Walter Ulbricht, an die Machtspitze. Er bekleidete dann ununterbrochen von 1971 bis 1989 das Amt des Sekretärs des Staatsrates, der wiederum mit einem Staatsratsvorsitzenden an der Spitze die Nachfolge des DDR-Präsidenten darstellte. In dieser Sekretärsfunktion löste Eichler übrigens Otto Gotsche ab, der 1950 als persönlicher Referent des damaligen stellvertretenden DDR-Ministerpräsidenten, Walter Ulbricht, ins »Städtchen« einzog, ebenso wie Hans Tzschorn, der persönlicher Referent des DDR-Ministerpräsidenten Otto Grotewohl. Beide wohnten benachbart, Gotsche – übrigens bis zu seinem Tod – im Majakowskiring 10, Tzschorn bis 1964 in Nr. 12. Gotsche, der 1928 nach seiner Gründung dem Bund proletarisch-revolutionärer Schriftsteller beitrat, publizierte seit den Fünfzigerjahren Werke wie »Die Fahne von Kriwoj Rog« (1959) und »Unser kleiner Trompeter« (1961), die beide verfilmt wurden, sowie einen Roman über den Bauernkrieg »… und haben nur den Zorn« (1975).

Zu der gewissermaßen zivilen Polit-Klientel kamen die Repräsentanten der bewaffneten Organe und »inneren Sicherheit«. Außer den schon erwähnten Herbert Grünstein, Karl Maron und Karl Steinhoff zog Heinz Hoffmann, damals stellvertretender Minister des Innern und ab 1960

Minister für Nationale Verteidigung sowie stellvertretender Oberbefehlshaber der Streitkräfte des Warschauer Vertrages, zunächst in den Eisenmengerweg 14. Nach Gründung der NVA im Jahre 1956 wechselte er – auch beruflich – nach Strausberg, wo sich der Sitz des Ministeriums für Nationale Verteidigung befand. Nachdem das Politbüro der SED die Gründung eines Ministeriums für Staatssicherheit (MfS) beschlossen hatte, amtierte ab Februar 1950 Wilhelm Zaisser als erster Minister und hielt in der Stillen Straße 4–5 Einzug. Einer seiner Stellvertreter im Range eines Staatssekretärs war Erich Mielke, der ganz in der Nähe die Villa in der Stillen Straße 10 bewohnte. Das blieb auch so, als er im November 1957 den Nachfolger Zaissers, nämlich Ernst Wollweber, auf dem Ministerposten beerbte. Mielke bemühte sich erfolgreich, Franz Gold, den Personaldirektor beim Berliner Rundfunk, im April 1950 zum MfS zu bekommen, und zwar als Verantwortlichen für den Personenschutz. Gold, der seinen Hauptwohnsitz im Staatssicherheitsviertel am Obersee hatte, besaß zwischen 1954 und 1960 eine Zweitwohnung im Majakowskiring 55. Wilhelm Zaisser, der nach dem Volksaufstand im Juni 1953 seinen Posten als Staatssicherheitsminister abgeben musste, lebte im »Städtchen« mit seiner Frau Elisabeth, die ab Juli 1952 Nachfolgerin von Paul Wandel als Ministerin für Volksbildung war. Sie trat aber nach der Amtsenthebung ihres Mannes wegen »Sippenhaft« zurück. Ihre mittelbare Nachfolgerin wurde dann Margot Honecker, die ihr Ministeramt 1963 antrat. Sie hatte seit 1950 mit dem fast 15 Jahre älteren Erich Honecker eine Affäre und seit dem 1. Dezember 1952 mit ihm ein gemeinsames uneheliches Kind. Ulbricht insistierte damals Honecker zur Scheidung von seiner zweiten Frau, Edith Baumann, die aber erst 1955 erfolgte. Daher ist das in vielen Publikationen verbreitete Jahr 1953 als das der Heirat Honeckers mit Margot Feist nachweislich falsch. Honecker zog zwar in jenem Jahr ins »Städtchen«, aber mit Edith Baumann und noch ohne seine »Zukünftige«. Möglich wurde das, weil Ulbricht seinen politischen Konkurrenten Rudolf Herrnstadt nach dem 17. Juni wegen Fraktionsbildung – zusammen mit Zaisser – geschasst hatte. Nun zog Honecker in die Villa am Majakowskiring 58, die die Herrnstadts besenrein zu übergeben hatten. Nach erfolgter Trennung von Edith Baumann bewohnte Honecker mit seiner neuen Frau Margot und der Tochter Sonja den Majakowskiweg 14 (heute Rudolf-Ditzen-Weg 14).

Mit dem Umzug im Sommer 1960 in die Waldsiedlung bei Wandlitz, »aus Gründen, über die viel gemunkelt wurde«, blieben, wie Monika Maron in ihrem Roman »Stille Zeile Sechs« schrieb, »nur einige einstmals mächtige Männer [...] und Witwen ehemaliger Regierungsmitglieder gleich neben dem Niederschönhausener Schloss wohnen.«[29] Das ist ein

Tick zu literarisch formuliert, denn Voraussetzung für das Wohnrecht in der nördlich von Berlin gelegenen Siedlung war nicht die Zugehörigkeit zur Regierung, sondern die Mitgliedschaft im Politbüro der SED, dem höchsten politischen Führungsgremium der Partei, das wiederum jedoch die DDR regierte. Wer ausschied, musste aus der Waldsiedlung ausziehen, bei Tod eines Politbüro-Mitglieds betraf es die Hinterbliebenen. So räumte Lotte Ulbricht nach dem Tod ihres Gatten Walter das geräumige Haus, kehrte aber nicht zur alten Adresse in Pankow (Majakowskiring 28) zurück, sondern bezog im Majakowskiring 12 139,55 m² Wohnfläche für einen Pauschalbetrag von 300,- Mark monatlich. Die Kosten für Gas-, Strom- und Wasserverbrauch wie auch die Fensterreinigung und Gartenpflege übernahm die Verwaltung – aber daran ist die DDR nicht zugrunde gegangen. Monika Maron schrieb dazu lapidar, dass das einst von Ulbricht bewohnte Haus nach dessen Tod durch Abriss verschwand »und an seiner Stelle ein neues, keineswegs schöneres gebaut (wurde), was ebenfalls Anlass zu Gerüchten bot. Unter anderem wurde erzählt, es seien mit der Zeit soviel Abhöreinrichtungen in das Gemäuer eingebaut worden, dass niemand sie sicher zu entfernen vermocht habe und das Haus deshalb für jeden neuen Mieter unzumutbar geworden sei.«[30] Kurzum: Baufälligkeit kann nicht als Grund herhalten, es ist eher ein Fingerzeig, wie in der Honecker-Ära »entulbrichtisiert« wurde.

Die durch Abriss verschwundene imposante Villa gehörte einmal dem Fabrikanten Otto Rieth, zu dessen Angestellten Heinz Mielke zählte, der jüngere Bruder von Erich Mielke. Nach seiner Rückkehr nach Berlin besuchte der Ältere den ausgebombten Bruder, der bei seinem Chef Otto Rieth im Hause Viktoriastraße 23 Aufnahme gefunden hatte. Erich Mielke erschien dort in Uniform, denn er war durch die KPD-Spitze um Ulbricht zum Leiter der Polizeiinspektion Lichtenberg ernannt worden. Ab August 1945 bewohnten dann die Ulbrichts die Villa von Rieth, der in ein anderes Haus außerhalb des »Städtchens« zog. Er ließ sich sein Haus in der Viktoriastraße interessanterweise schon 1946 abkaufen. Rieth erkannte wohl schon sehr früh, dass er nie wieder in sein Haus einziehen wird. Seine Firma führte er in Reinickendorf weiter, mit seinem Faktotum Heinz Mielke an der Seite.

Ein Mielke arbeitete bei einem Kapitalisten, der andere für die Kommunisten. Heinz Mielke war eines Tages tot. Selbstmord. Erich Mielke war eines Tages Minister. Nach der »Herstellung der Einheit Deutschlands« wurde letzterer wegen seiner Beteiligung an der Erschießung zweier Polizisten am Bülowplatz (Rosa-Luxemburg-Platz) im Jahre 1931 angeklagt, verurteilt und ins Gefängnis gesteckt. Das Haus in der Stillen Straße 10, das Erich Mielke einmal bewohnt hatte, war im Jahre 2012 wieder mal ein besetztes Haus. Die »Besatzungsmacht« bestand diesmal aus einem Trupp Seniorinnen und Senioren, die um ihre Freizeitstätte kämpften – mit Erfolg. Erich Mielkes Familie nutzte das Haus noch bis zum Umzug in die Waldsiedlung im Jahre 1973, denn da wurde aus dem Kandidaten ein Mitglied des Politbüros der SED. Aber Mielke selbst besaß schon seit 1960 einen Zweitwohnsitz im Außenring der Waldsiedlung bei Wandlitz.

Die Schlagbäume vor dem »Städtchen« hoben sich für die Bevölkerung mit dem Wegzug der Politbüromitglieder aus Pankow nach Brandenburg noch lange nicht. Die hier wohnhaften Volksvertreter sollten im »Sondergebiet Niederschönhausen«, wie es offiziell seit 1960 hieß, weiterhin ungestört bleiben. Zu den Neuzugezogenen gehörte ab 1963 Deba Wieland, seit 1952 Generaldirektorin des Allgemeinen Deutschen Nachrichtendienstes (ADN). Im Jahr der »Öffnung« des Sondergebietes zog auch Werner Titel, der erste Umweltminister der DDR, ein. Erst ab 1971 gab es dann erstmals seit der sowjetischen Abriegelung Durchgangsmöglichkeiten für »das Volk«, doch für den normalen Autoverkehr blieb das »Städtchen« bis zur Wende tabu. Mit Eröffnung des Johannes-R.-Becher-Hauses im Januar 1964 konnte zwar das museale Arbeitszimmer besichtigt und das Johannes-R.-Becher-Archiv der Akademie der Künste aufgesucht werden, allerdings nur nach vorheriger Anmeldung. Lilly Becher, die Witwe des Schriftstellers und ehemaligen Kulturministers, hatte darauf gedrängt, den Zugang für Besucher und Interessierte zu erleichtern, weil diese erwarten würden, »in ein normales Literaturmuseum zu kommen und sich plötzlich mit Kontrollen konfrontiert sehen«. Das stehe, schrieb sie im September 1972 in einem Brief an das Politbüromitglied Kurt Hager, auch im Widerspruch zum VIII. Parteitag der SED, der einen leichteren Zugang zu kulturellen Leistungen verkündet habe und das Johannes-R.-Becher-Haus sei doch keine »geheime Verschlusssache«.[31]

Am 4. November 1989 fand auf dem Alexanderplatz eine Kundgebung zum Abschluss einer Demonstration statt, auf der die Schauspielerin Steffi Spira als Schlussrednerin sprach: »Ich habe noch einen Vorschlag: Aus Wandlitz machen wir ein Altersheim! Die über 60- und 65-Jährigen können jetzt schon dort wohnen bleiben, wenn sie das tun, was ich jetzt tue – Abtreten!« Statt eines Altenheims entstand jedoch die »Brandenburg Klinik Bernau«, das erste große Rehabilitationszentrum im Osten Deutschlands. Dazu kam es nach einem Beschluss der DDR-Regierung unter Ministerpräsident Hans Modrow: Alle Bewohner mussten die Siedlung in Wandlitz verlassen. So kam Egon Krenz, der am 18. Oktober 1989 Erich Honecker als Generalsekretär der SED ablöste und auch sein Nach-

Wohnhaus von Otto Grotewohl im Majakowskiring 46/48.

folger als Staatsratsvorsitzender und Vorsitzender des Nationalen Verteidigungsrates wurde, in das ehemalige »Städtchen« nach Pankow. Er bewohnte einen DDR-Bau im Majakowskiweg 9/11 (heute Rudolf-Ditzen-Weg 9/11) und war damit der letzte »große« Polit-Promi der untergegangenen DDR, der dort einzog. Doch er wurde aus dem Komplex rausgeklagt und zog an die Ostseeküste.

Mittlerweile sind sehr viele Neubauten dazugekommen, so dass der alte Charakter des »Städtchens« nicht mehr so recht zu erkennen ist. Nun wohnen Menschen hier, die mit den Mächtigen der DDR nichts gemein haben. Solange aber noch Udo Lindenberg angesagt ist, wird auch an seinen Song »Sonderzug nach Pankow« erinnert, den er 1983 schrieb. Er war damals schon ein Stück Vergangenheit, denn der Adressat des Liedes, Erich Honecker, wohnte ja schon längst in der Waldsiedlung. Pankow blieb im Westen jedoch ein Synonym für die DDR, die Deutsche Demokratische Republik – ein Unwort, das kaum einem Politiker der Bundesrepublik über die Lippen kam. Pankow dagegen, da wusste jeder Bescheid!

Reformwohnhaus von 1927, Kissingenstraße 35, 2014.

Pankower Nachbarschaften

Gedenktafel am Haus Kissingenplatz 12

Südlich der Gleisanlagen des Bahnhofes Pankow und des ehemaligen Güterbahnhofes liegt das so genannte Kissingenviertel, benannt nach der dominierenden Kissingenstraße. Im Osten wird das Quartier von der Prenzlauer Promenade begrenzt, im Westen von der Berliner Straße. Im Süden bildet die Borkumstraße die natürliche Grenze des kleinen Gebietes, neben der Kissingenstraße ist die Neumannstraße in ihrer Nord-Süd-Ausdehnung die wichtigste Verkehrsverbindung. An der Prenzlauer Promenade befindet sich die Wohnanlage »Zeppelin«, die ihre Bezeichnung den »Zeppelindächern« verdankt, einer architektonischen Besonderheit, die sich die beiden Architekten Georg Thofehrn und Walter Borchardt bei der Dachgestaltung der Siedlung Anfang der Dreißigerjahre ausgedacht hatten – gewöhnungsbedürftig für viele Pankower Einwohner, zunächst diskutiert, dann gelitten und heute als »liebevoller Umgang mit den architektonischen Möglichkeiten« bezeichnet. Traditionell hatte sich im Laufe der Jahrzehnte im Kissingenviertel eine sehr durchmischte Mieterklientel angesiedelt, vor allem die Wohnquartiere, die zwischen 1925 und 1931 an der Granitzstraße entstanden, wurden vom gehobenen Bildungsbürgertum, von Künstlern, Unternehmern wie auch von Arbeitern, Angestellten und Beamten als Wohnanlage bevorzugt.

Dominiert wird das Kissingenviertel von der katholischen St.-Georgs-Kirche. Sie wurde zwischen 1907 und 1909 nach den Plänen des Architekten Hugo Schneider im neugotischen Stil errichtet und am 6. November 1911 durch den Erzbischof Georg von Kopp geweiht. Zwischen 1929 und 1930 entstanden rund um die Kirche zahlreiche mehrgeschossige Wohnhäuser, die ebenso wie die Kirche in den Jahren 1943 bis 1945 nach zahllosen Bombenangriffen schwere Schäden davontrugen. 1948 wurde die Kirche wieder eröffnet und steht heute auf der Berliner Denkmalsliste. Das Taufregister weist für das Jahr 1929 ein Kleinkind namens Johannes Dyba aus. Der prominente Täufling, aufgewachsen im Berliner Arbeiterbezirk Wedding, wurde später Bischof von Fulda und wirkte bis zu seinem Tod am 23. Juli 2000 auch als Militärbischof der Bundeswehr.

Ende November 1959 hielt ein großer Möbelwagen vor dem Haus Kissingenplatz 12. Die frei gewordene Wohnung mit Balkon im ersten Stock wurde neu bezogen. Ein junges Ehepaar mit einem kleinen Sohn hatte auf Vermittlung eines befreundeten Architekten seinen Wohnsitz aus der Kleinstadt Lehnitz im Bezirk Potsdam nach Berlin-Pankow verlegt. Eine Luxusunterkunft war die neue Wohnung jedoch nicht. »Die Räume, nach innen eingerundet, sind beengend und dumpf. Niedrige Fenster, wenig Licht, der Hausflur ein kalter Schlauch. Die Küche geht zum Hinterhof, vorne, vom Balkon aus, kann man fast in die Kastanien greifen, die in jener Zeit noch die Straße begrenzen.«[32] Die Bewohner des Hauses hießen ihre neuen Nachbarn willkommen, vermutlich, ohne etwas von dem Bekanntheitsgrad des Ehepaares zu ahnen. Der Nachname »Müller« an der Wohnungstür tat sein Übriges, denn mehr als zwei Dutzend Einwohner dieses Namens lebten damals im Kissingenviertel.

Heiner Müller, der bedeutende Schriftsteller und Dramatiker und seine zweite Ehefrau Inge, ebenfalls Schriftstellerin, waren in Berlin angekommen, obwohl sich ihr Arbeitsfeld seit langem schon in der Hauptstadt befand. Bereits seit 1958 arbeitete Heiner Müller am Maxim Gorki Theater, außerdem war er Redakteur der FDJ-Zeitschrift *Junge Kunst* und schrieb Literaturkritiken für die *Neue Deutsche Literatur*. Seit 1954 war Heiner Müller, gerade fünfundzwanzig Jahre alt geworden, wissenschaftlicher Mitarbeiter in der Abteilung Drama des Deutschen Schriftstellerverbandes und schrieb in kürzester Zeit mehrere Bühnenstücke. Seine Werke »Zehn Tage, die die Welt erschütterten«, »Die Korrektur« und »Der Lohndrücker« konnten der revolutionären Zensur gerade noch standhalten, weniger gnädig gingen die SED-Kulturfunktionäre 1961 mit seinem Schauspiel »Die Umsiedlerin« um. »Heiner Müllers Stück spannt einen historischen Bogen von der Bodenreform 1945 bis zur Kollektivierung und Bildung der Landwirtschaftlichen Produktionsgenossenschaft 1960 in der DDR. Die dargestellte Dorfgemeinschaft bietet ein buntes Panoptikum aller Schichten, darunter Großbauern, Mittel-, Neu- und Kleinbauern, für die sich auch nach der Neuverteilung des Landes nicht viel zu bessern scheint (beispielhaft Ketzer), außerdem der Bürgermeister, vormals Melker, daneben der Parteisekretär und Kommunist Flint. Und da ist der Umsiedler und Anarchist Fondrak, der sich unter Kommunismus

›Bier aus der Wand‹ vorstellt und lieber in den Westen geht, als eine Neubauernstelle anzutreten, obwohl die Umsiedlerin Niet von ihm schwanger ist.«[33] Die Uraufführung der »Umsiedlerin« an der Studentenbühne der Hochschule für Ökonomie in Berlin-Karlshorst am 30. September 1961, unter der Regie von B. K. Tragelehn, sorgte für einen kulturpolitischen Eklat. Nach Verhören durch die Staatssicherheit noch in derselben Nacht distanzierten sich die Schauspieler von Autor, Regisseur und Stück und übten die übliche geforderte Selbstkritik. »Weder die wenigen Solidaritätsbekundungen noch Müllers eigene Verteidigung konnten die drastischen Folgen mildern: Müller wurde aus dem Schriftstellerverband ausgeschlossen, was einem Berufsverbot entsprach, Tragelehn wurde am Senftenberger Theater fristlos entlassen und zur Bewährung in den Braunkohletagebau geschickt.«[34] Nun also wussten seine Nachbarn im Kissingenviertel, wer sich hinter dem Namen »Müller« verbarg.

Von der Kissingenstraße bis zum Bürgerpark an der Ortsgrenze zu Niederschönhausen waren es mit den damaligen Straßenbahnlinien 22 und 46 gerade mal vier Stationen. Dort, an der Nahtstelle zwischen Grabbeallee, Heinrich-Mann-Straße, Cottastraße und Leonhard-Frank-Straße lag ein geheimnisvoll anmutender Gebäudekomplex, von hohen Mauern und einer beinahe beängstigenden Ruhe umgeben. Das gesamte Areal gehörte zur Parteihochschule »Karl Marx« mit Hauptsitz in Berlin-Mitte, hier in Niederschönhausen hatten die Studenten ihren zeitweiligen Wohnsitz, im Pankower Sprachgebrauch kurz »Parteiwohnheim« genannt. Andere Synonyme waren weniger schmeichelhaft: Vom »Rotlichtviertel« war oft die Rede, auch von »Hannas bunter Bühne«, in Anlehnung an die Rektorin der Hochschule, Hanna Wolf, die ihren Wohnsitz nur wenige Meter entfernt in der Pfeilstraße genommen hatte. Und hartnäckig hielt sich daher die Annahme, die »Chefin« wollte ihren Studenten auch nach den Vorlesungen »sehr nahe sein«, um sie zu kontrolleren. Sicherlich tat sie dies nicht selbst, aber es gab wohl noch andere Möglichkeiten, sie über eventuelle Verfehlungen ihrer Schutzlinge auf dem »allerkürzesten Dienstweg« zu informieren. Die DDR-typische Überwachung war auch hier perfektioniert worden.

Hanna Wolf, in den Dreißigerjahren im Moskauer Exil gestählte Erzkommunistin, wurde bereits 1950 von der Führung der SED als Direktorin der Parteihochschule eingesetzt, diese Funktion übte sie bis 1983 aus. Ihr Regiment erinnerte in fataler Weise an die Figur der Institutsleiterin aus Christa Winsloes Roman »Mädchen in Uniform«, die 1958 in dem brillanten gleichnamigen Film in der Darstellung von Therese Giehse ein furchteinflößendes Gesicht erhielt. »Wenn man zu ihr gerufen wurde, wusste man nie, in welchem Zustand man aus ihrem Büro wieder herauskam«, erinnerte sich eine ehemalige Studentin an eine Begebenheit aus dem Jahre 1982. »In der Hochschule war eine Delegation aus einem kleinen afrikanischen Inselstaat zu Gast, und wie es üblich war, hatte die Kulturkommission des Institutes die Aufgabe, diesen Besuch mit dem Zitieren revolutionärer Gedichte und flammender Lobeshymnen auf den Weltkommunismus kulturell zu umrahmen.«[35] Offenbar waren die Mitglieder der Delegation von den Darbietungen angetan, höfliche Dankesworte und kräftiges Händedrücken der gerührten Gäste waren der willkommene Lohn für die Studenten. Die »Ist-doch-gut-gelaufen«-Stimmung verflog jedoch, als der Programmverantwortliche, ein junger aufstrebender SED-Funktionär aus Dresden, aufgefordert wurde, sich sofort bei der Rektorin einzufinden. Seine Reaktion war typisch, sein plötzlich aschfahl gewordenes Gesicht verriet die Tradition gewordene und aus der Stalinzeit übrig gebliebene Angst, soeben als parteischädigender Antikommunist entlarvt worden zu sein. »So, und jetzt geht's direkt in den Gulag«, waren seine letzten Worte, bevor sich die Tür zum Rektorenbüro, dem Allerheiligsten, schloss. Mit den ersten Worten: »Das glaubt ihr mir nie«, verließ er es nach zehn Minuten wieder, deutlich besser gelaunt und sichtbar erleichtert. Der Gulag war ihm offenbar erspart geblieben, aber er hatte von seiner Prinzipalin den wohl kuriosesten Parteiauftrag aller Zeiten empfangen: Der Leiter der afrikanischen Delegation hatte Hanna Wolf mit einem Gastpräsent aus seiner Heimat beglückt. Es war ein kleiner Kaiman, den die Rektorin als »gefährliches Krokodil« ausmachte. Ein echtes Danaergeschenk, um das sich der bedauernswerte Dresdener von nun an zu kümmern hatte. Hanna Wolf hielt das Tier in einem kleinen Teich auf ihrem Grundstück in der Pfeilstraße, sein unfreiwilliger Pfleger erlangte somit täglich Zugang zu ihrem Haus. Dieses Privileg ermöglichte es ihm, ein an der Parteihochschule grassierendes Gerücht zu entkräften: »Nein, die Rektorin schläft nicht in roter Bettwäsche, und sie isst mit Messer und Gabel und nicht mit Hammer und Sichel.«[36]

Wenige Schritte von der Pfeilstraße entfernt, an der Grabbeallee, in unmittelbarer Nähe der Siedlung Paul-Francke-Straße, grenzte das hermetisch abgeschnittene »Städtchen« an das »normale« Leben in Niederschönhausen, von dem die ausgesuchten Bewohner des Funktionärs-Ghettos nicht viel wussten und noch weniger wissen wollten. Schon in den Fünfzigerjahren wurde in der »kollektiven Führung der Partei« eine Kultur entwickelt, die später in der Waldsiedlung Wandlitz bis zur Perversion perfektioniert wurde und mit dem Begriff »Kollektiv« sehr wenig zu tun hatte. Die Mitglieder des Politbüros achteten peinlich genau darauf, zu ihren Nachbarn so wenig wie möglich Kontakt zu halten. Niemand wusste, ob derjenige, den man gestern noch besucht hatte, nicht heute als Mitglied einer »parteifeindlichen Gruppierung« entlarvt würde. Beispiele hierfür gab es genug: Anton Ackermann, Hans Jendretzky, Rudolf Herrnstadt, Gerhart Ziller, Ernst Wollweber, Paul Merker, Franz Dahlem, Max Fechner, Fred Oelßner und Lex Ende. Und dennoch gab es die einen oder anderen nachbarschaftlichen Kontakte und Begegnungen, von denen in diesem Buch an anderer Stelle noch zu berichten sein wird. Beinahe klassisch war der Streit zwischen Anton Ackermann und dem damaligen Generalstaatsanwalt der DDR Ernst Melsheimer um die lautstärkeproduzierenden Ackermann-Kinder, und auch um das Wesen und den Charakter des einen oder anderen Haushundes gab es Konflikte. Die Klassiker des Nachbarschaftsstreits gab es also auch unter den »Führern der Arbeiterklasse« in der DDR, so ganz unproletarisch, ganz normal und ganz normal spießig.

Und auch in den privaten Verhältnissen zeigten sich die neuen Machthaber ohne Unterschiede zu den »normal Sterblichen«. Walter Ulbricht, Anfang der Fünfzigerjahre immer noch mit einer Frau in Leipzig verheiratet, lebte mit seiner Lotte in »wilder Ehe«, Erich Honecker verliebte sich in Margot Feist – mit weitreichenden Folgen –, Anton Ackermann tauschte seine langjährige Ehefrau gegen die 20-jährige Irmgard, und auch Otto Grotewohl trennte sich von seiner Ehefrau Martha, um fortan mit seiner Sekretärin Johanna zusammen zu leben. Ganz unproletarisch eben, und ganz normal.

In der Paul-Fanke-Straße, 2013.

Johannes R. Becher

1891 München – 1958 Berlin

Dichter, Minister für Kultur der DDR

*Viktoriastraße 21
(heute: Majakowskiring),
Majakowskiring 34*

Manchmal gehen Wunschträume in Erfüllung. Manchmal. »Ich trete ins Auswärtige Amt ein. Denn ich will die diplomatische Karriere aufnehmen, schrieb Becher 1918.[37] Er hatte »unendlich Schlimmes durchgemacht«. Die wenigen, die es noch mit ihm aushielten, trauten ihm in jenen Tagen solch einen Gipfelsturm kaum zu. Als Johannes Robert Becher siebenundzwanzig Jahre später in die bürgerliche Pankower Villa mit den »Nazimöbeln« zog, war er seinem Ziel einen wesentlichen Schritt näher gekommen. Ob sich der Heimkehrer 1945 noch an die »schlimmen Zeiten« von damals erinnerte?

Vielleicht fiel ihm wieder der berühmte Pankower Dichter Richard Dehmel ein, dem er als Münchener Gymnasiast in die Schwabinger Pension hinterher pilgerte. Ihm trug er seine ersten Gedichte vor. Dehmel gab ihm die Warnung mit, sein »Jugendfeuer« nicht allzu schnell als »Strohfeuer« verdampfen zu lassen.[38] Der dichterische Dampfkessel des Gymnasiasten schien indes schon bald zerborsten zu sein. Er habe ein Mädchen »im Augenblicke ihrer höchsten Seligkeit getötet«. Und dann die »Waffe gegen sich selbst gerichtet«.[39] So schrieb er an Dehmel. Becher überlebte, weil er in der Nachahmung des legendären Doppelselbstmordes Heinrich von Kleists sich zu spät daran erinnerte, »dass man sich am besten in den Mund schießt« und »nicht ins Herz«.[40] Der Kontakt zu Dehmel riss ab, aber durch seine »Kleist-Tat« hatte er die ersten schmerzhaften Wehen zum expressionistischen Dichter erfahren. Mit seinem Freund Heinrich F. S. Bachmair gründete er 1911 in Berlin einen Verlag, um die Kleist-Hymne »Der Ringende« zu veröffentlichen. Der kleine Verlag zog nahezu alle Dichter der neuen expressionistischen Bewegung an und druckte die Erstlingswerke von Gottfried Benn, Walter Hasenclever und Else Lasker-Schüler, bevor diese von den renommierteren Verlagshäusern entdeckt wurden.

Als Geschäftsidee war der Verlag ein reines Bankrottunternehmen. Becher musste sich für seinen eigenen Gedichtband »Verfall und Triumph« nach einem neuen Verlag umschauen. Das skandalträchtige Werk erschien noch kurz vor Ausbruch des Ersten Weltkrieges. Bechers provozierend »potenzierter Expressionismus«[41], eine rauschhafte Beschwörung der Apokalypse mit Gedichten über Päderasten, Stricher, Huren und Zuhälter schockierte die literarische Welt. Wer den Autor kannte, wusste, dass dieses verdichtete Labor des Untergangs nicht nur sein Phantasiegebilde war. Was er da in einer billigen Schwabinger Pension zusammengereimt hatte, entsprach durchaus seinen Erlebnissen. Im dauerhaften Morphiumdelirium pendelte er zwischen München und Berlin. Verbannt von den Eltern aus der Heimatstadt schlief er in billigen Absteigen, hin und wieder auch unter Brücken. Immerhin war der berühmte Mäzen Harry Graf Kessler von Bechers Dichtung so beeindruckt, dass er ihm eine feste Apanage zuwies. Er brachte den Dichter beim Insel Verlag unter. Graf Kessler war fasziniert vom dekadenten Bayernburschen, der im »Diplomatenclub der deutschen Gesellschaft« 1914 in Seidenstrümpfen und mit Monokel von seiner großen Zukunft faselte. Aber irgendwann wurde es auch dem Grafen zu viel. Erschrocken beobachtete er den Verfall des »genialsten Dichters aus der Generation des Weltkrieges«. Der war zum »Gast aus Hölle« mutiert, abgemagert mit »fürchterlichen Narben an den Handgelenken, dick geschwollenen roten Striemen, wo er sich die Pulsadern aufgeschnitten hat«.[42] Kessler strich ihm die finanziellen Zuwendungen, weil sie ohnehin nur für bis zu dreißig Spritzen Morphium am Tag in Kombination mit Kokain verschleudert wurden. Zuweilen wurde der Dichter wegen wiederholter Rezeptfälschung von der Polizei verhaftet. Aber auf der Überholspur seines schleichenden Selbstmordes war sein jüngerer Bruder ihm ein wenig zuvorgekommen. Ohne ersichtlichen Grund hatte sich der knapp zwanzigjährige Lieblingssohn der Familie Becher erschossen. Dieses Opfer ließ Becher wieder klarer sehen. Angeekelt vom selbst verschuldeten Ruin entschied er sich endlich für eine Entgiftung. Ob der spätere Kulturminister nach 1945 die Pankower Klinik besichtigte, in welcher er 1918 die »schlimmsten Tage« seines Drogenentzuges durchmachte?

Nach einer kurzen religiösen Ausströmung, die mit den »Hymnen der Sehnsucht nach Gott«[43] gefeiert wurde – Becher wollte sich für immer in die Heimat der Berge, der Wälder und unberührten Wiesen zurückziehen – stürzte er sich umso intensiver ins politische Tagesgeschehen. Sein Ein-

Das einstige Haus Johannes R. Bechers, 2013.

tritt in die Kommunistische Partei Deutchlands im März 1923 beendete endgültig die Phase des Café-Haus-Literaten »Johannes Erbrecher«. Die »lustige Künstlerei und Schwabingerei« war vorüber.[44] »Ich habe zu funktionieren«, bekannte Becher, der sich nun lebenslänglich als Papier-Krieger für den Kommunismus in Stellung brachte. Becher mauerte sich selbst in die Parteidisziplin ein, er ideologisierte sich in einem Maße, »dass es für ihn keinen Ausweg in andere literarische Möglichkeiten mehr gab«.[45] Ob seine dichterische Qualität darunter litt, schien dem »Gespenst eines armen kommunistischen Parteisekretärs, dem seine Begeisterung mit galoppierender Schwindsucht den Garaus machte«,[46] egal zu sein. Die Berühmtheit schien ihm recht zu geben. Er scheute sich nicht vor Tabubrüchen, wie beim Gedicht über den Reichspräsidenten Hindenburg, den er als »Leichnam auf dem Thron« beleidigte.[47] Das brachte ihm sogleich viel beachtete fünf Tage Haft wegen Hochverrates ein.

Sein Roman »Levisite«, eine Warnung vor dem totalen imperialistischen Gas-Angriff, ein Aufruf zum Bürgerkrieg, wurde in Deutschland erwartungsgemäß sofort konfisziert. Dafür erntete er das überwältigende Echo des Protestes der namhaftesten Schriftsteller im In- und Ausland. Ende der Zwanzigerjahre galt Becher – weit vor Brecht – als der »Dichterkönig der deutschen revolutionären Literatur«,[48] und so gebärdete er sich auch in der Öffentlichkeit. Mit Absegnung des Zentralkomitees der KPdSU wurde er 1927 in Moskau zum bevollmächtigten Vertreter des Kominternbüros in Deutschland zum Leiter des »Bundes proletarisch-revolutionärer Schriftsteller« ernannt. Dieser Lichtstrahl der Macht sollte weite Schatten über die Systeme hinweg bis zur Gründung der DDR werfen. Der Preis, den er dafür bezahlte, war hoch, immer, wenn er von der Partei-Linie abwich oder in Ungnade fiel oder ins Politbüro-Sekretariat beordert wurde, »zitterte er vor Angst«.[49]

Becher hat stets im Hass gegenüber der stalinistischen Sowjetunion gelebt, er hat eine bewusste Verschleierungstaktik praktiziert und »immer vor der Partei gekuscht«.[50]

Den ersten großen Auftrag für die »Kommunistische Internationale« hatte er als Naziflüchtling im Pariser Exil zu erbringen. Mit den widersprüchlichsten Anweisungen aus Russland, im ewigen Kompetenzgerangel mit der eigenen Partei und trotz des großen Vorbehaltes der bürgerlichen Literaten-Elite, gelang ihm im Juni 1935 das Unglaubliche: Er trommelte das gesamte »Who is Who« der Autoren zum »Internationalen Schriftstellerkongress zur Verteidigung der Kultur« in Paris zusammen. Die versammelten Literaten traten mit ihrem ganzen Gewicht gegen Krieg und Faschismus an. Dennoch, die Parteiführung in Russland war von diesem Propagandafeldzug der »Schreiberlinge« nicht überzeugt. Becher wurde nach Moskau zitiert. Er leitete dort die deutsche Ausgabe der Exil-Zeitschrift *Internationale Literatur*, die im Ausland »von der Schweiz bis Kalifornien«[51] gelesen und respektiert wurde. Bechers Exil-Gedichte lobte Thomas Mann als das »wahrscheinlich repräsentative Gedichtbuch unserer Zeit und unseres schweren Erlebens«.[52] Wie schwer für Becher und seine Frau Lilly das Exilleben in Russland war, konnte Thomas Mann kaum ahnen. Dass Becher und Lilly dieses exorzistische Ritual der innerparteilichen Beschuldigungen im Klima des »großen Terrors« und der »Säuberungen« überlebten, grenzte an ein Wunder.[53] Es lag wohl kaum an Bechers angeberischer Fähigkeit, alle Funktionäre unter den Tisch saufen zu können. Eher war es sein internationaler Bekanntheitsgrad, der ihn die inquisitorische Hetzjagd überstehen ließ. Eines hatte Becher allerdings auch gelernt: auf den Machthaber Stalin »viele Strophen lauthals zu singen, deren Worte in die Zeit passten«.[54] Während des absehbaren Sturzes von Adolf Hitler entwarf Becher unter Walter Ulbricht und Wilhelm Pieck die Arbeitsgrundlage für einen kulturpolitischen Neuanfang in der Heimat. Nach zwölf Jahren und drei Monaten Bangen und Hoffen im Exil wurde er vom »Alten«[55] (Stalin) wieder nach Deutschland entlassen.

Bechers Arbeitszimmer im Majakowskiring 34.

Endlich wieder im Vaterland, feierte der Dichter mit seiner Frau sein erstes Weihnachten in Pankow. Im luxuriösen Salon der 1938 von dem Buchmacher Karl Schwabe erbauten Villa Viktoriastraße 21 – Haus und Mobiliar waren von der sowjetischen Kommandantur beschlagnahmt worden –, zündeten sie die Kerzen des Christbaumes an. Als Gastgeber hatten sie darum gebeten, eine Flasche Wein mitzubringen. Es kamen illustre Gäste wie Wilhelm Pieck und Hans Fallada aus der Nachbarschaft. Bei Salzkartoffeln und heißen Bockwürsten stieß man nach dramatischen Diskussionen auf ein »Fest der Wiedergeburt Deutschlands zu neuem Leben« an.[56] Bereits im August 1945 war Becher zum Präsidenten des Kulturbundes gewählt worden, um die demokratische Erneuerung Deutschlands voranzutreiben. »Es werde Licht!« hatte Becher im Großen Sendesaal des Berliner Funkhauses per Radio verkündet.

In den ersten Jahren des Wiederaufbaus schien Becher ganz freie Hand zu haben, um aus der sowjetischen Zone heraus ein liberales und lebendiges Kulturleben zu organisieren. Das wurde auch von der bürgerlichen Seite respektiert. Aber der patriotische Dichter-Funktionär, der sehnlichst die Einheit Deutschlands beschwor, wurde zunehmend zwischen den Fronten des Kalten Krieges zerrieben. Im Westen war er eine beliebte Zielscheibe der Pressepolemiken, die ihn als sowjetischen Handlanger verpönten. Vom marxistischen Osten aus beobachtete man ihn mit zunehmendem Argwohn. Das bürgerlich-liberale Auftreten des »westeuropäischen Demokraten«, der sich nicht als »Genosse« ansprechen ließ und nur die Anrede »Herr Becher« duldete, passte kaum in die sozialistische Linie. Sogar sein Nachbar Wilhelm Pieck beschimpfte ihn als »politischen Ignoranten«, der sich zu selten in den Parteigremien blicken ließ.[57]

Die Gründung der BRD und der DDR ließen Bechers Träume einer kulturellen Einheit jenseits politischer oder wirtschaftlicher Grenzen platzen. Gegen die Protestkundgebung im Berliner Funkhaus wurde der Kulturbund von den Westalliierten 1947 verboten. Einen Nachhall seiner Sehnsucht nach einem »Deutschland einig Vaterland« hatte er in seinem vielleicht berühmtesten Werk, der Nationalhymne der DDR, beschworen. Der Ruf nach dem »einig Vaterland« wurde der späteren DDR so unbequem, dass er erst wieder 1989 als Schlachtruf zur Maueröffnung skandiert wurde.

Die Nationalhymne der DDR war ein Produkt der Pankower Netzwerke. Wilhelm Pieck war nach einer neuralgischen Schmerzensnacht auf die Idee einer eigenen Nationalhymne gekommen. Er bat seinen Nachbarn Becher um eine dichterische Umsetzung.[58] Als Pieck abends am Majakowskiring 34 vorbeischaute, traf er Becher mit einem Stapel Nationalhymnen-Schallplatten an. Der Dichter hörte sie durch, um ihrer Wirkung nachzuspüren. Bechers fertig gestellte Verse trugen dann zwei Opernsänger in Piecks Heim den SED-Größen wie Grotewohl und Ulbricht vor. Das Politbüro entschied sich für die Komposition von Hanns Eisler, den die Westpresse sogleich als »musikalischen Propagandachef Pankows« titulierte.[59] Dem Komponisten waren bei der eingängigen Hymnenmelodie vielleicht ein paar Takte des Schlagers »Goodbye Johnny« hängen geblieben, wenn er mit Becher auf einer der »Sauf- und anderen Orgien« am Kurfürstendamm zechte, bei denen die beiden immer wieder ertappt wurden. Noch scheute man sich nicht »von dem Ost- in den Westsektor« zu gehen.[60]

Die hochkarätigen Vertreter des »Arbeiter-und-Bauernstaates« hatten sich nach der Gründung der DDR längst im Sperrgebiet ihres Pankower »Städtchens« verschanzt. Auch Johannes R. Becher gehörte zu den auserwählten Bewohnern. Wenn Becher sich darüber beschwerte, dass er den Eingang über die Grabbeallee nicht benutzen könne, sondern nur über die Ossietzkystraße zum Haupteingang gelange, dann mag ihm wohl egal gewesen sein, dass für die gewöhnliche Arbeiterschaft die Straßenbahnlinie 47 von Pankow nach Niederschönhausen schon längst gekappt war.[61]

Johannes R. Becher, 1951.   *… und beim Oktoberfest 1956.*

Der revolutionäre Schriftsteller wohnte auf einem 1.500 m² großen Grundstück mit Villa, Gartenanlage, Teich und Dichterlaube. Obwohl selbst Jagdfreund und Besitzer zweier gesitteter Terrier, klagte er gegen den nächtlichen Hundelärm in den umliegenden Gärten. Ein Zeitzeuge erinnert sich an das »spießig-kitschige« Gehabe der Parteioberen in der Gartenstadt mit den »billigen Plagiaten vergangener Epochen«.[62] War »materieller Erfolg, größtmöglicher bürgerlicher Wohlstand« für das Ehepaar Becher zum »Endziel aller politischen, dichterischen und kulturellen Bestätigung« geworden?[63] Während die verzweifelte Hausfrau Lilly mit neidvollem Blick auf die beheizbare Garage der First Lady Lotte Ulbricht um einen bequemeren Stellplatz für das eigene Automobil kämpfte, fühlte sich der »Gefühlskommunist«[64] Becher daheim von seiner Frau beschattet, weil sie ihn nur zum Ausspionieren im »Auftrag der Partei« geheiratet habe. Grund zur Eifersucht gab es genug. Gelegenheiten auch. Becher besaß ein Motorrad, dazu einen kurvigen EMW-Sportwagen, einen Dienstwagen mit Fahrer sowieso. Seine heimliche Liebschaft, die Schauspielerin Ann Höling, schleuste er im Kofferraum seines Wagens ins »Städtchen«, er sorgte gelegentlich für einen kleinen Sommerskandal mit dem Kurschatten Erika Seemann im von ihm für den Kulturbund beschlagnahmten Künstlerdörfchen Ahrenshoop an der Ostsee. Oder er knüpfte hin und wieder zarte Bande im eigenen »Knusperhäuschen« am Scharmützelsee in Bad Saarow. »Dieser Becher, dieser Bock!

61

Arme Lilly. Dessen Frau hätte ich nicht sein mögen«, lästerte eine seiner
ehemaligen Gespielinnen über den Liebestollen, der sich Potenzmittel
spritzen ließ. »Gehurt, gefressen, gesoffen, Zoten gerissen, Dichterklatsch
erzählt, und wenn ihm der Sinn danach stand, fuhr er 'rüber in den Bri-
tensektor, der nahm ja alles, Mädchen, Jungs, ein Schwabinger nach
Maß!«[65] Verhängnisvoll für den Kulturbundchef konnte es werden, wenn
in der West-Presse berichtet wurde, dass »er in einer unbeleuchteten Be-
dürfnisanstalt am Hohenzollernplatz« von einem Kriminalbeamten beobachtet wurde, »wie er mit dem Bauhilfsarbeiter Adolf S. aus Wilmersdorf
unzüchtige Handlungen vornahm«.[66]

Bechers beständiger Konflikt, seine Sinnlichkeit durch die »Säuberungen« der Partei zu bringen, »ohne auf die Nase zu fallen«, löste er damit,
dass er sich die »Maske des Dogmatismus« anlegte.[67] Kaum zwei Monate
nach seinem »Unfall« in Wilmersdorf setzte Becher wieder diese Larve
auf und schwang Hasstiraden gegen den antikommunistischen Westen.
Auf dem Parteitag der SED im Juli 1950 wurde Becher unter wachsamem
Blick seines Nachbarn Walter Ulbricht, der wieder einmal gegen »Gesin-
nungsverräter« hart durchgriff, ins Zentralkomitee der Partei gewählt.
1950/51 feierte er mit Lilly den »besten Jahresabschluß« im Nachbarhaus
bei den Ulbrichts. Die Hausherrin Lotte konnte Becher ob seiner trieb-
haften Eskapaden nicht sonderlich ausstehen. Als einschmeichelndes
Gastgeschenk dürften sich die Ulbrichts darüber gefreut haben, dass
Becher mit dem Gedanken spielte, eine Ulbricht-Biografie zu verfassen.
Von der Politbüro-Kommission zur Vorbereitung des 60. Geburtstags
von Ulbricht wurde das Werk offiziell in Auftrag gegeben. Becher tat sich
schwer mit der Heiligenlegende vom Generalsekretär als »Politiker neuen
Typs«, zumal Lotte Ulbricht immer wieder im von ihr zu Recht bemängel-
ten Manuskript »ohne Vorstellung vom Menschen« herumfuhrwerkte.[68]
1953 hatte Becher die Biografie endlich beendet, aber die Druckmaschi-
nen konnten nicht angeworfen werden, weil sich die Ereignisse in der
DDR überschlugen. Der Arbeiteraufstand am 17. Juni und der neue Kurs
in der Sowjetunion machten einige allzu anhimmelnde Stalin-Textpassa-
gen der Biografie brandgefährlich. Die gut behütete Elite in Pankow
konnte sich nach dem Tod des Diktators der Rückendeckung aus Moskau
nicht mehr ganz so sicher sein. Becher nutzte die kurze »Tauwetterperi-
ode« und forderte eine weitgehende Liberalisierung der Intelligenz. Um
den Kulturschaffenden in ganz Deutschland eine neue Stoßrichtung zu
geben, schlug er die Einrichtung eines Kulturministeriums vor und wurde
selbst am 7. Januar 1954 zum ersten Kulturminister der DDR ernannt.

»Nun ist eingetroffen, was du dir gewünscht hast«, gratulierte der »par-
teilose Lümmel« und berühmte Maler Ludwig Meidner aus der Mainme-

Inzwischen abmontierte Hinweistafel an der Einfahrt zum Majakowskiring an der Grabbeallee.

tropole Frankfurt dem Kulturminister. Meidner erinnerte damit offenbar an die Vorhersage des ausgebrannten Dichter-Kumpels, der »einmal, vorahnend, vor Jahrzehnten eine entsprechende Bemerkung« von sich gegeben hatte.[69] Ganz realistisch schätzte Luise Rinser Bechers Aufstieg in der DDR ein, als sie ihm schrieb: »Du bist zwar ein berühmter Mann, aber du hast keine Macht.«[70] Ein »buntes, blühendes Leben« wollte Becher in der DDR entstehen lassen, er nahm wieder die Ost-West-Gespräche auf, förderte eine für jedermann bezahlbare Hochkultur und unterstützte die offene Meinungsdiskussion. Becher sympathisierte mit der Oppositionsbewegung, die einen antistalinistischen und menschlicheren Sozialismus einklagte. Zu weit aus dem Fenster lehnte sich der Kulturminister allerdings nicht, als er nach der Zerschlagung des Ungarn-Aufstandes seinen alten kommunistischen Schlachtgefährten, den Philosophen Georg Lukács, zu retten versuchte. Das SED-Zentralkomitee verbot sämtliche Reformbemühungen Bechers, entmachtete ihn, ließ ihn aber pro forma Amt und Titel behalten, um das Monument des sozialistischen Dichters der Nationalhymne nicht zu beschädigen.

Becher, nunmehr selbst als »Leichnam auf dem Thron« mumifiziert, wurde vom Nachbarn Ulbricht genötigt, öffentlich Abbitte für sein »revisionistisches Versagen« zu leisten. Unheilbar erkrankt, zog sich Becher nach Bad Saarow zurück, und es mag dem Dichter ein bitteres Lächeln abgerungen haben, als ihm noch auf dem Sterbebett die von Lotte Ulbricht zusammengestückelte Endfassung der Biographie seines Peinigers, »Walter Ulbricht. Ein deutscher Arbeitersohn«, zur feierlichen Freigabe gereicht wurde.[71] Vielleicht dachte er dabei an sein kritisches Stalin-Gedicht über den »Turmbau von Babel«, in dem der Kain den Abel erschlägt, um sich als Gott besingen zu lassen. Solch ein Turm, hatte der Dichter prophezeit, wird »im Sturz zu Nichts zerfallen«.[72] Bechers letzter Wunsch, »den Menschen, der nicht mehr ist«, in Ruhe zu lassen und ihn vor jeglichen »G'schaftlhubereien« zu verschonen, wurde nicht erhört. Totenmaske, Zurschaustellung im Haus der Ministerien, Ehrenwache des Politbüros und pompöses Staatsbegräbnis blieben ihm nicht erspart.

Bis zu ihrem Tode 1978 führte Lilly Becher, »die First Lady des ostdeutschen sozialistischen Realismus«,[73] Besucher von »Tokio bis San Francisco« durch die Johannes-R.-Becher-Gedenkstätte am Majakowskiring 34, soweit die Gäste überhaupt die Schranken zum Pankower Reservat überwinden durften. Die oberen Räume waren Lilly Becher vorbehalten, und die unteren Zimmer sollten so erhalten bleiben, als habe der Dichter eben das Haus verlassen. Die Gedenkstätte wurde 1993 endgültig geschlossen, weil vom Alteigentümer nach der Wende ein Rückübertragungsanpruch auf das Gebäude gestellt worden war. Als die Johannes-R.-Becher-Straße in Pankow 1991 wieder in »Breite Straße« umbenannt wurde, entsprach das vermutlich unabsichtlich dem Testament Bechers, der nach seinem Tod »unter keinen Umständen« Straßen-Benennungen oder Platzinschriften wünschte. Die Umbenennung der Viktoriastraße in Majakowskiring – eine Idee des Majakowski-Übersetzers Becher – hat den Wendeeifer erstaunlicherweise überlebt.

»Der Kulturminister Becher war ein Glücksfall für die DDR«, schrieb Hans Mayer.[74] Als der sozialistische »Turm zu Babel« 1989 einstürzte, wurden nicht wenige seiner Bruchstücke in das wiedervereinigte Land hinübergerettet. Die Liste der Errungenschaften, die auf Johannes R. Becher zurückgehen und die Zeiten überdauerten, ist lang. Dazu gehören der »Aufbau-« und der »Insel-Verlag«, die Zeitschrift *Sinn und Form*, die Rettung des Nietzsche-Archivs oder die Rückführung deutscher Kunstschätze wie des Pergamon-Altars und der Sixtinischen Madonna. Bei der Übernahme der von ihm geförderten Theater wie das Berliner Ensemble, die Komische Oper oder die Deutsche Staatsoper hätte der Kulturminister vielleicht noch gern eines verfügt: Erschwingliche Tickets für jedermann.

Ernst Busch

1900 Kiel – 1980 Bernburg

Schauspieler, Sänger

Heinrich-Mann-Straße 16,
Leonhard-Frank-Straße 11

Ein einfacher Mensch war Ernst Busch nicht. Unnahbar, aufbrausend, cholerisch, beinahe enervierend diskutierfreudig und dabei unnachgiebig – all diese Attribute wurden ihm nachgesagt und hatten wohl auch einen hohen Wahrheitsgehalt. Seine anderen Charakterzüge – freundlich, liebevoll, großherzig – konnte er freilich in der Öffentlichkeit recht geschickt verbergen. Vielleicht aber gab es sie gar nicht. Eva Kemlein, seine Fotografin und Nachbarin in der Wilmersdorfer Künstlerkolonie, beschrieb das im Gespräch mit Ernst Buschs Biografen Jochen Voit so: »Er kam öfter rüber zu uns, manchmal mehrmals am Tag, war ja kein weiter Weg. Er ging einmal durch die Wohnung, hat kein Wort gesprochen und verschwand wieder. Dann wussten wir … Aha, Busch hat wieder mal Stress … Mit wem? Ach, mit Gott und der Welt. Wissen Sie, er war schwierig, sehr schwierig. Weil er zunächst mal alles ablehnte, was man ihm vorschlug.«[75] Nein, einfach war Ernst Busch nun wirklich nicht. Wenn er schlechte Laune hatte – also fast jeden Tag – mussten alle in seinem Umfeld Anteil daran nehmen. Er war hochintelligent und durchgeistigt, ein Künstler, ein Schauspieler, ein Sänger, und wie viele Vertreter dieser Spezies schien auch er die Lizenz zu überhöhter Selbstdarstellung zu besitzen.

1920 hatte Ernst Busch Schauspielunterricht genommen, und ihm wurde ein außergewöhnliches Talent attestiert. Bereits ein Jahr später stand er auf der Bühne des Kieler Stadttheaters, dort spielte er in der Folgezeit große Rollen mit großen Kollegen. Hans Söhnker, der spätere Ufa-Star, war einer von ihnen. Obwohl Jahrzehnte später im Nachkriegsdeutschland der eine in Dahlem, der andere in Niederschönhausen wohnte, ist die Verbindung zwischen beiden nie abgerissen. 1927 holte Erwin Piscator den eigentlich bodenständigen Hanseaten Busch nach Berlin an seine Bühne. Und das bedeutete dessen Einstieg in das politische Theater. Dem knorrigen Kieler wurde in seinen jungen Jahren eine Traumkarriere vorausgesagt, und wirklich zählte er schon bald zu den deutschlandweit »schillernsten«[76] Bühnendarstellern. Er galt als einer, der nicht nur das gesprochene, sondern zunehmend das gesungene Wort glänzend beherrschte. Seine Auftritte in Werner Fincks Kabarett »Die Katakombe«, Ende der Zwanzigerjahre, sollten seine Karriere und seinen Ruf als Sänger des Proletariats nachhaltig befeuern. Das »Stempellied« in der Musik von Hanns Eisler, der in den nächsten Jahrzehnten Buschs Hauskomponist wurde, war einer seiner bekanntesten Songs und erreichte – im heutigen Sprachgebrauch – Kultstatus. Seine Zusammenarbeit mit Bert Brecht in der »Dreigroschenoper« und in dem Tonfilm »Kuhle Wampe« ließen ihn endgültig zum »Volkssänger« und »Volksschauspieler« – ein Begriff, der für ihn geprägt wurde – aufsteigen.

Aber Busch polarisierte auch, zwischen Hass und Zuneigung, »zwischen Liebe und Zorn«[77]. Zum Beispiel verfolgte Hans Albers seinen Werdegang mit der einem Schauspieler innewohnenden Eifersucht, Kurt Tucholsky nannte Ernst Busch einen »Provokantigen«, Werner Finck erfand den Begriff »Barrikaden-Tauber«. Er wurde als »Ikone der Linken«[78] bezeichnet, als Arbeitersänger, als revolutionäre Stimme der Werktätigen. Auf Seiten der Rechten jedoch gehörte Ernst Busch selbstverständlich zu den gefährlichsten politischen Brandstiftern, was ihm nach der Machtübernahme durch die Nazis mit Gestapo-Haft und Internierung im Zuchthaus Brandenburg sehr deutlich zu verstehen gegeben wurde.

Als Ernst Busch 1930 zum ersten Mal in der »Katakombe« auftrat, hatte er »sehr großen Erfolg und es gab Riesenbeifall. Aber anstatt noch mal rauszugehen und sich zu verbeugen, blieb er hinter der Bühne«.[79] Werner Finck forderte ihn auf, sich noch einmal vor dem Publikum zu verbeugen. Buschs Antwort: »Ich verbeuge mich doch nicht vor diesen Arschlöchern.« Das war typisch für ihn, auch in der Folgezeit. Nur tauschte er die Publikumsschelte später gegen eine zunehmend kritische Beurteilung der DDR-Partei- und Staatsspitze sowie ihrer kulturellen Erfüllungsgehilfen ein und auch sein privates Umfeld bekam einiges ab.

1949 war er gemeinsam mit seiner Lebenspartnerin Margarete Körting aus der Wilmersdorfer Künstlerkolonie in den Osten Berlins, nach Treptow, gezogen. Bereits zwei Jahre später beugte er sich dem Ruf der Funktionäre, die ihn unbedingt in Pankow haben wollten, und begab sich in die Mitte der Macht, als er ein schickes Haus in der Heinrich-Mann-Straße 16 bekam. Aber Margarete, die jedermann »Frau Busch« oder

Ernst Busch und HerthaThiele im Film »Kuhle Wampe«, 1932.

»Tete«[80] nannte, war nur Gast in diesem Haus. Ihr Lebensgefährte mochte nicht mit ihr zusammen wohnen, auf dem Klingelschild an der Gartentür stand nur der Name »Busch«. Er hatte sie nie geheiratet, und als sie am 10. Juni 1963 starb, war Busch nicht da. Bei ihrer Bestattung auf dem Friedhof Pankow III war Busch ebenfalls nicht da. Die Trauerrede hielt Manfred Wekwerth, der Brechtschüler, Theaterregisseur, spätere Inten-dant des Berliner Ensembles und ab 1980 Präsident der Akademie der Künste der DDR. »Buschs Fernbleiben … war demonstrativ. Um die trau-ert er nicht«, erinnerte sich Manfred Wekwerth später.[81] Die Witwe des österreichischen Schauspielers und Regisseurs Arnolt Bronnen, Renate Bronnen, stand Tete Körting sehr nahe, und sie berichtete, wie Ernst Busch seine Tete, besonders, wenn Gäste anwesend waren, behandelte: »Du dusselige Kuh!«, »Was verstehst du schon!«, »Halt den Mund!«, »Das weißt du nicht!« – so ging das. Renate Bronnen war entsetzt: »… er hat sıe bloßgestellt … und noch mehr rumgebrüllt. Er hat ununterbrochen mit ihr herumgeschrien.«[82]

Ernst Busch hatte auch eine höchst seltsame Angewohnheit: Er brachte viel Zeit und eine sonderbare Akribie auf, sich seiner Freunde zu entledi-gen. Bei Brecht hätte es beinahe geklappt, bei Robert Havemann schaffte er es, auch bei Renate Bronnen. Und bei Erich Honecker sowieso. Die Ursachen für seine offensichtlichen Diskrepanzen mit dem Genossen Generalsekretär lagen wohl sehr weit zurück. Der junge und im anti-faschistischen Widerstand unerfahrene Honecker hatte während seines Zuchthausaufenthaltes in Brandenburg durch einen unüberlegten Fluchtversuch die gesamte kommunistische Untergrundbewegung und deren illegale Arbeit im Zuchthaus gefährdet. Das müssen ihm Ernst Busch und seine Genossen noch lange ziemlich übel genommen haben.

Busch hatte sich 1963 in der DDR seine eigene Schallplattenfirma AURORA geschaffen, von den Vertretern der DDR-Kulturpolitik bis ins kleinste Detail gefördert, unterstützt und mit finanziellen Zuwendungen am Leben gehalten. Immerhin konnte ein solches Projekt, hinter dem das »singende Herz der Arbeiterklasse« pochte, nicht irgendwann in eine wirtschaftliche Schieflage geraten. Den Hauptteil des AURORA-Katalogs nahm natürlich das Gesamtschaffens Ernst Buschs ein, allein für die chronologisch-dokumentarische Zusammenstellung seiner Lieder und der gesprochenen Texte gehört AURORA zu den wichtigsten deutschen Platten-Labels. Nie zuvor und nie wieder danach ist ein solch geschlossenes Lebenswerk eines Künstlers zusammengestellt worden. Das alles ist in Niederschönhausen erdacht, konzipiert, umgesetzt, an den Start und erfolgreich ins Ziel gebracht worden. Selbstverständlich wurden Ernst Busch alle technischen Wünsche für das AURORA-Aufnahmestudio erfüllt, dabei musste AURORA auch Geld einspielen und sich am Markt behaupten. Keine leichte Aufgabe, denn das traditionelle revolutionäre Arbeiterlied zog nicht mehr bei der breiten Masse des Publikums, und deren Interpreten sahen sich in den Sechzigern auf einmal der musikalischen Umwälzung mit Ursprung im anglo-amerikanisch-kanadischen Raum ausgesetzt. Die neuen Töne, die Joan Baez, Donovan oder Bob Dylan anschlugen, hätten Ernst Busch zumindest hellhörig werden lassen müssen. Ernst Busch aber wollte das alles nicht wahrhaben. Was zum Beispiel der Oktoberklub in seiner Mischung aus Folksongs und Arbeiterliedern mit hoher Akzeptanz beim jugendlichen Publikum produzierte, hielt Busch für »minderwertig«.[83] Und die Welle der so genannten »Protestsongs« fand bei Busch keine Gnade: »Die Musik von Eisler und die Gedichte von Brecht hatten Niveau. Das war echte Kunst … Ein Sänger wie Pete Seeger ist momentan populär … aber was er macht, ist in zwei Jahren vergessen«, meinte er.[84] Eine neue, zeitgemäße Interpretation von Arbeiterliedern hatte es nach Buschs Meinung gefälligst nicht zu geben. Zumindest aber erregten bei ihm fünf raubeinige Jungs aus dem Londoner Osten so etwas wie Aufmerksamkeit. Busch fand die Musik der Rolling Stones nicht schlecht, von der Stimme Mick Jaggers schien er zumindest angetan und vielleicht an seine eigenen Anfänge erinnert. Jedenfalls wollte er unbedingt in seinem Aufnahmestudio ein artgleiches Gesangsmikrophon haben. Ein reitender Bote besorgte aus West-Berlin das legendäre »Neumann U 47«, und unter Androhung härtester Strafen durfte

Gedenktafel neben Buschse Wohnhaus ...   *in Leonhard-Frank-Straße 11, 2013.*

dieses Mikrophon von niemand anderem, sondern ausschließlich von Ernst Busch benutzt werden. Busch meets Jagger. Nicht schlecht.

1964 heiratete Ernst Busch Irene Ullrich, die Sekretärin des Berliner Ensembles. »Für ihre Entscheidung, den Choleriker zu heiraten, wurde sie im Bekanntenkreis halb bemitleidet, halb bewundert.«[85] Zwei Jahre später zog das Ehepaar in das Haus Leonhard-Frank-Straße 11, Vormieter dieser Villa waren einst der Oberbürgermeister von Ost-Berlin, Friedrich Ebert, und der Intendant des Deutschen Theaters, Wolfgang Langhoff. Beinahe aufopferungsvoll meisterte Irene Busch nicht nur den Haushalt und ihre Arbeit am Theater, sie war auch »Mutti und Managerin, Fan-post-Beauftragte und Chauffeurin«.[86] Irene hatte eine Tochter mit in die Ehe gebracht, eine wunderschöne, wunderblonde junge Frau. Mit ihrem Ehemann und ihrem bildhübschen kleinen Sohn war diese in ein Haus nahe der Tschaikowskistraße gezogen. Fünfzehn Jahre lang war sie eine Nachbarin des Autors. Eine sehr angenehme Zeit.

1977 trat Ernst Busch, anlässlich der Übergabe des ehemaligen Hauses der Volkskammer an die Akademie der Künste, zum letzten Mal öffentlich auf. Noch einmal ließ er mit kraftvoller, unverwechselbarer Stimme das »Lied vom Klassenfeind« von Hanns Eisler und Bert Brecht erklin-

Programmheft zum Dokumentarfilm über Ernst Busch.

gen, sehr zur Freude des Publikums, das den alternden Arbeitersänger mit Standing Ovations ehrte. Das Singen vor Publikum hatte ihm in den letzten Jahren sehr oft körperliche Schmerzen bereitet, ihm fehlte zum Schluss ganz einfach die Kraft für anstrengende Bühnenauftritte. Von nun an gehörte leises Singen während ausgedehnter Spaziergänge im Bürgerpark und überlautes Abspielen seiner Platten zu Ernst Buschs Alltag. Seine Nachbarn ließen ihn gewähren. »Ganz Niederschönhausen hat die Lieder vom Busch gehört«,[87] erinnerte sich Renate Bronnen. Das Leben Ernst Buschs fand mehr und mehr in der Vergangenheit und in seiner Erinnerung statt. Am 8. Juni 1980 starb er, am 23. Juni wurde seine Urne auf dem Friedhof Pankow III, nur wenige Meter von seinem letzten Wohnhaus in der Leonhard-Frank-Straße entfernt, beigesetzt.

Hans Fallada

1893 Greifswald – 1947 Berlin

Schriftsteller

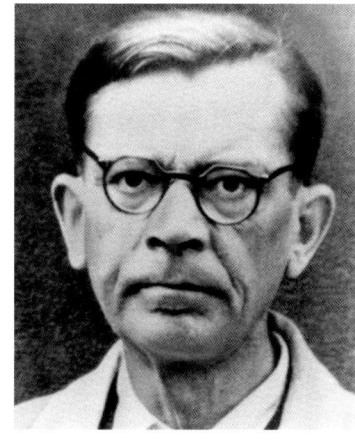

Eisenmengerweg 19
(später Majakowskiweg,
heute Rudolf-Ditzen-Weg)

»Nun biegt er von einer Hauptstraße in eine stille, grüne Villenstraße ein. Aber er kann nicht ohne weiteres hineingehen in diese Straße – da ist ein Schlagbaum, rot-weiß geringelt, und ein Schilderhaus, rot-weiße Schräg-balken, und an dem Schilderhaus stehen ein russischer Posten und ein deutscher Polizist Wache, dass niemand Unbefugtes in diesen Bezirk, in dem eigentlich nur Offiziere der Besatzungsmacht wohnen, eindringt. Doll hat zwar die erforderlichen Ausweispapiere, er darf ohne weiteres passieren, aber er geht darum doch nicht gerne durch diese Sperre ….«[88] Der Schriftsteller Dr. Doll zählt zu den Befugten und konnte das so ge-nannte »Städtchen« betreten. Die sowjetische Besatzungsmacht hatte es nach der deutschen Kapitulation im Sommer 1945 in Pankow eingerich-tet. Es ist im Hier und Heute möglich, zum Haus des Dr. Doll zu gehen, denn so ganz fiktiv ist die Romanfigur nicht. Die Schritte müssten in den Niederschönhausener Majakowskiring gelenkt werden, der 1950 nach dem Dichter Wladimir Majakowski benannt wurde, und danach in den Rudolf-Ditzen-Weg, der ebenfalls nach einem Schriftsteller heißt. Doch hat dieser Autor nicht unter seinem Geburtsnamen Rudolf Ditzen ge-schrieben und publiziert. Für den Sohn des Reichsgerichtsrats Wilhelm Ditzen stand mit dem Erwachsenwerden fest, dass er dem Vater im juristi-schen Fach nicht folgen wird und damit die Familientradition durch-bricht. Seinen Roman-Erstling »Leiden eines jungen Mannes in der Pu-bertät« schrieb Ditzen Junior zwischen 1917 und 1919 in Berlin, konnte ihn aber unmöglich unter dem Familiennamen veröffentlichen lassen. Das Buch erschien als »Der junge Goedeschal« 1920 im Rowohlt-Verlag – unter dem Pseudonym Hans Fallada. Das ist zusammengesetzt aus zwei

Märchenfiguren der Sammlung der Brüder Grimm: dem glücklosen Hans aus »Hans im Glück« und dem sprechenden Pferd Falada aus der »Gänsemagd«, jedoch mit einem »l« verstärkt. Hans Falladas literarisch-expressionistisches Debüt ist in der Zeit vor dem Ersten Weltkrieg angesiedelt und spielt in der Familie eines hohen Justizbeamten, in der der Protagonist Kai Goedeschal alle Sorgen und Nöte der Pubertät erlebt, aber damit allein bleibt. Rudolf Ditzen lässt grüßen.

Doch der Autor schaute später nicht sehr wohlwollend auf seinen Erstling und ließ ihn ebenso wie seinen zweiten Roman aufkaufen und vernichten. Zur Erklärung heißt es in seinem autobiografischen Manuskript »Wie ich Schriftsteller wurde«: »Ich erkenne diese beiden ersten Kinder nicht an ... Ich denke mit einem Grausen an sie zurück ... weil ich sie auf Anregung, auf Befehl fast einer ehrgeizigen Frau geschrieben habe.«[89] Mit der acht Jahre älteren Anne Marie Seyerlen hatte Fallada eine Affäre. Sie war die Ehefrau des Geschäftsmanns Egmont Seyerlen, der Kontakte zum Verleger Ernst Rowohlt besaß, dem wiederum – nach den Worten seines literarischen Beraters Kurt Pinthus – eine Art Zentralverlag für die neue junge Literatur vorschwebte. Rowohlt sollte der entscheidende Verleger von Fallada werden. Und an ihn schickte der Autor in spe am 5. Mai 1919 wegen seines »Goedeschal«-Manuskripts ganz ungeduldig einen Brief, den er erstmals mit Hans Fallada unterzeichnete. Der Vertrag kam zustande, der Roman erschien ein Jahr später. Doch der große Erfolg eines Fallada-Buches ließ auf sich warten und kam schließlich erst 1932 mit »Kleiner Mann, was nun?«. Weitere bedeutende Werke des großen Erzählers Hans Fallada folgten.

Umso rätselhafter erscheint der Rudolf-Ditzen-Weg – warum sein Geburtsname, den viele nicht kennen? Zu den jüngeren Grundsätzen der Berliner Verleihung gehört, dass Straßennamen nur einmal vorkommen sollen. Seit dem 10. Januar 1986 gibt es im Ortsteil Biesdorf eine Hans-Fallada-Straße. Da hilft auch kein Ausweichen auf eine Allee oder einen Weg, aber auf den bürgerlichen Namen, das geht. Aber warum der ganze Aufwand, wenn schon eine Straße existiert, die an den beliebten Autor erinnert, da braucht es doch keine zweite? Zu Biesdorf lässt sich jedoch keinerlei biografischer oder literarischer Bezug zu Fallada oder seinem Werk herstellen. Im Pankower Ortsteil Niederschönhausen schon, denn hier kommt wieder Dr. Doll ins Spiel, alias Hans Fallada, also Rudolf Ditzen. Der verbrachte nämlich seine letzten knapp anderthalb Lebensjahre im Pankower »Städtchen«. Im Roman »Der Alpdruck« beschreibt der Autor sich nun in der Person des Dr. Doll im weitesten Sinne selbst, in einer für Fallada typischen Mischung von Wirklichkeit und Fiktion. Doll erlebte mit seiner jungen Frau das Kriegsende im mecklenburgischen

Wohnhaus Rudolf-Ditzen-Weg 19.

Feldberg – wie Fallada mit seiner zweiten, fast dreißig Jahre jüngeren Frau Ursula Losch – wurde dann von den Sowjets zum Bürgermeister gemacht – wie Fallada auch. Nachdem Dr. Doll zusammenbrach – ebenfalls wie der süchtige Workaholic Fallada – kehrte er nach seinem Krankenhausaufenthalt nicht auf seinen Posten zurück, sondern setzte sich nach Berlin ab – wie Fallada mit seiner jungen Frau. Und Dr. Doll landete schließlich im sowjetischen »Sperrgebiet« – wie Fallada, der im damaligen Eisenmengerweg 19 wohnte, dem heutigen Rudolf-Ditzen-Weg 19. Eine Gedenktafel erinnert hier seit ihrer Enthüllung am 2. Juni 1998 an den Schriftsteller.

Bleibt eine entscheidende Frage: Wie kommt Fallada eigentlich zu einem Haus im »Städtchen«, in dem hohe sowjetische Offiziere und die aus der Moskauer Emigration zurückgekehrten kommunistischen Spitzenfunktionäre aus der »Gruppe Ulbricht« eingezogen waren? Politisch oder in wichtiger kulturpolitischer Funktion war der Schriftsteller nicht tätig, zudem weder Mitglied der KPD noch der 1946 gebildeten SED, er zählte auch nicht zu den Verfolgten des Nazi-Regimes, auch nicht zu den Widerstandskämpfern. An seine erste Frau Anna Ditzen schrieb er am 16. November 1945 nach Carwitz: »Wir haben inzwischen ein sehr hübsches, völlig ›neu renoviertes‹ Haus mit sieben Zimmern bekommen, und vor allem: wir haben es warm. Ich soll auch laufend weitere Feuerung bekommen, damit ist eine der größten Sorgen behoben.«[90] Bereits am 5. des Monats meldete er sich polizeilich im damaligen Eisenmengerweg 19 an, ein Grundstück, das direkt an der Panke liegt, wo aber auch die südliche Grenze des »Städtchens« mit einem Postenweg verlief. Romantisch war das beileibe nicht, so von der Außenwelt abgeschnitten zu sein, aber das störte den schreibenden Sonderling wenig, der sein Leben lang die Öffentlichkeit scheute. Kontakte zu seinen sowjetischen Nachbarn bestanden nicht, nicht nur mangels Russischkenntnissen, und zu den Deutschen Funktionären und Kulturbundkollegen nur, wenn ihn Becher einlud, wie einmal zu Weihnachten 1945, wo Fallada erstmals Wilhelm Pieck begegnete. Der anwesende sowjetische Schriftsteller Konstantin Alexandrowitsch Fedin schilderte das so: »Der überreizte, krankhaft ungeduldige Hans Fallada sprach abgerissen, er stellte überraschende Fragen, war aber außerstand, die Antworten bis zu Ende zu hören.«[91] Auch hier befeuerte der Alkoholkonsum seine Streitlust, der »kleine Mann« Ditzen kuschte nicht vor dem mächtigen KPD-Vorsitzenden, wenn er Pieck nach den sicher geglätteten Worten Fedins entgegnete: »Sache des Politikers ist es, sich die Wirklichkeit unterzuordnen. Sache des Künstlers ist es, die Wirklichkeit so zu gestalten, wie sie ist.«[92] Die Anwesenden beobachteten mit Spannung und leichtem Entsetzen das nicht gerade sehr sensible Auftreten des namhaften Autors. Wer hatte schon eine Ahnung, was alles außer Rudolf Ditzen in diesem Hans Fallada steckte? So lebte Fallada ein wenig nebenher im »Städtchen« bis zu seinem Tod im Februar 1947 – immer wieder unterbrochen durch Krankenhaus- und Kuraufenthalte, denn er kam von den Suchtmitteln nicht mehr los. Im »Alpdruck« beschrieb er, wie sein Alter Ego Doll, nach einer Entlassung ins Sperrgebiet zurückkehrt, an einer Villa vorbeikommt, in der ein Mann wohnt, »der ihm im letzten schweren Jahr sehr viel geholfen hat, ein Mann, den er viele Male enttäuscht hat und der sich doch immer als gleichmäßig gütig und hilfsbereit erwies. […] Auf der Schwelle seines Hauses erscheint in dunkler Hose und blütenweißem Hemd Granzow, wie er von der Arbeit kommt, in der einen Hand eine Feder, in der anderen eine Zigarette.«[93] Dieser Granzow ist kein geringerer als Johannes R. Becher, der zwischen 1935 und 1945 im sowjetischen Exil weilte und durch dessen Kontakte Fallada alias Doll ins sowjetische Sperrgebiet einziehen konnte, in eine Villa, die im November 1945 leer stand. Oberstleutnant Tarakanow teilte dem Pankower Bezirksbürgermeister »Metzchen« (eigentlich Mätzchen) die »Zurverfügungstellung des Hauses« mit und wollte, dass dort »auf schnellstem Wege« alle Reparaturarbeiten ausgeführt werden.

Eingang zum Haus im Rudolf-Ditzen-Weg 19.

Becher konnte nicht nur in dieser Beziehung etwas für Fallada händeln, sondern auch in punkto Versorgung mit Lebensmittelkarten und der Feuerung für das Haus. Becher, der sich in seiner Funktion als Präsident des »Kulturbundes zur demokratischen Erneuerung Deutschlands« um den Autor kümmerte, war der Meinung, bevor Fallada beim geistigen Wiederaufbau helfen könne, musste ihm erstmal geholfen werden. Und er vermittelte dem Schriftsteller Kontakte zu Zeitungen wie der *Täglichen Rundschau*, in denen Falladas Artikel veröffentlicht wurden, sowie zum Aufbau-Verlag, in dem zunächst Nachdrucke von Fallada-Werken erschienen. So war der Autor voll des Lobes über seine neuen Lebens- und Arbeitsumstände. In einem Brief an den einstigen Verleger, sein »liebes Väterchen Rowohlt«, schrieb Fallada am 12. Dezember 1945: »Becher sorgt tatsächlich wie ein Vater für mich, erschliesst immer neue Geld- freilich auch Arbeitsquellen für mich.«[94] Und so bekam Becher als Granzow sein literarisches Denkmal im Roman »Der Alpdruck«, der erst nach Falladas Tod in Druck ging.

Der Kulturbundpräsident versuchte übrigens auch, das literarische Schaffen ein wenig zu steuern, denn Becher übergab ihm 1945 Gestapo-Material, über das Fallada schrieb: »Ein dünner Band Akten liegt vor mir, etwa 90 Seiten stark, begonnen und zum Hauptteil ausgeschrie-

ben von der Gestapo in Berlin, beendet von dem Volksgerichtshof, ebenfalls in Berlin. In diesem Band Akten erfüllt sich das Schicksal zweier
Menschen; nun, in meine Hände gekommen, soll er den Rohstoff für
einen Roman geben. […] Ich, der Autor eines noch zu schreibenden Romans, hoffe es, dass ihr Kampf, ihr Leiden, ihr Tod nicht ganz umsonst
waren.« Aber es verging fast ein Jahr, bevor Fallada sich des Falls eines
Ehepaars literarisch annahm. »Ich glaube, es ist seit ›Wolf unter Wölfen‹
wieder der erste richtige Fallada geworden«,[95] konstatierte er. So entstand
das letzte große Werk »Jeder stirbt für sich allein« über den Widerstand
von Elise und Otto Hampel, die in der Weddinger Amsterdamer Straße
10 wohnten. Der Tod des Bruders bzw. Schwagers zu Beginn des »Frank-
reichfeldzugs« führte sie zu ihrem Entschluss, etwas gegen das NS-Regime
zu unternehmen. Zwischen September 1940 und ihrer Verhaftung im
Herbst 1942 schrieben sie per Hand Postkarten und mehr als 200 Flug-
zettel, als »Freie Presse« deklariert, die sie in bestimmten Stadtteilen in
Briefkästen warfen und in Treppenhäusern ablegten. Fallada schilderte
das Arbeiter-Ehepaar jedoch, wie es ihm vor Augen stand. Im Vorwort
schrieb er: »Sie sind also zwei Gestalten der Phantasie, wie auch alle anderen Figuren des Romans frei erfunden sind.«[96] So wohnen die Roman-
Eheleute Anna und Otto Quangel in der Jablonskistraße 55 in Prenzlauer
Berg und verlieren ihren Sohn während des deutschen Angriffs auf
Frankreich.

Seine Niederschrift begann Hans Fallada am 30. September 1946
gleich mit einem Tagespensum von 20 Seiten. Der Schriftsteller erlegte
sich auf, jeden Tag mehr zu schreiben, als am Vortag und so ist nicht nur
der Roman Ende Oktober fertig, sondern auch Fallada selbst. Bis zu 100
Zigaretten am Tag, Kaffee und Morphium hielten ihn wach und »fit«,
Mengen an Schlaftabletten brachten ihn dann nachts kurz in den Schlaf.
Er landete nach seinem Zusammenbruch schließlich in der Nervenklinik
der Charité. Kurz vor Weihnachten 1946 schrieb er an seine Mutter:
»Irgend etwas in mir ist nie ganz fertig geworden, irgend etwas fehlt mir,
so dass ich kein richtiger Mann bin, nur ein alt gewordener Mensch, ein
alt gewordener Gymnasiast.«[97] Nach seinen ganzen Morphiumeskapaden,
die in den Zwanzigerjahren zu Geldunterschlagungen und Gefängnisstra-
fen führten, war er soweit bis 1944 clean. Doch nach dem Rauswurf aus
Carwitz, verbunden mit der nachfolgenden Scheidung von seiner ersten
Frau Anna, machte er Bekanntschaft mit seiner zukünftigen zweiten,
stark drogenabhängigen Frau Ulla. Fallada fiel zurück in den alten Mor-
phiumtrott. Da war es ihm bei Anna Ditzen in Carwitz besser gegangen
und er wollte zurück. Am 16. September 1946 schrieb er ihr: »Jedenfalls
ist mit klar, dass alle meine Arbeitskraft und Arbeitslust bei Ulla verloren-

Gedenktafel am ehemaligen Hilfskrankenhaus in der Blankenburger Straße 21/23.

gehen würde, dass die mir am wichtigsten sind, weißt Du ja.«[98] Doch Fallada ließ die Scheidung von Ursula fallen und versuchte es noch mal mit ihr. Es war, wie wir heute wissen, keine lebensverlängernde Entscheidung gewesen. Die letzten drei Monate weilte er nur noch selten im »Städtchen« und starb am 5. Februar 1947 um 21.15 Uhr an Herzversagen im Niederschönhausener Städtischen Hilfskrankenhaus, Blankenburger Straße 21/23. Becher, der übrigens eine Kopie von Falladas Totenmaske in seinem Arbeitszimmer aufbewahrte, telegraphierte bei dessen Ableben umgehend an Frau Fallada (!) alias Anna Ditzen ins Mecklenburgische. Die Beerdigung erfolgte zunächst auf dem südlich der Schönholzer Heide gelegenen Städtischen Friedhof Pankow III, im Urnenfeld UWB, Grab 326. Nach Carwitz wurde er auf familiären Wunsch hin aber erst 1982 umgebettet. Im Nachruf Bechers von 1947 hieß es: »Auf Hans Falladas ungelöste Lebensfrage, auf unser aller große Schicksalsfrage ›Was nun?‹ müssen wir künftighin antworten, ohne ihn.«[99]

Erwin Geschonneck

1906 Bartenstein (Ostpreußen)
– 2008 Berlin

Schauspieler

Homeyerstraße 37

In der Ackerstraße hatte Erwin Geschonneck gewohnt, am Alexanderplatz, auch am Leninplatz 1 (heute Platz der Nationen) mit bestem Blick
auf das damals den Platz dominierende Denkmal des Führers der russischen Revolution, und es ließ sich auch eine Adresse in der Niederschönhausener Homeyerstraße ausmachen. Mitte der Siebzigerjahre habe ich
ihn ein einziges Mal in Pankow gesehen, den Mann mit dem markanten
Gesicht. Es muss irgendwann im Spätherbst gewesen sein, ich betrachtete
die Auslagen der Heinrich-Mann-Buchhandlung in unmittelbarer Nähe
des Pankower Rathauses. Und dann stand er neben mir, ebenso interes-
siert die Bücher im Schaufenster betrachtend. Ein Bild, das sich mir
eingebrannt hat. Seine Kopfbedeckung, die man landläufig, durchaus
despektierlich als »Schiebermütze« bezeichnet, darunter eine kleine
randlose Brille, die sich auf seine Nasenspitze verirrt hatte, dazu der all-
seits bekannte leichte Schnauzbart, dem bereits eine grauweiße Struppig-
keit anhaftete. Geschonneck trug einen grauen Dreiviertelmantel und
einen ebenso grauen Wollschal, und nach vielleicht zwei Minuten verschwand er in der Buchhandlung. Ein kurzes, beiderseitiges Kopfnicken,
dazu ein knappes freundliches Grinsen, damit endete unsere erste und
auch einzige Begegnung.

Ich gestehe, dass mir der Name Erwin Geschonneck in meiner Kinder-
zeit und frühen Jugend Unbehagen bereitete. Jedem Kinofreund durchaus verständlich, denn die ersten Geschonneck-Filme, die ich sah, waren
»Das Beil von Wandsbek«, »Alarm im Zirkus« und selbstverständlich »Das
kalte Herz«. Und in allen drei Filmen war er der diensthabende Ober-
schurke. Im »Beil von Wandsbek« gab er den widerwärtigen Fiesling, der

als Scharfrichter die kommunistischen Genossen dahinschlachtete, und sein »Holländermichel« in »Das kalte Herz« hat wohl mehreren Kindergenerationen schlaflose Nächte und bedrückende Alpträume beschert. Der »Holländermichel« hatte die höchst bösartige Angewohnheit, seinen Mitmenschen das Herz aus dem Leib zu reißen und es durch einen kalten Stein zu ersetzen. So trieb er es auch mit dem einfältigen Köhler Peter Munk, der, dem Faust ähnlich, sein Herz dem mephistophelischen Unhold vermachte, aber dank der Liebe, die seine Frau Liesbeth für ihn empfand, und dank der Hilfe eines kleinen Geistes, des »Glasmannes«, war Peter Munk seines Steinherzens bald überdrüssig, überlistete den »Holländermichel«, bekam sein echtes Herz zurück und wandelte fortan, geläutert und erwachsen geworden, auf dem rechten Weg.

Und dann war da noch der Jugendfilm »Alarm im Zirkus« mit einer spannenden, aber auch mit viel Propaganda unterlegten Handlung. Eine Bande West-Berliner Halbstarker, die jedoch nur die Handlanger aller perfiden Feinde des Sozialismus, der Amerikaner, waren, sollen Anfang der Fünfzigerjahre dem Ost-Berliner Zirkus »Barlay« die Pferde stehlen und in den Westen schmuggeln. Anführer der schnöden Diebesbande ist der Kneipen- und Hausbesitzer Klott, ein Unsympath wie aus dem Bilderbuch, gespielt von Erwin Geschonneck. Selbstverständlich misslingt der

Blick in die Homeyerstraße, links das Wohnhaus von Erwin Geschonneck.

Erwin Geschonneck als Holländer-Michel im Film »Das kalte Herz«.

… und in der Hauptrolle als »Jakob der Lügner«.

perfide Sabotage-Coup, und der DDR-Zirkus wird durch die Weitsicht eines West-Berliner Jungen gerettet. Die Kamera zu diesem Film führt ihren eigenen Klassenkampf. Die Bilder in West-Berlin erinnern ziemlich detailgetreu an die Berliner Hinterhöfe der Zwanzigerjahre, vornehmlich bei Dunkelheit und Regenwetter und auf menschenleeren Straßen gedreht. Dagegen ist in Ost-Berlin alles hell: Strahlend blauer Himmel, die wunderhübschen eierschalenfarbenen Häuserblocks in der Stalinallee, fröhliche Kinder in weißen Blusen und blauen Halstüchern, überall nette und freundliche Menschen – und die Sonne scheint.

Die Festlegung Erwin Geschonnecks auf die Filmrollen des Bösewichtes sollte sich in den kommenden Jahrzehnten mehrfach relativieren. In »Ein Lord am Alexanderplatz« (mit Angelica Domröse), »Musterknaben« (mit Rolf Herricht), vielmehr noch in der ergötzlichen Nachkriegskomödie »Karbid und Sauerampfer« konnte er sein komisches Talent ausleben, und seine Darstellung des Friseurs Kowalski in Frank Beyers »Jakob der Lügner« trug entscheidend dazu bei, dass dieses Werk aus dem Jahre 1974 Historisches schaffte: Als einzigem Film in der DEFA-Geschichte gelang eine »Oscar«-Nominierung.

Erwin Geschonnecks erste Bekanntschaften mit der darstellenden Kunst reichen bis in die Zwanzigerjahre zurück. Der junge Kommunist, der damals mit seiner Familie in der Rosenthaler Vorstadt wohnte, verdiente sich seinen Lebensunterhalt nach seinem Schulabschluss als Gelegenheitsarbeiter, Bürobote und Hausdiener. Er hatte sich verschiedenen Kabarett-, Laienspiel- und Agitprop-Gruppen angeschlossen und bereits 1932 in dem Arbeiterfilm »Kuhle Wampe« von Slatan Dudow und Bert Brecht seine erste kleine Filmrolle übernehmen können. Nachdem die Nazis die Macht in Deutschland übernommen hatten, emigrierte er in die Sowjetunion. Hier, im Mutterland der Weltrevolution, dem Hort aller friedliebenden Menschen, der Heimat der fortschrittlichen Kommunisten, musste es allerdings ein recht kompliziertes Miteinander von Geschonneck und dem allmächtigen NKWD, dem sowjetischen Sicherheitsdienst, gegeben haben. Dessen Chef Nikolai Jeschow, der später selbst Opfer der von ihm eingeführten »Säuberungen« in den Reihen der KPdSU wurde, hatte 1938 die Ausweisung Erwin Geschonnecks aus der ruhmreichen Sowjetunion verfügt. Mit dem Ergebnis, dass der ehrliche und überzeugte Kommunist Geschonneck 1939 in Prag verhaftet und an die Gestapo ausgeliefert wurde.

Bis 1945 war er in den Konzentrationslagern Sachsenhausen, Dachau und Neuengamme interniert. Seine dort gemachten Erfahrungen konnte er 1963 in den ebenfalls von Frank Beyer geschaffenen Film »Nackt unter Wölfen« beinahe »exklusiv« einbringen. Über Geschonnecks KZ-Haft in Dachau, wo er als Blockältester fungierte, schrieb sein Biograf Frank Hörnigk viele Jahre später: »Im Block 26, für den er eingeteilt worden war, wurden ausschließlich Geistliche gefangen gehalten, darunter der spätere Probst von Berlin, Heinrich Grüber, oder auch der ehemalige U-Boot-Kommandant des Ersten Weltkrieges, Pastor Martin Niemöller, als nunmehr ›persönlicher Gefangener des Führers‹. … Geschonneck reflektierte in der Beziehung zu dieser besonderen Gruppe von Gefangenen sehr wohl die spezifische Verantwortung, aber auch gleichzeitig die moralische Belastung, die sich aus seiner Rolle als Funktionsträger innerhalb der Häftlingsselbstverwaltung im lebensnotwendigen Zwang zur Konfliktbegrenzung zwischen den Häftlingen und der Leitung des KZ (aber auch zu seinen persönlichen politischen Überzeugungen) immer wieder ergaben.«[100] Während der Haft inszenierte Erwin Geschonneck verschiedene Theaterprojekte, die KZ-Leitung gestattete ihm die Inszenierungen »Thomas Paine« von Hanns Johst und »Blutnacht auf dem Schreckenstein« von Rudolf Kalmar. Frank Hörnigk nannte diese Arbeiten »Selbstversuche des Überlebens in finsteren Zeiten«.[101]

Nach dem Krieg war Erwin Geschonneck zunächst an den Hamburger Kammerspielen engagiert. 1949 ertönte ein Ruf aus Berlin, und wenn

Bert Brecht und Helene Weigel riefen, taten sie dies besonders laut und nachdrücklich. Sie lockten Geschonneck an das Berliner Ensemble und verwöhnten ihn förmlich mit allen Geschonneckschen Wunschrollen. In Brechts »Herr Puntila und sein Knecht Matti« spielte er den Matti, er war der Dorfrichter Adam in Heinrich von Kleists »Der zerbrochene Krug« und spielte auch Molieres »Don Juan«. Geschonneck war zu einem der ausdrucksstärksten und zweifellos besten deutschen Bühnendarsteller gewachsen. Und in Film- und Fernsehproduktionen arbeitete er mit den wichtigsten Regisseuren der DDR zusammen, die ihrerseits in der Verpflichtung Erwin Geschonnecks für ihre Projekte einen garantierten Erfolg gleich mitbuchten.

2008 ist Erwin Geschonneck gestorben. Überraschend kam der Tod nicht. Bereits nach seinem 100. Geburtstag ging es ihm immer schlechter. »Seit einem Jahr verließ er das Bett nicht mehr. Er konnte seit zwei Monaten keine Zeitung mehr lesen, kaum noch etwas hören«, beschrieb Heike Geschonneck, mit der er seit 1971 verheiratet war, diese Zeit.[102] Kurz vor seinem Tod erlitt Erwin Geschonneck einen Schlaganfall. »Seither konnte er nicht mehr sprechen.«[103] Bis zum Schluss hat ihn Heike Geschonneck liebevoll gepflegt, ihn mit Eiweißgetränken und Kinderschokolode gefüttert. »Vielleicht dachte sich Erwin: ›Das will ich jetzt gar nicht haben‹ und schloss deshalb … für immer die Augen. Natürlich bin ich über den Tod meines Mannes tieftraurig. Aber irgendwie bin ich auch erleichtert, dass er so friedlich einschlief. Er musste sich nicht mit starken Schmerzen quälen und durfte sein Leben dort vollenden, wo er am liebsten lebte – zu Hause.«[104]

Ruthild Hahne

1910 Berlin – 2001 Berlin

Bildhauerin

Straße 201 Nr. 1

Hochrechteckige Grabstelen von gleicher Größe und grauer Färbung fallen im östlichen Teil des Städtischen Friedhofs Pankow III auf, der südlich der Schönholzer Heide zwischen Hermann-Hesse- und Leonhard-Frank-Straße liegt. Mancher bekannte Name steht da, zum Beispiel Rudolf Dörrier (1899–2002), bedeutender Pankower Chronist; oder Dr. h.c. Paul Wandel (1905–1995), einst DDR-Minister für Volksbildung. Die Grabstele mit den Namen Hanns Grunert (1915–1993) und Ruthild Hahne (1910–2001) wird vermutlich kaum jemand beachten. Beide haben dem Friedhof gegenüber an der Ecke Heinrich-Mann-Straße und Straße 201 gewohnt. Grunert arbeitete als Journalist und Kunstkritiker. Zur Bildhauerin Ruthild Hahne fällt vermutlich nur wenigen etwas ein. Der Kunsthistoriker Peter H. Feist meinte einmal, sie wäre in den verschiedenen gesellschaftlichen Gremien oder im Verband Bildender Künstler immer beteiligt gewesen, ohne sich vorzudrängen, sie war respektiert, aber künstlerisch zweitrangig. Über ihre Arbeiten, von denen im Verlaufe der Jahre immer seltener welche auf Ausstellungen zu sehen waren, wurde kaum geredet. Eine große Personalausstellung hat es zu DDR-Zeiten nicht gegeben. Verhängnisvoll ist für sie letztlich der Gewinn des vom Volksbildungsministerium ausgelobten Wettbewerbs für ein Berliner Thälmann-Denkmal geworden, bei dem sie sich schlussendlich gegen 192 Mitbewerber durchsetzen konnte. Damit brach sie 1949 urplötzlich in den männerdominierten Bereich der Denkmalplastik ein. Ruthild Hahne hat danach ihre bildhauerische Arbeit ganz dem Mammutprojekt des aufwendigsten Denkmals der Frühphase der DDR untergeordnet.

Ruthild Hahne, 1910 in Wilmersdorf geboren und dort bis in die Zeit der frühen Fünfzigerjahre zu Hause, entdeckte durch ihre Ausbildung zur pädagogischen Turnlehrerin eine Leidenschaft für den Tanz. Sie reiste als Mitglied des Kollektivs der »Roten Tänzer«, die seit 1931 fast jedes Wochenende zu kommunistischen Veranstaltungen auftraten, auch zur Moskauer »Olympiade des revolutionären Theaters« im Jahre 1933, doch nach ihrer Rückkehr war es mit dem Tanzkollektiv im nationalsozialistischen Deutschland vorbei. Das politische Bewusstsein war bei Ruthild Hahne bereits im Frühjahr 1930 erwacht, als sie eine Tätigkeit als Heilgymnastin beim Verband der Krankenkassen Berlin antrat und durch die Behandlung einfacher Menschen viel Leid und Elend sah. Wie sie es 1967 in einem Interview ausdrückte, verspürte sie die Rechtlosigkeit vieler Arbeiter und deren Familien. Zudem arbeitete Hahne mit einem Kommunisten zusammen, durch den sie auf den sechs Jahre jüngeren Hans Weidt aufmerksam wurde. Der Autodidakt, der sich Jean Weidt nannte und KPD-Mitglied war, leitete die »Roten Tänzer«, ein Laien-Kollektiv, das sich als eine Art Agit-Prop-Gruppe im Klassenkampf verstand. Seine Choreographien setzten sich vor allem mit dem sozialen Elend der Industriegesellschaft auseinander.

Ruthild Hahne tanzte gern in diesem Kollektiv, obwohl Tanzen nicht das Ziel ihrer künstlerischen Ambitionen war. Die Schulabgängerin, die eigentlich Malerin werden wollte (doch die Aufnahmeprüfungen für das Studium waren schon geschlossen), erlernte also erstmal einen Beruf für ihren Lebensunterhalt. Durch ihre Entlassung aus ihrer Arbeit im Lankwitzer Krankenhaus nahm sie dann als junge Frau den Gedanken eines künstlerischen Berufs wieder auf: Sie entschied sich für die Bildhauerei, deren Studium sie an der Charlottenburger Kunsthochschule durch ihre Heilgymnastikkurse teils selbst finanzierte. Sie erhielt anfangs Unterricht bei Arno Breker, der ab 1936 schnell zu einem gefragten Bildhauer des Nationalsozialismus avancierte, wechselte dann aber zu Wilhelm Gerstel, dessen Credo es war: Bildhauerei können Sie bei mir lernen, aber zum Künstler müssen Sie sich selbst entwickeln. Immerhin zählten zu seinen Schülern auch Fritz Cremer, Waldemar Grzimek, Hans Kies und Gustav Seitz. Hahne, die Mitglied des NS-Studentenbundes ohne Funktion war, bekam nach erfolgreichem Abschluss das Romstipendium, einen einjährigen Aufenthalt an der Deutschen Akademie in der Villa Massimo, und wurde nach ihrer Rückkehr im Oktober 1941 Meisterschülerin an der Berliner Hochschule für Bildende Künste. Sie hatte das Glück, mit dem strengen Professor Wilhelm Gerstel einen Ausbilder gehabt zu haben, der auf unbedingte Ehrlichkeit der Natur gegenüber beharrte. Das zeigt sich bei ihren Porträts, die sie feinfühlig, achtungsvoll und vor allem unhero-

Wohn- und Atelierhaus, Blick von der Heinrich-Mann-Straße aus.

isch modellierte. Hahne versuchte stets, die Gesamtform zu straffen, sich nicht in kleinlichen Details zu verlieren und das Wesentliche der Person zu erfassen. Deshalb zählen die Porträtköpfe von Lenin, Karl Liebknecht oder Ernst Thälmann, die sie nach dem Zweiten Weltkrieg schuf, zu den besten Bildnissen, die von diesen Heroen des Sozialismus geschaffen worden sind. Später kamen Porträts von Wilhelm Pieck (kurz vor seinem Tod) und 1963 von Walter Ulbricht dazu.

Hahnes bildhauerische Laufbahn war zunächst sehr kurz, denn sie stolperte 1942 über ihr Engagement im Zusammenhang mit der antifaschistischen Widerstandsgruppe Schulze-Boysen/Harnack und wurde von der Gestapo verhaftet. Sie hatte ihrem Lebensgefährten Wolfgang Thiess ihre angemietete Atelierwohnung in der Nachodstraße 20 für Treffen zur Verfügung gestellt, ihn organisatorisch unterstützt und auch abzuschreibende Artikel diktiert, denn die so genannte »Rote Kapelle« verbreitete vor allem kritische Texte in Form von Flugblättern und der Untergrundzeitschrift »Die innere Front«. Hahne gehörte nicht zum geheimdienstlichen Teil der Organisation mit Funkkontakt und kam mit vier Jahren und zehn Monaten Zuchthaus wegen Hochverrats davon, sie überlebte; Thiess wurde 1943 hingerichtet. Nach einem Bombenangriff auf Cottbus im Februar 1945 konnte sie aus dem dortigen Gefängnis fliehen.

Es gehörte in der jungen DDR zum guten Ton, Hahnes Rolle als Widerstandskämpferin über Gebühr zu betonen, und ebenso, ihre Kunst in diesem Kontext zu vereinnahmen, obwohl sie selbst in aller Bescheidenheit immer nur von einer kleinen Rolle innerhalb der bekannten Widerstandsgruppe Schulze-Boysen/Harnack sprach. Zugespitzt formuliert: Ruthild Hahne wurde zu einem Denkmal des antifaschistischen Widerstandskampfes gemacht. Für die Kulturpolitik der DDR war das wichtiger als ihre Kunst. Wer so hofiert wurde, zog sich das Misstrauen vieler Bildhauerkolleginnen und -kollegen zu und vereinsamte dadurch immer mehr.

In der 1946 neu gegründeten Hochschule für bildende und angewandte Künste leitete sie eine Klasse für Bildhauerei. Sie war auf Empfehlung Karl Hofers an die Weißenseer Kunstschule gekommen. 1949 übernahm Hahne das Atelier im Schadow-Haus in Berlin-Mitte. Es handelte sich dabei um ein einst von Johann Gottfried Schadow genutztes Nebenatelier, denn sein Hauptatelier musste im 20. Jahrhundert einem Neubau weichen. Hier begann Ruthild Hahne ihre Thälmann-Plastik zu formen. Ihre Tätigkeit als Dozentin an der Weißenseer Kunstschule gab sie dafür 1950 auf.

Dass Hahne 1952 auch das Schadowsche Ateliers aufgab, lag daran, dass sie – dem bedeutenden Berliner Bildhauer vergleichbar – ein eigenes Haus mit Atelier bekam. Sie zog aus der Bonnerstraße 11, und damit aus dem West-Berliner Bezirk Wilmersdorf, in ein speziell auf ihre Bedürfnisse zugeschnittenes, neu errichtetes Wohn- und Atelierhaus in einer der Intelligenzsiedlungen im Ostteil. Dort entstanden bis 1951 drei spezielle Wohnbereiche für die »schaffende Intelligenz«, einer in Grünau und zwei in Niederschönhausen. Die um die Niederschönhausener Straße 201 gruppierte Siedlung mit den von Hans Hopp entworfenen Wohn- und Atelierhäusern erhielt nach dem Tod den Namen des dort einst wohnenden Schriftstellers Erich Weinert. Dort lebte und arbeitete nun Ruthild Hahne. Der Partei- und Staatsführung passte es auch besser ins Bild, dass die Genossin Hahne endlich aus einem westlichen Sektor Berlins in den Osten umgezogen war. Die Bildhauerin blieb die einzige Frau, der ein Haus in einer der Intelligenzsiedlungen angeboten wurde, alle anderen Frauen zogen eher als Appendix ihrer prominent-privilegierten Männer mit.

Zur Ausgestaltung von Ministerien, Behörden, Parteigebäuden, wissenschaftlichen Institutionen, Hoch- und anderen Schulen wurden zahlreiche Porträtbüsten benötigt. Es gehörte auch zum guten sozialistischen

Ton, solche Bildwerke zu verschenken. So bekam Stalin zu seinem 70. Geburtstag Ruthild Hahnes »Thälmann«, Stadtkommandant Kotikow zu seiner Verabschiedung ihren »Liebknecht« und die Ungarische Sozialistische Arbeiterpartei anlässlich eines Parteitages ihren »Pieck«. Das von ihr modellierte menschliche Porträt des DDR-Präsidenten ließ erkennen, dass sie sich von der Kälte des Denkmalhaften fern hielt, und nicht die »unerschütterliche Standfestigkeit« Piecks durch eine strenge Tektonik in der Gestaltung vorführen wollte. Die Kritik blieb damals deshalb nicht aus, war aber nicht vernichtend. Heutige Unvoreingenommenheit würde im Vergleich zu anderen Pieck-»Köpfen« das Pendel wahrscheinlich sofort zu Hahnes Pieck-Porträt schwingen lassen. Auffällig bleibt, dass sie keine politischen Frauenporträts schuf, etwa von Clara Zetkin oder Rosa Luxemburg oder das Antlitz einer Arbeiterin oder Bäuerin gestaltete.

Die Gründung der DDR und der damit einhergehende Status Ost-Berlins als Hauptstadt hatte zur Folge, dass bestimmte Stadträume für Aufmärsche und Demonstrationen herzurichten und an ausgewählten Orten repräsentative und würdevolle Denkmalanlagen für bedeutende Persönlichkeiten zu gestalten waren – für Lenin und Stalin, Marx und Engels sowie Ernst Thälmann. Bis auf das Stalin-Denkmal zogen sich alle anderen Projekte elendig lang hin. Auf Anregung des Architekten Waldemar Heinrichs beteiligte sich Ruthild Hahne 1949 am Thälmann-Wettbewerb, der für sie ein Wagnis darstellte, da die Bildhauerin weder Erfahrungen mit Monumentalplastiken, noch mit Figurengruppen hatte. Ihre »politischen Köpfe« begründeten zunächst ihren guten Ruf. Es gab zwar keine euphorischen Besprechungen ihrer Werke, aber dafür auch kein Verdikt. Ansonsten modellierte sie Aktfiguren und Kinderköpfe und gehörte zu den Künstlerinnen, die in der Hierarchie der männlichen Bildhauerdomänen keine »Gefahr« darstellten.

Bei dem auf Beschluss der DDR-Regierung vom Volksbildungsministerium veranstalteten Wettbewerb für ein Ernst-Thälmann-Denkmal auf dem Thälmann-Platz in Berlin-Mitte, wie der Wilhelmplatz seit 1949 hieß,[105] wurden 193 Entwürfe eingereicht. Nach vier Rundgängen blieben acht Entwürfe für die abschließende Diskussion des Preisgerichts übrig, dem neben Grotewohl, Ulbricht und Wandel u. a. auch Hans Scharoun, Gustav Seitz, Willi Bredel und Max Lingner (der Ruthild Hahne direkt gegenüber wohnte) angehörten. Drei Entwürfe wurden wegen der »Ansätze zu einer Weiterentwicklung« mit gleichen Preisen bedacht, der von Professor Fritz Cremer, von Richard Horn und vom Kollektiv im Industrie-Entwurf Berlin mit dem Architekten Waldemar Heinrichs und der Bildhauerin Ruthild Hahne. Bei letzterem wurde zwar die architektonisch abgeschlossene Gestaltung bemängelt, weil sie »nicht der Aufgeschlossenheit der Gedankenwelt Thälmanns« (sic!) entspräche, aber letztlich wurde er wegen der bildkünstlerischen Aussage und Gestaltung zur weiteren Überarbeitung empfohlen. Ruthild Hahne setzte daraufhin den Arbeiterführer Thälmann an die Spitze der offenen, keilförmigen Anlage. Die Figuren sollten bis zu fünf Meter hoch und Teil des größten jemals geplanten Denkmals werden. Die Bildhauerin schrieb im August 1950 an Fritz Cremer, sie würde sich über seine Mitarbeit – neben René Graetz, der ihr zur Seite gestellt wurde – freuen und rechnete auf sofortige Zusage. Cremer lehnte umgehend ab. Auch andere Bildhauer, wie Fritz Koelle, der im Februar 1951 direkt an Ministerpräsident Grotewohl schrieb, verweigerten sich einer Mitarbeit. Im Oktober 1952 beschloss das Politbüro, René Graetz durch den Bildhauer Hans Kies zu ersetzen. Ruthild Hahne bekam noch ein zusätzliches Atelier am Pankower Bürgerpark, denn der Atelieranbau an ihrem Haus in der Straße 201 war für das gesamte Denkmalprojekt viel zu klein. Doch gut zehn Jahre später hatte sich auch die Situation im Stadtraum verändert, der Thälmannplatz am gleichnamigen U-Bahnhof (heute Mohrenstraße) mutierte durch den Bau der Berliner Mauer zur Randlage, das Betreten und Befahren des Grenzbereichs war nur Bürgern mit Sonderausweis gestattet. Zugleich wurde der Untergrundbahnhof zur Sackgasse für die Züge der Linie A (heute U2), die nächste Station Potsdamer Platz war komplett gesperrt. Das groß angelegte nationale Thälmann-Denkmal geriet ebenso in eine Sackgasse.

Der Abbruch des Mammutprojekts erfolgte dann fast zwangsläufig, wenn auch erst 1965 auf Beschluss des Zentralkomitees der SED. Das aus dem Geist der frühen Fünfzigerjahre stammende und der politischen Repräsentation dienende Projekt passte über ein Jahrzehnt später immer weniger in die Zeit, weder von der Konzeption, der Gestaltung, noch vom Aufstellungsort her. Dr. Klaus Weidner, Mitarbeiter der Abteilung Kultur im ZK der SED, fertigte ein Gutachten an, in dem er zunächst feststellte, dass anfangs nur ein kleiner Kreis von Bildhauern in der jungen DDR zur Verfügung stand, dass sich die Situation aber nun verändert hätte und mittlerweile einige Maßstab setzende Denkmäler entstanden seien. Er konstatierte auch, dass die Genossin Hahne von der Größe der Aufgabe überfordert war. »Besonders in den letzten Jahren gibt es an dem Entwurf keinerlei künstlerische Weiterentwicklung. Selbst die Quantität der geleisteten Arbeit ist außerordentlich gering. ... Das Thälmann-Denkmal, so wie es jetzt ist, verkörpert im gewissen Sinne jene vulgäre äußerlich illustrative Realismusauffassung, die man uns so gerne unterstellen möchte.«[106] Kritik an der wohl nicht mehr zu erreichenden, dem Thema angemessenen künstlerischen Qualität gäbe es auch von »realistisch ar-

Eines der Modelle des Thälmann-Denkmals von Ruthild Hahne.

beitenden Künstlern«, von eng mit der Partei verbundenen Genossen. Sogar sowjetische Genossen Künstler, wie Prof. Tomski hätten sich, soweit Weidner wüsste, dahingehend geäußert. Einzig Kurt Hager kritisierte in Richtung Partei: Das Projekt sei über nunmehr fünfzehn Jahre verschleppt worden und es hätte sich nie ein echtes Kollektiv um die Künstlerin Hahne gebildet, auch ein Bauleiter hätte gefehlt.

Die starke Politisierung der Kunst engte ihren Handlungsspielraum ein, das bekam die Bildhauerin Ruthild Hahne zu spüren. Die Künstlerin, die keine Erfahrung mit Monumentalplastik und Figurengruppen hatte, zerrieb sich in diesem politisch aufgeladenen Spannungsteld. Doch die engagierte Künstlerin hatte nicht das Vermögen, ihren Irrweg zu erkennen, ihre Mitschuld am Scheitern drückte sich eher in ihrer Verbitterung aus, sich nicht aus dem Schatten der Politik gelöst zu haben. Die gesellschaftlichen und Kunstverhältnisse hatten sich seit 1950 soweit verändert, das selbst die Parteiführung erkennen musste, das einzig Sinnvolle war, die Realisierung des Projekts abzublasen. Die SED wurde so das monumentale Denkmal-Phantom los, doch Ruthild Hahne war damit stigmatisiert und Bemerkungen, wie:»Ach, die Bildhauerin vom Thälmann-Denkmal«, waren keine Ehrbezeugung. Sie wurde wegen ihrer Zugehörigkeit zur NS-Widerstandsgruppe respektiert, mehr nicht. Ihre sensibel verhaltenen Porträts, Kinderbildnisse und Aktfiguren sind der breiten kunstinteressierten Öffentlichkeit verborgen geblieben, ihre künstlerische Wertschätzung verblasste hinter dem heroischen und monströsen Thälmann-Projekt.

Den traurigen Höhepunkt bildete schlussendlich im Jahre 1990 die Vernichtung der Modelle im Maßstab 1:3, die in einer Scheune eingelagert waren. Ruthild Hahne erschien die weitere Aufbewahrung sinnlos und sie gab die Modellfassung zur Beseitigung frei. In ihrem Pankower Atelier gibt es noch kleinere Modellreste, im Märkischen Museum stand noch bis zum Ende der 2000erjahre ein Minimodell der Anlage. Dass es dennoch ein Thälmann-Denkmal in Berlin gibt, verbindet niemand mit Ruthild Hahne. Der an der Greifswalder Straße am Ernst-Thälmann-Park in Prenzlauer Berg 1986 aus Anlass seines 100. Geburtstages aufgestellte monumentale Thälmann-Kopf wurde vom sowjetischen Bildhauer Lew Kerbel geschaffen. Die Bildhauerin Ruthild Hahne ist im öffentlichen Raum nicht mehr präsent und auch nicht in den Kunstmuseen mit ihren Plastiken vertreten. Sie ist weitgehend vergessen, wie Thälmann auch, an den allerdings noch die eine oder andere Thälmann-Straße vor der Berliner Haustür in Brandenburg erinnert.

Tafel am Eingang in der Straße 201 Nr. 1.

Stephan Hermlin

1915 Chemnitz – 1997 Berlin

Dichter, Schriftsteller

Hermann-Hesse-Straße 39

Stephan Hermlin war Kommunist. Bedingungslos, konsequent und unnachgiebig. Aber die Geschichte, die der Kommunismus im 20. Jahrhundert schrieb, ist eine Geschichte voller Widersprüche. Und eine Geschichte der ideologischen Macht- und Grabenkämpfe innerhalb der eigenen Reihen, die von der Diskussion des richtigen Weges zum Sozialismus bis hin zu physischer Vernichtung geführt wurden. In der Sowjetunion konnte in den Dreißigerjahren nur derjenige ein echter und wahrhaftiger Kommunist sein, der sich auf die Seite des allmächtigen Parteiführers Josef Stalin geschlagen hatte. Aber nicht einmal dieser Schritt war eine Überlebensgarantie. Und in Deutschland waren nicht die verfemten Sozialdemokraten, die »Verräter an der Sache der Arbeiterklasse«, die Erzfeinde des Kommunismus, es waren in den Zwanzigerjahren die Vertreter der unterschiedlichsten kommunistischen Strömungen selbst: die Thalheimeristen, die Brandleristen, die Ultralinken, die Stalinisten, die Maslow-Fischer-Linken, die Leninisten, die »Partei-Rechten«, und nach dem bewährten Muster der sowjetischen Parteipolitik hackten alle aufeinander ein. Kommunist sein hieß, kritiklos zu sein und jeden »Abweichler« oder »Versöhnler« als »Verräter«, gar als »Parteifeind« zu brandmarken und zu diffamieren.

Auch Stephan Hermlin, mit bürgerlichem Namen Rudolf Leder, war mit diesem parteidisziplinarischen »Rüstzeug« ausgestattet, als er 1947 aus dem französischen und palästinensischen Exil in den Osten Deutschlands zurückkehrte. Er wollte dabei sein, eine aktive Rolle spielen, wenn es um den Aufbau eines lang ersehnten demokratischen Deutschlands ging, natürlich basierend auf der kommunistischen Weltanschauung.

Und er wollte eine Position erlangen, die ihm dies ermöglichen würde. Seine Mitarbeit in der Redaktion der *Täglichen Rundschau*, dem Organ der Sowjetischen Militäradministration, sowie seine Veröffentlichungen in den Zeitschriften *Aufbau* und *Sinn und Form* waren sein erstes Sprungbrett in die ostdeutsche Literaturszene. Jetzt musste der eifrige und tiefgläubige Kommunist Stephan Hermlin nur noch einige Punkte in seiner politischen Biographie »zurechtrücken«, um eine makellose Vergangenheit vorweisen zu können. Mit diesen Tricks war Stephan Hermlin in bester Gesellschaft, denn viele Biografien hoher SED-Funktionäre waren »geschönt«. Nach seinem »geglätteten« Lebenslauf gehörte er bereits 1934 einer Widerstandsgruppe in Berlin-Friedenau an, sein »Vorgesetzter« im Untergrund soll damals Erich Honecker gewesen sein.[107] Obwohl dies zeitlich nicht der Wahrheit entsprechen konnte (Honecker kam erst im August 1935 aus Prag nach Berlin), war es schon Ende der Vierzigerjahre durchaus von Vorteil, sich mit dem Namen des »Mannes der Zukunft« zu schmücken. Weiter gab Hermlin an, im Jahre 1934 im Konzentrationslager Sachsenhausen interniert gewesen zu sein. Eine Recherche bei der Nationalen Mahn- und Gedenkstätte Sachsenhausen ergab jedoch ein anderes Ergebnis: »Zu der Angabe von Stephan Hermlin alias Rudolf Leder […] über seine Haft von Januar bis März 1934 in Sachsenhausen konnten wir keinen Nachweis finden. Zu dieser Zeit bestand das KZ Sachsenhausen noch nicht, es wurde im Sommer 1936 errichtet. In der Stadt Oranienburg existierte von März 1933 bis Juli 1934 das KZ Oranienburg. In dessen Namenslisten ist der Name Rudolf Leder […] nicht enthalten.«[108] Und doch hielt Stephan Hermlin bis kurz vor seinem Tode an dieser Geschichte fest, wobei sich im Laufe der Jahre seine imaginäre dreimonatige KZ-Haft offensichtlich stetig verlängerte. Im Sonderheft der Zeitschrift *Aufbau*, anlässlich des Todes von J. W. Stalin, war zu lesen: »Ich entsinne mich schwerster Stunden im Konzentrationslager. Wir, die wir nichts besaßen, besaßen doch viel: unsere Partei und unsere Hoffnung. Niemand war reicher als wir. Ich hatte in meiner Pritsche ein winziges Bild von Stalin versteckt, im Ausmaß zwei mal drei Zentimeter. Am 1. Mai und am 7. November hatten wir das Bild zwischen uns gestellt und feierten flüsternd die Tage, die allen Arbeitern teuer sind.«[109] Nachzulesen ist dies alles in Stephan Hermlins autobiografischem Buch »Abendlicht«. Hermlin selbst bezeichnete die von ihm beschriebenen Unwahrheiten als »literarisches Material« mit »fiktionalen Texten«.[110]

Die Kommunisten, Hermlins Gesinnungs- und Parteifreunde, hatten sich also aufgemacht, in der Sowjetischen Besatzungszone einen Staat nach dem Vorbild und mit dem Segen Moskaus zu schaffen. Und Hermlin klammerte sich, wie viele andere, an die Vorstellung, dass sich in der neu gegründeten Sozialistischen Einheitspartei Deutschlands (SED) nicht nur für Kommunisten und Sozialdemokraten, sondern auch für die Kommunisten untereinander die Chance zur Vereinigung bot. Ein politisches Aufatmen, ein »Tauwetter« sollte eintreten – es blieb jedoch ein Wunschtraum. Binnen weniger Jahre erlebten die früheren Flügelkämpfe innerhalb der KPD nun in der SED eine unheilvolle Renaissance. Die nicht mehr kritik- und stimmlosen Spitzengenossen der SED und des Ministeriums für Staatssicherheit um Rudolf Herrnstadt, Wilhelm Zaisser, Paul Merker, Franz Dahlem, Ernst Wollweber und Karl Schirdewan wurden sehr schnell in die Isolation getrieben, das Tauwetter verwandelte sich in einen ideologischen Dauerregen, der bis zum Ende der DDR anhalten sollte. Und als nach dem Arbeiteraufstand vom 17. Juni 1953 der Ulbrichtsche Staatskommunismus noch fester im öffentlichen Leben der jungen Republik verankert wurde, war dies der Ausgangspunkt für viele DDR-Bürger und vor allem zahlreiche Kunst- und Kulturschaffende, eine ab Mitte der Fünfzigerjahre funktionierende Form der Opposition zu entwickeln. Die von der SED-Führung herbeigeführte »Formalismusdebatte«, die den »sozialistischen Realismus« in Kunst und Kultur begründete, war ungewollt ein willkommenes Podium zur Artikulierung eigener Kunstauffassungen zahlreicher Kulturschaffender geworden. Stephan Hermlin, der sich bis zu seinem Lebensende an die Unerschütterlichkeit des Kommunismus klammerte, war seit den Fünfzigerjahren ein lautes Sprachrohr derjenigen, die immer offener eine kritische Haltung gegenüber der verkrusteten DDR-Kulturpolitik einnahmen. Bertolt Brecht gehörte zu ihnen, auch Ernst Busch, Wolfgang Langhoff, Professor Hans Rodenberg, Alexander Abusch, Gustav von Wangenheim, Eduard von Winterstein und Fritz Erpenbeck. Selbst der amtierende DDR-Kulturminister Johannes R. Becher mochte die von ihm offiziell verwaltete, von der SED vorgegebene rigide und ideologisch straff ausgerichtete Kulturpolitik immer seltener öffentlich verteidigen. Stephan Hermlin, dessen Texte sich schon damals »als Spuren der durch seinen Habitus ausgelösten Kämpfe und Konflikte für eine gerechtere Gesellschaft und gleichzeitig als Zeichen der Bewegung in seinem gesellschaftlichen Umfeld« lesen ließen,[111] musste sich mehrfach für seine Haltung vor den glaubenskongregationellen Parteigremien verantworten. Seine persönliche Freundschaft zu Erich Honecker, jenem jungen, aufstrebenden Politbürokraten, war in diesen ersten Auseinandersetzungen zwischen Hermlin und der Partei wenig hilfreich. Hermlin, der sich als Protagonist einer modernen und offenen sozialistischen Kulturpolitik sah, war der Mittler, auch der Moderator zwischen der Literatur und der Politik. Seine Partei sah dies ganz anders, sie überzog den kritischen Kommunisten »wegen parteischädigenden Verhaltens« mit mehreren Parteistrafen. Stephan Hermlin hatte der Bannstrahl seiner Klassenbrüder erreicht. Für immer.

Und dennoch war sein weiterer politischer Weg stets von ungebrochener Loyalität zu seinem Land, der DDR, und zur kommunistischen Idee, geprägt. Nach dem Bau der Berliner Mauer richteten die Schriftsteller Günter Grass und Wolfdietrich Schnurre, einer der Mitbegründer der »Gruppe 47«, einen offenen Brief an ihre Kollegen in der DDR, in dem sie diese zum öffentlichen Protest aufriefen. Stephan Hermlin gehörte zu den wenigen DDR-Schriftstellern, die auf diesen Brief aus dem Westen Berlins antworteten: »Sie haben gestern, am 16. August 1961, einen offenen Brief an eine Reihe von Schriftstellern in der Deutschen Demokratischen Republik gerichtet … Da ich zu den von Ihnen genannten Empfängern gehöre, erlaube ich mir, das Folgende zu bemerken: Sie wünschen, ich möge die Tragweite der plötzlichen militärischen Aktion vom 13. August bedenken. Ich könnte mit den Worten eines offiziellen Sprechers in Washington darauf erwidern, daß die Rechte der westlichen Besatzungsmächte in West-Berlin durch die Maßnahmen der Deutschen Demokratischen Republik nicht angetastet wurden. Dies ist die Antwort, die bereits aus dem Westen gekommen ist, soweit die Frage der Tragweite aufgeworfen wird. Ich will es mir aber nicht ganz einfach machen, zumal ich kein Sprecher der amerikanischen Regierung bin. Ich habe meiner Regierung am 13. August kein Danktelegramm geschickt und ich würde meine innere Verfassung auch nicht als eine solche freudige Zustimmung, wie manche sich auszudrücken belieben, definieren. Wer mich kennt, weiß, daß ich ein Anhänger des Miteinanderlebens bin, des freien Reisens, des ungehinderten Austausches auf allen Gebieten des menschlichen Lebens, besonders auf dem Gebiet der Kultur. Aber ich gebe den Maßnahmen der Regierung der Deutschen Demokratischen Republik meine uneingeschränkte ernste Zustimmung. Sie hat mit diesen Maßnahmen, wie sich bereits zeigt, den Antiglobkestaat gefestigt, sie hat einen großen Schritt vorwärts getan zur Errichtung eines Friedensvertrages, der das dringendste Anliegen ist, weil er allein angetan ist, den gefährlichsten Staat der Welt, die Bundesrepublik, auf ihrem aggressiven Weg zu bremsen.«[112]

Eine Antwort, die bei der DDR-Führung durchaus Wohlgefallen ausgelöst haben dürfte. Der Jubel über den offensichtlich gezähmten Querulanten hielt nicht lange an. Bereits ein Jahr später, im Dezember 1962, veranstaltete Stephan Hermlin in den Räumen der Akademie der Künste der DDR eine Lesung, zu der er den Lyriker-Nachwuchs der DDR einlud. Neue Gedanken, neue Dichtungen, ein neues Literaturverständnis und ein neuer Umgang mit dem geschriebenen Wort im Sozialismus hatte

Stephan Hermlins Wohnhaus in der Hermann-Hesse-Straße 39.

sich Hermlin von dieser Veranstaltung versprochen, und die jungen Dichter wie Wolf Biermann, Volker Braun, Sarah Kirsch oder Bernd Jentzsch enttäuschten ihn nicht. Und das Publikum, hin- und herschwankend zwischen Ungläubigkeit und Glücksgefühlen, enttäuschten die jungen Wilden erst recht nicht. Diese Veranstaltung war der gelungene Versuch des Aufbruchs, sie war der Beginn der »Lyrik-Welle«, die die DDR in den Sechzigerjahren beinahe flächendeckend überzog. Hermlin hatte eine Revolution losgetreten. Seine Partei gab die passende Antwort: Der Revolutionär wurde erneut mit einer Parteistrafe belegt, außerdem verlor er seine Funktion als Sekretär der Klasse Dichtkunst und Sprachpflege der Akademie der Künste. Der Kontakt zu Wolf Biermann ist jedoch nie abgebrochen. Im Gegenteil.

Am Dienstag, dem 16. November 1976, um 16 Uhr, verbreitete der Allgemeine Deutsche Nachrichtendienst (ADN) der DDR diese Meldung: »Die zuständigen Behörden der DDR haben Wolf Biermann, der 1953 aus Hamburg in die DDR übersiedelte, das Recht auf weiteren Aufenthalt in der Deutschen Demokratischen Republik entzogen. Diese Entscheidung wurde auf Grund des Gesetzes über die Staatsbürgerschaft der Deutschen Demokratischen Republik – Staatsbürgerschaftsgesetz – vom 20. Februar

1967, Paragraph 13, nach dem Bürgern wegen grober Verletzung der staatsbürgerschaftlichen Pflichten die Staatsbürgerschaft der DDR aberkannt werden kann, gefaßt. Biermann befindet sich gegenwärtig in der Bundesrepublik Deutschland. Mit seinem feindseligen Auftreten gegenüber der Deutschen Demokratischen Republik hat er sich selbst den Boden für die weitere Gewährung der Staatsbürgerschaft der DDR entzogen. Sein persönliches Eigentum wird, soweit es sich in der DDR befindet, zugestellt.«[113] Drei Tage zuvor hatte Wolf Biermann auf Einladung der IG Metall in der Kölner Stadthalle ein Konzert gegeben, im Programm Biermanns hatten die DDR-Entscheidungsträger ein »feindseliges Auftreten gegen die DDR« ausgemacht, auf das nun »angemessen reagiert wurde«.[114]

Angemessen gegen die Ausbürgerung Wolf Biermanns reagierten zwölf Schriftsteller der DDR, die in einem von Stephan Hermlin am 17. November 1976 verfassten »Offenen Brief« die Partei- und Staatsführung aufforderten, die »beschlossenen Maßnahmen zu überdenken«. Diesen Brief, der später als »Biermann-Resolution« DDR-Geschichte schreiben sollte und in Stephan Hermlins Haus in Berlin-Niederschönhausen entstand, unterzeichneten unter anderen Christa Wolf und Jurek Becker, in den folgenden Tagen schlossen sich mehr als einhundert weitere DDR-Künstler mit ihren Unterschriften dem Inhalt des Hermlin-Briefes an. Der Brief ging an die Chefredaktion des »Neuen Deutschlands«, an die Nachrichtensendung des DDR-Fernsehens »Aktuelle Kamera« sowie an die französische Nachrichtenagentur AFP. Letztere sorgte dann im Zusammenspiel mit der »Tagesschau« für die Verbreitung der Resolution.

Die DDR erlebte mit der Entscheidung, Wolf Biermann die Staatsbürgerschaft der DDR zu entziehen, eine kulturpolitische Krise ungeahnten Ausmaßes. Die Kulturszene wurde nachhaltig ausgedünnt. Zu Dutzenden verließen in den folgenden Monaten und Jahren Stars wie Manfred Krug, Angelica Domröse, Hilmar Thate oder Mitglieder der inzwischen in der DDR verbotenen Gruppe Renft aus Protest das Land. Stephan Hermlin erhielt ein weiteres Mal eine strenge Parteirüge, seine Mitgliedschaft in der SED durfte er jedoch behalten. Bis zum Ende der DDR hat es eine Aussöhnung der SED mit ihrem kritischen und streitbaren Mitglied nicht wirklich gegeben.

Wolfgang Langhoff

1901 Berlin – 1966 Berlin

*Schauspieler, Theaterregisseur,
Intendant*

*Heinrich-Mann-Straße 16,
Leonhard-Frank-Straße 11*

Es war kein gutes Jahr für die gesamtdeutsche Theaterszene, dieses 1966. Gleich drei bedeutende Regisseure, große Theatermänner, hatten sich für immer von der Bühne verabschiedet. Am 30. März kam aus dem bayerischen Starnberg die erschütternde Nachricht, dass Erwin Piscator gestorben sei. Jener Mann, der seit den Zwanzigerjahren das deutsche Theater revolutioniert hatte, der an seinen »Piscator-Bühnen« das politische Theater entwickelte, und dessen Inszenierungen Bertolt Brecht so sehr begeisterten, dass dieser selbst Anleihen bei Piscator nahm. In guter Brechtscher Manier hörte sich das so an: »Außer mir ist Piscator der einzige fähige Dramatiker«.[115]

Erich Engel, der große Regisseur, der sich nicht nur auf der Theaterbühne, sondern auch am Filmset bestens auskannte, starb am 10. Mai in Berlin. Und auch in Erich Engels künstlerischer Biografie taucht Bertolt Brecht auf, gleich mehrfach und höchst dominant. Nach einem Engagement am Bayerischen Staatstheater in München war Engel 1924 nach Berlin gekommen, inszenierte am Deutschen Theater unter anderem Brechts »Im Dickicht der Städte« und wuchs sehr früh zu einem der wichtigsten »Brecht-Interpretatoren auf deutschen Bühnen«.[116]

Engels Durchbruch gelang mit der »Dreigroschenoper«, deren Premiere am 31. August 1928 im Berliner Theater am Schiffbauerdamm stattfand. Für Engel war das mehr als ein Ritterschlag: Brecht, selbst schon ein bedeutender Regisseur, überließ ihm, Erich Engel, die Inszenierung seines neuen Stückes, das sich später als Brechts Hauptwerk herausstellen sollte. Mehr Anerkennung geht nicht. Nicht einmal von Brecht.

Über der Theaterlandschaft lag ein großer Trauerflor in diesem Jahr 1966, aber mit Piscators und Engels Tod war das amtliche Bulletin aus dem Theaterhimmel noch nicht vollständig. Am 25. August starb Wolfgang Langhoff, der von 1946 bis 1963 das Deutsche Theater in Berlin leitete und dem ohnehin großen Ruhm, den das Haus schon seit Max Reinhardts Zeiten immer umgab, viele neue Facetten hinzugeben konnte. Berlin und seine Sprechbühnen waren, so hieß es in den Fünfziger- und Sechzigerjahren, wohl die beste europäische Theateradresse. Das Deutsche Theater trug viel dazu bei.

Von Wolfgang Langhoff ist nach seinem Tod noch viel geblieben, auch beinahe fünfzig Jahre danach. Das Bild Wolfgang Langhoffs ist immer noch präsent. Da ist dieses markante, spitze Gesicht, gekrönt von einem stoppeligen Kurzhaarschnitt, der schmallippige Mund, der sich allzu oft zu einem ironischen Grinsen verzog, und dem höchst selten ein herzhaftes, Zähne zeigendes Lachen gelingen sollte. Zumindest nicht in der Öffentlichkeit, und noch weniger in den – leider nur wenigen – DEFA-Filmen, in denen die Zuschauer ihn als großartigen Darsteller erkennen konnten. So geschehen im Jahre 1965 in der DEFA-Verfilmung des Dieter-Noll-Romans »Die Abenteuer des Werner Holt«, einer Geschichte aus der Endzeit des Zweiten Weltkrieges. Joachim Kunert hatte Regie geführt und sich über eine wirkliche Starbesetzung freuen können: Arno Wyzniewski, Manfred Karge, Angelica Domröse, Peter Reusse, Wolf Kaiser, Monika Woytowicz, Erika Pelikowsky, Martin Flörchinger, Helga Göring, Horst Kube, Günter Naumann und Wolfgang Langhoff zeigten Leistungen von allerhöchster Güte. Eine Szene aus diesem Kultfilm ist besonders einprägsam: Das Gespräch zwischen Vater und Sohn. Langhoff, dem alten Schauspiel-Haudegen, steht Klaus-Peter Thiele gegenüber, der mit der Titelrolle seine erste große Filmarbeit ablieferte. Der systemkritische Professor Holt bringt seinen Sohn Werner in den ersten Konflikt mit der politischen Wirklichkeit im nationalsozialistischen Deutschland, als er sagt: »… wenn das erst mal alles vorbei ist … das so genannte Dritte Reich …«[117]

Ein Jahr nach dem Ende des Zweiten Weltkrieges war Wolfgang Langhoff nach Berlin gekommen. Hinter ihm lagen lange Jahre der Emigration und der Haft in den Konzentrationslagern Lichtenburg und Börgermoor, wo Langhoff den Text zu dem »Lied von den Moorsoldaten« geschrieben hatte. 1946 folgte er dem Ruf Gustav von Wangenheims und wurde dessen Nachfolger als Leiter des Deutschen Theaters. Die Kulturfunktionäre in der Sowjetischen Besatzungszone und später in der DDR merkten sehr bald, dass Langhoff neben der Generallinie in der neuen,

Wohnhaus in der Leonhard-Frank-Straße 11.

sozialistischen Kulturpolitik noch einen anderen Weg verfolgte, nämlich Theater nicht nur für die klassenmäßige Erziehung des Publikums, sondern zu dessen Freude zu machen. Eine Kombination, die in den ersten Jahren der DDR nicht so recht zusammenzupassen schien. In Langhoffs Auffassung vom modernen Theater sollte dies jedoch keinen Widerspruch darstellen. »Nicht mangelnde Treue zum Kommunismus, sondern die Forderung, dass auch kommunistische Stücke Qualität haben müssten, brachte Wolfgang Langhoff in Widerspruch zu den Mächtigen.«[118] Und die versuchten hartnäckig, dem aufmüpfigen Theatermann auf den Brettern, die die Welt bedeuten, allergrößte Steine in den Weg zu legen. Die ihm angedichtete Rückkehr zu kleinbürgerlicher Kulturauffassung beinhaltete – so wie es zu jener Zeit üblich war – eine politische Komponente, die manch anderem Gescholtenen die Freiheit, zumindest jedoch die Karriere kostete.

Dennoch, die Gründung der Deutschen Demokratischen Republik am 7. Oktober 1949 sah einen enthusiastischen und glücklichen Wolfgang Langhoff, der sich von der ehrlichen und nicht verordneten Freude und Begeisterung der Bevölkerung während der Gründungsfeier euphorisieren und anstecken ließ: »Ich wollte, alle meine Kollegen in Westdeutschland, alle Künstler, alle Schriftsteller könnten an dieser erhebenden Stunde teilnehmen, an der ich hier eben teilnehmen darf ... Wir stehen unter dem nächtlichen Himmel, riesige Scheinwerfer beleuchten den unabsehbaren Zug der Jugend, die mit ihren Fahnen und Transparenten hier an dieser Tribüne vorüberziehen. Es ist wirklich eine Geburtsstunde einer neuen demokratischen Republik! ... Und alle diejenigen, die uns noch zaudernd, fremd oder zögernd gegenüberstehen, alle diejenigen wünsche ich auf diesen Platz, um dieser großen Stunde teilhaftig zu werden.«[119]

Anfang der Fünfzigerjahre, als der harmlose Amerikaner Noel Field seinen Namen für die Verfolgung von kommunistischen Funktionären wegen »Agententätigkeit« in ganz Osteuropa hergeben musste, wurde auch eine Nähe Langhoffs zu den »konterrevolutionären Elementen« vom Schlage Rudolf Slánsky, Traitscho Kostoff, László Rajk und Paul Merker vermutet. Wie andere Kulturschaffende und Politiker auch, musste Wolfgang Langhoff – ohne zu wissen, warum – das Büßerhemd überstreifen und Selbstkritik üben. Die Intendanz am Deutschen Theater ließ man ihm, seine Funktionen in der SED musste er aufgeben. Aber da fehlte ja noch etwas: »Was den Funktionären bei Brecht nicht gelang, dessen internationale Berühmtheit ihn vor Belästigungen weitgehend schützte, das betrieben sie um so erfolgreicher bei seinem natürlichen Antipoden ... Wolfgang Langhoff.«[120]

Langhoff und Brecht – das war bei aller kollegialen Konkurrenz nicht nur ein achtungsvolles Miteinander, das war vor allem gelebte Solidarität unter sich höchst schätzenden Theatermännern. Von 1949 bis 1954 beherbergte Langhoffs Deutsches Theater Brechts Berliner Ensemble als Gast. Die Inszenierung von »Mutter Courage und ihre Kinder« gilt bis heute als eine der bedeutendsten Theateraufführungen der deutschen Nachkriegszeit.

1959 verfügte die Abteilung Kultur im Zentralkomitee der SED in längst überwunden geglaubter stalinistischer Tradition eine umfassende Spielplanänderung im Deutschen Theater. »Pygmalion« von George Bernard Shaw stand damals auf dem Programmzettel, auch Schillers »Wallenstein« und die Premiere des Stückes »Die Trickbetrügerin und andere Begebenheiten«, der das *Neue Deutschland* in seiner Ausgabe vom 6. Oktober 1959 beinahe den Todesstoß verpasste: »Geheimnis umwittert diese Uraufführung in den Kammerspielen des Deutschen Theaters, Neugier durchweht den Zuschauerraum und in den Pausengesprächen gibt sich die Phantasie freien Lauf ...«[121] Geheimnis? Neugier? Phantasie? Verdächtiger ging es kaum. Wolfgang Langhoff blieb nach der allerhöchst herrschaftlichen Kritik an seiner Spielplangestaltung zunächst noch fest im Sattel, seinem emsigen Chefdramaturgen Heinar Kipphardt erging es ungleich schlechter: Er wurde gefeuert.

Langhoff wollte immer nur Theater machen und im Idealfall ein gutes Theater mit einem zufriedenen Publikum. Nicht einfach in der poststalinistischen Zeit. Und am wenigsten einfach für Langhoff, bei dem die SED-Kulturoligarchie sogar bis 1963 ausharrte, um zum großen finalen Schlag auszuholen. Anlass war Langhoffs Vorliebe für die Stücke von Peter Hacks. Hacks arbeitete seit 1960 in der Nachfolge Heinar Kipphardts als Dramaturg am Deutschen Theater, und dank der Langhoffschen Fürsprache wurden dort einige seiner Stücke aufgeführt. Hacks hatte stets ein zwiespältiges Verhältnis zur DDR, jedoch ein enges und freundschaftliches zu Wolfgang Langhoff. Jener hatte 1963 die gefährliche Idee, Hacks' heute beinahe vergessenes neues Stück »Die Sorgen und die Macht« im Deutschen Theater auf die Bühne zu bringen. Eine Idee mit verheerenden Folgen. Langhoff wurde die Intendanz entzogen, Hacks durfte ebenfalls gehen. Wolfgang Heinz, der bedeutende österreichische Mime, wurde Langhoffs Nachfolger auf dem Chefsessel, und als »Einstand« setzte sich der neue Intendant sogleich über die »Anregungen« der DDR-Kulturspitze hinweg und verkündete, dass die Regiearbeiten von Wolfgang Langhoff für das Deutsche Theater auch in Zukunft unverzichtbar seien. »Die sind den Langhoff einfach nicht losgeworden.«[122]

Wolfgang Langhoff lebte lange Jahre in der Leonhard-Frank-Straße 11, in jener kleinen Stadtvilla, die heute als »Ernst-Busch-Haus« bekannt ist. Langhoffs Sohn Thomas war der erste, der in die Schuhe seines Vaters schlüpfte und dem eine große Karriere als Schauspieler und später als bedeutender und erfolgreicher Theaterregisseur gelang. Auch Bruder Matthias schlug diese Laufbahn ein und zählt heute zu den bedeutendsten Regisseuren im deutsch- und französischsprachigen Raum. Im Jahre 1991 muss es eine besondere stille Zwiesprache zwischen Vater Wolfgang und Sohn Thomas gegeben haben: Ein Kreis hatte sich geschlossen, Thomas Langhoff übernahm die Intendanz des Deutschen Theaters. Am 18. Februar 2012 ist auch er gestorben.

Max Lingner

1888 Leipzig – 1959 Berlin

Pressezeichner, Maler, Grafiker

Straße 201 Nr. 2

Neben der Gedenkwand für den Namensgeber der Wohnanlage gibt es in der Erich-Weinert-Siedlung noch zwei metallene Gedenktafeln. Sie können heute beide vis-à-vis betrachtet werden: in der Straße 201 Nr. 1 für Ruthild Hahne und in Nr. 2 für Max Lingner. Die jüngere Tafel für die Bildhauerin Hahne ist erst auf Privatinitiative hin nach ihrem Tod am Eingang angeschraubt, die ältere für Lingner jedoch schon zu DDR-Zeiten aufgestellt worden.

Beide Persönlichkeiten liegen jenseits der Heinrich-Mann-Straße auf dem Städtischen Friedhof Pankow III begraben, jedoch nicht so dicht beieinander, wie sie gewohnt haben. Die für beide Künstlerpersönlichkeiten Anfang der Fünfzigerjahre errichteten Wohn- und Atelierhäuser flankieren von der Heinrich-Mann-Straße aus den Eingang bzw. die Einfahrt in die Straße 201. Links vom Haus Hahne, zur Hermann-Hesse-Straße zu, steht noch ein weiterer, in der Kombination Wohn- und Arbeitsbereich erbauter Komplex, der vom Bildhauer Theo Balden bezogen wurde. Gleichsam gespiegelt befinden sich an der Homeyerstraße die drei Wohn- und Atelierhäuser für den Maler und Graphiker Fritz Duda, den Graphiker und Karikaturisten Herbert Sandberg und den Maler und Graphiker Heinrich Ehmsen.

Von den sechs Genannten waren nach 1945 nur Balden und Lingner Rückkehrer aus dem Exil, Hahne und Sandberg hatten ihre Inhaftierungen im Zuchthaus bzw. KZ überlebt, Duda teils als Modellbauer und Zeichner in einem Architekturbüro und Ehmsen beim Militär. Max Lingner konnte im geteilten Nachkriegsdeutschland in einer beigeordneten Sonderschau auf der II. Deutschen Kunstausstellung in Dresden 1949 überhaupt erstmals ein größeres einheimisches Publikum erreichen. Der Künstler, im weltkriegsgestörten Deutschland weitestgehend unbekannt, kehrte erst in jenem Jahr zurück. Er hatte gut zwanzig Jahre als Pressezeichner für französische Zeitungen und Zeitschriften gearbeitet. Besonders herausgestellt wurde in der sowjetischen Besatzungszone aber vor allem seine bildkünstlerische Arbeit für das Zentralorgan der Kommunistischen Partei Frankreichs, die *l'Humanité*. Doch der gebürtige Leipziger war nicht erst durch den Machtantritt der Nationalsozialisten aus einer unsicheren Zukunft in Deutschland geflohen. Nach seinem Studium an der Dresdner Kunsthochschule begann leider keine nennenswerte Künstlerkarriere, schon deshalb nicht, weil er 1914 zum Militär eingezogen wurde und bis Ende des Ersten Weltkriegs diente, selbst am Kieler Matrosenaufstand teilnahm und Mitglied des Soldatenrates war. Nachdem er sich ein paar Jahre freischaffend als Graphiker und Maler in Weißenfels durchgeschlagen hatte, riet ihm Käthe Kollwitz 1928 nach Paris zu gehen, und so siedelte Lingner in die französische Metropole über. 1934 trat er der Kommunistischen Partei Frankreichs bei und begann kurze Zeit später seine Tätigkeit als politischer Pressezeichner, die er nach Ende der Besetzung Frankreichs und des Zweiten Weltkriegs fortsetzte.

Lingners Wohn- und Atelierhaus in der Straße 201 Nr. 2, Ecke Heinrich-Mann-Straße.

Überraschend bekam Lingner 1946 in seinem Pariser Atelier Besuch von der Deutschen Zentralverwaltung für Volksbildung und das Angebot, in die Sowjetische Besatzungszone überzusiedeln. Dahinter steckte die SED, aus deren Machtzentrum die Idee zur Aufforderung kam, den Künstler zur Rückkehr zu bewegen, aber angefragt wurde über das Volksbildungsreferat Bildende Kunst. Die zunächst mündlich artikulierte und nachfolgend schriftlich wiederholte Dringlichkeit machte den Unterschied zu anderen Künstlerinnen und Künstlern aus, die keinesfalls so bedrängt wurden, unbedingt wieder in (Ost-)Deutschland zu wirken. In seiner 1955 publizierten Autobiografie schrieb Lingner: »Ich fühlte, dass von nun an mein Platz an der Seite meines Volkes sei, dass ich, obgleich persönlich nicht beteiligt, die Gesamtverantwortung der Schuld meines Volkes teilen müsse, dass ich mit meinen, wenn auch geminderten Kräften helfen müsste, ein neues, besseres Deutschland aufzubauen.«[123] Doch die Remigration verzögerte sich auf Grund von Visaformalitäten und seines Gesundheitszustandes bis zum Frühjahr 1949.

Max Lingner reiste, da er über den Westen Deutschlands nicht einfliegen durfte, über Prag nach Deutschland ein und wurde bei seinem Eintreffen im so genannten »Demokratischen Sektor von Berlin« von Pieck, Ulbricht und Grotewohl Ende März aufs Herzlichste begrüßt. Der Heimkehrer war keineswegs leichten Herzens in Richtung Heimat aufgebrochen, denn er hatte doch einiges in Frankreich aufgegeben und zurückgelassen. Zugleich war Lingner aus einem sicheren Hafen, wo sein Lebenswerk und sein Renommee vor Anker lagen, in unruhigere Gewässer gewechselt. Das bekam er Anfang der Fünfzigerjahre schneller zu spüren, als ihm lieb war. Die SED zettelte einen »Kampf gegen den Formalismus in Kunst und Literatur, für eine fortschrittliche deutsche Kultur« an. In dieser Kampagne griffen die Kritiker den Künstler sogar namentlich an, weil er während seiner französischen Emigration angeblich nicht gegen die Einflüsse des »westlichen Kulturzerfalls« gefeit war. Er würde sich zu sehr auf seinen Lorbeeren ausruhen, das bildkünstlerisch Erarbeitete nur noch variieren, statt sich mit der neuen Wirklichkeit schöpferisch auseinanderzusetzen. Doch wie es sich für einen richtigen Kommunisten gehört, übte Lingner Selbstkritik, vor allem an seinem ungenügenden Anpassungsvermögen nach 24-jähriger Abwesenheit. Andererseits wies er auch einige Kritikpunkte zurück und Anna Seghers sprang als eine der wenigen für ihn in die Bresche. Für die Schriftstellerin illustrierte er übrigens ihre 1953 erschienene Erzählung »Der erste Schritt«. Doch die Partei und die Kulturpolitiker ließen ihn, im Gegensatz zu vielen Künstlerkollegen, nicht fallen. Ein Jahr nach den Formalismus-Vorwürfen, im Jahre 1952, bekam er erstmals den Nationalpreis verliehen, zwei Jahre später den Vaterländischen Verdienstorden und fürderhin den einen oder anderen großen Auftrag. Lingner kletterte in der Popularitätsskala weiter rasant nach oben, erstaunlich, wenn wir uns an die Anfänge erinnern.

Nach seiner Rückkehr im Jahre 1949 wurde zunächst daran gearbeitet, den Künstler in der Öffentlichkeit bekannter zu machen, was über die SED-gesteuerten Medien kein Problem war. Im *Neuen Deutschland*, dem Zentralorgan der SED, stand in der Ausgabe vom 15. April 1949, dass Lingner ein »großer deutscher Malerkünstler (sei), den die Welt kennt, nur die Deutschen nicht«. Willkommenen Anlass zur medial begleiteten Steigerung seines Bekanntheitsgrades bot im Juli 1949 eine Lingnersche Schenkung von 40 Gemälden, Aquarellen und Zeichnungen, die zwischen 1945 und 1948 entstanden waren, an das »deutsche Volk«. Max Lingner übergab seine Werke dem »Repräsentanten des fortschrittlichen Deutschland«, Wilhelm Pieck, der sogleich veranlasste, dass sie an mehreren Orten gezeigt wurden, u. a. während der Dresdner Kunstausstellung im selben Jahr. Der Künstler verfasste zudem mehrere Artikel und schaltete sich in die Kunstdebatten ein. Selbstredend bezog der Kommunist Stellung für eine politisch motivierte und parteiliche Kunst, als er schrieb: »Nur der Künstler, der teilnimmt an der Verantwortlichkeit, am Kampf der Klasse, der nun einmal die historische Aufgabe zukommt, die Menschheit zu führen auf dem Weg des Fortschritts, d. h. der Arbeiterklasse, hat wie sie mit ihr Anspruch auf Freiheit, Freude und Glück.«[124] Außerdem berief ihn die 1947 als Alternative zur West-Berliner Hochschule für Bildende Künste gegründete Hochschule für angewandte Kunst in Berlin-Weißensee, an der Lingner 1949/50 eine Professur für »Malerei des Zeitgeschehens« innehatte. Im März 1950 gehörte Lingner zu den Gründungsmitgliedern der Akademie der Künste (Ost) und fungierte als erster Sekretär der Sektion Bildende Kunst. Dort übernahm er zudem eine Meisterklasse. Außerdem engagierte er sich als Präsidialratsmitglied im von Johannes R. Becher 1945 gegründeten »Kulturbund zur demokratischen Erneuerung Deutschlands«.

Es überraschte dann keineswegs, dass der überschwänglich gefeierte »große Maler« bei der Anlage einer von zwei Intelligenzsiedlungen im Pankower Ortsteil Niederschönhausen berücksichtigt wurde. Grundlage hierfür war eine am 16. März 1950 erlassene »Verordnung zur Entwicklung einer fortschrittlichen demokratischen Kultur des deutschen Volkes und zur weiteren Verbesserung der Arbeits- und Lebensbedingungen der Intelligenz«.[125] Wie Ministerpräsident Otto Grotewohl schon in seiner ersten Regierungserklärung betonte, war sich die Regierung der »großen Bedeutung des Wirkens der Geistesschaffenden für die Entfaltung unserer Wirtschaft und unseres kulturellen Lebens bewusst«.[126] Daher sollte, wie es in der Kulturverordnung hieß, »in den Plänen für den Bau, die Wiederinstandsetzung und den Ausbau von Häusern und Wohnungen für Intellektuelle« die Bereitstellung von Arbeitsräumen und Ateliers vorgesehen werden. Die Verantwortung für die Durchführung der einzelnen Maßnahmen oblag dem »Förderungsausschuss für die deutsche Intelligenz beim Ministerpräsidenten der Deutschen Demokratischen Republik«, der auch den Kreis der zu berücksichtigenden Personen festlegte. Genauere Unterlagen, wer sich wann bewarb und warum auserwählt wurde, fehlen aber bis dato. So entstanden, neben einem dritten in Grünau, um den heutigen Fritz-Erpenbeck-Ring und die Straße 201 zwei Intelligenz-Viertel, deren Termin zur Vollendung zwar noch für 1950 geplant, aber schon durch bauliche Engpässe nicht zu halten war. Erst Ende des Jahres 1951 konnte bilanziert werden, dass von 94 Häusern bis auf drei alle bezugsfertig waren, darunter das Wohn- und Atelierhaus Lingner. Entworfen wurde der Komplex von Hanns Hopp, der auch die anderen Typenhäuser der Viertel entwarf. Den dazugehörigen Garten gestaltete einer der bedeutendsten Gartenarchitekten der Nachkriegszeit, Reinhold Lingner, der in keiner verwandtschaftlichen Beziehung zu Max stand. Der Hausgarten Max Lingners, den Reinhold Lingner zeitgleich mit einigen anderen Projekten in der unmittelbaren Umgebung realisierte, konnte 2011/12 gartendenkmalpflegerisch wiederhergestellt werden. Er beruht auf dem Gegensatz von einem von Gebäude und Pergola eingefassten Innenhof und einem landschaftsgärtnerischen Raum. Das Atelier mit drei großen Fenstern setzte Hopp nordöstlich an den Wohnhaustrakt. Es wird heute als Archiv und Vortragssaal der Max-Lingner-Stiftung genutzt. Lingner bezog den Neubaukomplex, der an das Grundstück Straße 201 Nr. 4 grenzt, auf dem der Schriftsteller Erich Weinert bis 1953 lebte und arbeitete, nicht allein, denn er war seit dem 12. September 1950 mit der wesentlich jüngeren Juristin Dr. Erika Hoffmeier verheiratet. Von seiner ersten Frau Lisa, die schon zwei Jahrzehnte dauerhaft in der Psychiatrie lebte, wurde er geschieden, weil keine geistige Gemeinschaft mehr bestand. Lisa Lingner starb am 18. Juli 1951 in der Heil- und Pflegeanstalt Emmendingen, wie sechs Jahre später der bedeutende Autor und Arzt Alfred Döblin. So war Lingners Einzug in sein neues Heim in Niederschönhausen auch mit einem neuen Lebensglück verbunden.

Da der Künstler nach seiner Rückkehr 1949 aber sofort Arbeitsräumlichkeiten brauchte, wurde ihm im Pankower Bürgerpark eine Möglichkeit offeriert. Im teils kriegsbeschädigten, direkt an der Panke stehenden ehemaligen Herrenhaus des Barons Killisch von Horn, das 1961 abgeris-

Lingner Wandbild in der Leipziger Straße in Berlin-Mitte.

sen wurde, konnte Max Lingner zunächst ein Atelier einrichten, bevor er das komfortablere, zum Wohnhaus gehörende im Intelligenz-Viertel nutzte.

Den ersten großen Auftrag, den Lingner im öffentlichen Raum ausführen sollte, erhielt er vom Freien Deutschen Gewerkschaftsbund zur Ausschmückung der Feierlichkeiten des 1. Mai 1950. Aus Anlass des »Internationalen Kampf- und Feiertages der Werktätigen« wurde ihm die künstlerische Gestaltung von Großtransparenten mit figürlichen Darstellungen übertragen, die im Bereich der »Linden« und des Lustgartens vorrangig ruinöse Großgebäude verdecken sollten. In Paris hatte er vergleichbar Pressefeste der KPF-Zeitung *l'Humanité* mit monumentaler Propaganda dekoriert.

Im August 1950 folgte dann die Aufforderung, neben fünf anderen Künstlern Entwürfe zu einem Mosaikwandbild für das »Haus der Ministerien« an der Leipziger Straße einzureichen. Die Jury entschied sich letztlich für ihn, obwohl er vom Mosaikbild abging, und die Aufmalung des Bildwerkes auf zu brennende Meißener Porzellanfliesen vorschlug, das auch in dieser Technik 1952/53 realisiert wurde. Das in der Pfeilerhalle des heutigen Bundesministeriums der Finanzen erhaltene Kunstwerk ist sicher seine bekannteste Arbeit, denn in Museen und öffentlichen Sammlungen hängt kaum etwas von ihm und eine große Retrospektive ist nicht zu erwarten. Ministerpräsident Otto Grotewohl mischte sich damals als »Hausherr« des einst für Hermann Göring errichteten NS-Baus massiv in die Ausführung des Wandbildes ein, so dass Lingner später gestand, dass beide Seiten mit dem großformatigen Kunstwerk nicht zufrieden sein konnten. Erst den sechsten Entwurf bekam Lingner genehmigt. Deprimierend war zudem, dass der Künstler selbst sein Werk nicht mehr aufgemalt hat, sondern vierzehn bestellte Maler, die die frohe, bewegt und unorthodox weltbürgerliche Menschenmenge pathetisch versteiften. Dennoch schlug sein »französischer« Stil noch durch sowie der eh schon in seinem Oeuvre vorhandene »Optimismus« in der Darstellung, den die SED-Kunstkritik in der Frühphase der DDR stets anmahnte – zumindest das konnte bei Lingner vorausgesetzt werden. Dass dieser staatstragende Optimismus, der sich in der Gestaltung eines Demonstrationszuges zeigt, der sich von links in das Wandbild hineinbewegt, von der Realität eingeholt wurde, zeigt den Widerspruch zwischen Schein und Wirklichkeit in der DDR.

Am 3. Januar 1953, dem 77. Geburtstag des Staatspräsidenten Wilhelm Pieck, erfolgte die Übergabe des Kunstwerkes mit dem pathetischen Titel »Die Bedeutung des Friedens für die kulturelle Entwicklung der Menschheit und die Notwendigkeit des kämpferischen Einsatzes für ihn«. Am 17. Juni 1953 zogen während des landesweiten Generalstreiks einige zehntausend Menschen an die Straßenecke Leipziger Straße/Wilhelmstraße, um gegen die staatlichen Normerhöhungen zu protestieren, bis sowjetische Panzer den DDR-Volksaufstand niederschlugen. In der Größe des Lingnerschen Wandbildes gibt es heute auf dem Eckvorplatz ein im Boden eingelassenes Denkmal nach einem Entwurf von Wolfgang Rüppel, das ein in Glas geätztes Foto des Arbeiteraufstandes zeigt. Wer sich hier an der Stelle die Mühe macht, die ideologische Übertünchung des Lingnerschen Bildwerkes zu übersehen, kann dem Künstler mit seinen Ansprüchen und Intentionen schon ein Stück näherkommen. So richtig nahe aber kommen wir ihm nur noch in seinem Wohn- und Atelierhaus in der Straße 201. Der Weg dorthin lohnt sich, weil wir auch viel über die Frühzeit der DDR erfahren.

Paul Nipkow

1860 Lauenburg – 1940 Berlin

Ingenieur, Fernsehpionier

Wollankstraße 134, Parkstraße 5,
Parkstraße 12a[127]

Die Wissenschaft ist über die Jahrtausende hinweg sonderbare Wege gegangen. Theorien wurden aufgestellt, deren Richtigkeit mitunter bis aufs
Blut verteidigt worden ist, bis dann doch eine andere Theorie die alte ablöste, wieder heiß diskutiert, wieder verworfen und schließlich durch die
ultimativ beste und wahrhaftigste ersetzt wurde. Seit der Antike ist das so.
Unser Planet war eine Scheibe, Blitz und Donner waren gottgesandt, die
Sonne drehte sich um die Erde, Spinat hat einen hohen Eisengehalt, Ar-
chimedes entdeckte das Prinzip der Wasserverdrängung mittels einer ins
Wasser getauchten goldenen Krone, und Isaac Newton erlebte äußerst
schmerzhaft die Wirkung der Schwerkraft mittels eines kopfverletzenden
rotbäckigen Apfels. Und ganz kühn zeigte sich 1935 der österreichische
Physiker Erwin Schrödinger. Bei seinem Versuch, die Kopenhagener Deu-
tung der Quantenphysik zu beweisen, sperrte er eine arme, bemitleidens-
werte Katze samt einer Giftampulle in eine Kiste. Da niemand wissen
konnte, wann die Ampulle zerplatzt und das Gift freigesetzt wird, konnte
die Katze gleichzeitig als lebendig und tot angesehen werden. Wie gesagt,
die Wissenschaft ist sonderbare Wege gegangen … Und es gab einen Wissenschaftler, der anfangs nicht einmal wusste, was er erfunden hatte.

Dieses Phänomen ist einem jungen Mann aus dem pommerschen Lauenburg gelungen. Paul Nipkow hatte es gerade in die Oberprima des Kö-
niglichen Vollgymnasium im westpreußischen Neustadt gebracht, schon
damals, Mitte der Siebzigerjahre des 19. Jahrhunderts, faszinierte ihn
alles Technische. Ein Schlüsselerlebnis war der Moment, als er sich von
einem befreundeten Postlehrling ein Bell-Telefon leihen konnte, ein pri-
mitives Mikrophon bastelte und mit einem seiner Mitschüler telefonierte.

Und in seinem Kopf begann es zu arbeiten. »Warum sollte man nicht mit einem noch zu erfindenden Elektrischen Teleskop in ähnlicher Weise wie beim Telefon über eine elektrische Leitung einen am Ort A befindlichen Gegenstand am Ende der Leitung in einem Ort B sichtbar machen können?«[128] Der Traum von einem solchen Apparat sollte Paul Nipkow nicht mehr loslassen.

Am Heiligen Abend 1883, inzwischen hatte er sich als Student der Naturwissenschaften in Berlin einschreiben lassen, saß er einsam vor einer Petroleumlampe in seiner kärglichen Studentenbude in »Berlin NW. Philippstraße 13a, gegenüber der Kirche, Hof links, 3 Treppen links«[129] und suchte wieder einmal nach der Lösung für sein Elektrisches Teleskop. Und ausgerechnet an dem Tag, als sich der Stern am Himmel zeigte und den Heiligen Drei Königen – oder den drei Astrologen, welchem Evangelium man auch den Vorzug gibt – den Weg zum neugeborenen Heiland in Bethlehem zeigte, erlebte Paul Nipkow seine eigene Erleuchtung: »Und da kamen mir bald die Einzelheiten, insbesondere die spiralgelochte Scheibe und das Lichtrelais nach Faraday. […] Die Einzelheiten kamen automatisch, wie beliebige Alltagsgedanken.«[130] Paul Nipkow hatte soeben nicht nur sein Elektrisches Teleskop erfunden, sondern – ohne es zu erahnen – das Fernsehen. Am 6. Januar 1884 meldete er das Elektrische Teleskop beim kaiserlichen Patentamt in Berlin an, was eindeutig beweist, dass das Fernsehen keine Erfindung des 20. Jahrhunderts ist. Der Begriff »Fernsehen« ließ allerdings noch acht Jahre auf sich warten, zum ersten mal tauchte er in Maximilian Pleßners utopischer Schrift »Die Zukunft des Fernsehens«[131] auf.

Nach seinem Wehrdienst beim Eisenbahn-Bataillon in Schöneberg fand er eine Anstellung als Konstrukteur und Ingenieur bei der Eisenbahn-Signalbauanstalt in Borsigwalde, auch dort ließ ihm sein rastloser Erfindergeist jede Menge Freiraum. Insgesamt fünf Eisenbahnsicherungspatente konnten dem bei seiner Belegschaft sehr beliebten Paul Nipkow zugeschrieben werden. Und bald galt Nipkow als Universaltalent. An das ungemein ausgeprägte technische Interesse ihres Vaters erinnerte sich seine Tochter Lilly: »Eine große Sache beschäftigte damals Vater: Das Fliegen mit Maschinen, die schwerer sind als Luft. Auf allen Schränken unserer Pankower Wohnung standen Flugzeugmodelle, selbst gebastelt aus Papier und Sperrholz, an Schnüren hingen die Modelle von der Decke. Vater glaubte fest ans Fliegen. Er hatte keine anderen Zuhörer als uns Kinder, wenn er auf dem Küchenhocker stehend uns das Fliegen erklärte.«[132] Mit seinen Berechnungen leistete Paul Nipkow auch einen außerordentlichen Beitrag zur Entwicklung eines neuen Fluggerätes, wel-

Parkstraße 5 mit der Gedenktafel für Paul Nipkow.

ches bald unter dem Namen »Hubschrauber« bekannt werden sollte. Wie ein »geölter Blitz«, so versprach er seinen Kindern, werde man eines Tages um die Welt sausen. Und Tochter Lilly schwor, dass der Begriff »geölter Blitz«, heute zum festen Bestandteil der deutschen Sprache gehörend, ebenfalls eine Erfindung Paul Nipkows war. Die Kinder waren begeistert, Mutter Nipkows Jubel hielt sich freilich in ganz praktischen und pragmatischen Grenzen: »Kannst du nicht mal etwas erfinden, das Geld einbringt?«[133]

Der liebevolle Ehemann und Vater gehorchte. 1919 ging er als 59-Jähriger in Frühpension und fand genügend Zeit, sich nun wieder verstärkt um die Umsetzung seiner Fernseherfindung zu kümmern, die über dreißig Jahre lang zum Dornröschen mutiert war und nun wiederbelebt werden musste. Es gelang ihm, als wenn ihm der Gedankenblitz erst gestern gekommen wäre. Noch im gleichen Jahr meldete er, angeregt durch einen Zukunftsroman, ein Reichspatent an, bei dem er den Film als Mittel des Fernsehens einsetzte.[134] Bis 1924 tüftelte er weiter, vervollkommnete seine einst kleine Idee zu einer »Einrichtung zur Erzielung des Synchronismus bei Apparaten zur elektrischen Bildübertragung«.[135] Jetzt war nicht nur der Erfinder zufrieden, sondern auch die Familie. Viel Geld kam ins Haus, denn überall auf der Welt wurde jetzt mit dem Fernsehen experimentiert, und jeder arbeitete mit Paul Nipkows Spirallochscheibe. Die Reichsrundfunkgesellschaft zahlte ihm einen Ehrensold, die Firma Siemens & Halske kaufte ihm für 10.000 Reichsmark eines seiner Patente ab, auch die Reichspost überhäufte den nun schon betagten Erfinder mit höheren Beträgen.

Im August 1928, auf der 5. Großen Deutschen Funkausstellung in Berlin, wurde auf dem Ausstellungsstand des Reichspostzentralamtes ein 30-Zeilen-Fernsehen vorgeführt. Der Erfinder stellte sich – inkognito – zu den Interessenten der Vorführung, über dieses Erlebnis berichtete er viele Jahre später:»Die Fernseher befanden sich in dunklen Zellen, und davor Hunderte und warteten geduldig auf den Augenblick, in dem sie zum ersten Male fernsehen sollten. Unter ihnen wartete ich auch und wurde immer nervöser. Was ich 45 Jahre früher erdacht hatte, sollte ich nun erstmals verwirklicht sehen. Endlich war ich an der Reihe und trat ein, ein dunkles Tuch wurde zur Seite geschoben, nun sehe ich vor mir eine flimmernde Lichtfläche, auf der sich etwas bewegte. Es war aber nicht gut zu erkennen …«[136]

Mit der Machtübernahme durch die Nationalsozialisten sah sich Paul Nipkow, der bescheidene alte Mann, plötzlich im Mittelpunkt des öffentlichen Interesses. Der in allen Medienfragen omnipräsente Reichspropagandaminister, der mit dem Fernsehen ein neues »Spielzeug« entdeckt hatte, erkor Paul Nipkow zu einem neuen deutschen Nationalhelden, und ließ seinen getreuen Adlatus, den Reichssendeleiter Eugen Hadamovsky so am 1. Mai 1935 vor der Reichsrundfunkkammer verkünden: »… sehr geehrter Herr Nipkow, … so will ich Sie, den 74jährigen deutschen Arbeiter und Erfinder dieses neuen Weltwunders, in Ihren unvergänglichen Diensten ehren, indem ich Sie bitte, die Berufung als Ehrenpräsident der Fernsehgemeinschaft anzunehmen, welche die führenden Männer des Rundfunks und der Wissenschaft umfasst.«[137] Das Fernsehen, das Massenmedium der Zukunft, war eine deutsche Erfindung, welch ein Glücksfall wurde den Nationalsozialisten damit in die Propagandasuppe gespült. Doch damit nicht genug. Auf allerhöchstpersönlichen Befehl von Joseph Goebbels hatte der erste offizielle deutsche Fernsehsender selbstverständlich den Namen des Erfinders zu tragen. Und dessen erste öffentliche Ausstrahlung begann dann auch mit dem Kameraauftritt einer blondbezopften deutschen Bilderbuchmaid und den Worten: »Hier ist der Reichssender Paul Nipkow … Heil Hitler«.[138]

Am 22. August 1940 feierte Paul Nipkow seinen achtzigsten Geburtstag, und es fanden sich viele Gratulanten in der Parkstraße ein. Was an

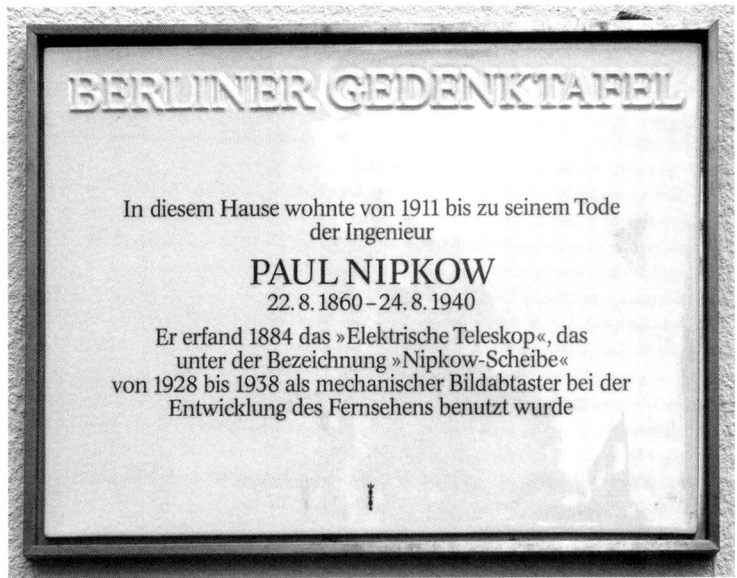

Gedenktafel am Haus Parkstraße 5.

diesem Tag geschah, beschrieb Tochter Lilly so: »Er stand vor seinem Fernseher, lachte und sagte, dass er neugierig sei, was aus seiner Erfindung noch werde. Als die Gratulanten unsere Wohnung verlassen haben, ist sie angefüllt mit Blumen und Geschenkkörben. Er rückt einen Schemel ans Fenster, um den Glücksbringern nachzuwinken. Das Ungewohnte, die Freude und Aufregung haben ihn schwindlig gemacht. Er will das Sofa erreichen, stürzt und schlägt mit dem Hinterkopf auf den Fußboden.«[139] Zwei Tage später starb er im Lazaruskrankenhaus, ohne das Bewusstsein wieder erlangt zu haben.

Wilhelm Pieck

1876 Guben – 1960 Berlin

Politiker

Majakowskiring 29

Zwischen Wilhelm Pieck, dem ersten und einzigen Staatspräsidenten der DDR, und seinem westdeutschen Amtsbruder Theodor Heuss lagen politische Welten: Hier der Repräsentant des jungen, neuen, fortschrittlichen und friedliebenden Teildeutschlands, dem die blühende sozialistische Zukunft gehöre, dort der Bundespräsident des bürgerlichen, kapitalistischen, von den Amerikanern ausgehaltenen Westens, den die Geschichte sowieso irgendwann auf ihrem Scheiterhaufen braten würde. So jedenfalls sah es die kommunistische Zukunftsdeutung vor. Und dennoch hatten die beiden Staatsoberhäupter einiges gemeinsam: Ihnen hing sehr nachdrücklich das Image des gütigen Landesvaters an, beinahe folgerichtig trugen sie in der Öffentlichkeit auch den gleichen Beinamen. »Papa Heuss« und das noch intimere »Papa Willem«. Beider sprichwörtliche Freundlichkeit und Volksverbundenheit war nicht befohlen oder aufgesetzt, sie waren so, und den alten Herren wohnte das Bedürfnis inne, ihren Thronsaal öfter mal zu verlassen und die Katen der Untergebenen zu betreten. »Volksnähe« nannte man es, Wilhelm Pieck wie auch Theodor Heuss hatten reichlich davon. Und dennoch waren beide nichts weiter als ewig lächelnde und einflusslose politische Marionetten. Die Strippenzieher in beiden Nachkriegsdeutschländern hießen Konrad Adenauer und dessen erklärter Todfeind Walter Ulbricht.

Wilhelm Pieck, der Kutschersohn aus dem brandenburgischen Guben, müsste wohl schon aus einem einzigen Grund in der Geschichtsschreibung der deutschen Arbeiterbewegung den uneingeschränkten Spitzenplatz einnehmen: Er war immerhin Mitbegründer gleich zweier Parteien, die das politische Bild Deutschlands im 20. Jahrhundert entscheidend mitbestimmten sollten.1918 gehörte er an der Seite Karl Liebknechts und Rosa Luxemburgs zu den Geburtshelfern der Kommunistischen Partei Deutschlands, 1945 befolgte er den Befehl aus Moskau, gemeinsam mit den Sozialdemokraten in der Sowjetischen Besatzungszone die Sozialistische Einheitspartei ins Leben zu rufen. Als Dank dafür wurden ihm und dem eher zurückhaltenden, beinahe unpolitischen Otto Grotewohl, der gemeinsame Vorsitz über die neue Partei, die 1946 gegründete SED, angetragen. Aber auch in dieser Position war Wilhelm Pieck – und Otto Grotewohl ebenso – die Marionette Stalins und dessen deutschem Hohepriester Walter Ulbricht, der als »Generalsekretär«, später als »Erster Sekretär« der Partei deren Kurs bestimmte. In der DDR brachte Ulbricht dann später alle Kraft auf, die SED als rein kommunistische Partei zu »reformieren«, viele ehemalige Mitglieder der SPD, die Ulbricht seit jeher als Verräter an der Sache der Arbeiterklasse verteufelte, sahen sich erheblichen Repressionen ausgesetzt. Max Fechner, der Justizminister der DDR, wanderte gar ins Gefängnis.

An Wilhelm Pieck und Otto Grotewohl, die beide ebenfalls eine sozialdemokratische Vergangenheit aufzuweisen hatten, wagte sich der ideologische Scharfrichter aus Sachsen nicht heran, zumal Wilhelm Pieck sich

Wilhelm Piecks Villa im Majakowskiring 29.

ja schon sehr früh für die »richtige«, die kommunistische Seite im Klassenkampf entschieden hatte.

Ursprünglich gehörte also der junge Tischler Wilhelm Pieck, den es nach der damals üblichen Wanderschaft ins hanseatische Bremen verschlagen hatte, der Sozialdemokratischen Partei Deutschlands an, für die er sich als Stadtbezirksvorsitzender, als Hauskassierer und als Mitglied der Bremer Bürgerschaft engagierte. 1906 wurde er erstmals auf eine führende Funktion gehoben. Als Chef der SPD-Presseorganisation schien sein politisches Talent jedoch beinahe verschwendet, die Bremer SPD-Genossen wollten ihn gern an ihrer Spitze sehen. Piecks Ernennung zum Bremer Parteivorsitzenden erfolgte dann auch im Jahre 1906. Zwölf Jahre später, der Erste Weltkrieg war gerade beendet worden, wich er als Mitglied des »Spartakusbundes« nicht mehr von Rosa Luxemburgs Seite und gehörte zum ersten Führungskollektiv der neuen Kommunistischen Partei Deutschlands.

Wilhelm Pieck ist zeit seines Lebens beobachtet und bewacht worden. In der Zeit der Weimarer Republik beäugten ihn die brutal-radikalen führenden Genossen der KPD um Ruth Fischer und Arkadi Maslow äußerst skeptisch und warfen ihm kleinbürgerliches Verhalten vor. In den Dreißigerjahren, während seines Aufenthaltes in der Sowjetunion, hatte der sowjetische Geheimdienst NKWD allerhöchstes Interesse an dem nunmehrigen Vorsitzenden der illegalen Auslands-KPD. Wilhelm Pieck wurde – ebenso wie Erich Wendt, Lotte Kühn, Walter Ulbricht, Karl Maron, Rudolf Herrnstadt und der Kandidat des Politbüros der KPD Herbert Wehner – in das Moskauer »Hotel Lux« in der Gorkistraße 10 eingewiesen, dem Wohnort vieler europäischer Emigranten, die in ihren Heimatländern der Verfolgung ausgesetzt waren. Was sie jedoch nicht vermutet hatten: Die Verfolgung setzte sich in der Sowjetunion beinahe nahtlos fort. Zahllose Kommunisten wurden unter fadenscheinigsten Anschuldigungen von ihren sowjetischen Klassenbrüdern verhaftet, in den Gulag deportiert und ermordet. Beinahe jede Nacht klopfte es im »Hotel Lux« an irgendeine Tür, der jeweilige Bewohner ließ sich klaglos abführen und verschwand auf Nimmerwiedersehen. Wilhelm Pieck und Walter Ulbricht überstanden die Zeit des »Großen Terrors«, auch Herbert Wehner, dem die Flucht nach Schweden gelang, und der sich nach dem Zweiten Weltkrieg, wohl auch inspiriert durch seine Moskauer Erfahrungen, vom Kommunismus Stalinscher Prägung lossagte.

1945 kehrte Wilhelm Pieck nach Deutschland zurück. Ob es sein Auftrag war, »sich am Aufbau eines bürgerlich-demokratischen deutschen Staatswesens zu beteiligen ... oder ob es um die Durchsetzung der hegemonialen Macht der Kommunisten bei der Errichtung einer staatlichen

Struktur in der Sowjetischen Besatzungszone ging, ist in der Forschung umstritten.«[140] Unumstritten jedoch sind die schweren Machtkämpfe in der Parteispitze der SED, aus denen Walter Ulbricht, der getreue Paladin des großen Stalin, als Sieger hervorging. Wilhelm Pieck, dessen ausgleichendes Wesen und sein Fechten mit den feineren Klingen im ideologischen Streit den Radaukommunisten schon immer verdächtig waren, wurde 1949 auf dem unbedeutenden Posten des Staatspräsidenten der soeben gegründeten DDR endgeparkt und musste seinen – wieder einmal gut beobachteten und bewachten – Wohnsitz in der Villa Nr. 12/13 in der Viktoriastraße, dem späteren Majakowskiring 29, nehmen. Dem außergewöhnlich präzisen Kunsthistoriker, Stadtführer und Chronisten Hans-Michael Schulze sowie Wilhelm Piecks Tochter Elly Winter, gleichzeitig seine Sekretärin, verdanken wir einen willkommenen Blick in das neue Heim des Präsidenten, das Elly Winter nur »Häuschen« nannte: »In ihm gab es zwei größere Räume im Parterre, ein Arbeitszimmer für Vater und einen Wohnraum. Von der Diele aus kam man in die Küche. In der oberen Etage waren viereinhalb Zimmer. Vater bekam die beiden nach Süden gelegenen Räume mit Badezimmer. Ein ziemlich großer Raum wurde mein Reich, und das halbe Zimmer war mein Schlafraum. Das vierte Zimmer bekam unsere Haushälterin Franziska Muckenschnabel, die viele Jahre unsere treue Hausfrau war.«[141] Und die Inneinrichtung war dazu angetan, Wilhelm Piecks Hang zum Kleinbürgertum, der ihm stets nachgesagt wurde, üppige Nahrung zu geben. Plüsch hier, Plüsch da, Gründerzeitmöbel überall, Spitzengardinen, röhrende Hirsche im Gold-Doublé-Rahmen an den Wänden und kleine Porzellanfigürchen auf dem mächtigen Schreibtisch. Bei den Genossen, die sich über die Piecksche Inneneinrichtung lustig machten, sah es übrigens nicht viel anders aus …

Im Gegensatz zu seinen politprominenten Nachbarn, die das »Hotel-Lux-Syndrom« noch immer in sich trugen und hinter jedem Gast in ihrem neuen Haus ein konterrevolutionäres trotzkistisch-sinowjewistisches kamenewistisches-bucharinistisches-antisowjetisches Element vermuteten, hatte der nachmalige Präsident der DDR gern Besuch in seinem »Häuschen«. Und die Gästeliste war lang. Regelmäßig traf sich die Kulturelite der Sowjetischen Besatzungszone im Haus Majakowskiring 29. Pieck hatte es sich zur Aufgabe gemacht, sie für den »besseren« Teil Deutschlands[142] zu gewinnen. Offene Ohren für diese Pläne fand er bei Johannes R. Becher, bei Wolfgang Langhoff, Hans Rodenberg und Fritz Wisten, der Intendant des Theaters am Schiffbauerdamm, bevor Bertolt Brecht dort Einzug hielt. Brecht war am 6. November 1948 gemeinsam mit Ehefrau Helene Weigel und anderen Kulturschaffenden zum Abendessen im Hause Pieck geladen. Thema des Abends war die »Zukunft Brechts in

Berlin«[143], was dem durchaus eitlen Theatergott im Ergebnis ein Arbeiten ohne jede Einschränkung und wohl auch die Erfüllung aller seiner Wünsche garantieren sollte. Und es wurde eine großartige Zukunft für Brecht. Leider eine zeitlich sehr beschränkte, doch blieb dem 1956 verstorbenen Theatermann neben zahlreichen grandiosen Inszenierungen noch die Zeit, seinem Fürsprecher im Majakowskiring 29 ein Gedicht zu widmen: »Willem hat ein Schloß / Es heißt Niederschönhausen / Von innen ist es schön / Und schön ist es von außen. Wenn die Republik / Will sehn den Präsidente / Kommt Willem in sein Schloß / Und schüttelt viele Hände.«[144]

Wilhelm Pieck unterschied sich grundlegend von seinen Genossen in der SED-Führungsspitze, die nun mit ihm gemeinsam die gemütliche, dem mondänen Dahlem ähnelnde Siedlung am Schloss Schönhausen bewohnten. Der ebenfalls aus Moskau zurückgekehrte Wolfgang Leonhard, selbst vor einer großen Karriere als SED-Funktionär stehend, hatte jedoch noch vor der DDR-Gründung das Stalinsche Paradies auf deutschem Boden verlassen. Er bemerkte sehr früh bei den Spitzenfunktionären »eine beginnende Wandlung. Die SED-Führer, von der übrigen Bevölkerung in ihrem Städtchen-Ghetto sorgfältig abgeschottet und mit zunehmender Macht ausgestattet, wurden selbstbewusster, bürokratischer, härter.«[145] Nur Wilhelm Pieck hatte sich seine »frühere joviale Schlichtheit«[146] bewahrt. Mit Dankbarkeit berichtete Wolfgang Leonhard, dass sich Wilhelm Pieck 1947 nach Susanne erkundigte, Leonhards Mutter, die Mitte der Dreißigerjahre in der Sowjetunion den Stalinschen »Säuberungen« zum Opfer fiel, zehn Jahre im Lager Workuta interniert war und anschließend in die kasachische Wüste verbannt wurde. »Ich denke oft an deine Mutter«, sagte Pieck zu Leonhard, »gib mir doch mal ein paar Hinweise. Ich werde versuchen, mich für sie einzusetzen.«[147] Wilhelm Pieck hat Wort gehalten. 1948 kam Susanne Leonhard, die er bereits seit 1916 kannte, aus der Verbannung frei und durfte die Sowjetunion verlassen.

Im Oktober 1950 herrschte eine seltsame Stimmung im »Städtchen«. Unerhörtes war passiert, seltsame Schmierereien waren aufgetaucht. »Mehrere Mieter hatten sich über hässliche Farbspuren an ihren Kellerwänden beschwert. War hier etwa der Klassenfeind am Werk? Was bedeuteten diese Zeichen?«[148] Die »zuständigen Organe« wurden informiert, der Staatssekretär im Ministerium für Staatssicherheit Erich Mielke höchstselbst schaltete sich ein, die nachbarschaftliche Aufmerksamkeit steigerte sich zu revolutionärer Wachsamkeit. Hans-Michael Schulze, dessen Wissen wir diese kleine Geschichte verdanken, berichtete, dass der konspirative Informationsfluss schließlich funktionierte und der Übel-

Der Präsident und der »Prinz« – Wilhelm Pieck und Erich Honecker.

täter bald entdeckt werden konnte. Ausgerechnet Frank Mielke war es, der Sohn des Staatssekretärs, der sich offensichtlich ein wenig gelangweilt hatte.[149] Noch ärger trieben es die Kinder des integren und überall beliebten Peter Florin, Leiter der Abteilung Internationale Verbindungen im Zentralkomitee der SED: Sie »... hatten ihren Spaß daran, die Fensterscheiben der ersten Präsidialkanzlei im Majakowskiring 71 nacheinander einzuwerfen.«[150] Wilhelm Piecks ehemalige Kanzlei zu attackieren war eine ungeheuerliche Freveltat! Peter Florin nach alter stalinistischer Tradition ein Mitwissen an diesem konterrevolutionären Sabotageakt anzudichten, gar ein geplantes Attentat auf den Präsidenten zu mutmaßen, lief allerdings ins Leere. Auf Piecks Anweisung »verurteilte« die Verwaltung des Städtchens den gebeutelten Vater nur zur Zahlung der Reparaturkosten. Gott sei Dank aber war »... dieser Nachwuchs wie alle anderen Kinder auch. Funktionärsgehorsam und anpassendes Gruppenverhalten war ihnen (noch) fremd.«[151]

Bei der Erziehung ihrer Kinder zu »wertvollen Mitgliedern der Gesellschaft« mussten also gleich mehrere Bewohner des »Städtchens« noch nachhaltig Aufbauarbeit leisten. Wilhelm Pieck hatte sein Soll in dieser Hinsicht beinahe übererfüllt, seine Kinder waren alle jenseits der Fünfzig. Tochter Nummer eins Elly Winter hatte es immerhin bis zur persönlichen Referentin des berühmten Papas geschafft, Tochter Nummer zwei

119

Eleonore Staimer wurde Mitarbeiterin im Ministerium für Auswärtige Angelegenheiten und übernahm 1958 die heikle Mission als Gesandte der DDR im kommunistischen Jugoslawien, dessen Staats- und Parteichef Josip Broz Tito sich 1947 von Stalin losgesagt hatte und seither als Verräter an der kommunistischen Weltbewegung galt. Piecks Sohn Arthur war Generaldirektor der Fluggesellschaft »Interflug« und Stellvertretender Verkehrsminister der DDR. Ein Freund der Kinder ist Wilhelm Pieck jedoch immer geblieben, nicht nur in den personenkultig gefärbten Lesebüchern der DDR-Schulen in den Fünfzigerjahren, sondern tatsächlich und aus innerster Freude.

Um Wilhelm Pieck und seine Zeit in Niederschönhausen ranken sich viele Legenden. Eine der schönsten ist die, dass er sich einen Spaß daraus machte, unentwegt seinen Personenschützern zu entfliehen und sich am Ossietzkyplatz mit Kindern zu unterhalten, die auf dem Schulweg zur Blankenburger Straße waren, und sie in seine Anzugtasche greifen zu lassen, die mit Bonbons und Schokolade prall gefüllt war. Obwohl nicht belegt, möchte man diese Episode, die oft und gern erzählt wird, sofort glauben. Sie hätte gut zu Wilhelm Pieck gepasst.

Den Umzug der DDR-Parteispitze vom »Städtchen« nach Wandlitz, wo er das Haus Nr. 21 bewohnen sollte, musste Wilhelm Pieck nicht mehr mitmachen. Am 7. September 1960 ist der stets freundliche alte Mann in Berlin gestorben und mit ihm auch ein Stück »menschliches Antlitz« im real existierenden DDR-Sozialismus. Der Platz für Walter Ulbricht, dem zur uneingeschränkten Macht nur noch das Amt des Staatsoberhauptes der DDR fehlte, war endlich frei geworden.

Elizabeth Shaw

*1920 Belfast (Nordirland) –
1992 Berlin*

Illustratorin, Zeichnerin

Treskowstraße 5

»Nun lebe ich in der Treskowstraße im Norden von Berlin«, schrieb Elizabeth Shaw in ihrem wunderbaren Buch »Wie ich nach Berlin kam« in der Mitte der Achtzigerjahre. »Dieser Vorort mit seinen hohen Häusern wurde um 1900 erbaut. [...] Es ist noch gar nicht lange her, seit die letzte Bismarck-Statue von dem Giebel eines Hauses am Kurt-Fischer-Platz, früher Bismarckplatz,[152] heruntergeholt wurde. [...] Vor dem Haus, in dem ich wohne, steht ein Ahornbaum, der wahrscheinlich so alt ist, wie das Haus selbst, und von meinen Fenstern im zweiten Stock schaue ich direkt in das grüne Laubwerk, so lebe ich in gleicher Höhe mit den Vögeln, die in den Zweigen zwitschern. Das entschädigt ein wenig für den Benzingestank, der von dem zunehmenden Verkehr in der Straße kommt.«[153]

Elizabeth Shaw war eine gute Beobachterin. Das mag mit Blick auf ihren Beruf nicht allzu sehr überraschen. Der Autor selbst hatte eine kurze Begegnung mit ihr, die er total verdrängt hatte, und die sich ihm beim Lesen des oben genannten Buches sofort wieder erschloss, als hätte das kurze Gespräch erst gestern stattgefunden. Selbst Elizabeth Shaws Gesicht, ihre skeptisch blickenden Augen waren in der Erinnerung sofort wieder präsent. »Mir fast gegenüber wohnt der Pfarrer der Lutherischen Kirche«,[154] schrieb sie, »er trägt seinen Kragen nicht nach hinten wie in England, sondern hat Jeans und Hemden an und sieht überhaupt nicht wie ein Pfarrer aus.« Der Autor bestätigt das gern und fügt hinzu: Der junge Pfarrer fuhr einen VW Golf, besaß auch ein Surfbrett – aber wenig Talent, es auch zu benutzen –, war in der Jungen Gemeinde über alle Maßen beliebt und war derjenige, der dem Autor nach dessen von politisch-ideologischen Turbulenzen begleiteten Rauswurf aus dem Rundfunk der DDR in der Friedenskirche eine Arbeitsmöglichkeit als Gärtner und Heizer bot. Autor und Pfarrer waren damals gute Freunde, und eines Tages, als sich beide vor dem Haus des Pfarrers unterhielten, kam Elizabeth Shaw hinzu. Stilsicher und beinahe überschwänglich wurde der Autor und »ehemalige Rundfunkjournalist«[155] der berühmten Illustratorin vorgestellt, einen Händedruck verweigerte sie mir zunächst, und in ihren Augen ließ sich in Zehntelsekunden so etwas wie »Aha« oder »Hm, so so« erkennen. Ich konnte sie gut verstehen. Da steht ihr ein – damals noch sehr schlanker – langbemähnter und langbebarteter unbekannter Mann mit Jeanshose, Jeanshemd und weißen Turnschuhen gegenüber, der aussah, als wäre gerade George Harrison dem Cover der »Abbey Road« entsprungen, aber das Eis war kurioserweise in dem Moment gebrochen, als der Autor sich eine Zigarette anzündete und ihr auch eine anbot. Da lächelte sie.

Wie ich später erfuhr, gehörte Elizabeth Shaw zu der Gilde der so genannten Kampfraucher, und mittlerweile muss man lange suchen, um ein Foto von ihr ohne Zigarette aufzutreiben. Elizabeth Shaw fragte den jungen Pfarrer – mit den unüberhörbaren Überresten eines bezaubernden irischen Dialektes –, wann denn seine kleine Tochter wieder 'mal bei ihr vorbeischauen würde? Deren Besuche scheinen für die Künstlerin von so großer Bedeutung gewesen sein, dass sie sogar in ihrer Autobiografie nachzulesen sind: »Seine kleine Tochter, die meine Kinderbücher las, besucht mich ab und an, und wir spielen Halma, Mikado oder etwas ähnliches zusammen. Sie ist sehr wohlerzogen und putzt sich nicht nur die Schuhe auf dem Fußabtreter ab, sie bietet sich auch an, sie auszuziehen.«[156] Aus der kleinen wohlerzogenen Tochter ist mittlerweile eine anerkannte Ärztin geworden, der junge Pfarrer ruht heute auf einem Pankower Friedhof.

Elizabeth Shaw war eine wunderbare Nachbarin, die mit dieser Eigenschaft ihre andere besondere Begabung, nämlich die der guten Beobachterin, sehr gut in Einklang zu bringen verstand. Was in ihrem Haus passierte, wusste sie, und was sie nicht wusste, wurde ihr erzählt. Und auch das eigene Erzählen, der Kontakt mit den anderen Hausbewohnern, gehörte zu ihren sympathischsten Eigenschaften. »Mir gegenüber lebt ein junges Ehepaar. Sie sind mit meinem Schwiegersohn zusammen in die Schule gegangen. Wenn sie nicht ihre Sachen waschen, putzen sie die Fenster, aus denen sie sich morgens, nachdem sie sich selbst gewaschen haben, halb nackend hinauslehnen. Tue ich zufällig das Gleiche, treffen sich unsere Blicke, und wir ziehen uns schnell zurück.«[157] Nicht an, sondern zurück.

1946 war Elizabeth Shaw mit ihrem Mann, dem Bildhauer und Maler René Graetz, nach Deutschland gekommen, das Ehepaar wollte unbe-

Das Haus in der Treskowstraße 5, 2014.

dingt seinen künstlerischen und privaten Mittelpunkt in Berlin einrichten. Eine der ersten Adressen war im Ortsteil Zehlendorf im damaligen amerikanischen Sektor auszumachen. Es war keine schlechte Adresse, und dennoch war die Wohnung in der von Bruno Taut erbauten Siedlung nur eine Durchgangsstation. Bald zog das Ehepaar in das angrenzende Kleinmachnow in der Sowjetischen Besatzungszone. »In Kleinmachnow lebten auch der Musiker Ernst Hermann Meyer und seine englische Frau Marjorie […] Einer unserer prominenten Nachbarn war Robert Havemann […], vor nicht allzu langer Zeit aus der Todeszelle des Nazi-Zuchthauses Brandenburg befreit worden. […] Er war ein freundlicher Mensch und nahm uns öfter in seinem Auto – damals eine Rarität – in die Stadt mit. […] Robert war damals ein angesehener Mann, Physiker, Volkskammerabgeordneter, als Friedenskämpfer häufig in West-Berlin fotografiert.«[158] Elizabeth Shaw erinnerte sich auch an eine andere Begegnung mit Robert Havemann, der Mitte der Fünfzigerjahre am Strausberger Platz wohnte. Gemeinsam mit Ehemann René Graetz war sie von Havemann zum Tee eingeladen worden, und ihr fiel sofort ein Bild des pfeiferauchenden Stalins an der Wand auf. Nach den Enthüllungen auf dem XX. Parteitag der KPdSU fast eine Provokation. »Wie kannst du noch das

Zeichnung aus: »Bella Belchaud und ihre Papageien«, Kinderbuch, 1970.

Bild hängen lassen?«, fragte sie ihren Freund Robert. Aber »Havemann lächelte verhalten in sich hinein, antwortete nicht, drehte nur die Musik auf seinem Tonband etwas lauter [...]«[159]

Seit Mitte der Sechzigerjahre wohnte Elizabeth Shaw dann im beschaulichen Niederschönhausen. Längst war sie mit ihren Zeichnungen im *Neuen Deutschland* und in dem höchstgefragten Monatsheft *Das Magazin* republikweit bekannt, seit 1962 arbeitete sie auch als Autorin und Illustratorin von Kinderbüchern. Damit erreichte sie ihre »Kernzielgruppe« und deren Eltern, denen sie mit ihren Büchern das Suchen nach Geburtstags- oder Weihnachtsgeschenken durchaus entscheidend erleichterte. »Der kleine Angsthase« aus dem Jahre 1964, »Zilli, Billi und Willi« von 1972 oder »Das kleine schwarze Schaf« von 1985 haben wohl in keinem Haushalt gefehlt. Und sie verzierte mit ihren bildhübschen Zeichnungen auch die Kinderbücher von Leo Spies (»Mein Kinderliederbuch«), Hans Fallada (»Der getreue Igel«), Erich Brehm (»Die erfrischende Trompete«), Astrid Lindgren (»Lillebror und Karlsson vom Dach«), Michail Sostschenko (»Tintenfässer aus Brot«) und vielen anderen Autoren.

Elizabeth Shaw brauchte für ihre Arbeit ein intaktes Umfeld. Die Familie, die Freunde und auch ihre Umgebung, ihr Refugium. Und letzteres hatte sie in Niederschönhausen gefunden. Jeder, der in Niederschönhausen wohnte oder wohnt, kann das nachvollziehen. Sie liebte ihre Treskowstraße, an deren Ende »eine große Kaufhalle [...] entstanden ist, die einigen kleinen Läden die Kundschaft weggenommen hat. Sie hat gute

Parkmöglichkeiten, und viele Fremde kaufen dort vor ihrer Fahrt aufs Land an den Wochenenden ein, was die Schlangen noch länger macht.«[160] Im Sommer spielt sonnabendmorgendlich vor der Halle eine Blaskapelle, von einem alten rundlichen Berliner dirigiert. Und selbst die Post an der Ecke zur Waldstraße wurde bei ihr zu einem gemütlichen und schönen Ort. In der Tat, sie war halt doch eine gute Beobachterin.

1992 ist Elizabeth Shaw, die »Meisterin des fein gezogenen Striches, der manchmal wie mit einem Haar gezeichnet ausschaut«,[161] gestorben. Geblieben ist ihr großes künstlerisches Gesamtwerk, dass die Jahrhunderte überdauern wird. Das ist nicht nur ein kühn geäußerter persönlicher Wunsch, das wird ganz gewiss so geschehen.

Max Skladanowsky

1863 Pankow – 1939 Berlin-Niederschönhausen

Erfinder

Berliner Straße 40, Berliner Straße 27, Waldowstraße 28

»Der Erfinder des Films!«, Ovationen vom vornehmsten Publikum, der Presse und des Rundfunks, ein »riesiger, vergoldeter Lorbeerkranz mit prächtigen Schleifen« und »vom Publikum mit nicht endendem Applaus begrüßt«, jubilierte Max Skladanowsky in seinen Postkarten an die befreundete Pankower Familie Wieslang in der Brehmestraße 14. In Stettin und Breslau ließ sich der betagte Filmtüftler feiern, wie sonst nur die berühmten Leinwandstars. Aber war es nicht allein ihm zu verdanken, dass die Kinobilder das Laufen lernten?

Max, der seinen Vater bei den beliebten »Nebelbilder«-Vorträgen begleitete, war schon in sehr jungen Jahren von den flimmernden Lichtbildern fasziniert. Er träumte davon, in die Fußstapfen seines Vaters zu treten. Carl Theodor Skladanowsky entführte mittels raffinierter Projektionsüberblendungen auf weißer Wand die Zuschauer in aufregende Panoramawelten. Lichtvorträge über sensationelle Ereignisse wie Brände, Gewitter, Stürme und Erdbeben in beweglicher Atmosphäre verzauberten das Publikum. Mit vierzehn Jahren ergriff Max seinen Traumberuf. Er volontierte im Photographischen Atelier Werner in der Alten Schönhauser Straße 24. Nach einem Jahr ließ er sich vom Litographen Dehn in der Schönhauser Allee 48a zum Glasmaler ausbilden. Danach schloss er noch eine Lehre in der Nebelbilder- und Theaterapparatefabrik in der Ritterstraße 75 ab, wo er das eigenständige Herstellen von Nebelapparaten und Nebelbildern lernte. 1884 zog die Familie Skladanowsky in das Haus Berliner Straße 40, Ecke Maximilianstraße, nach Pankow. Das war damals noch ein Vorort und dort zahlten die Skladanowskys viel weniger Gewerbesteuer als in Berlin. Die Skladanowskys, die durch Vortragssäle tingelten, sich aber stolz vom herumfahrenden Schaustellergewerbe abhoben, wetteiferten mit den neuesten Lichtbild-Tricks darum, immer einen Schritt weiter als die Konkurrenz zu sein. Ihre Dreifach-Projektoren, die bis zu acht Bilder auf die Leinwand warfen, waren ganz auf der Höhe der Zeit der Nebelbildershows.

1890 machten sich die Brüder Max und Emil selbständig, Max war der Tüftler und Emil managte ihr neues Unternehmen. Um sich bei den Varietés der Welt einen Namen zu machen, gaben sich die beiden einen internationalen Touch und tourten mit ihrem »Hamilton-Theater«, vornehm gewandet in Frack und Zylinder, quer durch Europa. Das Publikum gierte nach den neuesten Bild- und Lichtshows der »Gebrüder Hamilton«, und die wussten diese Sensationslust vortrefflich zu befriedigen. Elektromechanische Wasserschauspiele, die soeben erfundenen Röntgenaufnahmen, alle denkbaren technischen Errungenschaften setzten die Pankower »Nebelfritzen« ein, um im Gespräch zu bleiben. Welche Vorbilder der Photo-Technik hatte Max, der allem Neuen hinterher rannte? Man weiß es nicht so genau. Denn es lag etwas in der Luft. Wenn man Fotografien kurz hintereinander ablichtete und sie schnell vor dem Auge ablaufen ließ, konnte man erstaunlich lebensnahe Bewegungsbilder erzeugen.

Max Skladanowskys Wohnhaus in der Waldowstraße 28.

Auf seinen Reisen durch Europa erfuhr Max von der Erfindung des biegsamen Eastman-Rollfilms, und daheim in Pankow bestellte er sich sogleich dieses Foto-Material, um es zu zerschnippeln und ruckartig durch einen selbst gebastelten Holzkasten mit Schneckenradgetriebe und Objektiv zu führen. Es soll um 1892 gewesen sein, als Max Skladanowsky seinen Bruder Emil bei gymnastischen Übungen im Foto-Atelier Fenz in der Schönhauser Allee 146, Ecke Kastanienallee, mit seiner neuesten Erfindung, dem »Kurbelkasten I« aufnahm. Aber schon mit dieser Rückdatierung begab sich der Filmpionier Max Skladanowsky ins Reich der Legende, von seinen Vorläufern will er nie etwas gewusst haben. Sein »Kurbelkasten« wird wohl eher zwei, drei Jahre später einsatzbereit gewesen sein, und da hinkte er schon zeitlich und technisch mit seinem Reihenbild-Aufnahmegerät einer echten Filmkamera aus dem Hause Edison hinterher. Die abgefilmten Leibesübungen von Bruder Emil wurden noch in Papierversion als abblätterbares »Daumenkino« herausgegeben.

Im Frühling und Sommer 1895 herrschte Hochbetrieb bei den Skladanowskys in Pankow. Anfang Mai 1895 versammelte sich im »Feldschlößchen« des Gastwirtes Sello ein buntes Trüppchen von Künstlern für die ersten Filmaufnahmen in Deutschland. Das »Feldschlößchen«, eines der beliebten Biergartenlokale im Berliner Umland, mag auch das Stammlokal der Skladanowskys gewesen sein, es lag von ihrer Wohnung nur ein paar Hausnummern weiter, in der Berliner Straße 27. Wenn die Sonne am grellsten schien, turnten und tanzten die Artisten vor einem weißen Vorhang, indes Max Skladanowsky den Kurbelkasten bediente. Der Wirt Sello verzichtete auf die übliche Ateliersmiete, und die Künstlerfamilien traten im Interesse der Neuerfindung ohne Gage auf. Skladanowskys abgekurbelte Sechsmeter-Filmaktionen erinnerten auf verblüffende Weise an das Programm, das man zu jener Zeit auch in den beliebten Edison-Guckkästen sehen konnte. Statt boxender Edison-Katzen nahm Max das berühmte »Boxende Känguruh« auf. Bauernreigen von Kindern, Ringkampf, Menschenpyramide und Serpentinentanz, das waren alles erfolgversprechende Nummern schon bei Edison. Gleichzeitig zu den Filmaufnahmen mit seinem »Kurbelkasten« bastelte Max Skladanowsky in seiner Pankower Werkstatt an einem Projektor. Erst mit dem dritten Apparat war er seinem Traum, »bewegtes Leben« nicht im Guckkasten zu zeigen, sondern auf die Leinwand zu werfen, sehr nahe gekommen. Seinen Projektor Nr. 3 taufte er »Bioskop«, aus dem Griechischen abgewandelt: »Ich sehe das Leben«. Zum Durchbruch verhalf ihm ein Griff in die alte Nebelbilder-Trickkiste, Bilder durch mehrere Projektoren beweglich erscheinen zu lassen. Max Skladanowskys filmtechnisch äußerst originelle Bioskop war ein Doppelprojektor, der jedes Bild sanft in das andere überführte und so einen relativ flimmerfreien Filmeffekt erzeugte.

Im Sommer 1895 war es soweit, in der Wohnung der Skladanowskys wurden die ersten zusammengeklebten und zwecks sicheren Filmtransportes mit Buchbinderösen versehenen Filmstreifen »unter Zischen und Rumoren« des Bioskops auf ein weißes Laken projiziert. Im kleinen verschwiegenen Kreis wurden noch weitere Projektionen aufgeführt, diesmal dort, wo auch die Aufnahmen stattgefunden hatten, im Festsaal des »Feldschlößchens«. Trotz allergrößter Geheimhaltung müssen sich in Berlin Skladanowskys Filmexperimente schnell herumgesprochen haben. Schon im Juli 1895 machten sich die Herren Dorn und Baron, Direktoren des berühmten Varietés »Wintergarten« auf den Weg nach Pankow, um dort die sensationelle Neuerfindung auszukundschaften. Knapp zwei Monate nach der Vorführreife ihrer Erfindung unterschrieben die Skladanowskys im September einen Exklusivvertrag. Die Direktoren des Wintergartens sicherten sich das alleinige Aufführungsrecht der Bioskop-Projektion. Als die »interessanteste Erfindung der Neuzeit« wurde das Bioskop unter all den andern Varieté-Stars in einer Anzeige des »Wintergartens« angekündigt.

Am 1. November 1895 endlich hob sich der Vorhang, um der Öffentlichkeit auf der Kleinen Bühne des »Wintergartens«, »die Wiedergabe des Lebens, ein Problem, welches durch die Herren Gebr. Skladanowsky gelöst worden ist«,[162] auf einer drei mal vier Meter großen Leinwand vorzustellen. Das scheppernde Getöse des Bioskop-Projektors wurde von Orchestermusik übertönt, zum wohl berühmtesten Wintergarten-Uraufführungsfilm »Das boxende Känguruh«, das nun lebensgroß über die Leinwand hoppelte, lief der Marsch »Der Stierkampf«. Nach knapp fünfzehn Minuten Vorführung des Kurzfilmprogramms verbeugten sich die Skladanowskys zunächst auf der Leinwand, um dann genauso gekleidet im Frack als reale Personen vor die Leinwand zu treten. Der Applaus soll überwältigend gewesen sein. Etwas abgeklärtere Berliner Kritiker analysierten die Technik der »amüsanten Schlussnummer« des »Wintergarten«-Programms als eine »Abart des Anschützschnellsehers« oder ein »in Lebensgröße übertragenes Edisonsches Kinetoskop«[163]. Das war ein deutlicherer Fingerzeig der Zeitzeugen, dass die Skladanowskys durchaus Vorbilder gehabt haben könnten. Aber der Ruhm der Skladanowskys als Filmerfinder schien unaufhaltsam. Schon zwei Monate nach ihrem Erfolg im »Wintergarten« sollten sie im legendären Pariser Varieté »Folies-Bergère« am 1. Januar 1896 ihr Bioskop vorstellen. Warum es dazu nie kam, darum ranken sich bis heute die unterschiedlichsten Gerüchte. Denn ihre Vorführung in Paris wurde kurzfristig abgesetzt.

Was war passiert? Wenige Tage bevor die Skladanowskys ihren großen Triumph mit dem Bioskop in Paris feiern sollten, wurden sie vom Direktor des »Folies-Bergère« zum »Salon Indien« des »Grand Café« geführt, wo ebenfalls lebende Bilder auf eine Leinwand projiziert wurden. Der so genannte »Cinematographe«, den das Erfinderbrüderpaar Lumière hier der Öffentlichkeit vorstellte, muss die Skladanowkys zutiefst schockiert haben. Der feinmechanische Filmapparat der Lumières war ihrem Bioskop-Schwergewicht weit überlegen. Mit nur einem Projektor flimmerten die Bilder deutlich ruhiger über die Leinwand. Und auch das, was sie zu sehen bekamen, war beeindruckend. Es waren nicht die üblichen sekundenschnellen Varieténummern, sondern einminütige Szenen aus dem täglichen Leben: Ein Zug, der auf das Publikum zurast, oder Arbeiter, die gerade das Werksgelände der Lumières verlassen. In den Achtziger- und Neunzigerjahren tauchten Briefe an Lumière auf, die der lang angezweifelten Intrigentheorie der Skladanowskys teilweise recht geben könnten.[164] Die Lumières, die schon Monate vor den Skladanowskys ihre Erfindung in kleineren Fachkreisen vorgeführt hatten, mögen von der geplanten Konkurrenz-Aufführung der Deutschen in Paris Wind bekommen haben. Eiligst organisierten sie ihre öffentliche Aufführung, um den Skladanowskys einen Schritt voraus zu sein. Vielleicht nahmen sie sogar beim Direktor des »Folies-Bergère« darauf Einfluss, das Bioskop-Engagement vorzeitig aufzukündigen? Die Unternehmerbrüder Lumière standen bereits kurz vor der Vermarktung ihres kleinen, leicht handhabbaren Projektors, und konnten ja nicht ahnen, dass ihre Konkurrenten mit dem anfälligen Bioskop noch lange nicht so weit waren wie sie. Ohne je ihre Filme in Paris zeigen zu können, fuhren die Skladanowskys wieder zurück nach Pankow, immerhin mit einer stattlichen Gage in der Tasche, die sie trotz allem ausbezahlt bekamen.

Der Wettlauf um die ersten Filmprojektionen in Europa war eingeläutet und die Skladanowskys versuchten, mitzuhalten. Sie tourten 1896 mit ihren Nebelbildern und dem Bioskop zuerst durch Deutschland und dann durch Europa, bisweilen war ihr Projektor schon keine Sensation mehr, weil ihnen andere Filmvorführer zuvorgekommen waren. Die Skladanowskys, deren Filmtechnik hoffnungslos überholt war, versuchten ihr System zu erneuern. Ob sie ihre verbesserte Kamera »Kurbelkasten 2« selbst bauten oder heimlich aus dem Ausland besorgten und als Eigenkonstruktion ausgaben, lässt sich kaum noch rekonstruieren. Zur Weiterentwicklung ihres neuen Bioskop II-Projektors versuchten sie immerhin über Schleichwege an den Projektor oder die Pläne der Lumières zu kommen, aber die französischen Erfinder dachten nicht daran, ihre gewinnbringende Idee anderen zu überlassen. Also tüftelte Max Skladanowsky

Skladanowskys Filmbilder an einer Pankower Häuserwand.

eigenständig weiter, vermutlich war das Bioskop II Ende 1896 fertig. Mit der Behauptung, dass sie mit diesem Projektor die Malteserkreuz-Fortschaltung des Films erfunden hätten – und nicht der Filmpionier Oskar Messter – zogen sie sich einen erbitterten Feind heran. Oskar Messter sollte sein Leben lang danach trachten, die Leistung der Pankower Brüder als Filmerfinder überhaupt in Frage zu stellen. Im Nebel der Vergangenheit wird wohl auch untergehen, ob das Bioskop II ausgereift genug war, überhaupt ein zweites Wintergartenprogramm im Februar 1897 zu bestehen. Eine Neuheit war das schwerfällige Gerät schon lange nicht mehr, das Berliner Publikum hatte inzwischen Filme auf dem Lumière-Projektor gesehen, das Apollo-Theater lockte mit Oskar-Messter-Filmen und dessen Projektor. Umso größer wird die Enttäuschung der Filmbrüder gewesen sein, als der »Wintergarten« sehr zeitnah nach ihrem wohl missglückten zweiten Auftritt doch lieber englische und französische Filme mit einem anderen Projektor vorführen ließ. Die selbstgebaute plumpe Apparatur des Bioskop II hatte in Berlin keine Chance mehr. Ihre das Filmmaterial zerschleißende Mechanik war einfach nicht mehr ausbaufähig. Techniker wie die Lumières oder Oskar Messter, die aus Unternehmerfamilien stammten und Kapital für ihre Erfindung mobilisieren konnten, hatten die Pankower »Sonntagstüftler« aus dem Schaustellergewerbe schnell übertroffen. Die Skladanowskys unternahmen mit ihrem neuen Bioskop noch eine letzte Reise nach Stettin in die Provinz, wo sie mit der Neuheit der »Wiedergabe des Lebens« noch Aufsehen erregten. Dann gaben sie ihre Geschäftsidee, mit Filmprojektionen die Welt zu erobern, endgültig auf.

Es wurde ruhig um die Skladanowskys, die Brüder Max und Emil trennten sich nach dem Tod ihres Vaters 1897 endgültig. Max besann sich nach ihrem kurzzeitigen Ruhm auf sein altes Metier zurück, technische Neuheiten der Fotografie und bewegte Bilder gewinnbringend zu vermarkten. Seine Erfahrungen um das bewegte Bild konnte Max mit der um die Jahrhundertwende gegründeten Firma »Berlin Camera Werk. Fabrik photographische Apparate und Bedarfsartikel« umsetzen. Er baute einen kleinen Vertrieb für das Daumenkino auf, außerdem experimentierte er mit der Farbfotografie und dreidimensionalen Bildern. Auch dies reklamierte er trotz anderer Vorläufer gern als seine eigene Erfindung. Für die bewegten Daumenkinoaufnahmen von berühmten Persönlichkeiten wie Otto von Bismarck, August Bebel, vom Prince of Wales, Kaiser Friedrich III., Kaiser Franz Joseph oder Wilhelm II. ließ er Schauspieler entsprechend maskieren, später sollte Max die hochwertigen Taschenkino-Büchlein als echte Zeitdokumente der dargestellten Persönlichkeiten verkaufen. Im Filmgeschäft versuchte sich Max Skladanowsky gelegentlich mit kleinen Filmburlesken, die er aber schon nicht mehr mit seiner eigenen Filmapparatur aufnahm. Da andere Filmproduktionen in Berlin zu mächtig geworden waren, um mitzuhalten, stieg er 1914 aus dem aktiven Filmgeschäft aus. Immerhin hatte er sich mit seiner Daumenkinoproduktion und seinen Bildserien ein so erfolgreiches Standbein aufgebaut, dass er sich für 20.000 Reichsmark das zwischen 1896 und 1899 erbaute Haus in der Waldowstraße 28 kaufen konnte. Im April 1908 zog er dort mit seiner Familie ein.

Jetzt erfand er sich ganz neu. Er ersann den Mythos des Filmpioniers. Zu Beginn noch sehr bescheiden, strickte er sich seine eigene Erfindergeschichte zurecht. Spätestens zum dreißigjährigen Jubiläum seines ersten »Wintergarten«-Auftritts war die Legende, an die er immer mehr selbst glaubte, festgeschrieben: Er allein war der geniale, einsame Erfinder des Films, niemand hatte an ihn geglaubt, und nie hatte er je eine Unterstützung erfahren. Hätte er nur annähernd so viel finanzielle Mittel zur Verfügung gehabt wie Edison oder die Lumières, wäre ihm der Durchbruch schon gelungen. Ob Skladanowskys Alleingang im Vergleich zur internationalen Entwicklung der Filmgeschichte dann doch nicht eher eine technische Sackgasse war, wurde in den Fachkreisen der Weimarer Republik durchaus seriös diskutiert. Hellhörig wurden Filmpioniere wie Oskar Messter oder Guido Seeber dann, wenn Skladanowsky seine angebliche Pionierleistung hemmungslos zurückdatierte, um an der Legende festzuhalten, allen Entwicklungen seiner Konkurrenten zuvorgekommen zu sein. So richtig Fahrtwind bekam der Rummel um Max Skladanowsky dann nach 1933, einen wichtigen braunen Verteidiger seines Ruhmes fand Max Skladanowsky in Doktor Walbaum, dem Vorsitzenden der NSDAP-Fraktion des Bezirksvereins Berlin-Pankow, der auch für den *Nördlichen Vorortboten* schrieb.[165] Gern ließ sich Max Skladanowsky im faschistischen Nationalrausch als Galionsfigur des deutschen Erfinders gegen die reiche internationale Konkurrenz auf den Denkmalssockel heben. Er schreckte im Mai 1933 nicht davor zurück, vor Oskar Messter zu beteuern, dass er »in hebräischen, international-marxistisch eingestellten Filmblättern« auf »schmutzige Weise verleumdet« wurde, indem seine »Erfinderarbeit mit jüdischer Hilfe in den Schmutz gezogen wurde … Heil Deutschland! Heil Hitler!«[166]

Max' Elysium der vergoldeten Lorbeerkränze und Ehrenbezeugungen war endlich angebrochen. Zum siebzigsten Geburtstag gratulierte ihm der »Filmminister« Dr. Goebbels höchstpersönlich. Ehrenabende mit Filmstars wie Trude Hesterberg oder Conrad Veidt feierten den alten Herrn des Films. Mit Anny Ondra und Max Schmeling ließ er sich für die Filmpresse ablichten. Sogar einen kleinen Ehrensold von 100 Mark erhielt er von seinem »Führer«. Die spärliche Rente mag ein Grund gewesen sein, warum er sich unermüdlich bis kurz vor seinem Tode in Europa und Deutschland auf Rundreisen als »Film-Erfinder« feiern ließ. Es waren vielleicht die schönsten Jahre des über Siebzigjährigen. Je weiter weg von kritischen Berliner Fachkreisen er sich in die tiefsten Provinzen begab, desto mehr konnte er sich huldigen lassen. Den rüstigen Pankower Pionier umwehte die »ergreifende Tragik« vergangener Zeiten, wenn er da stand mit seinem »braunen, zerschlissenen Gehrock, wie er um die Jahrhundertwende modern war«. Den »Tonfall des Berliner Nordens« und die echte »Berliner Munterkeit des Gesprächs« hatte der weißhaarige Mann, der so viel herumgekommen war, nie verlernt.[167] Verbittert mag er über die vernichtende Kritik von Oskar Messter gewesen sein, der seinen Erfinderruhm als »Lug und Trug« bezeichnete und selbst Goebbels und den Präsidenten der Reichsfilmkammer auf vorsichtige Distanz zu ihm gehen ließ. Immerhin feierten die Brüder Skladanowsky 1935 noch einmal anlässlich des 40. Jahrestages ihres Bioskop-Auftritts vor dem »Wintergarten« eine festliche Propaganda-Veranstaltung mit der Enthüllung einer Gedenktafel. Sie rühmte, dass hier die »ersten öffentlichen Filmvorführungen in Europa« stattfanden.[168]

Nach seiner letzten Ehrenrunde als Erfinder des Films in Oberschlesien im Februar 1939 war Max Skladanowsky vom Zwölf-Fingerdarm-Krebs so geschwächt, dass er ab April vor allem von seiner Tochter Lucie in seinem Niederschönhausener Heim versorgt wurde und dort im November 1939 verstarb. Ganz in der Nähe, auf dem Pankower Friedhof IV am Herthaplatz, wurde er ohne großen Pomp beerdigt. In Regierungskreisen war man möglicherweise erleichtert, den unbequemen Filmmythen-Schwätzer losgeworden zu sein.

Die Kinder von Max, Lucie und Erich, wohnten weiterhin in der Waldowstraße. Wie viele Pankower mussten sie miterleben, dass 1945 von den russischen Soldaten ein Großteil ihres Mobiliars abtransportiert wurde, dabei sollen auch viele Zeichnungen und Unterlagen des Filmpioniers vernichtet worden sein. Nach dem Krieg war es der Sohn Erich, der seine ganze Existenz danach ausrichtete, vom Mythos des Vaters zu zeugen, und er lebte auch ganz gut davon. Seine Schriften und Vorträge über den jetzt auf einmal »sozialistisch angehauchten« Bebel-Fotografen, Arbeitersohn und Handwerker Max fielen in der DDR auf fruchtbaren Boden. Der soeben gegründete ostdeutsche Staat reklamierte die von der Familie zurechtgerückte Erfinder-Legende gern für sich. Schon 1951 wurde die Wrangelstraße in Pankow nach Max Skladanowsky benannt, »Max-Skladanowsky-Brigaden« werktätigten für Film und Fernsehfunk. Der »Wegbereiter des Films in Deutschland« bekam 1959 endlich einen würdevollen Grabstein, dessen Porträt-Medaillon mit Goldinschrift heute noch zu erkennen ist.

Nach der Wende, zum hundertjährigen Jubiläum des deutschen Films, dessen Datum 1995 an den ersten Bioskop-Vorführungen festgemacht wurde, geriet der Name Skladanowsky noch einmal ins Rampenlicht der Ausstellungen und Festlichkeiten. Dass ausgerechnet im Jubiläumsjahr des Films das in den Zwanzigerjahren erbaute Pankower Filmtheater »Tivoli« abgerissen und einem Supermarktbau weichen sollte, trieb viele Film-Nostalgiker um. Denn genau auf diesem Baugrund stand auch dereinst das »Feldschlößchen«, jenes legendäre Filmpionier-Gasthaus der Skladanowskys. Die Abrissbirne schlug dennoch zu, nur der im Boden eingelassene Mosaik-Schriftzug »1895 BIOSKOP 1995« vor dem Discounter in der Berliner Straße 27 erinnert an die Anfangsjahre des Films. Anlässlich des Jubiläumsjahres des Kinos drehte Wim Wenders einen Film über die Skladanowskys. Zu den berührendsten Einstellungen gehören darin die Gespräche mit der alten Dame Lucie, die, umgeben von all den Film-Spielzeugen ihres Vaters Max im Pankower Heim, noch einmal die Filmgeschichte Revue passieren lässt.[169] Bis zu ihrem Tod lebte Lucie Hürtgen-Skladanowsky im Elternhaus. Sie verstarb 2001 im 97. Lebensjahr. Es mag eine Ironie der Geschichte sein, dass sich heute in ihrem Haus das »Zirkusarchiv Gisela und Dietmar Winkler« befindet. Zeitlebens pochte die Familie Skladanowsky darauf, nichts mit dem Schaustellergewerbe zu tun zu haben, obgleich es so viele Berührungspunkte gab. Die Winklers, die Lucie bis zu ihrem Tod betreuten und das Haus in der Waldowstraße übernahmen, erinnern in ihrem Privatarchiv an jene Skladanowskys, die im lebenden Bild die Zirkusartisten verewigt haben.

Als der Zug der lebenden Bilder in Richtung Film in den 1890erjahren ins Rollen kam, gehörten die Skladanowskys zu den vielen Passagieren, die mit durchaus ausgefallenem Gepäck aufsprangen und lauthals auf sich aufmerksam machten. Aber eines wussten ihre Wegbegleiter damals schon: Dieser Zug würde auch ohne die beiden sein Ziel erreichen.

Charlotte »Lotte« Ulbricht

1907 Berlin – 2002 Berlin

Diplom-Gesellschaftswissenschaftlerin

Majakowskiring 28,
Majakowskiring 12

Die erste Begegnung mit Lotte Ulbricht, der selbsternannten First Lady der DDR, hatte der Autor um 1960. Damals war er ein – noch – guter Schüler an der Martin-Luther-Schule im thüringischen Meiningen mit seinen Schwerpunktfächern Deutsch, Geschichte, Erdkunde und Besserwisserei. Und er hatte den Inhalt eines damals sehr populären Kinderliedes tief verinnerlicht, war ideologisch gut unterwegs bei »Fröhlichsein und singen« und trug als Junger Pionier »mit Stolz sein blaues Halstuch«. Eine blütenreine DDR-Kinderkarriere hatte ihren Anfang genommen, Jahrzehnte später sollte diese aber keine Fortsetzung und noch weniger ein gutes Ende finden.

Damals allerdings war noch alles in Ordnung. Eines Tages war der kleine Junge dazu auserkoren, mit anderen Kindern seiner Schule eine »Delegation der Jungen Pioniere« zu bilden und die seinerzeit republikweit bekannte Freilichtbühne in dem kleinen Dorf Bauerbach zu besuchen. Der tiefere Sinn dieser Maßnahme sollte sich erst später erschließen. Von den Profis des legendären Meininger Theaters um ihre Schauspielstars Eberhard Esche, Wolfgang Greese, Frido Solter, Christel Gloger und Winfried Wagner angeleitet und unterstützt, hatte sich in Bauerbach ein Arbeiter- und Bauern-Theater gegründet, ausnahmslos aus Laiendarstellern bestehend. Dieses Amateurensemble erfuhr durch die Meininger Unterstützung schon hohe Weihen, allerhöchste jedoch kamen aus dem Haus der Bezirksleitung der SED in Suhl, auch in Form üppiger Geldschatullen. In eben diesem Bauerbach hatte sich einhundertsiebzig Jahre zuvor Friedrich Schiller für kurze Zeit aufgehalten, und da die DDR-Führung den verständlicherweise ahnungslosen Schiller als

»Dichter der Revolution« für sich okkupiert hatte, musste diese glückliche Fügung propagandistisch ausgeschlachtet werden und für die sozialistische Nachwelt erhalten bleiben. Trotzdem ist der Autor heute noch fest davon überzeugt, dass die Pflege des Schillerschen Erbes durch die südthüringischen Laiendarsteller eine große kulturhistorische Leistung darstellte.

»Die Räuber« wurden in Bauerbach gespielt, auch an jenem Tag, an dem der junge Pionier aus Meiningen erstmals die Freilichtbühne besuchen durfte. Und er erinnert sich noch heute an den sonderbaren südthüringisch-fränkischen Dialekt der Darsteller, der so gar nicht mit der höchst tragischen Handlung des Stückes korrespondieren wollte. Aber der Höhepunkt dieses verregneten Nachmittags sollte sich erst nach der Aufführung ereignen. Vom Eingang der Freilichtbühne erhob sich ein Jubelschwall, der lauter und lauter wurde, dessen Echo sich an den Berghängen brach und schließlich in einer ausgelassenen Beifallsorgie gipfelte. Der Hofstaat war eingetroffen, an seiner Spitze ein fröhlich winkender, allen vertrauter Mann mit komischem Spitzbart. Serenissimus hatte die Szene betreten, hatte Platz genommen. Und bevor er selbst eine Rede hielt, ließ er sich durch zahlreiche Wortbeiträge der lokalen Parteigrößen

Lotte Ulbrichts Wohnhaus im Majakowskiring 12.

hochleben. Dies schien bei ihm gut anzukommen, wie Julius Cäsar nahm er, milde lächelnd, die Lobeshymnen auf seine Größe, seine Weitsicht, seine Rolle in der Weltrevolution und als Freund der ruhmreichen Sowjetunion entgegen. Der kleine Junge aus Meiningen erinnert sich noch heute bestens daran, wie die schmächtige Frau an seiner Seite die Szenerie mehr desinteressiert, beinahe gelangweilt verfolgte. Mehr als einmal beugte sie sich zu ihrem Platznachbarn, einem großen, hageren Mann mit grauem Hemd, grauem Anzug, grauem Haar und grauer Brille und unterhielt sich mit ihm. Das Geheimnis um diesen Mann wurde schnell gelüftet. Gleich mehrfach wurde er »ganz besonders herzlich als Botschafter der Sowjetunion in der DDR« begrüßt. Michail Perwuchin hieß er, ein relativ junger Parteifunktionär, der noch unter Josef Stalin in den inneren Zirkel der KPdSU-Parteiführer aufstieg, nach dem XX. Parteitag und der Anti-Stalin-Geheimrede Nikita Chruschtschows als Mitglied einer altstalinistischen »oppositionellen Gruppierung« innerhalb des Politbüros enttarnt und wie seine »Mitverschwörer« aus der Parteispitze entfernt wurde. Die Rache Chruschtschows war fürchterlich. Wjatscheslaw Molotow, der ehemalige Regierungschef und Außenminister, wurde als Botschafter in die Mongolische Volksrepublik und somit buchstäblich in die Wüste geschickt, für Lazar Kaganowitsch und Georgi Malenkow hatte man Direktorenposten in sibirischen Wasserkraftwerken freigehalten. Perwuchin traf es im Gegensatz zu den anderen Chruschtschow-Gegnern deutlich besser, der Botschafterposten in der DDR war schon immer ein höchst begehrlicher Job gewesen.

Mit ihm also unterhielt sich die Frau des DDR-Staats- und Parteilenkers während der speichelleckenden Jubelreden vielleicht ein wenig zu laut, dem Jungen aus Meiningen erschien dies ein wenig respektlos. Die beiden redeten sehr viel und russisch miteinander, was sich erst änderte, als der spitzbebartete kleine, etwas dickliche Mann unter tosendem Beifall die Bühne betrat und mit glockenheller Fistelstimme und dem bekannten sächsischen Dialekt allen für alles dankte. Nach diesem großen Auftritt gab es das Bad in der Menge, die »Delegation der Meininger Jungen Pioniere« wurde von irgendwem irgendwie – und ziemlich grob – in die unmittelbare Nähe des Allmächtigen geschoben, und plötzlich sah sich der Junge der kleinen Frau gegenüber, die ihm ihre Hand auf die Schulter legte und ihn nach seinem Namen fragte. Seit diesem Moment weiß der Autor, was ein Kloß im Hals ist. Ein gnädiges »Na, na, nicht so schüchtern, sag mir deinen Namen. Ich sag dir auch meinen. Ich bin Lotte Ulbricht«, sollte ein wenig zur Entkrampfung der Situation beitragen. Das half bis zu dem Moment, als ich ihr die wirklich blöde Frage stellte, warum sie denn mit »dem Mann da« nur russisch gesprochen habe. Lottes Gesichtszüge schienen zu entgleisen. Innerhalb weniger Sekunden war ihr freundliches Lachen, das ein paar sonderbar geformte Goldzähne bloßgelegt hatte, aus ihrem Gesicht verschwunden. Mein Gott, was für ein blödes Kind, schien ihre Mimik nun zu verraten. Ihre Antwort soll hier sehr verkürzt wiedergegeben werden: Russisch ist die beste Sprache der Welt, und die Sowjetunion ist das beste Land der Welt. Punkt! Merk dir das! Die ferne Zukunft hat bewiesen, dass diese Erkenntnisse für den kleinen Jungen nicht unbedingt dienlich gewesen sind.

Mitte der Siebzigerjahre gab es ein Wiedersehen. Aus dem kleinen Meininger Jungen war mittlerweile ein Pankower und ein Radiomann geworden. Und Lotte Ulbricht war nach dem Sturz und dem Tod ihres Ehemannes Walter ihres Hauses in Wandlitz verlustig gegangen. Ein kleines Haus im Majakowskiring 12 wurde ihr zugewiesen, in unmittelbarer Nähe zu dem Haus im Majakowskiring 28, aus dem sie einst in die Waldsiedlung im Norden Berlins, dem Politiker-Ghetto zwischen märkischen Kiefern und märkischem Sand, umgezogen war. Fest im deutschen Sprachgebrauch verankert ist die floskelhafte Redewendung »Man sieht sich halt im Kiez«. Am Beispiel Lotte Ulbricht muss der Autor die Richtigkeit dieses Satzes stark bezweifeln. Obwohl die Häuser der beiden nur rund einhundert Meter voneinander entfernt lagen, blieb es bei ganz wenigen, eher zufälligen Begegnungen, die jedoch von einer ungemein wirkungsvollen Nachhaltigkeit geprägt waren. Lotte Ulbricht hatte sich seit den Siebzigerjahren komplett aus dem öffentlichen Leben zurückgezogen und damit der urkommunistischen, von ihr einst selbst gebetsmühlenartig wiederholten These von der »wichtigen Rolle der Gestaltung des gesellschaftlichen Lebens im Sozialismus« widersprochen. Lotte Ulbrichts »gesellschaftliches Leben« spielte sich beinahe ausnahmslos in ihrem Haus, in ihrem Garten und mit ihrer Haushälterin ab. Und die, so meldete der Niederschönhausener Buschfunk, soll es mit ihrer Herrin auch nicht besonders leicht gehabt haben …

Lotte Ulbricht liebte, ebenso wie Ehemann Walter, den Sport. Unvergessen die Filmaufnahmen des armschwingenden und bauchkreisenden Ehepaares anlässlich des Deutschen Turn- und Sportfestes in Leipzig oder einer kleinen Homestory des DEFA-»Augenzeugen« aus den Fünfzigerjahren, die Lotte und Walter beim neckischen Tischtennisspiel im heimischen Garten zeigte, verklärt beobachtet von der Hausaufgaben machenden Adoptivtochter. Und der Sport sollte sie auch im hohen Alter nicht loslassen. Ein beinahe heiliges Ritual waren ihre allmorgendlichen Auftritte auf ihrem Balkon. Frühsport war angesagt. Auf dieses ständig wiederkehrende Schauspiel ist der Autor durch Wilhelmine Schirmer-Pröscher, eine ebenfalls betagte Nachbarin und Politikerin der DDR-

Jovanka Broz und Lotte Ulbricht –
die Staatschefsgattinen.

Lotte und Walter Ulbricht bei Repräsen-
tationsaufgaben.

Liberalen, aufmerksam gemacht worden. Das heimliche, beinahe voyeristische Beobachten der körperertüchtigenden Übungen lohnte sich. Erstaunlich beweglich zeigte sich Lotte Ulbricht dabei. Arme hoch und Arme 'runter, Oberkörper 'rauf und Oberkörper 'runter, Armkreisen, Kopfkreisen, Rumpfbeugen, und dies in beinahe atemberaubender Schnelligkeit – alles kein Problem für die fitte Lotte. Sie achtete immer noch auf ihre Figur. In ihrem Leben hatte sie viele Rollen gespielt, die als »Moppelndes Lottchen« sollte nicht dazugehören.

Eine dieser Rollen war in den Sechzigerjahren ihre Funktion als Landesmutter, die sie überhaupt nicht gern annehmen wollte, und die ihr – mit Verlaub – auch niemand abnahm. Aber sie hatte Verpflichtungen. Kindergärten einweihen, Schulen besuchen, FDJ-Feste eröffnen – das alles traf jedoch ihr Verständnis von Repräsentation nur teilweise. Besser waren da schon die Staatsbesuche, die sie an der Seite ihres staatsratsvorsitzenden Gatten wahrnehmen durfte. Sie begleitete ihn nach Ägypten, natürlich in die Sowjetunion, und sie war dabei, als sich Walter Ulbricht mit Jugoslawiens Staatschef Josip Broz Tito traf, um die seit 1947 bestehenden Spannungen zwischen dem Vielvölkerstaat auf dem Balkan und dem Rest der kommunistischen Welt – zumindest für die DDR – beizulegen. An dieses Treffen erinnerte sich zwanzig Jahre später Martin Zoller, damals der offizielle Dolmetscher. »Die Geschichte war nicht einfach. Vor allem das Rahmenprogramm der Gattinnen.« Während sich die beiden Männer offenbar bestens verstanden, klappte es zwischen Lotte Ulbricht und Jovanka Broz überhaupt nicht. »Jovanka erzählte pausenlos über die Schönheit ihrer Fasane, und Lotte wollte mit ihrem Wissen über Elektrizitätswerke kontern [...] Wie gesagt, es war nicht einfach.«[170] Martin Zoller – dies zur Ergänzung – sollte den Intimkennern des DDR-Fußballs kein Unbekannter sein. In der DDR-Oberliga spielte er in der Saison

1951/52 für die BSG Einheit Pankow achtundzwanzig Mal und schoss dabei fünf Tore. Im darauf folgenden Jahr schloss er sich der BSG Motor Oberschöneweide an. Für diesen Vorläuferclub des heutigen 1. FC Union Berlin lief er sechsundzwanzig Mal auf und wurde siebenmal als Torschütze gefeiert.

Nein, eine einfache Frau war Lotte Ulbricht gewiss nicht. Sie lebte jedoch auch ein Leben, das man nicht als besonders einfach bezeichnen kann. Sie hatte an der Seite ihres ersten Ehemannes Erich Wendt 1935 die Emigration in die vermeintlich sichere Sowjetunion gewagt, dabei die Stalinschen Säuberungen überlebt und die Verhaftungen durch die Geheimpolizei des sowjetischen Sicherheitschefs Nikolai Jeschow im Moskauer Hotel »Lux« überstanden. Walter Ulbricht hatte sie 1950 geheiratet. Die sprichwörtliche »starke Frau« an der Seite eines starken Mannes, dem sie den Rücken frei hält, war sie ganz gewiss nicht. Vielmehr galt sie allgemein als seine politische Souffleuse, was man ihr aufgrund ihrer sehr hohen Intelligenz durchaus abnehmen konnte. Und an dem republikweiten Gemunkel über die Verteilung der Beinkleider im Ulbrichtschen Haushalt muss wohl auch eine ganze Menge Wahres gewesen sein …

Seine letzten beiden Begegnungen mit Lotte Ulbricht haben sich dem Autor besonders eingebrannt. Sie waren kurz und heftig. In der Grabbeallee, kurz vor dem heutigen Pastor-Niemöller-Platz, befand sich in den Siebzigern ein Fleischereifachgeschäft, stets gut frequentiert und erstaunlicherweise mit einem beinahe DDR-untypischen, reichhaltigen Angebot an Fleisch und Wurst ausgestattet. An einem Samstagmorgen stand dort auch der Autor brav in der »sozialistischen Wartegemeinschaft«, umgeben von vielleicht zwanzig anderen geduldig wartenden Gleichgesinnten. Plötzlich ging die Ladentür auf, eine sehr kleine Frau fragte mit einer sehr lauten Stimme und einem beinahe befehlsartigen Unterton: »Haben Sie Blutwurst?« »Nein«, erklang es – ebenso barsch – von der Fleischereifachverkäuferin jenseits der Verkaufstheke. Lotte Ulbricht war wieder in der DDR-Wirklichkeit angekommen. Wortlos verließ sie den Laden und ging sehr langsam weg, während es in der Fleischerei zu halblautem Gemurmel kam. »Die kann sich genauso wie wir anstellen«, war der allgemeine Grundtenor, freilich in verschiedensten verbalen Variationen.

In diesem Moment hat mir Lotte Ulbricht sehr leid getan. Wenige Tage später kam sie mir auf der Tschaikowskistraße entgegen, und ich grüßte sie mit einem freundlichen »Guten Tag«. Dafür erntete ich einen fast hasserfüllten Blick und ein undefinierbares Knurren. Jetzt tat sie mir nicht mehr leid.

Jiří Vrštala

1920 Reichenberg (Tschechoslowakei)
– 1999 Berlin

Schauspieler

Tschaikowskistraße 62

1966 trug die Republik Trauer. Nein, nicht flächendeckend, dieser bedauernswerte Gemütszustand beschränkte sich auf die nach Hunderttausen-
den zählende Gemeinde männlicher Jugendlicher und wohl auch etwas
älter gewordener Filmfreunde. Schreckliches war geschehen: Angelica
Domröse hatte geheiratet. Die bildhaft ausgeschmückten pubertieren Gedanken zahlloser Verehrer waren mit einem wuchtigen Keulenschlag zer-
beult worden, alle zusammengesponnenen, heimlichen Zukunftsträume
mit einer der schönsten Frauen der Welt waren geplatzt. Ein Drama.

Und in der Tat, Angelica Domröse, noch heute im Jahre 2014 bild-
schön und ausdrucksstark, war der Schwarm einer ganzen Generation.
Nach ihrem Filmdebüt in »Verwirrung der Liebe« im Jahr 1959 verzauberte sie bereits ein Jahr später als »Papas neue Freundin« und »Vielgeliebtes Sternchen« das verzückte DDR-Fernsehpublikum. In der Verfilmung des Dieter-Noll-Romans »Die Abenteuer des Werner Holt« spielte
sie 1964 – höchst erotisch – die Rolle der Uta Barnim, und bis zu ihrer –
tatsächlich zur Legende gewordenen – Gestaltung der weiblichen Titelrolle im ultimativen DDR-Kultfilm »Die Legende von Paul und Paula« aus
dem Jahre 1973 sollte sie ihre ständig wachsende Popularität mit
der Mitwirkung in den Filmen »Schatten über Notre Dame«, »Ein Lord
am Alexanderplatz« an der Seite von Erwin Geschonneck, »Krupp und
Krause« und »Effie Briest« beinahe ins Phantastische steigern. Der Autor
gibt gern und mit noch heute stolzer Überzeugung bekannt, dass auch er
sich in Angelica Domröse verliebt hatte. Der Jugendfilm »Die aus der
12b« aus dem Jahre 1962 und Angelica Domröses Darstellung der hüb-
schen Annegret waren der Auslöser.

Nun also, 1966, hatte die republikweit Angebetete mit fünfundzwanzig Jahren ihr Ja-Wort gegeben. An einen Mann, der beinahe doppelt so alt war wie sie. An einen Mann, der ein beinahe unglaubliches Charisma hatte, der so männlich wie nur möglich aussah und auch so daherkam, an einen richtigen Typen eben. Es war Jirí Vrštala, in seinem tschechoslowakischen Heimatland ein sehr populärer Theater- und Filmschauspieler, der in die DDR übergesiedelt war und sich nach seiner Eheschließung mit Angelica Domröse mit einem durchaus hohen Neidpotenzial hiesiger Schauspielerkollegen konfrontiert sah.

Jirí Vrštala hatte in seiner Heimat nach dem bestandenen Abitur zunächst als Gelegenheitsarbeiter sein Brot verdient, während des Zweiten Weltkrieges erlebte er seine erste Begegnung mit dem deutschen Nachbarland. Die Nazis hatten ihm die fragwürdige »Ehre« gewährt, als Zwangsarbeiter in der Rüstungsproduktion zu arbeiten. Seine Stunde Null war, wie bei vielen anderen auch, das Jahr 1945, das Ende des Krieges, die Frage »Wie geht es weiter?« und die damit verbundene Aufbruchstimmung. Jirí wollte Schauspieler werden. Aber wie? Schauspielschulen waren in Böhmen dünn gesät, Schauspiellehrer ebenso. Also dann eben auf gut Glück! Und das funktionierte prächtig. In seiner Heimatstadt

Jirí Vrštala und Angelica Domröse im Film »Chronik eines Mordes«.

Reichenberg, die man jetzt nur noch mit ihrem tschechischen Namen Liberec bezeichnen durfte, hatte das Städtische Theater den Spielbetrieb schon wieder aufgenommen. Vrštala wurde nach einem kurzen Vorsprechen vom Fleck weg engagiert, ohne jegliche Bühnenerfahrung und ohne Ausbildung. Und diesen Vertrauensvorschuss zahlte er (buchstäblich!) auf Heller und Pfennig zurück. Oft sah man ihn an den Ufern der durch Liberec fließenden Lausitzer Neiße oder an den Hängen des tausend Meter hohen Berges Ještěd, immer in Rollenstudien vertieft. Sein Fleiß, befeuert durch ein großes Talent, ließ ihn bald über die Grenzen seiner Geburtsstadt hinaus in der tschechoslowakischen Schauspielszene bekannt werden. Der Wechsel an das Realistische Theater in Prag und kurze Zeit später ein Engagement am Prager Stadttheater sowie zahlreiche Filmangebote waren das ganz logische Ergebnis seiner Fleißarbeit. Er spielte große Rollen und entwickelte um 1955 mit dem Regisseur Jindřich Polák wohl seine größte und bekannteste Rolle, obwohl sie mit dem so genannten ernsten Theater nicht viel zu tun hatte. Die Kunstfigur »Clown Ferdinand« war geboren, beinahe dreißig Jahre sollte sie sein Markenzeichen bleiben. Folgerichtig und selbstverständlich war es, dass Jiří Vrštala seinen Clown Ferdinand nach der Übersiedelung in die DDR nicht in Prag vergaß, sondern ihn in zahlreichen Kinderrevuen des Berliner Friedrichstadtpalastes auf die Bühne brachte. Der Begriff des Clown Ferdinand war in der gesamten DDR bekannt. Ebenso wie Gustav Adolf Schur, Manfred Krug oder Siegmund Jähn. Jedes Kind kannte den Clown, der in einer brillanten Mischung aus Freude, Traurigkeit, Hilfsbereitschaft, Verschmitztheit und Klugheit agierte, und der alles zum Guten lenkte. Und jedes Kind liebte ihn. Allein dafür gebührt dem Schauspieler, aber vor allem dem guten Menschen Jiří Vrštala, ewiger und dankbarer Respekt.

Mit seiner jungen und glücklichen Ehefrau Angelica Domröse zog er in eine schöne, geräumige Wohnung in Niederschönhausen, direkt an der Ecke Tschaikowskistraße zur heutigen Hermann-Hesse-Straße. Gemeinsam im Kiez gesehen hat man die beiden jedoch selten. Der Grund hierfür sollte sich später, sehr viel später erschließen. »Jiri war ein wunderbarer Mensch«, erinnerte sich Angelica Domröse in einem Interview,[171] »ich war 24, er 45, als wir uns kennen lernten, und ich hatte in seiner Nähe das Gefühl von Wärme.«

Jiří Vrštala war ein starker Mann, aber er fand seinen Meister. Zuerst langsam, schleichend, dann aber mit geballter Wucht. Es war der Alkohol, der ihn nachhaltig veränderte, ihn schwächte und aus ihm einen anderen Menschen machte. Dadurch, so Angelica Domröse, »[…] war unser gemeinsames Leben unerträglich schwer […] geworden. Alles, was zwischen zwei Menschen schön, einmalig war, wird täglich kleiner und

Jirí Vrštala als Clown Ferdinand.

scheint irgendwann nicht mehr wahr.«[171] 1975 verließ Angelica Domröse ihren alkoholkranken Mann. »Ich konnte ihm nicht helfen«, erinnerte sie sich, »das machte mich unglücklich. Ich habe damals nicht einmal verstanden, dass das eine Krankheit ist. Nach den Dreharbeiten zu ›Daniel Druskat‹ habe ich meine Koffer gepackt. Ich musste mich entscheiden: Für die eigene Arbeit oder dazu, Jirís Krankenschwester zu werden.«[173]

Angelica Domröses wohl schwerste, aber nachvollziehbare Entscheidung, muss für Jirí Vrštala neben seiner Alkoholsucht eine zweite Hölle gewesen sein. Er spielte zwar immer noch seine Paraderolle als Clown Ferdinand, aber es war nur eine Frage der Zeit, bis sein Körper die Belastungen seines vom Alkohol bestimmten Alltags nicht mehr verkraften konnte. Anfang der Achtzigerjahre zog er sich als Schauspieler aus dem öffentlichen Leben zurück, um – wie kolportiert wurde – mehr Zeit für eine neue Karriere als Schriftsteller zu haben. Wenige waren es, die daran geglaubt haben.

In dieser Zeit habe ich ihn zum letzten Mal gesehen. Es war im Restaurant »Tschaikowski-Eck« an der Grabbeallee, bestens bekannt auch als »die Post von Niederschönhausen«. Hier verkehrte die Prominenz aus der Musikszene, hier feierte die Gruppe WIR um ihren Chef Wolfgang Ziegler die Release-Party zu ihrer ersten AMIGA-Langspielplatte, hierher kamen die jungen Staatssicherheits-Azubis aus dem nahe gelegenen Wohnheim, hier trank einer der Personenschützer des Generalsekretärs, genannt »Der Schießer von Honecker«, mit einem Schweizer Musiker ein Bier, und wenn man etwas Neues aus dem Kiez wissen wollte, war man im »Tschaikowski-Eck« goldrichtig. Während eines Abendessens fiel mir am Stammtisch ein älterer Mann auf, beinahe unnatürlich dick, der wie aus Wachs geformt dasaß und sich nicht bewegte. Ein Lebenszeichen war nur dann zu erkennen, wenn er nach seinem Glas griff. Es war Jirí Vrštala. Alle kannten ihn, aber an diesem Abend hätte ihn keiner erkannt. Er war tatsächlich ein anderer Mensch geworden.

Otto Witte

1872 – 1958 Hamburg

Schausteller,
5-Tage-König von Albanien

Wollankstraße

Das Pankower Weltwunder: In Pankow lebte einst ein König … und der wohnte in einem ordinären Mietshaus! Dieser König war kein Ex-König, sondern ein »ehemaliger« König, so stand es zumindest in seinem Ausweis. Die Geschichte liegt schon einhundert Jahre zurück und die Umstände, die zu dieser Krönung führten, sind etwas verworren, wie die Zeiten, in der sie passierten.

Der 15. Februar 1913 war ein Samstag. Der als Gesandter tätige Johannes von Flotow wurde zum neuen deutschen Botschafter in Rom bestimmt, da diese Position seit der Ernennung Gottlieb von Jagows zum neuen deutschen Außenminister am 11. Januar vakant war. In Leipzig stellte das Reichsgericht grundsätzlich klar, dass die Entscheidung über eine etwaige Versetzung in den Ruhestand allein den Verwaltungsbehörden zusteht und nicht etwaigen Institutionen oder Personen. Ins Amt, und nicht in den Ruhestand, ließ sich an jenem Tag Otto Witte versetzen. Fern der deutschen Heimat begann eine Art zweite Köpenickiade, denn auch in diesem Fall ermöglichte das Tragen einer Uniform eine Hochstapelei. Der Habitus machte es nicht allein, das Aussehen musste ebenso stimmen. Es ging um nichts Geringeres als einen Thron, der in Albanien zu besetzen war.

Das Land hatte am 28. Oktober 1912 seine Unabhängigkeit vom Osmanischen Reich erklärt, die im Dezember auf der Londoner Botschafterkonferenz von Europas Großmächten anerkannt wurde. Diese bezweifelten jedoch, dass sich Albanien selbst regieren könne und behielten sich deshalb das Recht vor, einen Fürsten zu ernennen. Die Königin von Rumänien, Elisabeth von Ried, schlug ihren Neffen Wilhelm Friedrich

Heinrich Prinz zu Wied vor. In den Wirren der nachfolgenden Monate kam es jedoch anders als geplant, denn auch die Türken hegten Ambitionen. Und in dieser Situation trat der Abenteurer, Schausteller und Jahrmarktkünstler Otto Witte, der in der türkischen Armee diente, auf den Plan, weil er dem Prinzen Halim Eddin[174] ähnlich sah.

In seinem 1939 als Buch erschienenen Erlebnisbericht »5 Tage König von Albanien« schilderte Witte: »Jawohl: Fünf Tage war ich König von Albanien. Richtiger König, mit einem Thron und mit Untertaten und einer Armee, wie sich das gehört. Und dabei ist Albanien nicht etwa irgend so eine mittelamerikanische Republik, wo sich bald hier, bald dort ein ehrgeiziger und energischer Abenteurer zum Führer aufschwingt … Nein – Albanien ist ein europäisches Land, von der Größe der Rheinprovinz, und einer Million Einwohner! Es liegt auch nicht jenseits der Wolga, im äußersten Osten, sondern in ganz manierlicher Gegend Südeuropas.«[175]

Witte beschrieb, wie er im Oktober 1912 zum neunten Mal den Boden Konstantinopels betrat, wieder einmal ziemlich mittellos und auf der Suche nach Verdienstmöglichkeiten. Dreieinhalb Monate später rief ihn Essad Pascha in Tirana feierlich zum ersten König von Albanien aus. Diese erstaunliche Karriere begann damit, dass ihm zunächst Ismail Arzim über den Weg lief, ein türkischer Offizier, den Witte als fünfzehnjähriger durchgebrannter Schaustellerjunge kennengelernt und sich mit dem aus wohlhabendem Hause stammenden Kaufmannssohn durch Kleinasien geschlagen hatte. Durch die Begegnung gab er sein Vorhaben auf, in der Stadt am Bosporus zunächst sein Geld als Schwertschlucker zu verdienen. Ismail Arzim, der auf Nachfrage von Witte bestätigt bekam, dass dieser Serbisch, etwas Bulgarisch und Griechisch und vor allem gut Türkisch und Rumänisch sprechen, wenn auch nicht schreiben könne, schlug ihm eine Tätigkeit in der Spionageabteilung des türkischen Geheimdienstes vor, bei dem Arzim arbeitete.

Der Krieg drohte die Türken von der Balkanhalbinsel zu verdrängen, wozu sich Bulgarien, Serbien, Montenegro und Griechenland zusammengetan hatten. Und als Witte in türkischer Uniform steckte, verblüffte seine Ähnlichkeit mit »seiner Hoheit Prinz Halim Etti«.[176] Seinen Decknamen »Prinz« hatte er damit auch weg. Zunächst sollte er die Aufmarschpläne der bulgarischen Armee besorgen, was ihm auch gelang, danach die der Serben. Als sich sein Freund Ismail mal wieder über die mangelnde türkische Armeetaktik und die militärische Behäbigkeit beklagte, fasste Witte den Entschluss, durch beherztes Einschreiten in Albanien zwei türkische Armeekorps zusammenzufassen und so einer bedrohlichen Lage für das Osmanische Reich zu begegnen. Er ließ ein Telegramm vorausschicken, um seine Ankunft und die Übernahme des militärischen Oberbefehls anzukündigen. Durch die Ähnlichkeit mit dem türkischen Prinzen gelang dies auch vorzüglich, und Witte trug durch seine Kenntnisse, seine Entschlüsse und Befehle dazu bei, Eindruck zu hinterlassen, immer flankiert von seinem Adjutanten Ismail Arzim. So verfielen die türkischen Generäle auf die Idee, ihrem vermeintlichen Landsmann den Königstitel anzutragen, da der in Albanien auftauchende, resolut militärisch agierende falsche Prinz ein geeigneter Monarch zu sein schien, um das Land für das Osmanische Reich zu erhalten.

Auch Albanien, das in diesem Krieg zu zerbröseln drohte, liebäugelte damit, durch die Proklamation eines Königs eine gewisse staatliche Unabhängigkeit zu erlangen. Da Gefahr in Verzug war, wurde schnell gekrönt und so Otto Witte der erste König Albaniens. Gefahr drohte auch, weil sich einige Albaner nicht mit einem türkischen Prinzen auf dem Thron abfinden wollten. Der erfahrene Abenteurer stellte sich selbst an die Spitze der Leibgarde und wehrte den Angriff ab. Und dann zog die größte Gefahr herauf, passenderweise von deutscher Seite.

Nachrichten verbreiteten sich damals zwar langsamer als heute, aber sie verbreiteten sich und dazu gehörte vor allem jene von einem albanischen König. Es trugen Kriegsberichterstatter die Meldung von der Königsproklamation in die ganze Welt hinaus, auch in die kleine, möchtegerngroße deutsche. Daraufhin protestierte der Reichskanzler Bethmann Hollweg gegen den vermeintlichen Gewaltstreich des Sultans in Konstantinopel, weil doch vorgeschlagen und verabredet war, dass Prinz zu Wied die Herrschaft antreten sollte. Das Osmanische Reich, das aber ein reines Gewissen hatte, antwortete, es müsse sich um einen falschen Prinzen handeln, denn der richtige sei in Konstantinopel. Und der richtige Prinz war entsetzt, denn er war ja noch gar nicht gekrönt. So kam der Stein ins Rollen. Aber bevor jener Essad Pascha, der entscheidend zur Krönung beigetragen hatte, im osmanischen Auftrag König Otto I. in Tirana verhaften konnte, ging dieser stiften – eine weitere abenteuerliche Geschichte Wittes.

Wilhelm Friedrich Heinrich Prinz zu Wied kam im Jahre 1914 dann doch noch sechs Monate lang bis zum Ausbruch des Ersten Weltkrieges zum Zuge, aber es reichte nur noch zu einem Fürsten von Albanien. Otto Witte hingegen hat sein sehr kurzlebiges Königsdasein nach seiner Rückkehr ins Deutsche Reich gut vermarktet und sich sogar im Ausweis seinen ehemaligen Königstitel eintragen lassen.

In einem Artikel im Spiegel aus dem Jahre 1953 fand in einem Beitrag über SCHAUSTELLER / VERGNÜGUNGSBETRIEBE eine Firma aus Hamburg-Altona Erwähnung. »Schippers und van der Ville (»Karussells

*Otto Witte in Gala-Uniform
mit seiner Tochter »Prinzessin«
Elfriede Witte, um 1920.*

und Vergnügungsgeschäfte aller Art«) schieben zwischen ihre Fahrge-
schäfte, die seit langem das Rückgrat der Firma bilden, nach alter Ge-
wohnheit immer mal auch ein Schaugeschäft.«[177] Zu deren früheren
Attraktionen – zum Beispiel im Jahre 1931 – zählte »Otto Witte, der fünf-
tägige König von Albanien, in seiner Gala-Uniform«. Das es Witte zwi-
schenzeitlich in die Hansestadt verschlug, lag daran, dass seine Tochter
dort lebte. Doch er wohnte viele Jahre in Berlin. So sind Briefe erhalten,
amtliche Schreiben, die Witte aus Hamburg 1934 vom Oberlandgericht
und 1935 vom Arbeitsgericht bekam und die an den ehemaligen König
von Albanien in der Wollankstraße adressiert waren. In einem Artikel in
der *Berliner Morgenpost* aus dem Jahre 1992 wurde die Wollankstraße 43
genannt, aber es gibt keinen Beleg im Berliner Adressbuch. Wir finden
ihn dort nur von 1941 bis 1943 als »Witte, Schausteller, Görschstraße 30«.
In der DDR-Zeitung *Der Morgen* stand 1987: »Der ausgeprägte Wander-
trieb des 1871 in der Pankower Wollankstraße geborenen Otto Witte geht

zweifellos auf seinen Vater zurück, der seines Zeichens Artist war.[178] Vielleicht ist da manche Geschichte des Abenteurers »geboren« worden, aber zur Welt kam er hier nicht. In einem seiner späteren in Hamburg ausgestellten Ausweise stand unter Geburtsort »Diesdorf/Magdeburg«. Zur Zeit seines Albanien-Abenteuers war er eigentlich Einwohner von Heimbach, heute eine Ortsgemeinde im Landkreis Birkenfeld in Rheinland-Pfalz. Bereits 1931 erschien im *Öffentlichen Anzeiger* des knapp 70 Kilometer entfernten Bad Kreuznach, wo sich Otto Witte als Gastwirt niedergelassen hatte, seine Fortsetzungsgeschichte. Aber es verschlug ihn immer wieder mal in die deutsche Hauptstadt, wo Witte sogar die »Fraktionslose Partei des deutschen Mittelstandes« gründete, die er nach dem Zweiten Weltkrieg zu reanimieren versuchte.

Wer jedoch einmal zum Grab von einem der »sieben Pankower Weltwunder«, wie es einst der beliebte, und in Pankow wohnende Feuilletonist Heinz Knobloch schrieb, pilgern möchte, muss nach Hamburg reisen. Auf dem Friedhof in Ohlsdorf liegt neben dem großen Hamburger Reeder Albert Ballin »OTTO WITTE EHEM. KÖNIG V. ALBANIEN 16.10.1872 – 13.8.1958«, steht da in erhabenen Buchstaben auf dem Grabstein.

Als der Autor Alfred Lux in den Achtzigerjahren vom Fernsehen der DDR nach einer Idee für »lustige« Stücke gefragt worden ist, schlug er als Thema Otto Witte vor. Lux spielte bei seinen populären Auftritten selbst »Otto den Jroßen« in seinem Berliner Volksstück von 1983. Aber die Mienen der Fernsehleute verfinsterten sich, denn zur damaligen Zeit wusste niemand genau, ob die DDR mit Albanien befreundet oder verfeindet sei … So wurde der ehemalige König von Albanien, Otto Witte, selbst im Sozialismus ein Politikum!

Christa Wolf

1929 Landsberg/Warthe –
2011 Berlin

Schriftstellerin

Amalienpark 7

Ein journalistisches Kleinod habe ich gefunden. Das verdanke ich Jana Simon, jener klugen und scharfsinnigen Kollegin, der Enkelin von Christa und Gerhard Wolf, der Autorin des ungemein interessanten und unbedingt ohne Pause zu lesenden Buches »Sei dennoch unverzagt«, eine Sammlung von Gesprächen mit ihren Großeltern. Auf Seite 205 gewährt Jana Simon einen Blick in Christa Wolfs Refugium, und sie tut es so anschaulich, als hätte man selbst gerade an der Tür geklingelt und stünde nun in Christa und Gerhard Wolfs Wohnung: »Als ich an einem späten Sonntagnachmittag in der Berliner Wohnung meiner Großeltern ankomme, sitzt meine Großmutter in ihrem Arbeitszimmer am Schreibtisch, vor ihr steht ein aufgeklappter Laptop, drum herum sind Bücher, Papiere, Briefe verteilt. Sie arbeitet. In den Regalen lehnen Familienfotos an den Buchrücken, liegen kleine Reiseandenken. Das Zimmer meines Großvaters ist am anderen Ende der Wohnung, wenn die beiden miteinander sprechen möchten, müssen sie den anderen besuchen gehen. Auf seinem Schreibtisch steht eine elektrische Schreibmaschine, er ist von Kunst umgeben. Werke der von ihm verehrten Maler Albert Ebert und Carlfriedrich Claus hängen an den Wänden. Auf dem Telefontischchen im Flur liegt das Manuskript des nächsten Buches meiner Großmutter, Stadt der Engel, an dem sie schon seit Jahren schreibt und das sie nun bald zu Ende bringen möchte.«[179] Aus dieser Idylle im Jahre 2008 auszuscheren fällt nicht leicht, und dennoch müssen wir die Zeit um fünfundvierzig Jahre zurückdrehen.

Das Jahr 1963 wurde für Christa Wolf, die zwei Jahre zuvor mit ihren »Moskauer Novellen«, einem wunderbar gezeichneten Stimmungsbild über die Liebesbeziehung einer Ärztin aus Ost-Berlin mit einem sowjetischen Dolmetscher, die Literaturlandschaft der DDR betreten hatte, zu einem bedeutenden Jahr. Es wurde ein Jahr, in dem die Weichen für ihre berufliche und politische Zukunft gestellt wurden, mehr noch: Sie nahm sich das Recht heraus, die Weichen selbst zu stellen. Soeben war ihre Erzählung »Der geteilte Himmel« erschienen, die Geschichte der »linientreuen« jungen Rita und ihrer großen Liebe Manfred, den es aufgrund persönlicher und beruflicher Schwierigkeiten in den Westen Deutschlands zieht. »Christa Wolf vermeidet typische Inhalte sozialistischer Propagandaliteratur, indem sie die Situation der Wirtschaft und die Gründe für die mangelhafte materielle Versorgung der Bevölkerung einfach und direkt anspricht – mehr nicht. Am Ende überwiegt immer der positive zuversichtliche Gedanke, und so werden die Anforderungen des sozialistischen Regimes an die Literatur trotzdem erfüllt.«[180] Christa Wolf »[…] zeichnet ein realistisches Bild der Entwicklung der DDR von einer vorkommunistischen Gesellschaft ausgehend bis zum langsamen Hinführen zum Sozialismus der beginnenden Sechzigerjahre. Rita und Manfred repräsentieren die beiden rivalisierenden Gesellschaftsformen der damaligen Zeit. Manfred sieht als einzige Möglichkeit gegen die Willkür und Unfähigkeit der politischen Führung in der DDR die Flucht in die BRD. Rita hingegen erkennt zwar die Mängel am sozialistischen System, doch ist sie bereit, materielle Einbußen in Kauf zu nehmen, um ihren Anteil zum Vervollkommnungsprozess der sozialistischen Idee beizutragen.«[181]

Der beinahe kometenhafte Aufstieg der Christa Wolf musste nach Auffassung der DDR-Führung auch eine nachhaltige politische Konsequenz erfahren. Beinahe zeitgleich mit der Veröffentlichung des »Geteilten Himmels« wurde ihr die Aufnahme in den sozialistischen Olymp angetragen: Sie wurde Kandidatin des Zentralkomitees der SED und bekam in dieser neuen Funktion als erstes eine Pistole. »Eine Art reitender Bote kam zu mir und sagte, ich sei […] jetzt […] Kandidatin des ZK und würde nun zweihundert Mark im Monat kriegen«,[182] erinnerte sich Christa Wolf später. »Ich lehnte ab und sagte, ich bräuchte keine Aufwandsentschädigung. Ich könne gut von dem leben, was ich schriebe, und eine Pistole nähme ich auf keinen Fall.«[183] Die Annahme der Pistole verweigerte sie, worauf der Bote meinte, man könne doch nie wissen, ob man in eine Situation gerate, in der man sich als Genossin verteidigen müsse. Und sie sei die Einzige, die die Pistole abgelehnt habe. »Na und, dann bin ich eben die Einzige«,[184] entgegnete Christa Wolf.

Wozu stattet man eine Kandidatin des ZK und Schriftstellerin mit einer Pistole aus? Auf wen oder was soll sie, deren Waffe doch das Wort

Das Haus Amalienpark 7.

ist, schießen? Die Antwort barg jedoch eine neue Frage in sich: Eine Pistole ist für den Selbstschutz führender Parteifunktionäre bestimmt. Aber vor wem soll sie schützen? Vor den Arbeitern in der sozialistischen Produktion, vor den LPG-Bauern, vor den Soldaten der Nationalen Volksarmee, vor der gesamten DDR-Bevölkerung? Oder gar vor sich selbst? Es war schließlich das permanente Misstrauen der Staats- und Parteiführung der DDR, die der Schriftstellerin die Waffe in die Hand drücken wollte. Es war die alte stalinistische Schule, die seit den Dreißigerjahren als Hauptfach »Der Feind steht überall« auf dem Lehrplan hatte. Um die Vorzüge des Sozialismus zu beschreiben, brauchte es offenbar nicht Worte, dazu brauchte es in alter kommunistischer Tradition die Keule. Oder eben eine Pistole. Daran sollte sich bis zum Ende der DDR nichts ändern. Und vielleicht war gerade dies das Ende der DDR.

Ihr Debüt im Zentralkomitee der SED erlebte Christa Wolf an der Seite von Otto Gotsche, Walter Ulbrichts Sekretär. »Otto Gotsche […] ein schwacher Schriftsteller, der hatte sich vorgenommen, mich unter seine Fittiche zu nehmen.«[185] Christa Wolfs Frage, ob denn hier schon mal einer gegen einen Beschluss gestimmt hätte, beantwortete Gotsche mit einem Gesichtsausdruck zwischen Mitleid und Unverständnis: »Du musst noch viel lernen, Mädchen.«[186] Und Christa Wolf nahm sich fest vor: »Nein, das lerne ich nie«.[187]

Um 1963 tat sich einiges in der DDR-Kulturpolitik. Eine neue Generation von DDR-Literaten mit Christa Wolf und Heiner Müller an der Spitze hatte Anfang der Sechzigerjahre die Bühne betreten. Zu den beinahe hymnisch verklärten Schriftstellern aus den Anfangszeiten der DDR wie Otto Gotsche, Willi Bredel oder Louis Fürnberg, die in Stil, Form und Themenwahl immer noch in den propagandistischen Ketten der poststalinistischen und shdanowschen Literaturauffassung gefangen waren, hatten sich junge, intelligente, auch kritikfreudige Autoren gesellt. Und obwohl »immer noch die stalinsche Losung vom Schriftsteller als Ingenieur der Seele vorherrschte, der Ideologie zu vermitteln hatte, um damit die Werktätigen zu erziehen […]«,[188] hatte es sich bis in den inneren Kreis der DDR-Oligarchen herumgesprochen, dass es in der DDR in den vergangenen vierzehn Jahren nicht nur einen wirtschaftlichen Umschwung gegeben hat, sondern – folgerichtig – auch eine geistig-kulturelle Entwicklung stattgefunden hatte. Und der wurde mit einer grandiosen Idee Rechnung getragen: Unter dem Motto »Greif zur Feder, Kumpel« entstanden in der DDR beinahe flächendeckend die »Zirkel schreibender Arbeiter«. Die SED-Führung forderte die Werktätigen der DDR auf, sich ihre eigene sozialistische Nationalliteratur selbst zu schaffen, angeleitet und unterstützt wurden sie nicht selten von namhaften Autoren. Brigitte Reimann kümmerte sich um die schreibenden Arbeiter im Braunkohlengebiet Schwarze Pumpe bei Hoyerswerda, Heiner Müller war bei den Arbeitern im Tagebau Klettwitz tätig, und Christa Wolf konnte sich mit ihrem Ehemann und Schriftstellerkollegen Gerhard Wolf über die Hobbydichter im Ammendorfer Waggonbauwerk in Sachsen-Anhalt freuen. Über die tatsächlichen Zustände an ihrem Arbeitsplatz sollten die schreibenden Arbeiter berichten, ihre eigenen Heldentaten besingen, gern auch Konflikte benennen, aber immer mit dem guten Ende, der positiven Darstellung der sozialistischen Produktion beim Aufbau des Sozialismus in der DDR.

Und dabei gab es dann auch die ersten ernsthaften Schwierigkeiten. Viele der Arbeiterautoren nahmen die gewünschte realistische Beschreibung des Arbeitslebens in ihren Kollektiven allzu wörtlich, sie brachten die Wahrheit über die zum Teil katastrophalen Zustände in den Betrieben zu Papier, sehr zum Unwillen der SED-Führung, die nun auf einmal die von ihr selbst gerufenen Geister nicht mehr loswurde und sich in der ungewollten Lage sah, neben den jungen, aufstrebenden Schriftstellern, Dichtern, Drehbuchautoren und Regisseuren nun auch die »schreibenden Arbeiter« intensiver beobachten zu müssen. Keine Frage, dass die

Christa Wolf und Ehemann Gerhard, Mai 1963.

einzelnen Zirkel mehr und mehr von eingeschleusten Informellen Mitarbeitern des Ministeriums für Staatssicherheit unterlaufen wurden. Auch daran änderte sich bis zum Ende der DDR nichts.

Die DDR-Führung startete ernsthafte und letztlich erfolgreiche Versuche, eine unverkennbare leichte Auflösung ideologischer Verkrustungen in der DDR-Kultur nicht nur rückgängig zu machen, sondern sie schließlich unerbittlich zu bekämpfen. Die zweite Bitterfelder Konferenz, am 24. und 25. April 1964, vergatterte die Künstler dazu, sich an den sozialistischen Realismus zu halten, nur – geschönte – Fakten aufzuzeigen und auf »künstlerische Hinzufügungen«[189] zu verzichten. Die Messer waren gewetzt, unbarmherzig geschwungen wurden sie vom 16. bis 18. Dezember 1965 auf dem 11. Plenum des Zentralkomitees der SED.

Erich Honecker, der politische Ziehsohn Walter Ulbrichts und dessen willfähriges Sprachrohr, geißelte auf dieser Tagung die Entwicklung der DDR-Kultur, in der »die Künstler zu viele skeptizistische, nihilistische, ausweglose und moralzersetzende Philosophien verbreiten«[190] würden. »Die SED-Führung machte die Künstler verantwortlich für Unmoral, Pornographie, Rowdytum und Kriminalität. Es war ein Angriff auf alle, die Missstände in der DDR benannten und die harmonische Entwicklung in der DDR negierten, die Entfremdung und Bürokratisierung thematisierten. All diese Kunstwerke wurden der Darstellung einer dem Sozialismus fremden Lebensweise bezichtigt und damit als Gefährdung für die Bevölkerung angesehen. Die SED wollte den herrschenden Klassenkampf negieren und das Bild einer sozialistischen Menschengemeinschaft installieren.«[191] Allen Einflüssen von außen wurde ein gnadenloser Kampf angesagt. »Unsere DDR ist ein sauberer Staat«, triumphierte Honecker unter dem Jubel der Mehrheit der ZK-Mitglieder. »In ihr gibt es unverrückbare Maßstäbe der Ethik und Moral, für Anstand und gute Sitte.« Als einzige Rednerin wandte sich Christa Wolf gegen diese neue Kulturpolitik. Erfolglos, aber laut. »An dem Tag hatte ich Angst, bevor ich geredet hatte. Am Anfang noch nicht, aber als es losging«, erinnerte sie sich, »diese aufgeheizte Stimmung. Erst mal wurde dargestellt, wie furchtbar sich die Kunst und besonders die Filmkunst in der DDR entwickelt hätten.«[192] In ihrer Rede forderte Christa Wolf all die Freiheiten für die Kunst, die das ZK-Plenum gerade abschaffen wollte. »Nicht die Literatur ist an der Unmoral der Jugend Schuld, sondern eine Leere, in die unsere mangelnde geistige offensive Anziehungskraft Teile der Jugend geführt hat, durch die Hohlräume entstanden sind, in die jetzt selbstverständlich fremde, feindliche Ideologien eindringen.«[193] Beifall erntete sie für ihre Worte nicht, aber in einer Sitzungspause sagte ihr ein Schriftstellerkollege: »So wie du müsste man eigentlich sprechen!« Und sie antwortete ihrem zögerlichen Kollegen. »Na, und warum machst du es nicht?«[194]

Die Auswirkungen des 11. Plenums auf die DDR-Kultur waren verheerend. Zahlreiche Filme, Bücher und Theaterstücke wurden verboten, darunter der Kurt-Maetzig-Film »Das Kaninchen bin ich«, »Denk bloß nicht, ich heule« von Frank Vogel, Heiner Müllers »Der Bau«, der Film von Egon Günther »Wenn du groß bist, lieber Adam« und Frank Beyers Film »Spur der Steine«. Jeder Jugendliche, der fortan mit einer Gitarre in der Hand und einer widerborstigen Haarsträhne auf der Stirn angetroffen wurde, zählte beinahe automatisch zu den bekämpfenswerten Gammlern, den übelsten antisozialistischen Elementen, den Gegnern der sozialistischen Jugendbewegung. Verbo-ten wurde auch Werner Bräunigs Roman »Rummelplatz«, der das Leben der Wismut-Kumpel im Erzgebirge beschrieb. »Heute war die Rede Honeckers auf dem ZK-Plenum abgedruckt«, schrieb Brigitte Reimann am 16. Dezember 1965 in ihr Tagebuch, »die Katze ist aus dem Sack: die Schriftsteller sind schuld an der sittlichen Verrohung der Jugend. Destruktive Kunstwerke, brutale Darstellungen, westlicher Einfluss, Sexualorgien, weiß der Teufel was – und natürlich die böse Lust am Zweifeln. Die Schriftsteller stehen meckernd abseits, während unsere braven Werktätigen den Sozialismus aufbauen.«[195]

1967 endete die Parteikarriere von Christa Wolf im Zentralkomitee der SED. Ein tiefes Aufatmen auf beiden Seiten muss wohl unüberhörbar gewesen sein. Jetzt nahm sie sich Zeit – und es wurde Zeit – für ihr Buch »Nachdenken über Christa T.«, eine Verschmelzung von Gedanken an ihre Jugendfreundin Christa Tabbert-Gebauer und einer »Nachricht […] aus ihrem eigenen […] innersten Innern«.[196] Dass die Partei niemals etwas vergisst, bekam Christa Wolf nun überdeutlich zu spüren. Die Partei vergisst nichts, aber sie versteht auch nichts. Und sie hat nichts begriffen, und am allerwenigsten hat sie Christa Wolf begriffen, denn »alles, was ich bisher geschrieben habe, nicht zuletzt dieses Buch, entstand aus Parteinahme für die sozialistische Gesellschaft, in der ich lebe.«[197] Mehr Liebesbezeugung für ihr Land geht nicht, doch auch das erschien den Kulturoligarchen noch zu wenig. Stephan Hermlin bezeichnete »Nachdenken über Christa T.« als »avantgardistisch«[198], für Marcel Reich-Ranicki war das Buch »leicht angreifbar und schwer greifbar«[199]. Allein schon eine breite, beinahe europaweit geführte Diskussion über dieses Buch war für die DDR-Zensur willkommener Anlass, dahinter ein konterrevolutionäres Werk zu vermuten. Ihrer Freundin Brigitte Reimann schrieb Christa Wolf daraufhin: »Man sagt mir, die Sicht, unter der ich in meinem Buch die Gegenwart sehe, sei unserer Republik schädlich, und wenn die Leser, mit denen ich diskutiere oder die mir schreiben, das nicht finden, seien es die falschen Leser oder eben von meiner überzeugenden Persönlichkeit verführt.«[200]

Zeitlebens war Christa Wolf ein politischer Mensch. Gemeinsam mit Erwin Strittmatter und Anna Seghers wandte sie sich 1968 gegen den Einmarsch der Armeen des Warschauer Vertrages in die Tschechoslowakei, und sie gehörte 1976 zu den ersten Unterzeichnern der so genannten »Biermann-Resolution«, die von ihr und ihrem Ehemann Gerhard Wolf mitverfasst wurde. In ihrer Wohnung trafen sich Volker Braun, Christoph Hein, Daniela Dahn und die Pastorin Ruth Misselwitz, eine der Aktivistinnen des Widerstandes gegen das SED-Regime in Pankow. Und in der Zeit der Auflösung ihres Landes gehörte Christa Wolf zu denjenigen, die sich vehement gegen den Ausverkauf der DDR wehrten. Und wieder tat sie dies nachhaltig und laut. Doch wieder hörte ihr nicht jeder zu. »Seit dem Mauerfall gibt es einen Schrumpfprozess der Zeit«, sagte Christa Wolf drei Jahre vor ihrem Tod. »In der DDR war immer irgendetwas los, wozu ich mich stellen und verhalten musste. Während ich heute die Ereignisse eher von außen wahrnehme. Ich schaue zu und lasse sie an mir vorüberziehen. Ich muss nicht persönlich dauernd darauf reagieren. Das verkürzt die Zeit.«[201]

Im Dezember 2011 ist Christa Wolf gestorben.

Marianne Wünscher

1930 Berlin – 1990 Berlin

Schauspielerin

Blankenburger Straße 16,
Heinrich-Mann-Straße 16

»Für mich ist Kommunikation lebenswichtig. Es fällt mir schwer, Entscheidungen allein zu treffen. Es ist mir im Leben oft widerfahren, dass mir Menschen geholfen haben, indem sie mit mir gesprochen haben und mich in schwierigen Situationen aufgefangen haben. Im Gespräch werden ja auch Distanzen deutlich, man kann zu sich selbst Abstand bekommen und dadurch Schwieriges besser meistern […] Vielleicht bin ich Schauspielerin geworden, weil mir das Miteinander-Sprechen Lebensbedürfnis geworden ist.«[202] So klug und doch so einfach antwortete Marianne Wünscher, der harmoniebedürftige Familienmensch, die Frau, die nie allein sein konnte, auf die berühmteste Reporterfrage, wie es denn bei ihr mit der Schauspielerei angefangen habe. Und ebenso interessant ist das, was nach einem recht holprigen Anfang folgte: Die gnadenlose Umsetzung dieses Credos in ihren zahlreichen Bühnen- und Filmarbeiten, die permanente Besetzung durch kluge und weitblickende Regisseure in Mütter- oder zumindest mütterlichen Rollen. Und damit ist sie »auf einen Weg gegangen, auf dem die Leute sie verstanden haben«.[203] Die »Mutter Wolffen« in Gerhart Hauptmanns »Biberpelz« an der Berliner Volksbühne in der Achtzigerjahre-Inszenierung von Helmut Straßburger und Ernstgeorg Hering steht hierfür wie der in Stein gemeißelte Beweis, und auch die DEFA zog oft und gern diese Schublade auf. Selbst in der brillant gespielten Nebenrolle als hilfsbereite Marktfrau in dem Märchenfilm »König Drosselbart« an der Seite von Manfred Krug in der Titelrolle und Karin Ugowski als verzickte und später geläuterte Prinzessin schwappte die ihr innewohnende Mütterlichkeit als geballte Ladung über die Leinwand.

Ihr darstellerisches Talent – wenn es denn anfangs da gewesen sein sollte – entdeckte Marianne Wünscher im Herbst 1945, aber schon bald merkte sie, dass sie ihre Meinung, auf dem besten Weg eine berühmte Schauspielerin zu sein, so ziemlich exklusiv hatte. Das fünfzehn Jahre alte bildhübsche Mädchen aus der Frohnauer Welfenallee 11 hatte auf dem Schulweg den Werbezettel einer der zahlreichen Schauspielschulen entdeckt und sich dort wenig später einer äußerst gestrengen Aufnahmekommission gestellt. Das Vorsprechen geriet zum Fiasko, und noch Jahre später sprach Marianne Wünscher von einem »bestürzenden Erlebnis«. Sie hatte sich ausgerechnet den Dialog des Kaisers Altoum mit Turandot aus dem gleichnamigen Märchenstück ausgesucht, »[…] und schenkt all ihr kindlich-leidenschaftliches Fühlen der Turandot, während sie den Kaiser mit verstellter Stimme ausstattet. Da bemerkt sie entsetzt, dass die Damen und Herren unten die Taschentücher vors Gesicht pressen, um ihr Gekicher zu ersticken und den Blick senken, um ihre Lachtränen zu verbergen.«[204]

Aber Marianne Wünscher wurde aufgenommen, die völlig ungeplante und für sie zunächst sehr schmerzhaft wahrgenommene komische Übertreibung eines höchst ernsthaften und tragischen Stoffes hatten nicht nur

Heinrich-Mann-Str. 16, Anfang der Achtzigerjahre.

die Lachmuskeln der Mitglieder der Aufnahmekommission gelockert, sondern auch deren Herzen erweicht. Und diese kleine Schauspielschule wurde ihr Sprungbrett. Hier hatte sie eifrig monatelang an einem perfekten Karriere-Salto gearbeitet, und der ließ sie an der von Fritz Kirchhoff geleiteten Schauspielakademie »Der Kreis« landen. »Temperament und Humor, Charme und Leichtigkeit«[205] mussten ihr dort nicht beigebracht werden, das alles war ihr wohl schon in die Wiege gelegt worden, und sie hatte dies alles dankenswerterweise in ihr Erwachsenwerden herübergerettet. Bereits mit neunzehn Jahren spielte sie in einer Aufführung der Akademie die durchaus komplizierte Rolle der Madame Pernelle in Molieres »Tartüff«, was die Kritik zu vorsichtigem Jubel herausforderte: »Marianne Wünscher ist zu beglückwünschen, dass sie den Mut gehabt hat zu der Karikatur einer komischen Alten, wenn ihr Ton auch gelegentlich zu dick geraten war und die Deutlichkeit der Sprache zu wünschen übrig ließ […]«[206] Deutlichkeit in der Aussprache war damals im Jahre 1949 also ein Kritikpunkt. Spätes Glück für den immer wieder Sprachrätsel aufgebenden Ottfried Fischer und auch für Til Schweiger. Sie waren damals noch nicht geboren beziehungsweise noch nicht überregional bekannt …

Marianne Wünscher arbeitete an ihrer Sprache, und dies gelang ihr so gut, dass sie beim Berliner Rundfunk, der Ende der Vierzigerjahre noch in der Charlottenburger Masurenallee beheimatet war, eine Mikrophonprobe bestand und fortan in Hörspielen und Kabarettsendungen erstmalig »richtiges Geld« verdiente. Und dort sollte sie auch ihren ersten Ehemann, Gottfried Herrmann, kennen lernen, der die hübsche Neunzehnjährige vom Fleck weg heiratete. Bis 1953 währte dieses Abenteuer.

Mittlerweile hatte Marianne Wünscher auch ihre Bühnenreifeprüfung bestanden, am 7. Mai 1951 feierte sie am Deutschen Theater an der Seite des ebenfalls blutjungen Ulrich Thein ihr Debüt als Monika in Karl Vekens »Baller kontra Baller«. Und wieder einmal sprach sie von einer »Schreckensinszenierung«. Das Stück war der wohl gut gemeinte Versuch, den Parteiauftrag an die Kulturschaffenden zu erfüllen, nämlich in ihren Stücken den Alltag des Proletariats widerzuspiegeln. Es wurde ein grandioser Misserfolg. Ganze elf Vorstellungen fanden vor halbleerem Haus statt, bereits nach zwei Monaten verschwand das »realistisch-sozialistische« Jubelstück vom Spielplan. Immense Kosten waren in den Sand gesetzt worden, der künstlerische Ruf des Deutschen Theaters und seines Intendanten Wolfgang Langhoff schien ebenfalls Schaden genommen zu haben. Der für die Pleite verantwortliche Chefdramaturg Dr. Heinar Kipphardt wies jedoch jede Schuld von sich, denn er hatte die Hauptschuldige längst ausgemacht. Marianne Wünschers fehlendes Talent habe maßgeblich zum Misserfolg geführt, weil »sie nicht ausreichend begabt

Marianne Wünscher mit Konrad Wolf, um 1980.

ist, an einem Berliner Theater arbeiten zu können«.[207] Niemand wird diese Meinung in der Zukunft so oft bereut haben wie Kipphardt selbst. Er ließ Mariannes Kopf ohne Grund und ohne Not rollen, allerdings nur eine ganz kurze Strecke. Die Volksbühne, die DEFA, das Fernsehen – sie alle bedienten sich in der Folgezeit der offensichtlich großen Schauspielkunst Marianne Wünschers, ihr Weg zu einer wahren Volksschauspielerin war geebnet. Wie oft sich Kipphardt an den Kopf geschlagen hat, war nicht erkennbar und ist auch nicht überliefert …

Beinahe wäre sie gar Mitglied des Berliner Ensembles geworden. Ihr Vorsprechen bei Bertolt Brecht endete mit dessen Worten: »Geh rüber zur Weigel, mach einen Vertrag.« Aber Marianne Wünscher wollte der Volksbühne die Treue halten. Helene Weigel, die gestrenge Prinzipalin, hat ihr das nie verziehen. Noch im Januar 1956 schrieb sie an Marianne: »Blöde Gans, vielleicht kommen wir später doch noch einmal zusammen.«[208]

1952 wurde Marianne Wünschers erster Sohn Thomas geboren. Eine schwere Zeit für beide, denn die allein erziehende Mutter brauchte viel physische Kraft für die Ausübung ihres Berufes, und der kleine Thomas, der später Redakteur beim Fernsehen wurde und nach der politischen Wende eine eigene Filmfirma gründete, sah das zeitraubende künstlerische Tun seiner Mutter zunehmend kritisch. »Nicht mal abends ist sie zuhause«,[209] beklagte er sich öfter. Mitte der Fünfzigerjahre musste sich Marianne Wünscher mehrfach in ärztliche Behandlung begeben. Viele ihrer Schauspielkollegen bangten um ihre Gesundheit. »Liebe Marianne«, schrieb ihr Rolf Ludwig, »wo gibt's denn so was? Ich befehle: Sofort aufhören mit Kranksein, allen lieben Doktoren und Schwestern ade sagen und frisch, gesund und munter wieder mit uns Theater spielen!«[210] Und dreißig Jahre später, als ein Sieg über ihre Krankheit fast nicht mehr absehbar war, erhielt sie einen Brief von Margot Ebert: »Marianne, liebe, gute, bewundernswerte. Unsere Gedanken waren in der letzten Zeit besonders viel bei Dir […] Die Wünscher krank? Eine unglaubliche Vorstellung […] Also, Liebling, werde schnell gesund, auf Frauen wie Dich will man nur ganz, ganz kurze Zeit verzichten.«[211]

Marianne Wünscher war kein Mensch für das Alleinsein. Jedoch fand sie erst zehn Jahre nach ihrer Scheidung von Gottfried Herrmann einen neuen Lebenspartner. Wolfgang Pietsch, der Komponist und musikalische Leiter der Volksbühne hatte ihr das zweite Ja-Wort abgerungen. »Dieser dünne, lange Sachse besaß nicht nur Charme und Humor, […] er war sehr verletzlich, mit einem freundlichen, auch bissigen Spott, der Empfindsamkeit verbergen sollte.«[212] Wunderbare Einblicke in das Familienleben bei Wünscher-Pietschs verdanken wir Christoph Funke, Marianne Wünschers Biografen. »1963 schlossen sie die Ehe. Vorausgegangen war für Wolfgang Pietsch eine harte Prüfung. Beim vorehelichen Weihnachtsessen setzte die Schauspielerin diesem merkwürdigen, sich um sie bemühenden, immer verhungert dreinschauenden Mann Gänsebraten vor, in der Absicht, ihm eine besondere Freude zu machen. Pietsch würgte das ehemals geflügelte Prachtstück stumm hinunter. Gänsebraten gehörte zum Schlimmsten, was man ihm zum Essen anbieten konnte […]«[213]

Bleibende Schäden hat Wolfgang Pietsch offensichtlich nicht davongetragen, denn bald kam der gemeinsame Sohn Moritz zur Welt. Marianne hat ihre Gene perfekt an die beiden Söhne weiter gegeben. Thomas landete – wie die Mutter – beim Fernsehen, und Moritz machte später das Kochen, bei dem Marianne Wünscher allerhöchste Kunstfertigkeit erlangt hatte, zu seinem Beruf.

Ihr wunderschönes Haus in der Heinrich-Mann-Straße atmete ihren Geist, ihr Garten gehörte zu den schönsten in Niederschönhausen. »Zur Natur, zum Garten, zu Pflanzen habe ich eine große Beziehung«, erzählte sie nicht ohne Stolz. »Es macht mich glücklich zu sehen, wie etwas wächst, gedeiht unter meinen Händen. Man muss täglich etwas tun, irgendwen oder irgendwas umsorgen – dann ist man wichtig, dann wird man gebraucht, dann hat man eine Existenzberechtigung, nicht nur im Beruf.«[214]

*Der Neubau in der
Heinrich-Mann-Straße 16
heute.*

Und da war sie wieder, die Mutterrolle. In den Siebziger- und Achtzigerjahren sollte sich Marianne Wünschers Privatleben grundlegend ändern.
Wolfgang Pietsch war an Krebs gestorben, die Söhne hatten Partnerinnen
gefunden, eigene Familien gegründet und Marianne Wünscher zu einer
liebevollen Großmutter gemacht. »Jetzt, wo die Söhne nicht mehr zu
Hause wohnen, ist eine Vertrautheit gewachsen, die für Marianne Wünscher das erneute Alleinsein leichter macht. Sie weiß, das sie von den Kindern und Enkeln gebraucht wird, nicht mehr als Mäzen, als Köchin und
Versorgungsstützpunkt, sondern als die Vertraute, die Erfahrene. Probleme lassen sich so gemeinsam tragen und bewältigen, dennoch, die Last
des Alleinseins bleibt spürbar.«[215]

Es war still geworden in ihrem Haus in der Heinrich-Mann-Straße.
Und genau dies muss sich auf wundersame Weise im mystischen und un-
erklärlichen Reich der Katzen herumgesprochen haben. Eine Katze nach
der anderen begehrte Einlass in Haus und Garten, ganz gewöhnliche
Straßenkatzen, oftmals gezeichnet von den erbitterten Kämpfen mit
rauflustigen Artgenossen. Bei Marianne Wünscher fanden sie alle ein ge-
mütliches Zuhause, und alle waren willkommen. Und schon wieder hatte
sie die Mutterrolle inne. Bis zu ihrem Tode im Jahr 1990. 1999 wurde ihr
Haus in der Heinrich-Mann-Straße 16 abgerissen und durch einen Neubau ersetzt.

Relief an der Grundstücksmauer in der Straße 201 Nr. 1.

Anmerkungen

1 Trinius, August: Die Umgebung der Kaiserstadt Berlin, Berlin 1888, S. 112

2 Kerr, Alfred: Wo liegt Berlin? Briefe aus der Reichshauptstadt 1895–1900, Berlin 1997, S. 404

3 Ludwig Rellstab, in: Berlin. Eine Wochenschrift, Nr. 31, vom 1. August 1835, S. 532

4 Aus dem Tagebuch der Berliner Kaufmannsfrau Henriette Brose von 1812, Berliner Stadtbibliothek, veröffentlicht unter www.diegeschichte berlins.de/persoenlichkeiteag/467 brose.html

5 Knoblauch, Richard: 175 Jahre Knoblauchsches Haus. Sonderdruck der Zeitschrift des Vereins für die Geschichte Berlins, Neue Folge Nr. 52, 1935, H. 2, S 40

6 Trinius, August: Die Umgebung der Kaiserstadt Berlin, Berlin 1888, S. 112

7 Eine Vorortplauderei von Ernst Friedel, in: Illustrierte Festzeitung für das 10te Deutsche Bundesschießen, Amtliches Organ des Festvorstandes, Nr. 2, vom 20. Juni 1890, Berlin 1890

8 Trinius, August: Die Umgebung der Kaiserstadt Berlin, Berlin 1888, S. 112

9 Kerr, Alfred: Wo liegt Berlin? Briefe aus der Reichshauptstadt 1895–1900, Berlin 1997, S. 404

10 Döblin, Alfred: Berlin Alexanderplatz, (29. Aufl.) München 1990, S. 377

11 Schulze, Hans-Michael: In den Wohnzimmern der Macht, Berlin 2011, S. 35

12 Der Platz am Brandenburger Tor wurde genau aus diesem Grund in »Platz des 18. März« umbenannt, um an beide Ereignisse, sowohl (wenn auch vorrangig) von 1848, als auch 1990 zu erinnern

13 Jäckel, Hartmut: Menschen in Berlin, Stuttgart/München 2000, S. 296

14 Ebd.

15 Ebd., S. 297

16 Sandvoß, Hans-Rainer: Widerstand 1933–1945, Band 6, Widerstand in Pankow und Reinickendorf, Gedenkstätte Deutscher Widerstand, Berlin 1994, S. 136

17 Ebd., S. 142

18 Ebd.

19 Ebd., S. 149

20 Ebd.

21 Ebd., S. 80

22 Ebd., S. 76

23 Ebd.

24 Ebd., S. 200

25 Ebd., S. 221

26 Ebd., S. 251

27 Ebd., S. 244

28 Schreiben Otto Winzers vom 16.11.1946

29 Maron, Monika: Stille Zeile Sechs, Frankfurt a. M. 1991, S. 8

30 Ebd.

31 Brief an Kurt Hager, zit. nach: Schulze, Hans-Michael: In den Wohnzimmern der Macht. Das Geheimnis des Pankower »Städtchens«, Berlin 2001, S. 162

32 Geipel, Ines: Dann fiel auf einmal der Himmel um, Inge Müller – die Biografie, Berlin 2002, S. 199

33 Henneberg-Sprekeler, Nora: Die Umsiedlerin oder Das Leben auf dem Lande, Heiner Müller Archiv hmtransit-umsiedlerin.egoditor. com/

34 Ebd.

35 Gespräch des Autors mit Astrid L., Dezember 2013

36 Ebd.

37 Becher, Johannes R.: Briefe, Band 1, Berlin 1993, S. 72

38 Becher, Johannes R.: Briefe, Band 2, Berlin 1993, S. 5

39 Becher, Johannes R.: Briefe, Band 1, Berlin 1993, S. 10

40 Becher, Johannes R.: Abschied, Winterschlacht. Berlin 1976, S. 266

41 Behrens, Alexander: Johannes R. Becher, Köln 2003, S. 33

42 Harry Graf: Kessler, Tagebuch, zit. in: Dwars, Jens-Fietje: Abgrund des Widerspruchs, Berlin 1998, S. 105f.

43 Becher, Johannes R.: Briefe, Band 1, Berlin 1993, S. 82

44 Ebd., S. 122

45 Günter Kunert in: Über den Abgrund geneigt … Leben und Sterben des Johannes R. Becher, Dokumentarfilm von: Jens-Fietje Dwars u. Ullrich Kasten, D 2000, 89 Minuten

46 Oskar Loerke zit. in: Behrens, Alexander: Johannes R. Becher, Köln 2003, S. 90

47 Becher, Johannes R.: Der Leichnam auf den Thron, Berlin 1925

48 Hay, Julius: Geboren 1900, Hamburg 1971, S. 168

49 Georg Lukács zit. in: Behrens, Alexander: Johannes R. Becher, Köln 2003, S.140

50 Ralph Giordano und Hans Mayer in: Über den Abgrund geneigt … Leben und Sterben des Johannes R. Becher, Dokumentarfilm von: Jens-Fietje Dwars u. Ullrich Kasten, D 2000, 89 Minuten

51 Behrens, Alexander: Johannes R. Becher, Köln 2003, S. 211

52 Thomas Mann an Becher am 15.9.1938, in: Becher, Johannes R.: Briefe, Band 2, Berlin 1993, S. 127f.

53 Müller, Reinhard (Hrsg.): Georg Lukács, Johannes R. Becher, Friedrich Wolf u. a.: Die Säuberung Moskau 1936: Stenogramm einer geschlossenen Parteiversammlung, Reinbek 1991

54 von Mayenburg, Ruth: Blaues Blut und rote Fahnen, Wien/München/Zürich 1969, S. 259

55 Behrens, Alexander, Johannes R. Becher, Köln 2003, S. 223

56 Fedin, Konstantin: Fedin und Deutschland, Berlin 1962, S. 245 ff.

57 Wilhelm Pieck, zit in: Behrens, Alexander, Johannes R. Becher, Köln 2003, S. 246

58 Wilhelm Pieck an Becher, am 14. November 1949, in: Becher, Johannes R.: Briefe, Band 2, Berlin 1993, S. 369

59 Welt am Sonntag, am 9. November 1958

60 Joachim Seyppel, in: Über den Abgrund geneigt … Leben und Sterben des Johannes R. Becher, Dokumentarfilm von: Jens-Fietje Dwars u. Ullrich Kasten, D 2000, 89 Minuten

61 Schulze, Hans-Michael: In den Wohnzimmern der Macht, Berlin 2001, S. 102

62 Ebd., S. 125f.

63 Hay, Julius, Geboren 1900, Hamburg 1971, S. 168

64 Über den Abgrund geneigt … Leben und Sterben des Johannes R. Becher, Dokumentarfilm von: Jens-Fietje Dwars u. Ullrich Kasten, D 2000, 89 Minuten

65 Seyppel, Joachim: Trottoir & Asphalt, Berlin 1994, S. 51f.

66 Der Abend, am 18. April 1950

67 Joachim Seyppel, in: Über den Abgrund geneigt … Leben und Sterben des Johannes R. Becher, Dokumentarfilm von: Jens-Fietje Dwars u. Ullrich Kasten, D 2000, 89 Minuten

68 Lotte Ulbricht an Becher, am 12. April 1953, in: Becher, Johannes R.: Briefe, Band 2, Berlin 1993, S. 473

69 Ludwig Meidner an Becher, am 18. Januar 1954, in: Becher, Johannes R.: Briefe, Band 2, Berlin 1993, S. 493

70 Luise Rinser an Becher, im Februar 1951, in: Becher, Johannes R.: Briefe, Band 2, Berlin 1993, S. 402

71 Barck, Simone: Antifa-Geschichte(n): eine literarische Spurensuche in der DDR der 1950er und 1960er Jahre, Köln/Weimar 2003, S. 203f.

72 Becher, Johannes R.: Hundert Gedichte, Berlin 2008, S. 119

73 Hay, Julius, Geboren 1900, Hamburg 1971, S. 301

74 Mayer, Hans: Der Turm von Babel, Frankfurt a. M. 1993, S. 111

75 Voit, Jochen: Er rührte an den Schlaf der Welt, Berlin 2010, S. 15

76 Ebd., S. 16

77 Titel eines Songs der Gruppe Renft, AMIGA 1974

78 Voit, Jochen: Er rührte an den Schlaf der Welt, Berlin 2010, Klappentext

79 Ebd., S. 47

80 Ebd., S. 332

81 Ebd., S. 333

82 Ebd.

83 Ebd., S. 344

84 Ebd., S. 345

85 Ebd., S. 333

86 Ebd.

87 Ebd., S. 369

88 Fallada, Hans: Der Alpdruck, Berlin 1947, S. 221

89 Fallada, Hans: »Wie ich Schriftsteller wurde«, in: Lieschens Sieg und andere Erzählungen, Reinbek 1975, S. 211

90 Hans Fallada an Anna Ditzen, am 16. November 1945, in: Hans Fallada. Sein Leben in Bildern und Briefen, Berlin 1997.

91 Fedin, Konstantin: Fedin und Deutschland, Berlin 1962, S. 245 ff.

92 Ebd.

93 Fallada, Hans: Der Alpdruck, Berlin 1947, S. 222f.

94 Hans Fallada an Ernst Rowohlt, am 12. Dezember 1945, (maschinenschriftliche Briefkopie im Archiv des Autors)

95 Hans Fallada in: Zeitschrift »Aufbau«, November Ausgabe 1945

96 Hans Fallada, Hans: Jeder stirbt für sich allein, Vorwort, Berlin 2013, S. 5

97 Hans Fallada an seine Mutter Elisabeth Ditzen, im Dezember 1946, In: Hans Fallada. Sein Leben in Bildern und Briefen, Berlin 1997

98 Hans Fallada an Anna Ditzen, am 16. September 1946, in: Hans Fallada – Anna Ditzen. Wenn du fort bist, ist alles nur halb, Berlin 2007

99 Johannes R. Becher zu Hans Falladas Tod. An Stelle eines Nachworts, in: Fallada, Hans: Der Alpdruck, Berlin 1947, S. 240

100 Hönig, Frank: Erwin Geschonneck – eine deutsche Biographie, Berlin 2006, S. 19

101 Ebd.

102 Hartmut Kascha in: BILD, am 13. August 2008

103 Ebd.

104 Ebd.

105 Der Thälmann-Platz ist aufgegeben und bebaut worden und lag direkt an der Wilhelmstraße am heutigen U-Bhf. Mohrenstraße; auf seiner ehemaligen Südseite steht die Botschaft der Tschechischen Republik, auf der Nordseite ein Wohnblock mit Discounter

106 Dr. Klaus Weidner, Gutachten der Abteilung Kultur im Zentralkomitee der SED, Berlin, den 9.7.1965; SAPMO, DY 30/ IV A 2/906/7

107 Karl Corino: DDR-Schriftsteller Stephan Hermlin hat seinen Lebensmythos erlogen, in: Die ZEIT, am 4. Oktober 1996

108 Ebd.

109 Ebd.

110 Ebd.

111 Ohlerich, Gregor: Stephan Hermlins Verhältnis zur Arbeiterklasse: Zwischen Bürgertum und Sozialismus, (Vorwort, Dr. Hannelore Scholz), Berlin 2000

112 Richter, Hans Werner: Die Mauer oder Der 13. August, Reinbek 1961, S. 66–68

113 ADN, am 16. November 1976, 16.00 Uhr

114 Neues Deutschland, am 17. November 1976

115 Brecht, Bertolt. Schriften, 1933–1942, Berlin/Weimar, Frankfurt am Main 1993 (Bertolt Brecht, Werke. Große kommentierte Berliner und Frankfurter Ausgabe. Bd. 22.2). S. 763

116 de.wikipedia.org/wiki/Erich.Engel

117 Die Abenteuer des Werner Holt,

DEFA 1965, Regie: Joachim Kunert, Drehbuch: Joachim Kunert und Claus Küchenmeister

118 Die Zeit, am 2. September 1966

119 Slevogt, Esther: Den Kommunismus mit der Seele suchen. Wolfgang Langhoff, ein deutsches Künstlerleben, (Auszug aus dem Manuskript »Ihr seid ja gar keine Kommunisten!«), Köln, 2011

120 Ebd.

121 »Die Trickbetrügerin«, in: Neues Deutschland, am 6. Oktober 1959

122 Gespräch des Autors mit Axel Triebel, um 1974 in Niederschönhausen, Haus Straße 106 Nr. 17

123 Lingner, Max: Mein Leben und meine Arbeit, Dresden 1955, S. 60

124 Lingner, Max: Wann wird der Künstler wirklich frei?, in: Neues Deutschland, am 6. Mai 1949

125 Gesetzblatt der Deutschen Demokratischen Republik, Jg. 1950, 1. Halbjahr, Gesetzblatt Nr. 28, S. 188f.

126 Erste Regierungserklärung der Provisorischen Regierung der DDR vom 12. Oktober 1949

127 Nach Walter Bruch in: »Berlin war immer dabei«, Berliner Forum, Nr. 6, 1977, sowie: Walter Bruch in: Berlinische Lebensbilder, Berlin 1990, lautet die Adresse Parkstraße 13

128 Bruch, Walter: Berlinische Lebensbilder – Techniker, Berlin 1990, S. 357

129 Ebd., S. 358

130 Ebd.

131 Ebd.

132 Ebd., S. 362

133 Ebd.

134 Ebd.

135 Reichspatent DRP 498 415, 9. Februar 1924

136 Bruch, Walter: Berlinische Lebensbilder – Techniker, Berlin 1990, S. 357

137 Ebd., S. 364

138 ZDF-History, Guido Knopp, Sendung im März 2011, aus Bundesrundfunkarchiv und Bundesfilmarchiv

139 Bruch, Walter: Berlinische Lebensbilder – Techniker, Berlin 1990, S. 357

140 Loth, Wilfred: Stalins ungeliebtes Kind. Warum Moskau die DDR nicht wollte, Berlin 1994, S. 24

141 Schulze, Hans-Michael: In den Wohnzimmern der Macht, Berlin 2001, S. 35

142 Ebd., S. 73

143 Ebd.

144 Ebd., S. 82

145 Ebd., S. 9

146 Ebd., S. 10

147 Ebd.

148 Ebd., S. 149

149 Ebd.

150 Ebd.

151 Ebd.

152 Heute: Pastor-Niemöller-Platz

153 Shaw, Elizabeth: Wie ich nach Berlin kam. Eine Irin in der geteilten Stadt, Berlin 2013, S. 216

154 Gemeint ist der Pfarrer der Evangelischen Friedensgemeinde Berlin-Niederschönhausen

155 Wortgetreue Wiedergabe, Herbst 1985

156 Shaw, Elizabeth: Wie ich nach Berlin kam. Eine Irin in der geteilten Stadt, Berlin 2013, S. 219

157 Ebd., S. 218

158 Ebd., S. 120

159 Ebd. S. 121

160 Ebenso viele Käufer kamen aus den Gemeinden im Berliner Umland, da dort die Versorgung mit Lebensmitteln erheblich schlechter war als im Berliner Stadtgebiet

161 Gespräch des Autors mit Pfarrer Richard Gramse, Herbst 1986

162 Bioskop Ankündigung, Hamburg 1895, abgebildet in: Castan, Joachim: Max Skladanowsky, Stuttgart 1995, S. 73

163 Berliner Zeitung und Volks-Zeitung, am 5. November 1895, zit. in: Castan, Joachim, a.a.O., S. 60

164 Zit. in: Castan, Joachim, a.a.O., S. 85f.

165 Walbaum: Um das Erfinderrecht Max Skladanowskys, in: Nördlicher Vorbote, Berlin Pankow, am 13. Juli 1933, zit. in: Castan, Joachim, a.a.O., S. 145

166 Brief von Max Skladanowsky an Oskar Messter, 7.5.1933, Bundesarchiv Findbuch: Nachlass Oskar Messter, N 1275/560

167 Zit. in: Castan, Joachim, a.a.O., S. 157

168 Zit. in: Castan, Joachim, a.a.O., S.171

169 Die Gebrüder Skladanowsky, Deutschland 1995, Regie Wim Wenders

170 Persönliches Gespräch des Autors mit Martin Zoller 1993 in Potsdam. Martin Zoller war verantwortlicher Redakteur einer Sendereihe zum Bürgerkrieg in Jugoslawien, die wöchentlich von Antenne Brandenburg ausgestrahlt wurde.

171 »Mit Hilmar hat mein Leben neu begonnen«, Teil 2 eines Gespräch mit Bärbel Beuchler für superillu

172 Ebd.

173 Ebd.

174 Es gibt unterschiedliche Schreibweisen

175 Zit. nach: Otto Witte-Pankow – 5 Tage König von Albanien. Ein Tatsachenbericht; Selbstverlag des Verfassers, Berlin-Pankow 1939

176 Ebd.

177 Spiegel, vom 23. September 1953

178 Dorit Knieling in: Der Morgen, am 28./29. November 1987

179 Simon, Jana: Sei dennoch unverzagt. Gespräche mit meinen Großeltern Christa und Gerhard Wolf, Berlin 2013, S. 205

180 Reso, Martin (Hg.): »Der geteilte Himmel« und seine Kritiker. Dokumentation mit einem Nachwort des Herausgebers, Halle/Saale 1965

181 Bernhardt, Rüdiger: Christa Wolf. »Der geteilte Himmel«. Königs Erläuterungen und Materialien, Band 426, Hollfeld 2004

182 Simon, Jana: Sei dennoch unverzagt Gespräche mit meinen Großeltern Christa und Gerhard Wolf, Berlin 2013, S. 123

183 Ebd.

184 Ebd.

185 Ebd.

186 Ebd.

187 Ebd.

188 Uske, Holger: Kritische Ausgabe, Industrie, www.kritische-Ausgabe.de, ohne Datumsangabe

189 Jäger, Manfred: Kultur und Politik in der DDR. Ein historischer Abriss, Edition Deutschland Archiv im Verlag Wissenschaft und Politik Berend von Nottbeck, Köln 1982

190 Ebd.

191 Ebd.

192 Simon, Jana: Sei dennoch unverzagt. Gespräche mit meinen Großeltern Christa und Gerhard Wolf, Berlin 2013, S. 129

193 Jäger, Manfred: Kultur und Politik in der DDR. Ein historischer Abriss, Edition Deutschland Archiv im Verlag Wissenschaft und Politik Berend von Nottbeck, Köln 1982

194 Simon, Jana: Sei dennoch unverzagt. Gespräche mit meinen Großeltern Christa und Gerhard Wolf, Berlin 2013, S. 129

195 Tagebucheintrag vom 16. Dezember 1965, in: Reimann, Brigitte: Alles schmeckt nach Abschied. Tagebücher 1964 bis 1970, Berlin 1998, S. 170

196 Wilpert, Gero von: Sachwörterbuch der Literatur, Stuttgart 1969, S. 680

197 Wolf, Christa: Notwendige Feststellung, 22. Dezember 1969

198 Drescher, Angela: Dokumentation zu Christa Wolf: »Nachdenken über Christa T.«, München 1991, S. 133

199 Ebd., S. 104

200 Briefwechsel Brigitte Reimann/ Christa Wolf. »Sei gegrüßt und lebe. Eine Freundschaft in Briefen 1964 – 1973, Berlin 1995, S. 64f.

201 Simon, Jana: Sei dennoch unverzagt. Gespräche mit meinen Großeltern Christa und Gerhard Wolf, Berlin 2013, S. 237

202 Funke, Christoph: Marianne Wünscher. Ansichten und Absichten einer Schauspielerin, Berlin 1987, S. 5

203 Ebd.

204 Ebd.

205 Ebd., S. 7

206 Ebd.

207 Ebd., S. 10

208 Ebd., S. 11

209 Ebd., S. 68 (Funke)

210 Ebd.

211 Ebd.

212 Ebd., S. 69

213 Ebd.

214 Ebd., S. 80

215 Ebd., S. 72

Gräber berühmter Persönlichkeiten in Pankow

Friedhof Pankow I

Er wurde 1841 als Gemeindefriedhof Pankow eingerichtet und ist der älteste der Gemeinde Pankow. Er liegt am Ende der verlängerten Breiten Straße, im Winkel der Kreuz- und der Wilhelm-Kuhr-Straße, rechter Hand vor dem Eingangstor zum Bürgerpark.

Friedhof Pankow II

Der 2. Städtische Friedhof Pankow an der Gaillardstraße wurde 1872 eingerichtet und 2004 geschlossen.

Friedhof Pankow III

Der Waldfriedhof liegt auf der Fläche zwischen Leonhard-Frank-Straße (vormals Wahnschaffestraße), der Straße Am Bürgerpark 24, unweit des S-Bahnhofes Schönholz – Nebeneingänge an der Leonhard-Frank-Straße und von der Hermann-Hesse-Straße. Auf dem Friedhof befinden sich Kriegsopfer-Anlagen, u. a. die Grabanlage der Opfer von Krieg und Gewaltherrschaft des Zweiten Weltkrieges sowie für die Opfer des Faschismus. Insgesamt sind 1.374 Einzelgräber in einem Ehrenhain angelegt, auf mehreren Bronzeplatten sind die Namen sowie die Geburts- und Sterbedaten der hier Bestatteten erhaben eingegossen. Die Grabstätten von Max Butting, Hans Litten, Paul Nipkow, Reinhold Burger sowie Max Lingner und Anton Saefkow wurden 2000 als Baudenkmale in die Denkmalliste von Pankow eingetragen. Außerdem gibt es noch einige Ehrengräber des Landes Berlin (Buldermann, Busch, Cremer, Lingner, Saefkow, Prof. Stroux).

Name	Beruf	Grabstelle
Balden, Theo 1904 – 1995	Bildhauer	Abt. 36-7
Balkow, Julius 1909 – 1973	Politiker	Abt. UWB
Bredemeyer, Reiner 1929 – 1995	Komponist	Abt. 36-20
Buldermann, Max 1868 – 1930	Artist	Abt. 23l R 2-25
Burger, Reinhold 1866 – 1954	Ingenieur	Abt. 19-40
Busch, Ernst 1900 – 1980	Sänger, Schauspieler	Abt. 36-48
Butting, Max 1888 – 1976	Komponist	Abt. UWG
Cremer, Fritz 1906 – 1993	Bildhauer	Abt. 36-3
Dähn, Fritz 1908 – 1980	Maler	Abt. 36-27
Liebknecht, Kurt 1905 – 1994	Architekt	Abt. UWG-15

Name	Beruf	Grabstelle
Munter, Arnold 1912 – 2001	Politiker	Abt. 36 U-401
Deicke, Günther 1922 – 2006	Lyriker, Publizist	Abt. 36-28
Dörrier, Rudolf 1899 – 2002	Chronist	Abt. 36U-330
Drake, Heinrich 1903 – 1994	Bildhauer	Abt. 36-4
Felix, Willi 1892 – 1962	Mediziner	Abt. 36
Fuchs, Otto Hartmut 1919 – 1987	Politiker, Journalist	Abt. UI-21
Gorrish, Walter 1909 – 1981	Schriftsteller	Abt. 27II 8-17
Graffunder, Heinz 1926 – 1994	Architekt	Abt. 1-39
Hahne, Ruthild 1910 – 2001	Bildhauerin	Abt. 36U-379
Hauser, Oskar 1920 – 2005	Physiker	Abt. 36U-142
Höhne, Heinrich Heinz 1892 – 1968	Komponist	Abt. 14B1-R7
Keisch, Henryk 1913 – 1986	Schriftsteller	Abt. 1-56
Kölling, Willy 1873 – 1954	Artist	Abt. 23I-R2
Krack, Erhard 1931 – 2000	Politiker	Abt. 33U-354
Kuhfuß, Paul 1883 – 1960	Maler	Abt. 27FR-R2
Lammert, Will 1892 – 1957	Bildhauer	Abt. 36-6
Lemmnitz, Alfred 1905 – 1994	Politiker	Abt. 36U-386
Lingner, Max 1888 – 1959	Maler	Abt. UWG-30
Litten, Hans 1903 – 1938	Jurist	Abt. UWB
Lubig, Carl 1851 – 1924	Baumeister	Abt. VII I-19
Manns, Willy 1847 – 2007	Chronist	Abt. 33U
Müller, Inge 1925 – 1966	Schriftstellerin	Abt. 36-9

Name	Beruf	Grabstelle
Nerlinger, Oskar 1893 – 1969	Maler, Grafiker	Abt. 14A R-21
Nipkow, Paul 1860 – 1940	Ingenieur	Abt. 11U-31
Pitra, Hans 1915 – 1977	Theaterintendant	Abt. 34U-8
Rapoport, Samuel Mitja 1912 – 2004	Biochemiker	Abt. 36U-406
Rosie, Paul 1910 – 1984	Grafiker, Zeichner	Hauptallee 11
Saefkow, Anton 1903 – 1944	Widerstandskämpfer	Abt. UWB-328
Schultz-Liebisch, Paul 1906 – 1996	Maler, Grafiker	Abt. 30-153
Stroux, Johannes 1886 – 1954	Philologe	Abt. 39I R6-14
Triebel, Axel 1899 – 1976	Schauspieler	Hauptallee
Ulrich, Rudolf 1922 – 1997	Schauspieler	Abt. 1-263
Wandel, Paul 1905 – 1995	Politiker	Abt. 36U-389
Wittkugel, Klaus 1910 – 1985	Grafiker	Abt. 36U-222
Wolf, Hanna 1908 – 1999	Politikerin	Abt. 36U-392
Wünscher, Marianne 1930 – 1990	Schauspielerin	Abt. 39-35

Friedhof Pankow IV

Er ist ein städtischer Friedhof in Niederschönhausen und als Alleequartierfriedhof klassiert. Die Begräbnisstätte erstreckt sich zwischen der Bucholzer Straße am Herthaplatz und der Blankenburger Straße.

Name	Beruf	Grabstelle
Dieckmann, Wilhelm 1893 – 1944	Widerstandskämpfer	Abt. 8U
Drinda, Horst 1927 – 2005	Schauspieler	Abt. 8U-19
Grosse, Herwart 1908 – 1982	Schauspieler	Abt. 8I-58
Jupè, Walter 1916 – 1985	Schauspieler	Abt. 8I-57
Kupke, Johannes 1894 – 1988	Bürgermeister	Abt. 8U
Mecklinger, Ludwig 1919 – 1994	Mediziner, Politiker	Abt. 9U-57
Moldenhauer, Hermann 1849 – 1924	Kommunalpolitiker	Abt. 8U
Ossietzky, Carl von 1889 – 1938	Schriftsteller	Abt. A1-35
Rehfeldt, Ernst 1865 – 1924	Chronist	Abt. 4-61
Skladanowsky, Max 1863 – 1939	Erfinder	Abt. Erbb. 24-1
Stern, Kurt 1907 – 1989	Drehbuchautor	Abt. 34 U-6
Uhrig, Robert 1903 – 1944	Widerstandskämpfer	Abt. 10-19
Vršt'ala, Jirí 1933 – 1999	Schauspieler	Abt. 8I
Winkler, Rolf 1930 – 2001	Bildhauer	Abt. 10-54

Friedhof Pankow V

Der Friedhof Schönholz besteht in seinem ältesten Teil entlang der Straße der Zeit aus dem Kolonistenfriedhof Schönholz. Er liegt an der Germanenstraße südlich von Wilhelmsruh. Am 1. August 2007 wurde der Friedhof geschlossen.

Ausgangspunkt:
Alte Pfarrkirche »Zu den Vier Evangelisten«, Breite Straße 37

Ossietzkystraße 9 (Oscar Michael Pankow)
Majakowskiring 1 (offizielle Berliner Meldeadresse von Erich Honecker nach 1972)
Majakowskiring 3 (Walter Besenbruch)
Majakowskiring 4 (Arno Holz)
Majakowskiring 5 (Horst Sindermann)
Majakowskiring 6 (Gerhart Eisler)
Majakowskiring 8 (Walter Franze, Fritz Geyer, Johannes König)
Majakowskiring 10 (Otto Gotsche, Bernd Weinberger)
Majakowskiring 12 (Hans Tzschorn, Kurt Wünsche, Lotte Ulbricht)
Majakowskiring 16 (Karl Steinhoff)
Majakowskiring 19 (Werner Eggerath, Waldemar Verner, Gerhard Heidenreich)
Majakowskiring 21 (Horst Sindermann)
Majakowskiring 25 (Manfred Banaschak)
Majakowskiring 26 (Anton Ackermann, Hermann Matern, Alfred Schönherr,
    Elli Schmidt, Irma Verner)
Majakowskiring 28 (Lotte Ulbricht, Walter Ulbricht)
Majakowskiring 29 (Wilhelm Pieck, Elly Winter)
Majakowskiring 32 (Herbert Warnke, Karl Grünberg, Franz Dahlem)
Majakowskiring 33 (Peter Florin, Gerhard Grüneberg, Werner Titel,
    Alexander Abusch, Karl Schirdewan)
Majakowskiring 34 (Johannes R. Becher, Lilly Becher, Heinz Willmann)
Majakowskiring 36 (Otto Walter)
Majakowskiring 45 (Josef Streit, Karl Namokel, Max Reimann)
Majakowskiring 46/48 (August Wittler, Alexander Kotikow, Otto Grotewohl)
Majakowskiring 50 (Heinrich Rau)
Majakowskiring 51 (Hans Steinhoff, Max Opitz)
Majakowskiring 52 (Willi Rumpf)
Majakowskiring 55 (Ernst Busse, Max Keilson, Greta Keilson-Fuchs,
    Aenne Kundermann, Franz Gold)
Majakowskiring 55a (Horst Sindermann, Gerhart Ziller)
Majakowskiring 58 (Edith Baumann, Rudolf Herrnstadt, Georgi Puschkin,
    Erich Honecker, Fred Oelßner)
Majakowskiring 59 (A. Ackermann, H.-H. Franck, E. Melsheimer, Hilde Benjamin)
Majakowskiring 60 (Hans Loch)
Majakowskiring 61 (Lothar Bolz, Hans Grotewohl)
Majakowskiring 63 (Fritz Eichert, Günter Schabowski)
Majakowskiring 64 (A. Schreiner, R. Siewert, Willi Stoph, G. Ziller, Sepp Schwab)
Majakowskiring 66 (Rudi Georgi, Fritz Schälike, Hans Schilde, Rudolf Agsten)
Ossietzkystraße

Endpunkt:
Alte Pfarrkirche »Zu den Vier Evangelisten«, Breite Straße 37

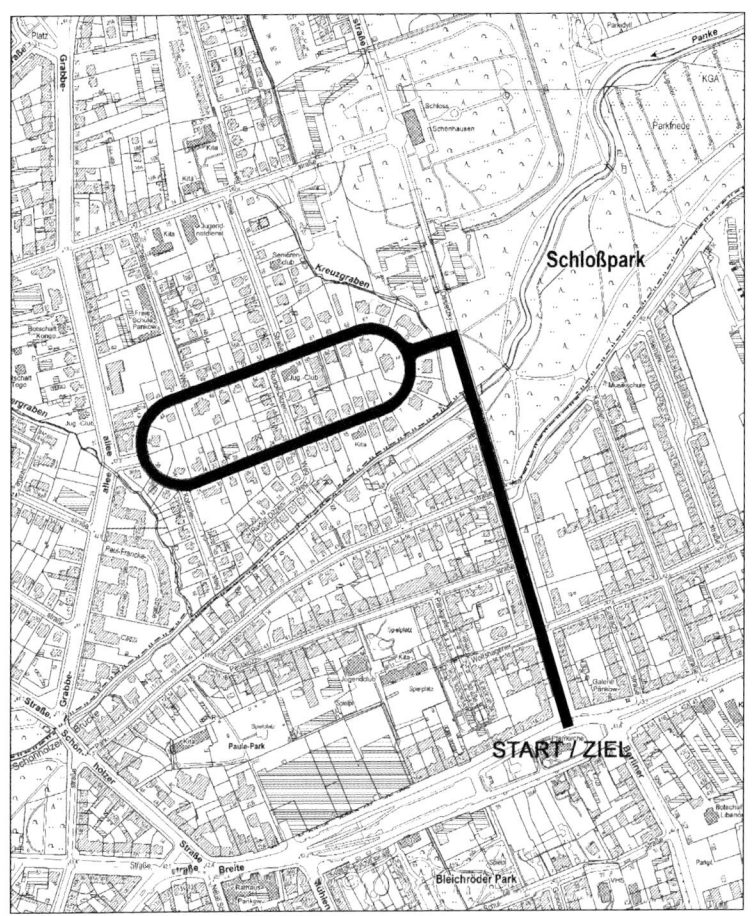

Ausgangspunkt:
Am Bürgerpark Pankow

Heinrich-Mann-Platz 13 (Alexander Abusch

Heinrich-Mann-Platz 16 (Anton Ackermann, Markus Wolf)

Heinrich-Mann-Straße 16 (Marianne Wünscher)

Heinrich-Mann-Straße 22 (Erich Weinert)

Heinrich-Mann-Straße 24 (Otto Rieth)

Heinrich-Mann-Straße 34 (Kurt Liebknecht)

Heinrich-Mann-Straße 38 (Max Lingner)

Heinrich-Mann-Straße 42 (Theo Balden)

Heinrich-Mann-Platz 7 (Fritz Erpenbeck, Hedda Zinner)

Leonhard-Frank-Straße 11 (Ernst Busch, Friedrich Ebert, Wolfgang Langhoff)

Leonhard-Frank-Straße 37 (Hermann Matern)

Straße 201 Nr. 1 (Ruth Hahne)

Straße 201 Nr. 2 (Max Lingner)

Straße 201 Nr. 4 (Erich Weinert)

Straße 201 Nr. 5 (Hans Litten)

Straße 201 Nr. 7 (Kurt Stern, Jeanne Stern)

Straße 201 Nr. 9 (Henryk Keisch)

Straße 201 Nr. 12 (Willi Bredel)

Homeyerstraße 13 (Arnold Zweig, Beatrice Zweig)

Homeyerstraße 28 (Otto Fischl)

Homeyerstraße 30 (Erwin Geschonneck)

Homeyerstraße 31 (Heinrich Ehmsen)

Homeyerstraße 33 (Herbert Sandberg)

Homeyerstraße 39 (Fritz Duda)

Grabbeallee 46 (Hans Bausch)

Paul-Francke-Straße 11 (Fritz Hippler)

Endpunkt:
Am Bürgerpark Pankow

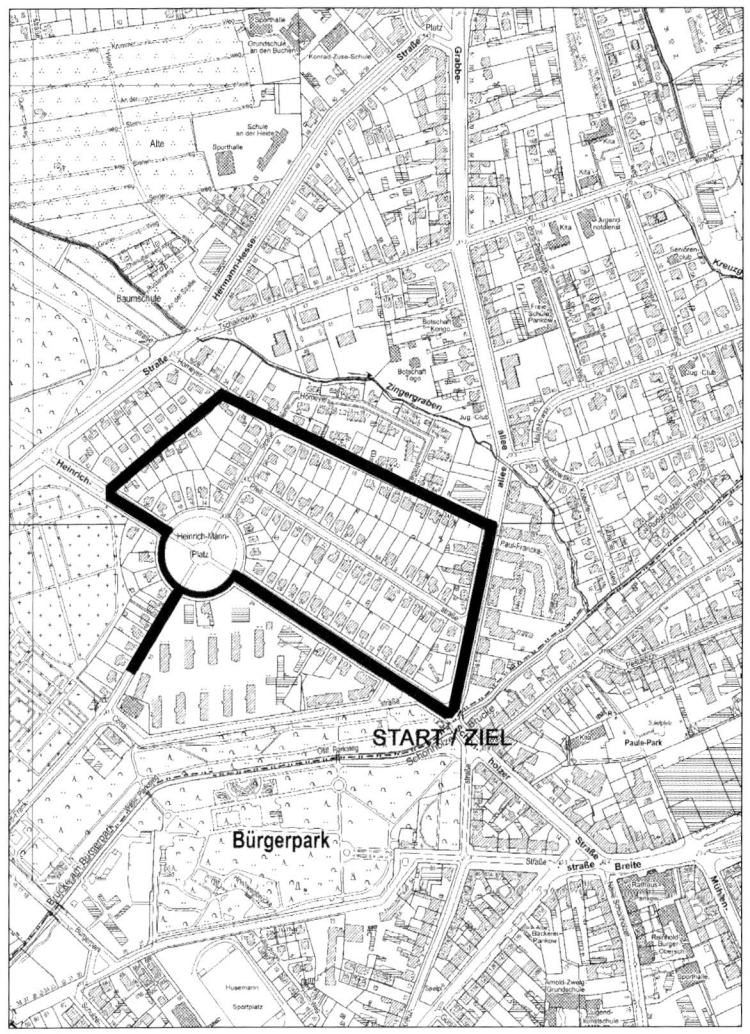

Ausgangspunkt:
Am Bürgerpark Pankow

Pfeilstraße 9 (Hanns Eisler)
Pfeilstraße 12 (Louis Fürnberg)
Pfeilstraße 13 (Kurt Hager, Paul Wandel)
Pfeilstraße 14a (Bruno Leuschner, Franz Dahlem)
Pfeilstraße 18 (Hanna Wolf, Käthe Kern)
Pfeilstraße 21 (Albert Norden)
Pfeilstraße 25 (Julius Balkow)
Pfeilstraße 28 (Karl Maron, Monika Maron)
Heinrich-Mann-Platz 7 (Fritz Erpenbeck, Hedda Zinner)
Heinrich-Mann-Platz 13 (Alexander Abusch)
Heinrich-Mann-Platz 16 (Anton Ackermann, Markus Wolf)
Hermann-Hesse-Straße 39 (Stephan Hermlin)
Hermann-Hesse-Straße 75 (Fritz Duda)
Hermann-Hesse-Straße 77 (Harald Hauser)
Hermann-Hesse-Straße 79 (Walther Victor)
Hermann-Hesse-Straße 81 (Michael Tschesno-Hell, Klaus Wittkugel)
Hermann-Hesse-Straße 85 (Heinz Kamnitzer)
Hermann-Hesse-Straße 89 (Theo Balden)
Pastor-Niemöller-Platz
Wilhelm-Wolff-Straße
Treskowstraße 54 (Julius C. Turner)
Treskowstraße 11 (Gustav Seitz)
Treskowstraße 5 (Elizabeth Shaw, René Graetz)

Endpunkt:
Hermann-Hesse-Straße Ecke Waldstraße

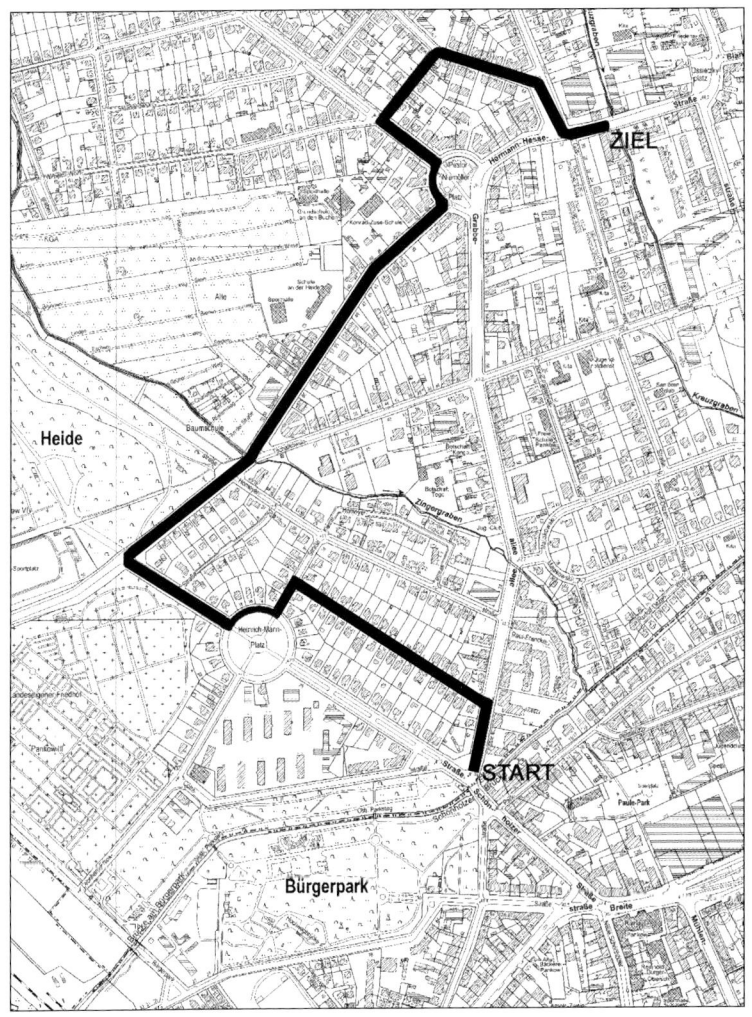

Ausgangspunkt:
Am Bürgerpark Pankow

Parkstraße 5 (Paul Nipkow)
Parkstraße 12a (Paul Nipkow)
Parkstraße 17a (Wilhelm Reetz)
Parkstraße 24 (Otto Petri)
Parkstraße 25 (Richard Dehmel)
Schloss Schönhausen
Güllweg 6 (Kurt Gregor, Stefan Heymann)
Güllweg 8 (Herbert Grünstein, Ernst Melsheimer)
Güllweg 10b (Herbert Strampfer)
Güllweg 10c (Herbert Hentschke, Paul Wandel)
Güllweg 14 (Rudolf Agsten)
Stille Straße 4–5 (Max Hensel, Friedrich Ebert, Otto Grotewohl, Wilhelm Zaisser,
    Elisabeth Zaisser)
Stille Straße 10 (Erich Wendt, Erich Mielke, Alexander Abusch)
Stille Straße 11 (Stefan Heymann)
Stille Straße 12 (Gerhard Heidenreich)
Rudolf-Ditzen-Weg 12 (Karl Maron, Monika Maron, Karl Mewis, Paul Verner)
Rudolf-Ditzen-Weg 13 (Rudolf Lindau, Otto Winzer)
Rudolf-Ditzen-Weg 14 (Max Reimann, Erich Honecker, Margot Honecker,
    Heinz Hoffmann)
Rudolf-Ditzen-Weg 15 (Roman Chwalek)
Rudolf-Ditzen-Weg 18/20 (Anton Ackermann, Markus Wolf, Hilde Benjamin)
Rudolf-Ditzen-Weg 19 (Deba Wieland, Anton Ackermann, Hans Fallada)
Rudolf-Ditzen-Weg 21 (Johannes König, Paul Verner, Irma Verner,
    Johannes Kupke)
Rudolf-Ditzen-Weg 22 (Rudolf Dölling)
Rudolf-Ditzen-Weg 22/23 (Heinz Eichler)
Rudolf-Ditzen-Weg 23 (Friedrich Burmeister)
Rudolf-Ditzen-Weg 24 (Hans Bausch, Änne Kundermann, Sepp Schwab)
Köberlesteig 8 (Richard Stahlmann)
Köberlesteig 10 (Erich Mückenberger, Waldemar Verner)
Köberlesteig 12 (Herbert Grünstein)
Boris-Pasternak-Weg 2a (Wilhelmine Schirmer-Pröscher)
Boris-Pasternak-Weg 4a (Wilhelmine Schirmer-Pröscher, Willi Rumpf)
Boris-Pasternak-Weg 17 (Jürgen Rummel)
Tschaikowskistraße 27 (Agnes Eger)
Tschaikowskistraße 34 (Bruno Beater, Franz Gold)
Grabbeallee 46 (Hans Bausch)
Paul-Francke-Straße 11 (Fritz Hippler)

Endpunkt:
Am Bürgerpark Pankow

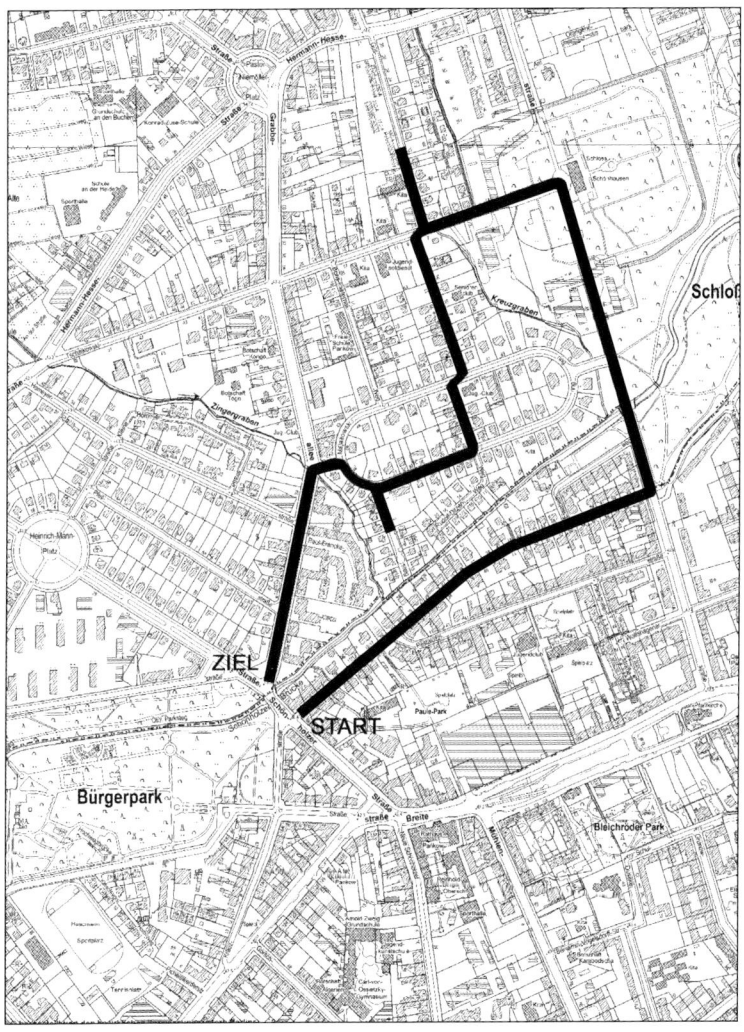

Ausgangspunkt:
Tram M 1 Dietzgenstraße/Schillerstraße

Nordendstraße
Waldstraße 76 (Fritz Cremer)
Waldstraße 80 (Oskar Nerlinger)
Waldstraße 82 (Will Lammert)
Fritz-Erpenbeck-Ring 1 (Arnolt Bronnen)
Fritz-Erpenbeck-Ring 5 (Adolf Hennecke, Horst Drinda)
Fritz-Erpenbeck-Ring 7 (Fritz Dähn, Heinrich Drake)
Fritz-Erpenbeck-Ring 10 (Fritz Erpenbeck, Hedda Zinner)
Fritz-Erpenbeck-Ring 12 (Hans Grotewohl)
Fritz-Erpenbeck-Ring 13 (Arnolt Bronnen)
Fritz-Erpenbeck-Ring 16 (Horst Drinda)
Fritz-Erpenbeck-Ring 17 (Adolf Fritz Guhl)
Fritz-Erpenbeck-Ring 39 (Ludwig Renn)
Fritz-Erpenbeck-Ring 39b (Bodo Uhse)
Fritz-Erpenbeck-Ring 104 (Hans Bausch)
Platanenstraße 9 (Renè Graetz)
Platanenstraße 103a (Herwart Grosse)
Platanenstraße 107 (Herbert Sandberg)
Treskowstraße 5 (Elizabeth Shaw, René Graetz)

Endpunkt:
Pastor-Niemöller-Platz

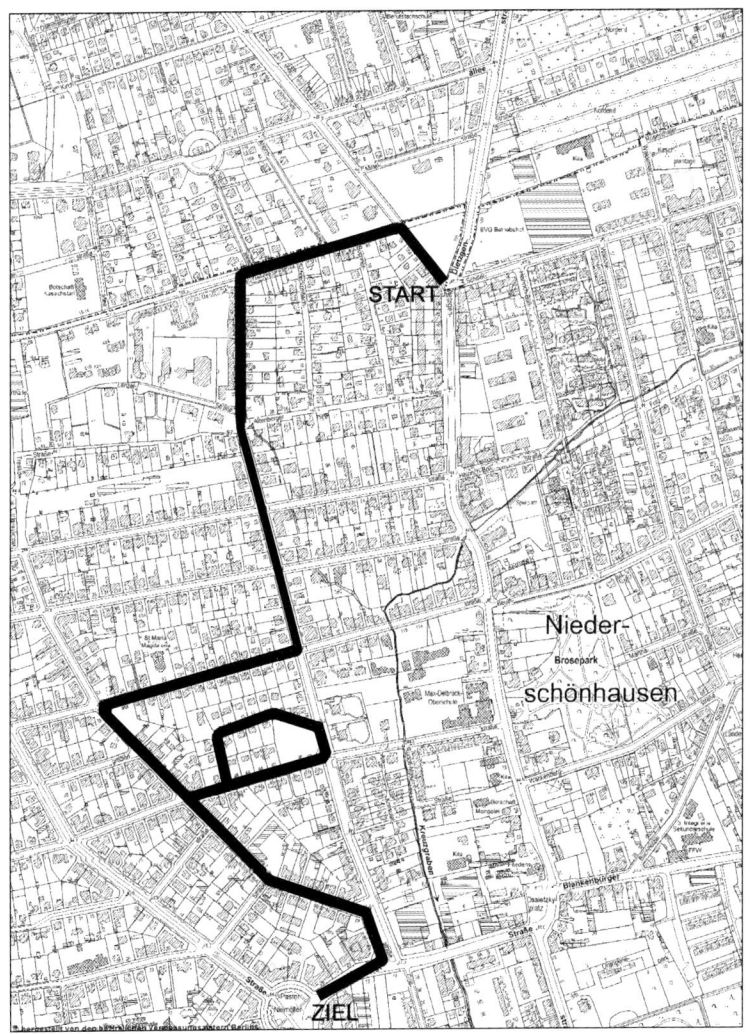

Ausgangspunkt
S- und U-Bahnhof Pankow

Granitzstraße 21 (Paul Flanderky)
Kissingenplatz 12 (Heiner Müller)
Kissingenstraße 25 (Dorothea Möhring, Georg Möhring)
Borkumstraße 5 (Erich Domke)
Borkumstraße 23a (Heinz Willmann)
Binzstraße 50 (Georg Benjamin)
Masurenstraße 4 (Heinz Knobloch)
Maximilianstraße 11b (Bruno Macker)
Elsa-Brändström-Straße 22 (Friedrich Wolf)
Elsa-Brändström-Straße 36, Hoffnungskirche (Pfarrer Rudolf Jungklaus)
Trelleborger Straße 26 (Anton Saefkow)
Hallandstraße 26 (Max Frenzel)
Westerlandstraße 9 (Alexander Abusch)

Endpunkt:
U-Bahnhof Vinetastraße

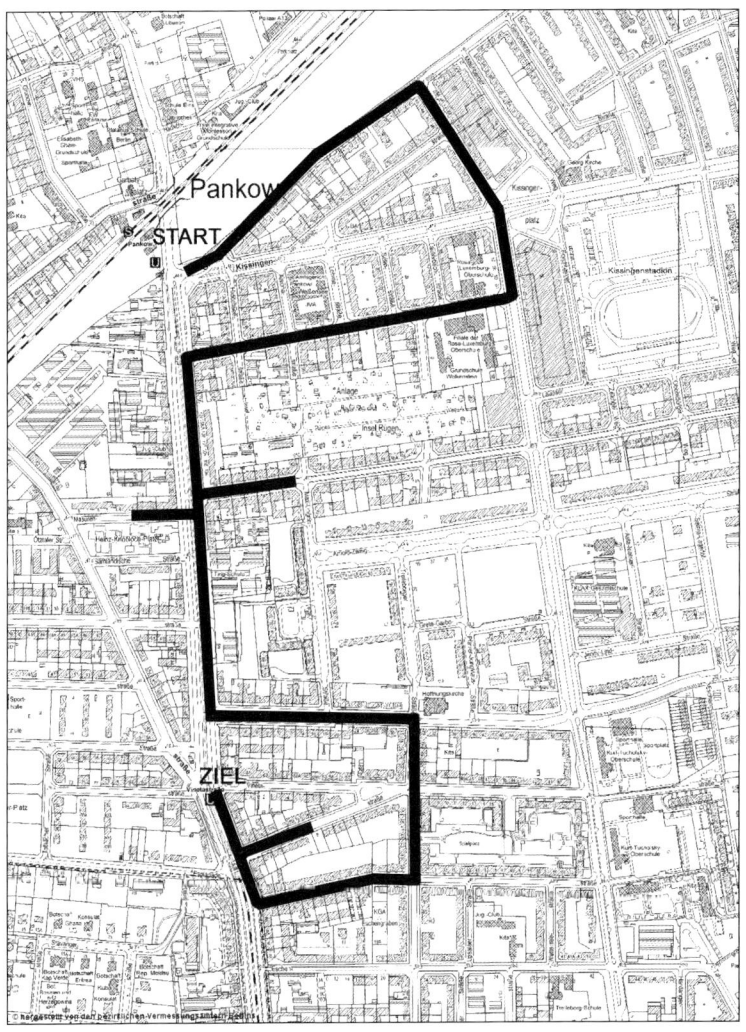

Ausgangspunkt:
S-Bahnhof Wollankstraße

Wollankstraße 134 (Paul Nipkow)
Wilhelm-Kuhr-Straße 3 (Reinhold Burger)
Kreuzstraße 6 (Paul Flanderky)
Breite Straße 8 (Viktor Wilhelm Burbott)
Breite Straße 33 (Fritz Bleichröder, Julius Bleichröder)
Breite Straße 44 (Emanuel Mendel)
Damerowstraße
Amalienpark 7 (Paul Kuhfuß, Christa Wolf, Gerhard Wolf)
Hadlichstraße (ehemalige Zigarettenfabrik Josef Garbáty-Rosenthal)
Berliner Straße 120/121 (ehemaliges Jüdisches Waisenhaus)
Berliner Straße 126/127 (ehemalige Zigarettenfabrik Josef Garbáty-Rosenthal)
Berliner Straße 78/79 (Paul Zobel)
Berliner Straße 112 (Christa Böhme)
Berliner Straße 122 (Uwe Greßmann)

Endpunkt:
S- und U-Bahnhof Pankow

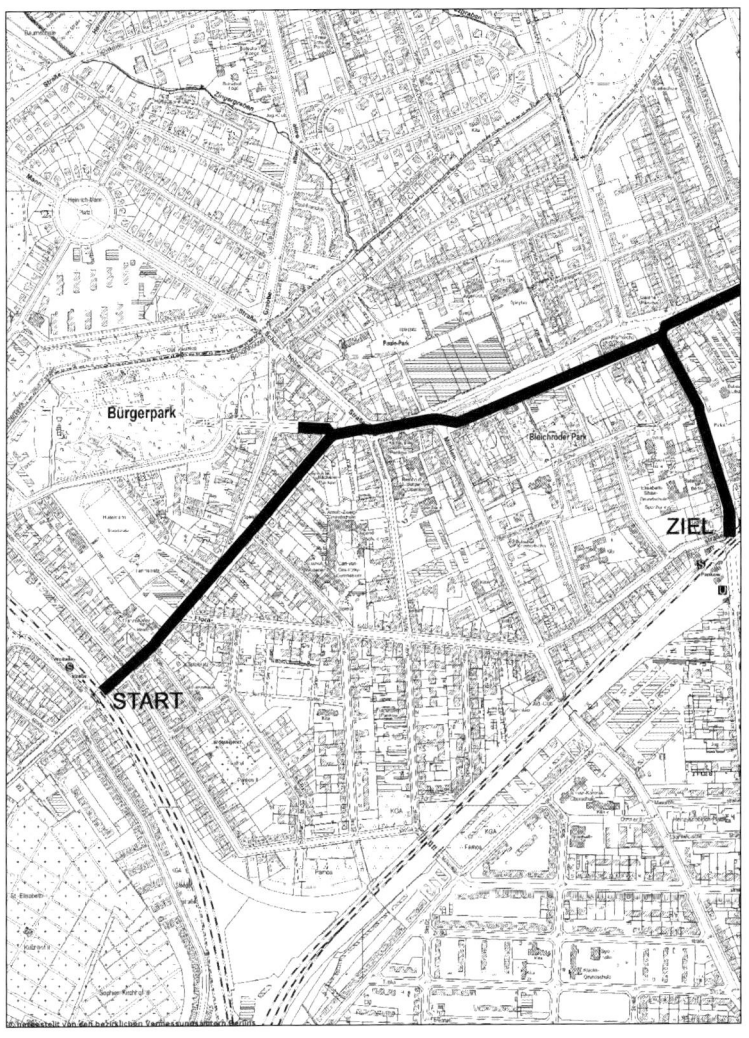

Auf einen Blick – Prominente in Pankow

Abusch, Alexander   1902 – 1982
Schriftsteller, Kulturpolitiker
Westerlandstraße 9, Stille Straße 10, Viktoriastraße 15 (heute: Majakowskiring 33),
Heinrich-Mann-Platz 13
Der intellektuelle, belesene Kulturpolitiker und Freund von Johannes R. Becher
ging in der frühen DDR einen durchaus steinigen politischen Weg. Sein Exil hatte
er während der Nazizeit nicht in der Sowjetunion, sondern in Frankreich und Me-
xiko genommen, was bei seinen kommunistischen Genossen Raum für jede
Menge Verdachtsmomente bot. Die Formel war einfach: Abusch + Mexiko + Trotz-
ki in Mexiko = Vorsicht! So verlor Abusch 1950 seinen Posten im Politbüro der
SED, es erfolgten Überprüfungen durch die Zentrale Parteikontrollkommission
und durch das Ministerium für Staatssicherheit. Das Ergebnis sprach wohl für ihn,
denn er wurde stellvertretender Kulturminister und übernahm als Nachfolger von
Becher 1958 das Ministerium als Chef. In den Sechzigerjahren gehörte er zur
Riege der stellvertretenden Ministerpräsidenten der DDR und durfte sich als Mitglied des Zentralkomitees der SED auch wieder über eine bescheidene Parteifunk-
tion freuen. Bis zu seinem Tod war Abusch Ehrenpräsident des Kulturbundes.

Ackermann, Anton   1905 – 1973
Politiker, Mitglied des Politbüros des ZK der SED
Eisenmengerweg 19 (später: Majakowskiweg, heute: Rudolf-Ditzen-Weg),
Majakowskiring 26, Majakowskiring 59, Majakowskiweg 18/20, (heute: Rudolf-Ditzen-
Weg), Heinrich-Mann-Platz 16
1953 wurden im Politbüro der SED die Klingen gewetzt. Walter Ulbricht, Erich
Mückenberger und Erich Honecker waren die »Guten«, ihnen gegenüber standen
unter anderem Rudolf Herrnstadt, Hans Jendretzky, Elli Schmidt, Franz Dahlem
und Wilhelm Zaisser, die »verruchten Parteifeinde«, die den allmächtigen Genossen Ulbricht stürzen und damit die Partei in den Abgrund reißen wollten. Das Ergebnis ist bekannt: Ulbricht blieb, die anderen wurden auf unbedeutende Posten,
gern in der Provinz, abgeschoben. Auch Anton Ackermann gehörte zu den Gemaßregelten, er wurde aus dem Zentralkomitee der SED ausgeschlossen und
bekam eine »Strenge Rüge«. Später sah man den einst verdienstvollen Antifaschisten und Interbrigadisten im Spanischen Bürgerkrieg als Leiter der Hauptverwaltung Film im Ministerium für Kultur wieder.

Agsten, Rudolf   1926 – 2008
Journalist, Politiker
Majakowskiring 66, Güllweg 14
Dem jungen und überaus talentierten Journalisten wurde im Alter von gerade ein-

mal dreiundzwanzig Jahren die Chefredaktion der »Liberal-Demokratischen Zeitung«, dem Zentralorgan der Liberaldemokratischen Partei (LDPD) in der Sowjetischen Besatzungszone angeboten. Er blieb auf dieser Position bis 1953, danach ging er in die aktive Politik, wurde Mitglied der Volkskammer, Fraktionsvorsitzender der LDPD und stieg 1983 in das Präsidium des DDR-Parlamentes auf. Gleichzeitig arbeitete er am Zentralinstitut für Geschichte der Akademie der Wissenschaften der DDR. 1988 berief ihn die Karl-Marx-Universität Leipzig zum Honorarprofessor im Fachbereich Politisches System. 1990 bediente Rudolf Agsten das damals gängige Klischee des »Wendehalses« in Perfektion und wurde Mitglied der FDP.

Asriel, André   Geb. 1922
Komponist, Dirigent
Kuckhoffstraße 39a
Eine künstlerische Schublade für den aus Wien stammenden Komponisten hat es nie gegeben, ebenso wenig eine streng gezogene Grenze zwischen E- und U-Musik. Asriel schuf sinfonische Werke, schrieb Chorstücke und experimentierte erfolgreich in der Kammermusik. Bekannt wurden vor allem seine zwanzig Variationen über »Ich hab mein Feinsliebchen« für Flöte und Gitarre, die »Shakespeare-Suite« für zwei Trompeten und zwei Posaunen sowie der »Katzenwalzer« für Violine und Klavier. Er vertonte Texte von Louis Fürnberg, Bertolt Brecht, Jens Gerlach und Peter Hacks, aus seiner Feder stammt auch die Musik des Chansons »Auf der Sonnenseite«, gesungen von Manfred Krug. Zu Krugs Kultfilm »Mir nach, Canaillen« schrieb Asriel 1964 die Musik, weitere Ausflüge in die Filmmusik gelangen ihm u. a. mit »Der Lotterieschwede«, »Seilergasse 8«, »Der Kinnhaken«, »Geheimarchiv an der Elbe« und »Frau Venus und ihr Teufel«. Der ehemalige Meisterschüler von Hanns Eisler gehört zu den bedeutendsten Komponisten auf dem Gebiet des Chansons und des Massenliedes. Für sein Schaffen wurde er in der DDR mit dem Nationalpreis, dem Kunstpreis der DDR und dem Vaterländischen Verdienstorden geehrt.

Balden, Theo   1904 – 1995
Bildhauer
Heinrich-Mann-Straße 42, Hermann-Hesse-Straße 89
Einer der »eigenständigsten und herausragenden Bildhauer der DDR« war zunächst technischer Zeichner, studierte später am Bauhaus und war als Bildhauer Autodidakt. Der im brasilianischen Blumenau als Otto Koehler geborene Künstler kam in den Zwanzigerjahren nach Berlin und engagierte sich in der Künstlervereinigung »Asso«, die der Kommunistischen Partei Deutschlands nahe stand. Nach der Machtübernahme der Nazis emigrierte er zunächst nach Prag und hielt sich bis zum Ende des Zweiten Weltkrieges in England auf, wo ihm bereits bedeutende

bildhauerische Arbeiten gelangen. 1947 kehrte er nach Deutschland zurück, ab 1950 war er Dozent an der Kunsthochschule Berlin-Weißensee, danach freischaffend tätig. Als sein Hauptwerk gilt das für die brandenburgische Stadt Luckau entstandene Karl-Liebknecht-Denkmal.

Balkow, Julius   1909 – 1973
Politiker, Minister
Pfeilstraße 25
1944 als führendes Mitglied der Widerstandsgruppe um Anton Saefkow von der Gestapo verhaftet und vom Volksgerichtshof wegen »Feindbegünstigung und Vorbereitung zum Hochverrat« verurteilt, wurde Balkow ein Jahr später aus dem Zuchthaus Brandenburg befreit. Seit 1951 war er Mitarbeiter im Ministerium für Außenhandel und Innerdeutschen Handel und übernahm 1961 als Nachfolger des verstorbenen Heinrich Rau das Amt des Ministers. Bis 1967 fungierte er auch als Stellvertreter des DDR-Ministerpräsidenten. Balkow verfügte über ausgezeichnete Kontakte in das »Nichtsozialistische Währungssystem« und machte mit dem »Klassenfeind« Geschäfte, die bei der SED-Parteiführung nur teilweise Beifall ernteten. So wurde ganz spontan ein randvoll mit Südfrüchten beladener Frachter vom ägyptischen Alexandria nach Warnemünde »umgeleitet«, weil »die Konditionen stimmten«, und da gab es ein Tauschgeschäft Wartburg-Autos gegen Erdnüsse mit den Niederlanden. Dumm nur, dass der »smarte Weltmann mit den buschigen Augenbrauen« allzu oft an das Wohl der Bevölkerung dachte und die viel gepredigte »Einheit von Wirtschafts- und Sozialpolitik« in der DDR wörtlich nahm. Für ihn waren »Augenmaß und wirtschaftliche Vernunft« Grundlage seiner Arbeit. Ein böser Fehler, der ihm seinen Posten kostete. In der Meldung über seinen Rücktritt »aus gesundheitlichen Gründen« wurde er 1967 im »Neuen Deutschland« nicht mal mehr als »Genosse«, sondern als »Herr Julius Balkow« bezeichnet. Bis zu seinem Tode leitete der trinkfeste grandiose Skatspieler die »Deutsch-Belgische Gesellschaft«, eine seltsame Organisation, »bestehend aus dem Präsidenten, einer Sekretärin und einer Schreibmaschine«. Sein Grab befindet sich auf dem Friedhof Pankow III in unmittelbarer Nähe zur letzten Ruhestätte seines Freundes und Kampfgefährten Anton Saefkow.

Banaschak, Manfred   Geb. 1929
Journalist, Politiker
Majakowskiring 25
Den 9. November 1989 werden wohl die wenigsten Deutschen in Ost und West vergessen, und am allerwenigsten Günter Schabowski, der auf der legendären Pressekonferenz die noch heute höchst seltsam anmutende Mitteilung von einer grundsätzlichen Reiseerleichterung für Bürger der DDR machte, die von diesem jedoch als sofortige Grenzöffnung verstanden und vieltausendfach so gehand-

habt wurde. Ebenso wird Manfred Banaschak diesen Abend niemals vergessen: Er war der Mann, der auf der linken Seite, wenige Meter von Schabowski entfernt, im Präsidium der Pressekonferenz saß und wohl heftig damit zu tun hatte, einzuordnen, was er da eben gehört hatte. Den anderen Beisitzern, Helga Labs und Gerhard Beil, erging es wohl ähnlich. Banaschak gehörte in der DDR zu den wichtigsten Journalisten, er leitete als Chefredakteur die SED-eigene Zeitschrift »Einheit«, neben dem »Neuen Deutschland« eine heilige Kuh in der DDR-Presselandschaft.

Baron, Erich   1881 – 1933
Jurist, Widerstandskämpfer
Kavalierstraße 22
Am 1. Februar 1924 wurde in Berlin die »Gesellschaft der Freunde des neuen Russlands« gegründet, ihr erster Vorsitzender war Erich Baron, studierter Jurist und Journalist für verschiedene Berliner und brandenburgische Zeitungen. Bereits 1922 hatte er in seiner Wohnung in der Kavalierstraße das Redaktionsbüro für die Zeitschrift »Das neue Russland« eingerichtet, deren Herausgeber und Chefredakteur er war. In der Nacht des Reichstagsbrandes wurde er von der Gestapo verhaftet und setzte am 26. April 1933 im Untersuchungsgefängnis Lehrterstraße seinem Leben ein Ende. Die DDR ehrte den aktiven Widerständler gegen den Nationalsozialismus 1981 mit einer Sonderbriefmarke. An seinem Pankower Wohnhaus befindet sich eine 2005 angebrachte Gedenktafel, mehrere Straßen und Schulen wurden nach ihm benannt.

Baumann, Edith   1909 – 1973
Politikerin
Majakowskiring 58
Erich Honecker, der junge Widerstandskämpfer aus dem Saarland, hatte fast die gesamte Zeit des Nationalsozialismus in den Zuchthäusern und Gefängnisse der Gestapo verbracht, zwischen seinem 20. und 30. Lebensjahr war sein Lebensmittelpunkt die Zelle mit den unüberwindbaren Gitterstäben. Die einzigen sozialen Kontakte hielt er zu den Mitgefangenen und den Aufsehern. Nicht zu denken war an Kontakte zum anderen Geschlecht. Kein Wunder also, dass sich 1945 nicht nur die Zuchthaustore, sondern auch ganz neue Sichten auf ein Leben in Freiheit für Erich Honecker öffneten. Obwohl er sich sofort wieder auf die politische Arbeit konzentrierte und seinen alten Genossen mit der Gründung der Freien Deutschen Jugend (FDJ), der »Kaderschmiede der Partei«, ein besonders schönes Geschenk bereitete, wollte er auch seinen Nachholbedarf in Liebesdingen stillen. Die drei Jahre ältere Edith Baumann war stellvertretende FDJ-Vorsitzende und immer an Honeckers Seite. 1947 heirateten sie, aber Honecker hatte wohl etwas zu viel Nachholbedarf, und als er seine Ehefrau 1953 mit einer Beziehung zu Mar-

got Feist, der Chefin der »Jungen Pioniere«, und mit einer außerehelichen Tochter überraschte, kam das Ehe-Aus. Edith Baumann und Erich Honecker blieben als »alte Kampfgefährten« offiziell weiterhin »gute Freunde«.

Bausch, Hans   1895 – 1967
Wissenschaftler, Chemiker
Eisenmengerweg 24 (später: Majakowskiweg, heute: Rudolf-Ditzen-Weg), Grabbeallee 46,
Fritz-Erpenbeck-Ring 104 (früher: Straße 200)
Als ehemaliges Mitglied der NSDAP in der Nähe der neuen Machthaber im »Städtchen« war er geduldet. Ab 1950 hatte er einen Lehrauftrag an der Berliner Humboldt-Universität, danach war er bis 1952 an der West-Berliner Technischen Universität tätig. Von 1952 bis 1963 leitete Bausch das Berliner Institut für Gärungschemie. Nach seinem Wohnungswechsel vom Majakowskiweg in das Haus Grabbeallee 46 erhielt er am 16. Februar 1948 die Mitteilung der sowjetischen Militärkommandantur, dass diese am 13. Februar 1948 angeordnet habe, »die noch im Sperrgebiet wohnenden deutschen Familien in kürzester Frist auszusiedeln«. Gnädig wurde Bausch gestattet, sein »gesamtes Mobiliar mitzunehmen«, allerdings wurde ihm das »Entfernen von Steckdosen, Schaltern, Lichtleitungen und sanitären Einrichtungen« untersagt.

Barthel, Kurt (KuBa)   1914 – 1967
Dichter
Straße 201 Nr. 6
Kurt Barthel, der sich das Pseudonym »KuBa« gegeben hatte, entwickelte sich in den späten Vierziger- und den Fünfzigerjahren zu einem treu ergebenen »Partei-Vorzeigedichter«, der in Louis Fürnberg sein Vorbild sah, jedoch immer darauf bedacht war, diesen im Schaffen von lyrischen Lobliedern auf den Weltkommunismus und den Aufbau des Sozialismus zu übertreffen. Er dichtete 1949 eine »Kantate auf Stalin«, ein unglaublich schreckliches Werk, das jedoch das Wohlwollen der SED-Parteispitze fand und dem Reimeschmied zahlreiche Ehrenpreise einbrachte. Barthel, inzwischen Sekretär des DDR-Schriftstellerverbandes, geißelte 1953 den Volksaufstand vom 17. Juni als »faschistischen Putsch«, »schämte« sich öffentlich, bezeichnete die streikenden Arbeiter als »unreif« und verteilte Flugblätter, auf denen er die Vorzüge des Sozialismus aufgelistet hatte. Der angewiderte Bertolt Brecht schrieb dazu: »Nach dem Aufstand des 17. Juni ließ der Sekretär des Schriftstellerverbandes in der Stalinallee Flugblätter verteilen, auf denen zu lesen war, daß das Volk das Vertrauen der Regierung verscherzt habe und es nur durch verdoppelte Arbeit zurückerobern könne. Wäre es da nicht einfacher, die Regierung löste das Volk auf und wählte ein anderes?«

Beater, Bruno   1914 – 1982
General im Ministerium für Staatssicherheit der DDR
Tschaikowskistraße 34
Der Oberfeldwebel der Deutschen Wehrmacht, der sich bereits seit 1936 im Widerstand zur nationalsozialistischen Herrschaft befand, lief 1944 an der »Ostfront«
zur Roten Armee über und wurde sofort als so genannter Frontpropagandist des
»Nationalkomitees Freies Deutschland« eingesetzt. Beater war Mitbegründer des
»Bundes Deutscher Offiziere« und wurde nach Kriegsende in einem Kriegsgefan-
genenlager in Breslau als Instrukteur und Agitator eingesetzt. Nachdem er 1945
in die Kommunistische Partei Deutschlands eingetreten war, leitete er bis 1950
verschiedene Dienststellen der Kriminalpolizei im Berliner Umland, bis er in das
neu gegründete Staatssekretariat für Staatssicherheit der DDR, das spätere Ministerium, berufen wurde. Im Zuge der »Maßregelungen« der ehemaligen Staatssicherheitsminister Wilhelm Zaisser und Ernst Wollweber, denen »parteischädigendes Verhalten« vorgeworfen wurde, begann Beaters Aufstieg unter dem neuen
Minister Erich Mielke. 1964 ernannte ihn Mielke zu seinem Ersten Stellvertreter
und beförderte ihn 1980 zum Generaloberst.

Becher, Johannes R.   1891 – 1958
Dichter, Minister für Kultur der DDR
Majakowskiring 34
Seit Wilhelm Piecks Einzug in die Villa Majakowskiring 29 war das Haus des
SED-Vorsitzenden und späteren Präsidenten der DDR jederzeit für jedermann
offen. Pieck liebte es, wenn einer seiner Nachbarn – auch ganz unangemeldet –
bei ihm vorbeischaute. Die einzige Schwierigkeit war, an Elly Winter, Piecks Tochter und Sekretärin vorbeizukommen. Wilhelm Piecks Gastfreundschaft war bekannt, das wussten eigentlich alle im »Städtchen«. Nur einem stark betrunkenen
jungen Leutnant der Sowjetarmee, der zu Piecks Schutz vor dessen Haus Wache
stand, war das gänzlich unbekannt geblieben. Johannes R. Becher bekam das zu
spüren. Der berauschte Offizier hinderte den großen Dichter am Betreten des
Hauses, beschimpfte Becher als »deutsches Schwein« und zog seine Pistole. Wilhelm Pieck und Elly Winter konnten den Volltrunkenen schließlich überwältigen.
Becher bezeichnete Pieck später als seinen »Lebensretter«.

Becher, Lilly   1901 – 1978
Journalistin, Politikerin
Majakowskiring 34
Nach dem Tode Johannes R. Bechers regelte 1958 ein Beschluss des Ministerrates
der DDR die Pflege des Nachlasses des Dichters sowie »die Herausgabe seiner
Werke«. Den Auftrag hierfür erhielt die Akademie der Künste der DDR, und zur
»Sachwalterin des Erbes« wurde Lilly Becher, die Witwe des Dichters, bestimmt.

Besondere Unterstützung erhielt sie bei der Einrichtung eines Johannes-R.-Becher-Archivs in der Villa des Dichters von Erich Wendt, dem Staatssekretär im Ministerium für Kultur. Nach der Umgestaltung des Hauses wurden die oberen Räume von Lilly Becher weiterhin als Privatwohnung genutzt, die unteren Räume, besonders das Arbeitszimmer, »sollten so bleiben, als ob der Dichter gerade erst gegangen war«. Ein Problem war jedoch die Tatsache, dass niemand ungehindert das Haus betreten durfte, was das Präsidium des Ministerrates missbilligte und 1962 beschloss, das »Archiv mehr als bisher der Öffentlichkeit zugänglich zu machen und … interessierten Besuchern … die Möglichkeit zu geben, sich im Archiv mit dem Schaffen des Genossen Becher persönlich vertraut zu machen«.

Benjamin, Georg   1895 – 1942
Mediziner, Widerstandskämpfer
Binzstraße 50
Der Ehemann von Hilde Benjamin, der Anwältin für die Rote Hilfe der KPD, und Bruder des Philosophen Walter Benjamin war ab 1920 in der USPD, später in der KPD politisch tätig. Seine führende Funktion in der ab 1933 illegal arbeitenden Kommunistischen Partei brachte ihm eine »Schutzhaft« im Konzentrationslager Sonnenburg ein, 1936 wurde er wegen »Hochverrats« zu einer mehrjährigen Zuchthausstrafe verurteilt. Seine Haftstrafe verbrachte er in Brandenburg, anschließend wurde er im Konzentrationslager Mauthausen festgehalten. Dort starb er im September 1942. Als offizielle Ursache wurde seitens der Lagerleitung »Freitod durch Starkstrom« angegeben, allerdings verdichteten sich schon kurz nach dem Ende der Nazi-Diktatur die Hinweise, dass er erschlagen wurde. Auch Georg Benjamin, der aktive Widerstandskämpfer gegen die Hitler-Diktatur, fand nach 1990 im geeinten Deutschland keine Gnade. Eine Schule für Körperbehinderte in Lichtenberg, die seinen Namen trug, wurde umbenannt, gleichzeitig entfernte man eine dort angebrachte Gedenktafel. Auch der nach ihm benannten Medizinischen Fachschule in Berlin-Buch, der heutigen Akademie der Gesundheit Berlin-Brandenburg, sowie dem Bergarbeiterkrankenhaus im erzgebirgischen Erlabrunn war das Tragen des Namens »Georg Benjamin« offensichtlich nicht mehr zuzumuten.

Benjamin, Hilde   1902 – 1989
Juristin, Politikerin
Majakowskiring 59, Majakowskiweg 18/20 (heute: Rudolf-Ditzen-Weg)
Sie wusste um ihren Ruf in der DDR, sie kannte all ihre Spitznamen, die von »blutige Hilde« über »Rote Guillotine« bis hin zu »Schafott« (mit einem zweibuchstabigen Anhängsel …) so ziemlich jedes Schimpfwort beinhalteten. Ihr Name stand für zahlreiche politische Schauprozesse nach Moskauer Vorbild in der jungen DDR, die sie als Vizepräsidentin des Obersten Gerichtes mit beispielloser Härte

führte und in Freisler'scher Manier die Angeklagten nicht selten diskriminierte oder sie dem Gespött der Öffentlichkeit preisgab. Bei den so genannten »Waldheim-Prozessen« gegen tatsächliche und angebliche Kriegsverbrecher, aber auch gegen DDR-Oppositionelle wurde 1950 »schwerwiegend gegen grundlegende rechtsstaatliche Regeln« verstoßen. Hilde Benjamin nahm an diesen Verhandlungen als von der SED-Spitze eingesetzte »Beraterin« teil, Ergebnis dieser Tätigkeit waren insgesamt 3.324 Urteile zu Freiheitsstrafen zwischen fünfzehn und fünfundzwanzig Jahren. Hilde Benjamin war von 1953 bis 1967 Ministerin für Justiz der DDR. Danach übernahm sie als Professorin den Lehrstuhl »Geschichte der Rechtspflege« an der Deutschen Akademie für Staats- und Rechtswissenschaften »Walter Ulbricht« in Potsdam-Babelsberg.

Besenbruch, Walter   1907 – 2003
Historiker, Philosoph
Majakowskiring 3
Der Politische Leiter der Kommunistischen Partei Deutschlands in Schleswig-Holstein geriet 1935 in die Fänge der Gestapo, wurde zu zwölf Jahren Zuchthaus verurteilt und war bis 1945 im Zuchthaus Hamburg-Fuhlsbüttel sowie in den Konzentrationslagern Moorlager Emsland und Mauthausen interniert. Nach Kriegsende wurde der Philosoph und Hochschullehrer von der sowjetischen Militärverwaltung zunächst als Polizeipräsident in Magdeburg eingesetzt, anschließend leitete er die SED-Zeitschrift »Einheit« und übernahm Lehraufträge für dialektischen und historischen Materialismus an der Berliner Humboldt-Universität. Mitte der Fünfzigerjahre geriet er in Konflikt mit der Führung der SED, besonders jedoch nach dem XX. Parteitag der Kommunistischen Partei der Sowjetunion, zu dessen Ergebnissen er sich nach 1956 zunehmend kritisch äußerte. An der Humboldt-Universität gehörten die späteren DDR-Regimekritiker Rudolf Bahro und Wolf Biermann zu seinen Studenten. Bahro nannte seinen Lehrer ehrfurchtsvoll eine »moralische Instanz«.

Bleichröder, Fritz   1875 – 1938
Mediziner
Breite Straße 33
Neben seiner Tätigkeit als Internist und Medizinischer Direktor am Städtischen Frauenkrankenhaus in Berlin-Kreuzberg tat er sich auch als Autor von theoretischen Schriften hervor und wurde allgemein als »schwermütiger und entschlussunfreudiger« Mensch beschrieben. Zeitlebens litt er unter schweren Depressionen und bezeichnete sich selbst als »wir Selbstmörder«. 1929 wurde er in einen Verkehrsunfall verwickelt, lag mehrere Wochen im Koma und konnte sich davon nie wieder erholen. Anfang November 1938 starb er in seiner Villa in der Breiten Straße, seine Beisetzung am 8. November auf dem Jüdischen Friedhof an der Schön-

hauser Allee wurde von der Gestapo zum Anlass genommen, alle männlichen Trauergäste zu verhaften und in ein Konzentrationslager zu verschleppen. Historiker vermuten einen Zusammenhang zu den Pogromen gegen die jüdische Bevölkerung, die für die Nacht vom 9. zum 10. November 1938 geplant waren.

Bleichröder, Julius   1828 – 1907
Bankier
Breite Straße 33
Der Vater von Fritz Bleichröder war ein angesehener Bankier und Mitglied der »Gesellschaft der Freunde«, eines Berliner jüdischen Wohltätigkeitsvereins und inoffiziellen Zentrums der Berliner Wirtschafts- und Finanzelite. Ihn zeichnete ein großes Engagement für zahlreiche wohltätige Organisationen aus. So unterstützte er finanziell das erste Altersheim der Jüdischen Gemeinde in Berlin und gründete eine nach ihm benannte Stiftung, die sich um die Ausbildung jüdischer Lehrerinnen bemühte. Nach Julius und Fritz Bleichröder wurde in Berlin-Pankow der Bleichröderpark zwischen Breite Straße und Schulstraße benannt.

Böhme, Christa   1940 – 1991
Malerin, Grafikerin
Berliner Straße 112
Bis zu ihrem Freitod lebte Christa Böhme, geborene Krefft, in der Berliner Straße. Sie hatte bis 1963 an der Hochschule für die bildenden Künste in Berlin-Charlottenburg studiert, ging dann als freischaffende Malerin nach Hamburg und siedelte 1964 in die DDR über. Hier heiratete sie ihren Malerkollegen Lothar Böhme. Nachdem sie bis 1980 Meisterschülerin an der Akademie der Künste der DDR war, erhielt sie einen Lehrauftrag an der Kunsthochschule Berlin-Weißensee. Einige ihrer Bilder sind in der Berliner »Galerie der Moderne« am Hindenburgdamm 57c in Berlin-Lichterfelde zu besichtigen.

Bolz, Lothar   1903 – 1986
Jurist, Politiker
Majakowskiring 61
Der politische Werdegang des späteren Außenministers der DDR, der 1953 in dieser Funktion den »Volksfeind« und »Agenten« Georg Dertinger beerbte, nahm einen nicht alltäglichen Verlauf. 1929 trat er in die Kommunistische Partei Deutschlands ein, in den Dreißiger- und Vierzigerjahren lebte er als Emigrant in der Sowjetunion, war Lehrer am Moskauer Marx-Engels-Lenin-Institut und während des Zweiten Weltkrieges leitender Mitarbeiter im »Nationalkomitee Freies Deutschland«. 1947 kam das KPD-Mitglied Bolz nach Deutschland zurück, wurde 1948 Mitbegründer der Nationaldemokratischen Partei Deutschlands und war bis 1972 deren Vorsitzender. Den Parteiwechsel konnte nur derjenige begreifen, dem

das politische Innenleben der DDR, das zum größten Teil aus Angst vor Machtverlust und Kontrollwahn bestand, vertraut war. Hartnäckig hielt sich viele Jahre das Gerücht, Ulbricht selbst hätte seinen alten kommunistischen Weggefährten Lothar Bolz bei den Nationaldemokraten »eingeschleust«, um diese DDR-Blockpartei des Kleinbürgertums und ehemaliger Wehrmachtsangehöriger »besser an der Kandare« zu halten. Im Wissen um die Integrität des Außenministers fällt es jedoch schwer, dieser »Spitzel-Theorie« zu folgen.

Braun, Volker   Geb. 1939
Schriftsteller

Helene Weigel hatte den jungen Philosophen und Schriftsteller 1965 als Dramaturg an das Berliner Ensemble geholt, 1972 arbeitete er dann am Deutschen Theater. Sein persönlicher und künstlerischer Weg durch die DDR war selten gradlinig, er galt durchaus als »staatskritisch«, aber er ließ diese Haltung nicht im Nischendasein verkümmern. Freilich war es mitunter kompliziert, seine literarischen Arbeiten trotz ideologisch kontroverser Diskussionen mit den Spitzenfunktionären der DDR-Kultur zu verteidigen und zu veröffentlichen. Umso mehr, als er 1982 den Schriftstellerverband der DDR verließ und in seinen Werken immer konkreter und konsequenter auf das wahre Leben in der DDR zielte. Brauns »Hinze-und-Kunze-Roman« aus dem Jahre 1985 wurde von der Kritik auf das Schärfste angegriffen, selbst der stellvertretende Kulturminister sah sich einem Disziplinarverfahren ausgesetzt, weil er für das Buch eine Druckgenehmigung erteilt hatte. Braun gehörte in den Siebzigerjahren zu den Unterzeichnern der Protestresolution gegen die Ausbürgerung Wolf Biermanns, während der Wendezeit befürwortete er einen »dritten Weg« für die DDR. Sein Gesamtwerk zeichnet ein tiefes Bild der Verhältnisse in der ehemaligen DDR und ist auch nach beinahe fünfundzwanzig Jahren Einheitsdeutschland hochaktuell geblieben. Er wohnt noch immer in Pankow.

Bredel, Willi   1901 – 1964
Schriftsteller
Straße 201 Nr. 12
Wenn es ihn denn gäbe, den typischen ostdeutschen Schriftsteller der Fünfzigerjahre, dem die DDR-Führung die notwendige Zuneigung nicht verweigerte und ihn lobhudelnd hochleben ließ, dann wäre es ohne Zweifel Willi Bredel gewesen. Bei ihm passte alles: Kommunist, Sowjetemigrant, Teilnehmer am Spanischen Bürgerkrieg, gemeinsam mit Walter Ulbricht und Erich Weinert im Einsatz als Lautsprecher-Agitator an der Stalingrader Front und Mitbegründer des »Nationalkomitees Freies Deutschland«. Und schreiben konnte er auch. Ein bisschen zumindest, meinten seine Kritiker. Er schrieb nicht nur mit der Feder, sondern

handfest auch mit dem Schwert. Schließlich war das Wort eine Waffe im Kampf gegen den Klassenfeind. Seine von den DDR-Kulturoligarchen hochgejubelten Romane hießen dann auch »Vom Ebro zur Wolga«, »Spanienkrieg« oder »Auf den Heerstraßen der Zeit«. Von seinen Literatenkollegen gab es dafür heftigste Schelte. Georg Lukács erkannte in Bredels Sprache »Referate«, für Alfred Kantorowicz waren Bredels Romane »auf das geforderte und erzwungene Niveau des depravierten sozialistischen Realismus abgesunken, tatsächlich unlesbares Parteischrifttum« geworden.

Breunig, Lorenz   1882 – 1945
Politiker, Gewerkschaftler
Miltenberger Weg 9
Eine bevorzugte Zielscheibe der Gestapo waren in den Dreißigerjahren die so genannten »alten« Gewerkschaftsfunktionäre. Lorenz Breunig, der nach dem Ersten Weltkrieg Funktionär der Unabhängigen Sozialdemokratischen Partei Deutschlands (USPD) war und als Angehöriger des Arbeiter- und Soldatenrates zu den führenden Persönlichkeiten während der Novemberrevolution 1918 gehörte, bekam dies in besonderer Weise zu spüren. Am 2. Mai 1933 wurden die Gewerkschaften zerschlagen, Breunig ging in den Untergrund, befand sich jedoch ständig im Fadenkreuz der Geheimpolizei. 1939 wurde er in Köln auf dem Bahnhof verhaftet und in das Konzentrationslager Sachsenhausen eingeliefert. Dort wurde er am 15. Februar 1945 vergast.

Bronnen, Arnolt   1895 – 1959
Schriftsteller, Bühnenautor
Fritz-Erpenbeck-Ring 1 (früher: Straße 200)
Der gebürtige Österreicher war Schriftsteller, Theaterautor und Regisseur, eng befreundet mit Johannes R. Becher, Bertolt Brecht und Ernst Busch und seit 1955 Bürger der DDR. 25 Jahre zuvor sah Bronnens Wirklichkeit ganz anders aus. Er hatte sich der radikalen Rechten angeschlossen, suchte Kontakt zu Ernst Jünger und Otto Strasser und verkehrte ab 1930 mit Joseph Goebbels, dem Berliner Gauleiter der NSDAP. In diesem Jahr heiratete Bronnen auch seine erste Frau, Olga Förster-Prowe, die »schöne und junge Schauspielerin«. Was ihm der spätere Reichsminister für Volksaufklärung und Propaganda allerdings erst nach der Hochzeit beichtete, war sein intimes Verhältnis mit der glücklichen jungen Ehefrau. Als »Zugabe« zu dieser Demütigung ließ Goebbels den treuen und ergebenen Nationalsozialisten Bronnen Jahre später aus der Reichschrifttumskammer entfernen. In der DDR war es für Bronnen sehr schwer, Fuß zu fassen. Immer wieder holte ihn seine nationalsozialistische Vergangenheit ein. Brechts Fürsprache konnte ihm nur für kurze Zeit helfen, ein Jahr nach Bronnens Übersiedelung in die DDR war Brecht tot. Drei Jahre später starb auch Bronnen.

Burbott, Viktor Wilhelm　　　1892 – 1957
Bildhauer, Maler
Breite Straße 8
Über Viktor Wilhelm Burbott ist heute nicht mehr allzu viel bekannt. Seine beiden Hauptwerke sind die Skulptur »Der Sämann« sowie eine 1929 geschaffene Büste des ehemaligen Reichspräsidenten Friedrich Ebert. In der Breite Straße lebte Burbott in den Zwanzigerjahren des vergangenen Jahrhunderts.

Burdt, Rudolf　　　1913 – 1944
Vertreter des Widerstandes
Gaillardstraße 7
Der Zimmermann, der bereits Mitte der Dreißigerjahre wegen seiner Unterstützung der Ortsgruppe Wedding der verbotenen Kommunistischen Partei Deutschlands zwei Jahre inhaftiert war, wurde im Januar 1944 erneut verhaftet. Besonders tragisch: Im ersten Fall wurde er von seinem Onkel denunziert, bei seiner zweiten Verhaftung wurde ihm die Geschwätzigkeit seiner Ehefrau zum Verhängnis. Die hatte öffentlich geäußert, ihr Ehemann würde dabei »mithelfen, dass Hitler und seine Genossen am Laternenpfahl hängen werden«. Rudolf Burdt wurde vom Volksgerichtshof zum Tode verurteilt und am 22. Dezember 1944 in Berlin-Plötzensee hingerichtet.

Burger, Reinhold　　　1866 – 1954
Glasinstrumentenbauer, Erfinder
Wilhelm-Kuhr-Straße 3
Pankow war und ist nicht nur ein Hort der Prominenz aus Politik, Wissenschaft und Kultur, im Laufe der Jahrzehnte entstanden in Pankow auch einige revolutionierende Erfindungen. Paul Nipkow entwickelte das Fernsehen, und im Studierstübchen von Reinhold Burger entstand in Zusammenarbeit mit Wilhelm Conrad Röntgen die später so genannte »Röntgenröhre«. Burgers Anteil daran: die Vakuumröhren, die aus elektrischen Anschlüssen und einer bleihaltigen Schutzschicht bestanden und sich durch unterschiedliche Materialdichten auszeichneten. Nur dadurch konnte die »Röntgenröhre« funktionieren, und sie tut es bis heute. Burgers zweite große Erfindung war die Thermoskanne. Am 1. Oktober 1903 wurde sie unter der Nummer 170057 beim Kaiserlichen Patentamt angemeldet und registriert, gleichzeitig ließ sich Burger die Bezeichnung »Thermosflasche« rechtlich schützen. An seinem ehemaligen Wohnhaus in der Wilhelm-Kuhr-Straße 3 befindet sich heute in Würdigung seiner Verdienste eine offizielle Gedenktafel des Landes Berlin.

Burkhardt, Heinrich   1904 – 1985

Maler, Grafiker
Crusemarkstraße 36, Stiftsweg 42

An der Grenze zwischen Sachsen und Thüringen, in Altenburg, wurde er geboren, die längste Zeit seines Lebens verbrachte er jedoch in Berlin-Pankow. Er schuf Gemälde, Aquarelle und Grafiken in »postexpressionistischer Art« und lehrte als Professor für Kunsterziehung an der Berliner Humboldt-Universität. Zwischen 1924 und 1931 hatte er an der Kunstakademie Dresden unter Otto Gussmann studiert. Seine Werke, die vornehmlich den »einfachen Menschen und einsame Landschaften« darstellen, wurden 1937 in die Nazi-Rubrik »Entartete Kunst« eingereiht und aus den deutschen Galerien entfernt. Einige seiner Arbeiten befinden sich heute im Erfurter Angermuseum, im Neuen Museum Weimar sowie im Altenburger Lindenau-Museum und im Kunstarchiv im brandenburgischen Beeskow.

Burmeister, Friedrich   1888 – 1968

Politiker, Minister für Post- und Fernmeldewesen der DDR
Majakowskiweg 23 (heute: Rudolf-Ditzen-Weg)

Der im brandenburgischen Wittenberge geborene Sohn eines Lokomotivführers hatte sich bereits 1905 für den Postdienst entschieden. Nach bestandener Prüfung als Postassistent arbeitete er zunächst im Postamt Reinickendorf, nach seiner Versetzung in die Oberpostdirektion Schwerin stieg er dort schnell zum Postinspektor auf. Bis 1945 arbeitete er in der Reichspostdirektion, von 1949 bis 1963 gehörte er den verschiedenen DDR-Kabinetten als Minister für Post- und Fernmeldewesen an. Von Burmeister wird erzählt, als begeisterter Philatelist habe er in der Anfangszeit persönlich die Gestaltung der DDR-Briefmarken beaufsichtigt und sogar entschieden, ob die jeweiligen Marken »im Rastertiefdruck oder im Stichtiefdruck« hergestellt wurden. Gemeinsam mit Kurt Eigler, einem auf Briefmarkenentwürfe spezialisierten Grafiker, sind dem Postminister in den Fünfzigerjahren einige große Würfe gelungen. Erinnert sei nur an den Gedenksatz zum Karl-Marx-Jahr 1953, eine der schönsten Briefmarkeneditionen der DDR.

Busch, Ernst   1900 – 1980

Sänger, Schauspieler
Heinrich-Mann-Straße 16, Leonard-Frank-Straße 11

1949 war in der Sowjetischen Besatzungszone die »Formalismusdebatte« entbrannt, losgetreten vom sowjetischen Kulturoffizier Alexander Dymschitz, der die Werke von Chagall, Picasso und Schmidt-Rottluff als »Mummenschanz« bezeichnet hatte und in ihnen »Wirklichkeitsfälschung« sah. Den Sturm der Entrüstung beinahe aller Künstler der Sowjetischen Besatzungszone konterte Walter Ulbricht mit der Preisgabe seines eigenen Geschmacks: »Wir wollen in unseren Galerien keine abstrakten Werke sehen.« Und natürlich ließ der starke Mann der Partei den

Vergleich mit der Nazi-Kampagne gegen die »Entartete Kunst« überhaupt nicht gelten. Ernst Busch hatte eine ganz eigene Methode, den DDR-Kulturfunktionären den Blödsinn des Formalismusstreites näher zu bringen. Er lud drei Funktionäre des Kulturministeriums zu sich ein und spielte ihnen ein »chinesisches Revolutionslied« vor, die drei waren begeistert von dieser »Melodie, von dieser Volkstümlichkeit, von dieser bezaubernden Schlichtheit«. Ja, genauso müsse man komponieren! Busch hatte jedoch kein Lied aus China präsentiert, sondern die rückwärts abgespielte DDR-Nationalhymne, und damit die Sinnlosigkeit der Formalismusdebatte bewiesen. Die drei Kulturfunktionäre haben sich bei Busch nie wieder sehen lassen.

Busse, Ernst   1897 – 1952
Politiker
Majakowskiring 55
Seit 1948 lebte der ehemalige thüringische Innenminister im »Städtchen«. Nach Gründung der DDR war er Mitglied im Agrarpolitischen Ausschuss im Zentralkomitee der SED und Leiter des Amtes für die Bodenreform. Nachdem Gerüchte aufgetaucht waren, er habe während seiner Haft im Konzentrationslager Buchenwald mit den SS-Wachmannschaften kooperiert, wurde er am 18. April 1950 in Karlshorst von Angehörigen des Sowjetischen Geheimdienstes NKWD verhaftet und am 27. Februar 1951 vom sowjetischen Militärtribunal wegen angeblicher Kriegsverbrechen zu lebenslanger Haft verurteilt. Ernst Busse starb am 11. November 1952 im Sonderlager 6 in Workuta. Am 31. März 1990 wurde er durch die Zentrale Schiedskommission der Partei des Demokratischen Sozialismus (PDS) rehabilitiert. Es wurde festgestellt, dass Busses Verfolgung Ausdruck stalinistischer Willkür war. Von russischer Seite ist bis zum heutigen Tag keine Rehabilitierung erfolgt.

Butzmann, Manfred   Geb. 1942
Grafiker
Parkstraße 36
Der Feuilletonist Heinz Knobloch nannte ihn einen, der »unbefugt Kommunalpolitik betreibt«. Unter dem Motto »Heimatkunde« hat sich Butzmann immer wieder selbstlos und auf eigene Kosten sowie gegen Widerstände bei Behörden für Erhaltenswertes stark gemacht. Er setzte sich für Kinderspielplätze contra Parkplätze ein, begrünte demonstrativ Betonpfähle, dokumentierte 1984 den Abriss des Gasometers in Prenzlauer Berg als unwiederbringliches Kulturdenkmal und schlug zum Beispiel vor, die Berliner Mauer als »Band des Erinnerns« zu erhalten, beidseitig bemalt und mit Radwegen versehen. Mit spektakulären Aktionen, Plakaten und Postkarten versuchte der ehemalige Schüler von Arno Mohr, Werner Klemke und Klaus Wittkugel die Öffentlichkeit zu informieren und zu mobilisie-

ren. Manches Kleinod verdankt dem »Erinnerungsarbeiter« gegen das Vergessen auf diese Weise seinen Erhalt. In Pankow betätigte sich Butzmann beispielsweise als Spurensucher bei dem Grundstück mit der Herz-Jesu-Kapelle in der Parkstraße 37/38, das als lukrativer Baugrund Begehrlichkeiten bei privaten Investoren geweckt hatte und dessen riesige Platanen plötzlich von der Naturschutzliste gestrichen worden waren. Durch seine Dokumentation und öffentlichen Aktionen blieb das Grundstück mit alten Bäumen erhalten. Für sein »denkmalpflegerisches Engagement im Sinne des Gemeinwohls« erhielt Butzmann 1999 die Ferdinand-von-Quast-Medaille. 41 Jahre lang lebte er mit seiner Frau Eva in Pankow, bis er 2007 an seinen Geburtsort nach Potsdam-Bornim zog.

Chwalek, Roman   1898 – 1974
Gewerkschafter, Politiker
Majakowskiweg 15 (heute: Rudolf-Ditzen-Weg)
Der Soldat des Ersten Weltkrieges wurde 1920 Mitglied der Kommunistischen Partei Deutschlands, für die er als Abgeordneter von 1930 bis 1933 im Reichstag saß. Nach der Machtübernahme durch die Nationalsozialisten gehörte Roman Chwalek zu den ersten kommunistischen Politikern, die verhaftet und in ein Konzentrationslager gebracht wurden. Nach seiner Entlassung aus Sachsenhausen arbeitete er von 1939 bis 1945 als Schlosser in einer Neuköllner Werkstatt. Der Weg für seine schnurgerade politische Karriere in der DDR war geebnet: Er war der erste DDR-Minister für Arbeit, Abgeordneter der Volkskammer und seit 1953 Minister für das Eisenbahnwesen. Der Bruch kam 1954. Chwalek geriet zwischen die politischen Mühlsteine und gehörte zu den zahlreichen Funktionären, die im Kampf zwischen Altstalinisten und nachstalinistischen Reformern zerrieben wurden. Seine Rolle beim Aufbau des Sozialismus in der DDR beschränkte sich fortan auf die aufopferungsvolle Arbeit im Vorstand des Verbandes Deutscher Konsumgenossenschaften.

Cremer, Fritz   1906 – 1993
Bildhauer
Waldstraße 76
Zwischen 1952 und 1958 schuf er sein Hauptwerk, die Figurengruppe für das Mahnmal im ehemaligen Konzentrationslager Buchenwald. Wenig später erhielt er ähnliche Aufträge für die Gedenkstätten in Ravensbrück und im österreichischen Mauthausen. Diese Arbeiten »bezeugen die Auseinandersetzung des Bildhauers Fritz Cremer mit der zentralen gesellschaftlichen Aufgabe der Nachkriegszeit – dem Gedenken an die Opfer und die Aufarbeitung des Nationalsozialismus. Im Mittelpunkt aller Mahnmale steht der Mensch. Cremer gelingt die Verbildlichung tiefer menschlicher Gefühlszustände. In allgemeingültigen Archetypen konkretisieren sich Leid, Angst, Verzweiflung, aber auch Aufbegehren, Widerstand und Stärke.« Cremer stand in der Zeit des Nationalsozialismus dem Wider-

stand sehr nahe und hielt ständigen Kontakt zur Gruppe »Rote Kapelle«. 1976 unterschrieb er den Protestbrief zahlreicher DDR-Künstler gegen die Ausbürgerung Wolf Biermanns, nahm seine Unterschrift jedoch wenige Tage später öffentlich in der Zeitung »Neues Deutschland« zurück. Seine Partei, die SED, hatte ihm den Grund dafür diktiert: Er sei am Krankenbett »überrascht und überrumpelt« und zur Unterschrift genötigt worden.

Dähn, Fritz   1908 – 1980
Maler
Fritz-Erpenbeck-Ring 7 (früher: Straße 200)
Der ehemalige Rektor der Kunsthochschule Weißensee, der diesen begehrten Posten 1968 an Walter Womacka weitergeben musste, starb 1980 bei einem Besuch seiner Heimatstadt Heilbronn. Dähn, der seine Nähe zum Expressionismus konsequent in seinen Gemälden dokumentierte, gehörte zu den künstlerisch erfolgreichsten Malern der DDR. Seine bekanntesten Werke (»Pfingsten in Ahrenshoop«, »Haus Elisabeth von Eicken«, »Garten in Weimar«, »Bahnhof Friedrichstraße«, »Nie wieder!« und »Ueckermünde«) wurden ständig in Ausstellungen an herausragenden Locations gezeigt (Akademie der Künste, Märkisches Museum Berlin, Nationalgalerie Berlin, Staatliches Museum Schwerin, Altes Museum Berlin sowie in London und Schanghai). Er erhielt mehrmals den Vaterländischen Verdienstorden der DDR, war Träger der Johannes-R.-Becher-Medaille und des Käthe-Kollwitz-Preises.

Dahlem, Franz   1892 – 1989
Politiker
Majakowskiring 32, Pfeilstraße 14a
Bereits seit den Zwanzigerjahren kannten sich die beiden Altkommunisten Walter Ulbricht und Franz Dahlem, eine Freundschaft zwischen ihnen hat es jedoch nie gegeben. Beide wurden 1949 in das Politbüro der Sozialistischen Einheitspartei Deutschlands aufgenommen, nach der Wahl Walter Ulbrichts zum Generalsekretär brach der lange schwelende Konflikt mit Franz Dahlem offen aus, in dessen Folge sich Dahlem immer mehr als Ulbricht-Gegner positionierte. Es sollte ihm nicht gut bekommen. 1953, ein Jahr nach dem Schauprozess gegen den Generalsekretär der tschechoslowakischen Kommunistischen Partei, Rudolf Slansky, wurde Dahlem als ein »Handlanger« Slanskys ausgemacht und als »Zionist« aus dem Politbüro der SED entfernt. Auch für Dahlem und seinen engen Vertrauten Paul Merker waren die Anklageschriften schon geschrieben, allein der Tod Stalins verhinderte einen Prozess gegen Dahlem. Stalins Nachfolger Nikita Chruschtschow fand die Abhaltung von Schauprozessen »nicht mehr zeitgemäß«. Obwohl Dahlem Mitte der Fünfzigerjahre rehabilitiert wurde, hatte die SED für ihn keine Verwendung mehr.

Dehmel, Richard   1863 – 1920
Lyriker, Dramatiker
Parkstraße 25

Er galt vor dem Ersten Weltkrieg als einer der bedeutendsten deutschen Lyriker, seine Gedichte reizten Komponisten wie Richard Strauss, Hans Pfitzner, Max Reger, Arnold Schönberg und Anton Webern zur Vertonung. Mit diesen Namen scheint wohl sehr deutlich zu werden – ohne ein Dehmel-Gedicht gelesen zu haben –, welche stilistische Richtung Dehmel bevorzugte. Im heutigen Sprachgebrauch könnte man für diese Lieder der berühmten »Zwölftöner« durchaus den Begriff »gewöhnungsbedürftig« verwenden. Dehmel, dessen Wurzeln in der Mark Brandenburg lagen, kam um 1887 nach Berlin und hielt sich im Umfeld der Künstler des Naturalismus auf. Einer kurzen Ehe mit der Märchendichterin Paula Oppenheimer schloss sich eine Verbindung mit Ida Coblenz an. Während seiner zweiten Ehe schien er künstlerisch zu explodieren. Sein lustvoller Gedichtband »Weib und Welt« geriet zum Skandal, verschiedene Textpassagen mussten unkenntlich gemacht werden, und er wurde wegen der »Verletzung religiöser und sittlicher Gefühle« verurteilt. Ein durchaus willkommener Umstand, denn dadurch wurde sein Name schlagartig reichsweit bekannt. Ab der Jahrhundertwende bemühte er sich beinahe ausschließlich um sein Hauptthema »Liebe und Sexualität«.

Dölling, Rudolf   1902 – 1975
Politiker, Botschafter
Majakowskiweg 22 (heute: Rudolf-Ditzen-Weg), Majakowskiring 26

Im »Städtchen« gab es neben viel Politprominenz auch viele Hunde. Erich Mielkes Diensthund Rolf begleitete sein Herrchen auf Schritt und Tritt, Johannes R. Becher besaß zwei Terrier, Wilhelmine Schirmer-Pröscher teilte ihre Villa mit zwei Schäferhunden und Friedrich Ebert hielt einen temperamentvollen Irish Setter. Beißattacken zwischen den Rüden kamen nicht selten vor, nach denen mancher Hundebesitzer gutes Benehmen und proletarische Kameradschaft durchaus vermissen ließ. Auch Dölling, der Generalmajor der Kasernierten Volkspolizei, Stellvertreter des Ministers für Nationale Verteidigung und später Botschafter der DDR in Moskau, hatte einen gefürchteten Hund, »beißwillig und mit Vorsicht zu genießen«. Der Sohn von Professor Hans Bausch sollte dies am eigenen Leib spüren. Eine tiefe Bisswunde beendete die kurze Begegnung zwischen Bestie und Professorensohn. Behandelt wurde die Wunde auf Wunsch Döllings im Rudolf-Virchow-Klinikum im französischen Sektor, in die Kunst der DDR-Ärzte schien er wenig Vertrauen entwickelt zu haben.

Domke, Erich   1903 – 1944

Politiker, Vertreter des Widerstandes
Borkumstraße 5

Als »ruhigen und umsichtigen Menschen« charakterisierte den SPD- und SAP-Funktionär Erich Domke sein enger Freund Alfred Schulz. Domke war es, der Anfang der Dreißigerjahre die Pankower Anhänger der neu gegründeten Sozialistischen Arbeiterpartei (SAP) auf die illegale Arbeit vorbereitete. Nach seiner Festnahme durch die Gestapo schwieg er oder belastete ausschließlich sich selbst, so dass keiner seiner Pankower Genossen verhaftet wurde und seine Gruppe unentdeckt weiterarbeiten konnte. Er wurde während des Zweiten Weltkrieges zum Strafbataillon 999 eingezogen und starb während eines Einsatzes dieser Einheit in Südosteuropa.

Domröse, Angelica   Geb. 1941

Schauspielerin
Tschaikowskistraße

1959 ging auf den Leinwänden der DDR-Kinos die Sonne und so manchem jungen Kinobesucher das Herz auf. In Slatan Dudows Film »Verwirrung der Liebe« war zum ersten Mal die junge Schauspielerin Angelica Domröse zu sehen. In diesem sehr leichten und lustvollen Streifen spielte sie die junge Arbeiterin Siegi, die ganz schrecklich unter der Eifersucht ihres Freundes Edy, dargestellt von Stefan Lisewski, leiden muss. Nach diesem erfolgreichen Debüt ging es für sie beinahe Schlag auf Schlag. Eine DEFA- und TV-Hauptrolle jagte die nächste, »Papas neue Freundin«, »Die Liebe und der Co-Pilot«, »Vielgeliebtes Sternchen«, »Oh, diese Jugend«, »Die aus der 12b«, »Die Abenteuer des Werner Holt« folgten in hohem Tempo. Sie entwickelte sich ebenso schnell zu einer grandiosen Bühnenschauspielerin. Während ihrer Engagements am Berliner Ensemble und an der Volksbühne verwöhnte sie ihr Publikum mit außergewöhnlichen künstlerischen Leistungen. Auf diese mussten die Theaterbesucher ab 1979 zunehmend verzichten. Angelica Domröses Unterzeichnung der Protestresolution gegen die Ausbürgerung Wolf Biermanns brachte ihr erhebliche berufliche Schwierigkeiten ein. Gemeinsam mit ihrem Ehemann Hilmar Thate verließ sie daraufhin 1980 die DDR.

Drake, Heinrich   1903 – 1994

Bildhauer
Fritz-Erpenbeck-Ring 7 (früher: Straße 200)

Nach Umwegen über das Tischler- und das Schuhmacherhandwerk landete Heinrich Drake bei der Holzschnitzerei, die Fertigkeiten für das Kunsthandwerk wurden ihm im ostwestfälischen Detmold vermittelt. Er arbeitete bis 1940 als freischaffender Bildhauer und Holzplastiker und studierte außerdem bei Georg Kolbe.

1945 gehörte er zu den Gründungsmitgliedern der Kunsthochschule in Berlin-Weißensee, wo er bis 1969 als Professor und Leiter der Abteilung Plastik lehrte. Er war Mitglied der Akademie der Künste der DDR und Träger des Nationalpreises. Zu seinen bekanntesten Arbeiten zählen das Denkmal für Heinrich Zille im Berliner Köllnischen Park am Märkischen Museum und die »Fohlengruppe« im Tierpark Berlin. Viele Anregungen, vor allem für seine Tierplastiken, erhielt er auf zahlreichen Bildungs- und Studienreisen nach China, Vietnam und in den Kaukasus.

Drinda, Horst   1927 – 2005
Schauspieler
Fritz-Erpenbeck-Ring 5, Fritz-Erpenbeck-Ring 16 (früher: Straße 200)
Günther Simon, Raimund Schelcher und Wilhelm Koch-Hooge waren einige der männlichen DEFA-Stars der Fünfzigerjahre, aber die neue Generation drängte mit Macht in den Vordergrund. Willi Schrade gehörte zu den jungen Aufstrebenden, auch Günther Haack, Uwe-Jens Pape und Hartmut Reck. Und zwischen den Arrivierten und den Neuen hielt sich Horst Drinda auf, einer der wohl beliebtesten Darsteller der gesamten DDR-Filmgeschichte. Nach mehreren kleinen Nebenrollen startete er ab 1956 durch, in allerkürzester Zeit wurde er in den legendären DEFA-Streifen »Einmal ist keinmal«, »Lissy«, »Sie kannten sich alle«, »Das tapfere Schneiderlein« und »Bevor der Blitz einschlägt« besetzt. Drinda, der Mann mit dem »einzigartigen gewinnenden Lächeln«, hatte sein Publikum gefunden, in seinen stets positiven, sympathisch angelegten Rollen zwang er die Kinobesucher beinahe dazu, seine Darstellungen auch auf den Privatmann Drinda zu übertragen. Dabei war er tatsächlich der freundliche und hilfsbereite Drinda, wie man ihn aus den Filmen kannte. Unvergessen sein »Kapitän Karsten« in dem TV-Mehrteiler »Zur See«, in dem er sich selbst ein filmisches Denkmal setzte. Zwei Schlaganfälle beendeten 2003 seine Erfolgskarriere.

Düttchen, Kurt   1897 – 1971
Vertreter des Widerstandes
Lohmestraße 6
In der Veröffentlichung »Widerstand in Pankow und Reinickendorf« wird Kurt Düttchen als »Scharnier und Kreuzungspunkt mehrerer Oppositioneller Arbeitergruppen« bezeichnet, »die er in Pankow mit Untergrundmaterial versorgte«. Er wurde 1934 vom Berliner Kammergericht nach seiner Enttarnung zu zwei Jahren und neun Monaten Haft im Zuchthaus Brandenburg verurteilt. 1939 wurde er erneut verhaftet. Es war »die grausamste Zeit der Geschichte …, aber auch hier ging der Kampf in ununterbrochener Schärfe gegen die todbringende Tyrannei des Hitler-Staates weiter«, erinnerte er sich.

Duda, Fritz   1904 – 1991

Maler
Homeyerstraße 39, Hermann-Hesse-Straße 75

Ähnlich wie in Berlin-Friedenau hatte sich im Laufe der Jahrzehnte auch in Pankow eine beinahe unübersichtliche Schar von Malern, Grafikern und Bildhauern angesiedelt, und einer der angesehensten war ohne Zweifel der in Gelsenkirchen geborene Fritz Duda, der 1924 nach Berlin kam und einer der Meisterschüler von Karl Hofer und Paul Plontke an der Hochschule für bildende Künste in Charlottenburg wurde. Seine beinahe als lieblich zu bezeichnende Farbtechnik rief immer wieder Staunen und Bewunderung auch bei seinen Malerkollegen hervor. 1944 erlebte er seine schwärzeste Stunde: Sein Atelier wurde von einer Fliegerbombe getroffen, alle seine Arbeiten waren vernichtet. In der Nazizeit hatte der politisch interessierte und auch aktive junge Mann Kontakte zur Untergrundbewegung »Rote Kapelle«, nach dem Krieg schloss er sich der SED an. Dort nahm man ihm jedoch seine Vergangenheit besonders übel. Dass Duda den antifaschistischen Widerstand unterstützt hatte, spielte in der jungen DDR keine Rolle. Dudas Mitgliedschaft in der KPD-Opposition (1929) um die beiden ehemaligen KPD-Vorsitzenden August Thalheimer und Heinrich Brandler, die den ultralinken Kurs des neuen KPD-Führers Ernst Thälmann scharf kritisierten, war Grund genug, den ehrlichen und treuen Kommunisten Duda 1950 wegen »trotzkistischer und titoistischer Aktivitäten« aus der Einheitspartei zu entfernen.

Ebert, Friedrich   1894 – 1979

Oberbürgermeister von Berlin (Ost), Mitglied des Politbüros des ZK der SED
Leonhard-Frank-Straße 11, Stille Straße 4–5

Den beinahe perversen Kadavergehorsam führender SED-Funktionäre gegenüber der offiziellen, aus Moskau vorgegebenen Parteilinie beschrieb der »Spiegel« in seiner Ausgabe 47/1954: »Wenn im Zuchthaus Torgau die Essenkellen der Kalfaktoren klappern, wird auch der 40jährige Häftling Kurt Ebert unruhig. Zur gleichen Zeit mag sich in Ostberlin sein Vater, der Ost-Berliner Bürgermeister Friedrich Ebert, der außerdem noch wohlbestallter Präsident der Gesellschaft für deutsch-sowjetische Freundschaft und Mitglied des Politbüros der SED ist, mit gesundem Appetit an seinen wesentlich reichhaltigeren Mittagstisch setzen. Die sowjetischen Freunde des Oberbürgermeisters haben seinen Sohn als Spion und Agent zu 25 Jahren Zwangsarbeit verurteilt, und Friedrich Ebert findet das durchaus in Ordnung. Bisher hat er noch keine Zeile oder gar ein Lebensmittelpaket in das Zuchthaus geschickt. Dieses Verhalten empfindet man beinahe folgerichtig, wenn man die erstaunlichen Schimpfkanonaden liest, die Ebert im Auftrage der SED gegen das Andenken seines toten Vaters, des ersten Reichspräsidenten der Weimarer Republik, richtet.«

Eger, Agnes   1875 – ?

Malerin

Kaiserin-Augusta-Straße 27 (heute: Tschaikowskistraße)

Das Gesamtwerk der Künstlerin aus Niederschönhausen, die sich nach der Jahrhundertwende dem aufstrebenden Expressionismus zuwandte, hat die Zeiten nicht überdauert und ist heute beinahe in Vergessenheit geraten. Auf einigen Kunstauktionen taucht jedoch hin und wieder ein Gemälde von Agnes Eger auf. Ihr heute bekanntestes Werk ist das Bild eines Gartens, der sehr stark an Max Liebermanns Garten seines Sommerhauses Am Großen Wannsee 42 mit Blick zur Straßenseite erinnert.

Eggerath, Werner   1900 – 1977

Schriftsteller, Politiker

Majakowskiring 19

Ab 1961 konzentrierte sich der in Elberfeld geborene Eggerath auf seine zweite Karriere als Schriftsteller. Seine vornehmlich im Berliner Dietz Verlag veröffentlichten Bücher trugen Namen wie »Wassereinbruch«, »Der Kosakengeneral und andere Geschichten« und »Die fröhliche Beichte. Ein Jahr meines Lebens«. Seine erste Karriere war eine politische. Von 1935 bis zum Ende der Nazi-Diktatur war er wegen »Hochverrats« in den Strafanstalten Münster und Bochum inhaftiert, 1945 übernahm er die Bezirksleitung der Kommunistischen Partei Deutschlands in Thüringen, bis zur Auflösung der Länder und zur Bildung der Bezirke in der DDR 1952 war er thüringischer Regierungschef. Ministerpräsident Grotewohl holte ihn als seinen Staatssekretär nach Berlin, von 1954 bis 1957 vertrat Werner Eggerath dann die DDR als Botschafter in Rumänien. Als 1957 der DDR-Ministerrat die Schaffung eines Staatssekretariates für Kirchenfragen beschloss, wurde er dessen erster Leiter.

Ehmsen, Heinrich   1886 – 1964

Maler

Homeyerstraße 31

Der Schüler von Peter Behrens und Alfred Flechtheim war während seines gesamten künstlerischen Schaffens sehr stark von den »Blauen Reitern« beeinflusst. Einen Höhepunkt und eine große Anerkennung erfuhr er 1926, als er eine gemeinsame Ausstellung mit Emil Nolde und Frans Masereel im Kunstverein Wiesbaden bestreiten konnte. 1929 kam Ehmsen nach Berlin, ein Jahr später wurde er Mitglied im »Kampfkomitee der Künstler und Geistesarbeiter« zur Unterstützung der Kommunistischen Partei Deutschlands bei den Reichstagswahlen. 1937 wurden acht seiner Werke in der Ausstellung »Entartete Kunst« gezeigt, trotzdem erlebte er die ungewöhnliche und für ihn beinahe unverständliche Gnade des Reichspropagandaministers, der 1938 Ehmsens Aufnahme in die Reichskulturkammer verfügte. 1945 gehörte er gemeinsam mit seinem Freund Karl Hofer zu den Gründern der Hochschule für bildende Künste in Berlin-Charlottenburg. 1950 zog er in die DDR und übernahm die Meisterklasse für Malerei an der Akademie der Künste.

Eichert, Fritz
Unternehmer, Erfinder
Kronprinzenstraße 6 (heute: Majakowskiring 63)
Fritz Eichert war Besitzer der Berko-Werke Quast & Eichert, die ihren Firmensitz in Berlin-Prenzlauer Berg, Greifswalder Straße 207, hatte. Um 1938 hatte er die Villa im heutigen Majakowskiring gekauft und lebte hier mit seiner Frau und seiner Tochter. Er war in der Wohnkolonie als Erfinder bekannt. Als Entwickler des Fahrraddynamos hatte er beinahe eine Sonderstellung bei seinen Nachbarn, denn es ist überliefert, dass Eicherts Erfindergeist sich auf sie übertrug, jedoch nicht zu den gewünschten Ergebnissen führte. Den Fahrraddynamo in einer serienreifen Variante hatte er 1905 auf den Markt gebracht

Eichler, Heinz   1927 – 2013
Politiker
Majakowskiweg 22/23 (heute: Rudolf-Ditzen-Weg)
Auch der langjährige persönliche Referent und Intimus Walter Ulbrichts, dazu Mitglied des Präsidiums der Volkskammer und als Nachfolger des parteitreuen und braven Otto Gotsche seit 1971 Sekretär des Staatsrates der DDR, hat eine Biografie, die nicht erst im Jahre 1945 beginnt. Kurz vor Kriegsende hatte der »stramme Hitlerjunge« seinen Glauben an den »Endsieg« mit dem Eintritt in die NSDAP demonstriert, wenige Monate später, nach dem Zusammenbruch des Nazi- Regimes, zeigte er sich arg »betroffen« und »vom verbrecherischen Hitlerfaschismus gegen seinen Willen verführt«. Eichlers arge Betroffenheit führte ihn ganz schnell in die neu gegründete FDJ und in die SED, wo er nach diversen Studien und Aspiranturen in atemberaubendem Tempo Karriere machte. Nach dem Sturz seines Förderers Walter Ulbricht diente Eichler Erich Honecker, dem Königsmörder, mit ebensolcher Beflissenheit. Mit Honeckers Absetzung im Herbst 1989 endete auch Eichlers politische Karriere im Nichts.

Eisler, Gerhart   1897 – 1968
Journalist
Majakowskiring 6
Der Bruder des Komponisten Hanns Eisler wurde 1897 im sächsischen Leipzig geboren, sprach jedoch zeitlebens keinen sächsischen, sondern einen österreichischen Dialekt, denn bereits 1901 war die Familie nach Wien übergesiedelt. Der Urkommunist Eisler wurde 1927 zum Kandidaten des Politbüros der Kommunisti-

schen Partei Deutschlands gewählt und den »Versöhnlern« zugeordnet, einer Gruppierung in der Parteispitze, die sich für eine Aktionseinheit mit den Sozialdemokraten stark machte. Hugo Eberlein und Georg Schumann gehörten ebenfalls zu den »Versöhnlern«, deren Ziele auch vom so genannten »rechten Flügel« der KPD-Führung um Heinrich Brandler und August Thalheimer geteilt wurde. 1933 verließ Gerhart Eisler Deutschland, 1949 kehrte er nach Berlin zurück, wurde Mitarbeiter im Zentralkomitee der SED und Abgeordneter der Volkskammer. Im Zuge der »Zerschlagung der parteifeindlichen Gruppierungen« im Jahre 1953 wurde auch Gerhart Eisler gemaßregelt und verlor wegen »Sympathisierung mit den Gegnern Walter Ulbrichts« alle seine Parteifunktionen. Es war wohl auch eine späte Abrechnung mit Eisler, denn die SED-Führung hatte es ihm nie verziehen, dass er 1928 an der versuchten Entmachtung des KPD-Vorsitzenden Ernst Thälmann im Zuge der »Wittorf-Affäre« beteiligt gewesen war. Ab 1956 arbeitete Eisler im Hörfunk der DDR und war bis zu seinem Tod Vorsitzender des Staatlichen Rundfunkkomitees beim Ministerrat der DDR. Ähnlich wie sein westdeutscher Kollege Werner Höfer – man kannte sich übrigens gut und mochte einander – moderierte er eine Diskussionsrunde, das »Sonntagsgespräch des Deutschlandsenders«, das zeitgleich auch vom Deutschen Fernsehfunk ausgestrahlt wurde.

Eisler, Hanns   1898 – 1962
Komponist
Pfeilstraße 9
Neben Anton Webern und Alban Berg gehörte Hanns Eisler zu den wichtigsten und erfolgreichsten Schülern von Arnold Schönberg. Sein künstlerisches Schaffen war allgemein anerkannt, Bertolt Brecht, Johannes R. Becher und Ernst Busch empfanden die jahrzehntelange Zusammenarbeit mit Eisler als fruchtbar und gegenseitig positiv beeinflussend, auch wenn sich Eisler bei gelegentlichen Streits um das künstlerische Produkt mit seinen Textdichtern derbe Worte anhören musste: »Du verfluchter Zwölftöner, halt doch deinen Mund!« Eisler komponierte die Nationalhymne der DDR, die Geschichte der Entstehung dieses Liedes ist doppelt mythenbehaftet. In der Musik wähnten einige Musikforscher und Musiktheoretiker eine gewisse Nähe zu dem Schlager »Goodbye, Johnny« von Peter Kreuder aus dem Hans-Albers-Film »Wasser für Canitoga«, aber den wenigsten ist bislang aufgefallen, dass auch der Text von Johannes R. Becher ein ganz eigenes Geheimnis birgt: Jeder Textautor, der ohne Musik dichtet, hat irgendeine Melodie im Kopf und setzt darauf die Worte. Bei »Auferstanden aus Ruinen« war diese erdachte Melodie ohne jeden Zweifel das »Deutschlandlied«.

Erler, Fritz   1913 – 1967

Politiker, Vertreter des Widerstandes
Blankenburger Straße 62

1928 hatte sich der junge Fritz Erler der Sozialistischen Arbeiterjugend angeschlossen, während der Zeit des Nationalsozialismus fand er in Pankow Kontakte
zum organisierten Widerstand gegen das Hitler-Regime. 1945 beteiligte er sich
aktiv am Neuaufbau der Sozialdemokratischen Partei Deutschlands in den deutschen Westzonen und gehörte in der Folgezeit gemeinsam mit Carlo Schmid,
Willy Brandt und Herbert Wehner zu den reformfreudigsten Spitzenpolitikern der
SPD. 1961 war Erler zunächst als SPD-Kanzlerkandidat für die Bundestagswah-
len vorgesehen, verzichtete jedoch zugunsten seines Freundes Willy Brandt. Bei
einem Wahlsieg der SPD war für ihn der Posten des Bundesverteidigungsministers
vorgesehen. Erler erkrankte 1965 an Krebs, seine Funktion als Fraktionsvorsitzender der SPD im Deutschen Bundestag wurde von Helmut Schmidt übernommen.
Erler, der als »Gewissen der Partei« bezeichnet wurde und auch bei den Fraktions-
mitgliedern der anderen Parteien höchste Anerkennung genoss, starb am 22. Februar 1967, zwei Tage später ehrten ihn die Abgeordneten aller Parteien im Ple-
narsaal des Bundestages mit einer Trauerfeier.

Erpenbeck, Fritz   1897 – 1975

Journalist, Kritiker, Autor
Seckendorffplatz 7 (heute: Heinrich-Mann-Platz), Straße 200 Nr. 10 (heute: Fritz-Erpen-
beck-Ring)

Seit 1928 war er mit seiner Schriftstellerkollegin Hedda Zinner verheiratet, die ihn
als Schauspieler an der Berliner Piscator-Bühne und am Lessing-Theater kennengelernt hatte. Die Schauspielerei füllte ihn irgendwann nicht mehr aus, er begann,
journalistisch zu arbeiten und leitete von 1931 bis 1933 die satirische Zeitschrift
»Roter Pfeffer«. 1935 emigrierte das Ehepaar in die Sowjetunion. Nach ihrer
Rückkehr war Fritz Erpenbeck, inzwischen Mitglied der SED, als Chefredakteur
für die Zeitschriften »Theater der Zeit« und »Theaterdienst« tätig und gründete
gemeinsam mit Bruno Henschel den Henschel Verlag. Nach einem Intermezzo als
Chefdramaturg an der Berliner Volksbühne arbeitete er seit 1962 als freiberuflicher Schriftsteller. Aus seiner Feder stammen einige Krimis, besonders bekannt
wurde 1964 der Roman »Künstlerpension Boulanka«, der noch im gleichen Jahr
als »Pension Boulanka« mit Herwart Grosse, Peter Herden und Erika Pelikowsky
in den Hauptrollen von der DEFA verfilmt wurde.

Fallada, Hans   1893 – 1947

Schriftsteller

Eisenmengerweg 19 (später: Majakowskiweg, heute: Rudolf-Ditzen-Weg)

Johannes R. Becher und Hans Fallada hatten eine enge Beziehung zueinander, obwohl ihre Bekanntschaft nur zwei Jahre währte. Der Pankower Historiker Hans-Michael Schulze fand erstaunliche Parallelen und »verblüffende Übereinstimmungen in beider Leben«. Beide waren Söhne von Justizbeamten, beide überlebten Suizidversuche und bei beiden spielten Drogen eine große Rolle, bevor ihnen der Durchbruch zu anerkannten Schriftstellern gelang. Becher verschaffte Fallada, der bereits in Berlin war, und seiner Ehefrau Ursula Losch die Villa im Eisenmengerweg 19, die früher dem Bauingenieur Otto Latendorf gehört hatte. Fallada bezog sie am 6. November 1945. »Es ist eine ganz moderne Villa mit sieben Zimmern«, schwärmte Fallada über sein neues Zuhause. »Leider fehlen … sowohl der Kohlenherd als auch der Elektroherd, natürlich gestohlen.« Bereits ein Jahr später hatte er seine Alkohol- und Morphiumsucht nicht mehr im Griff. Er wurde in die psychiatrische Abteilung der Berliner Charité eingeliefert. Innerhalb eines Monats schrieb Fallada an seinem Roman »Jeder stirbt für sich allein«. Am 5. Februar 1947, nur drei Monate nach der Fertigstellung seines letzten Romans, ist er gestorben.

Fischl, Otto   1902 – 1952

Diplomat

Homeyerstraße 28

Der »fettleibige kleine Mann« war bis 1951 Botschafter der Tschechoslowakischen Republik in der DDR, seine Rückkehr nach Prag führte ihn über einen kurzen Umweg als stellvertretender Finanzminister geradewegs ins Gefängnis. Ein Jahr später gehörte Fischl zu den Angeklagten im Schauprozess gegen den Generalsekretär der Kommunistischen Partei der Tschechoslowakei Rudolf Slansky und seine angeblichen Handlanger. Während dieser von grenzenlosem Antisemitismus geprägten Verhandlungen bezichtigten sich die Beschuldigten – nach dem Muster der Moskauer Prozesse Ende der Dreißigerjahre – der ungeheuerlichsten Verbrechen und gestanden, einen Plan zur »Errichtung der jüdisch-zionistischen Weltherrschaft« verfolgt zu haben. Zu den zum Tode Verurteilten und in Prag Hingerichteten gehörten neben Rudolf Slansky der stellvertretende Generalsekretär der Partei Josef Frank, der Staatssekretär im Außenministerium Vladimir Clementis, der Publizist und Politiker Ludvik Freyka, der stellvertretende Außenhandelsminister Rudolf Margolius und auch Otto Fischl.

Flanderky, Paul   1872 – 1937

Zeichner

Kreuzstraße 6, Granitzstraße 21

In der Kreuzstraße 6 standen 1935 mehrere sehr große Möbelwagen. Paul Flanderky hatte eine schönere, »geräumige und beinahe bezaubernd helle« neue Wohnung in der Granitzstraße gefunden. Für die »gute Sonne« nahm er sogar die unmittelbare Nähe zum Bahnhof Pankow und die damit verbundene Lautstärke in Kauf. Er hatte sich als Zeichner und Illustrator wissenschaftlicher und naturwissenschaftlicher Themen einen Namen gemacht, zahlreiche Ingenieurbüros und Forschungseinrichtungen bedienten sich seiner Kunst. Bei Sammlern sehr begehrt ist heute seine detailgetreue Blattsammlung über heimische Insekten.

Florin, Peter   Geb. 1921

Diplomat

Majakowskiring 33

Das Haus Majakowskiring 33 hat im Verlaufe des Bestehens des »Städtchens« schicksalsreiche Zeiten erlebt. Alexander Abusch, der nicht immer parteikonforme Kulturfunktionär und Nachfolger Johannes R. Bechers als DDR-Kulturminister hatte hier gewohnt, auch Karl Schirdewan, der Widersacher Ulbrichts und gemaßregelte »Abweichler«, sowie das SED-Politbüromitglied Gerhard Grüneberg. 1960 zog hier Peter Florin mit seiner Familie ein, ein sympathischer und stets freundlicher junger Diplomat, dem der Ausbau der Verbindungen der DDR zu den jungen Nationalstaaten in Afrika und deren Unterstützung beim Aufbau der politischen und wirtschaftlichen Selbstständigkeit übertragen wurde. Später wechselte er in den aktiven diplomatischen Dienst und war während des »Prager Frühlings« Botschafter der DDR in der SSR. Als stellvertretender Außenminister vertrat er die DDR anlässlich der Beitrittsverhandlungen zu den Vereinten Nationen und blieb danach als Ständiger Vertreter der DDR bei der Weltorganisation. Während der 42. Sitzungsperiode 1987 fungierte er als Präsident der Generalversammlung der UNO.

Franck, Hans-Heinrich   1888 – 1961

Chemiker

Majakowskiring 59

Auch den Bewohnern des »Städtchens« war nichts »Menschliches« fremd. Es gab Nachbarschaftsstreit, es gab geharnischte Ehekonflikte – und es gab Scheidungen. Erich Honeckers Trennung von Edith Baumann wurde von der Scheidung zweier Kandidaten des Politbüros locker in den Schatten gestellt. Anton Ackermann hatte sich von Elli Schmidt getrennt, der Grund hierfür war die hübsche Haushaltshilfe Irmgard. Dem Ehebrecher wurde nahe gelegt, die gemeinsame Wohnung zu verlassen, die Verwaltung des »Städtchens« übte leichten Druck aus, indem sie Anton Ackermann eine neue Unterkunft im Majakowskiring 59 zuwies. Aber er wohnte dort nicht allein. In dem Haus lebten bereits Ernst Melsheimer, der Generalstaatsanwalt der DDR, sowie Professor Hans-Heinrich Franck. Letzterer gab schnell auf und verließ die seltsame Wohngemeinschaft, zumal Anton Ackermann mit seiner neuen Frau Irmgard eine erfolgreiche Familienplanung betrieb, verbunden mit viel Kindergeschrei. Professor Franck bekleidete an der Berliner Humboldt-Universität den Lehrstuhl für Chemie und war zugleich bis 1959 Direktor des Instituts für angewandte Silikatforschung der Deutschen Akademie der Wissenschaften.

Franze, Walter   1903 – 1971
Journalist
Majakowskiring 8
1945 war er der erste Vorsitzende des neu gegründeten »Verbandes der Deutschen Presse« (VDP), aus dem später der »Verband der Journalisten der DDR« hervorging. Die Gründung des VDP wurde am 10. Oktober 1945 durch den Alliierten Kontrollrat genehmigt. Von 1949 bis 1956 war er stellvertretender Chefredakteur des »Neuen Deutschlands«.

Frenzel, Max   1893 – 1985
Vertreter des antifaschistischen Widerstandes
Hallandstraße 26
Ebenso wie der Maler Fritz Duda gehörte auch Max Frenzel in den Zwanzigerjahren zu einer oppositionellen Gruppierung innerhalb der Kommunistischen Partei Deutschlands, die von Ernst Thälmann, dem ultralinken und stalinhörigen Parteiführer, verächtlich als »Versöhnler« bezeichnet wurde. Max Frenzel, der stets den selbstzerstörerischen und linksradikalen Kurs der KPD-Spitze anprangerte, gehörte in der Zeit des Nationalsozialismus zu den aktivsten und effektivsten Widerständlern im Norden Berlins. 1936 flüchtete er nach Prag, wurde dort 1938 verhaftet und vom Volksgerichtshof zu zehn Jahren Haft verurteilt. Seine Schwester Grete Sonnemann erinnerte sich an ihre Besuche im Zuchthaus Brandenburg: »Ich habe ihn oft … besucht. Sprechstunde war in einem kleinen Raum. Max sprach leise, man musste auf den Mund achten, dann verstand man ihn. So erfuhr ich, dass im Zuchthaus die Todeskandidaten vor der Hinrichtung im Abstand von drei Metern auf dem Flur standen. Man ließ sie noch so lange leben, bis für die Arbeit in der Haft ein geeigneter Nachfolger gefunden war.« Grete Sonnemann ist auch ein Satz von Max Frenzels Rechtsanwalt in Erinnerung geblieben. Das Verhältnis seines Mandanten zur KPD beschrieb der Anwalt als »die Liebe zu einer Frau, die es nicht wert ist«.

Fürnberg, Louis   1909 – 1957

Schriftsteller
Pfeilstraße 12

Wohl kein anderes Lied als »Die Partei«, in dem es heißt, »die Partei, die Partei, die hat immer recht«, zeigt die alleinige Herrschaft der Partei über alles, was im Kommunismus gesagt, gedacht und wie gehandelt wird, deutlicher, und es stößt die in Noten verpackte offensichtliche Drohung aus, sich nicht mit der Partei anzulegen. Ein angstvolles, bedrohliches Lied, ursprünglich für die Kommunistische Partei der Tschechoslowakei geschrieben, ein Lied, das jahrzehntelang als offizielle Hymne der SED galt. Schöpfer dieses Werkes war der tschechisch-deutsche Dichter Louis Fürnberg, der sich zeitlebens als politischer Dichter sah und mit seinen Reimen während der Stalinzeit Hochkonjunktur hatte. Gedichte wie »Stalins Geburt«, »Der junge Stalin«, »Der größte Schüler« und ähnliche Unappetitlichkeiten wurden in den Schulen der jungen DDR, kultisch verklärt, dahergebetet. Nach dem XX. Parteitag der Kommunistischen Partei der Sowjetunion und der Abrechnung mit den Verbrechen Stalins hätte sich Fürnberg ein neues dichterisches Betätigungsfeld suchen müssen. Er fand es nicht, aber es blieb ihm auch keine Zeit mehr. Im Juni 1957 starb er in Weimar, wo er bis zu seinem Tod als stellvertretender Leiter der Nationalen Forschungs- und Gedenkstätten der klassischen deutschen Literatur und als Mitherausgeber der »Weimarer Beiträge« tätig war.

Garbáty-Rosenthal, Josef   1851 – 1939

Unternehmer
Berliner Straße 126/127

Im »Tabakskollegium« des preußischen Königs Friedrich Wilhelms I. wurde vor rund dreihundert Jahren europäische Politik gemacht, Sir Winston Churchill konnte nach eigenen Aussagen ohne Zigarre keinen klaren Gedanken fassen und Josef Garbáty wurde dank des Tabaks in seiner Zeit zum erfolgreichsten Pankower Unternehmer und größten Arbeitgeber des Ortes. In der Bundesrepublik Deutschland des Jahres 2014 hätten sie alle keine Chance gehabt. Das Rauchverbot, als »Nichtraucherschutz« verklärt, erklärt mittlerweile alle Tabakkonsumenten zu Unpersonen im öffentlichen Leben. Aber daran war 1879 noch nicht zu denken, als Josef Garbáty sein Zigarettenimperium begründete. 1906 entstand in der Hadlichstraße das erste Fabrikgebäude, ein zweites in der Berliner Straße wurde 1912 fertig gestellt. 1918 arbeiteten bei Garbáty bereits über eintausend Mitarbeiter, alle waren bereits arbeitslosenversichert, obwohl eine staatliche Arbeitslosenversicherung erst neun Jahre später offiziell eingeführt wurde. Die bekannteste Zigarette aus dem Hause Garbáty war die »Königin von Saba«, die er sich 1898 patentrechtlich schützen ließ. Die Machtübernahme der Nationalsozialisten bedeutete das Ende des Garbáty-Imperiums. 1935 wurde die GmbH in eine Kommanditgesellschaft umgewandelt, 1938 erfolgte der Zwangsverkauf. Damit hatte die jüdische Familie Garbáty ihre Fabriken und ihren gesamten Berliner Grundbesitz mit einer Fläche von 45.000 Quadratmetern verloren.

Georgi, Rudi   Geb. 1927
Politiker
Majakowskiring 66
In den Sechziger- und Siebzigerjahren war Georgi Mitglied des DDR-Ministerrates. Seine Ressorts trugen klangvolle Namen wie »Ministerium für Verarbeitungsmaschinen- und Fahrzeugbau« sowie »Ministerium für Werkzeug- und Verarbeitungsmaschinenbau«. Beinahe ebenso sperrig liest sich der Titel seiner Doktorarbeit an der Karl-Marx-Universität Leipzig: »Probleme der weiteren Entwicklung der Erzeugnisgruppen-Arbeit in der VVB EBM zur Sicherung einer bedarfsgerechten Produktion im gesamten Industriezweig«. Vor seiner ministerialen Karriere war er von 1963 bis 1965 Generaldirektor des VVB Eisen, Bleche, Metallwaren im sächsischen Karl-Marx-Stadt, dem heutigen Chemnitz. Von 1976 bis 1989 gehörte Rudi Georgi dem Zentralkomitee der SED als Vollmitglied an.

Geschonneck, Erwin   1906 – 2008
Schauspieler
Homeyerstraße 30
Der Untergang der DDR und der »Anschluss an die Bundesrepublik Deutschland« im Jahre 1990 war für den damals Dreiundachtzigjährigen ein »großes Unglück«, und immer wieder stellte er die Frage, ob »es nicht noch einen anderen Weg gegeben hätte, die DDR als Staat zu erhalten«. Auch nach der politischen Wende bekannte er sich offen zum Kommunismus, der ihn ein Leben lang begleitet hatte. Das neue Deutschland ging mit dem verdienstvollen Film- und Theaterdarsteller sehr verantwortungsvoll um. Seine großen Leistungen wurden 1992 anerkannt, als ein gesamtdeutscher Kritikerstab ihn zum »Besten Schauspieler der DDR« aller Zeiten kürte. Ein Jahr später erhielt er den Deutschen Filmpreis für sein gesamtes künstlerisches Schaffen. Als Achtundneunzigjähriger ernannte ihn die Deutsche Filmakademie zu ihrem Ehrenmitglied. Bis zu seinem Tode konnte sich die Partei »Die Linke« über die Mitgliedschaft Erwin Geschonnecks freuen.

Geyer, Fritz   1888 – 1966
Jurist, Politiker
Majakowskiring 8
In den Zwanzigerjahren fand Fritz Geyer nach einem politischen Flirt mit den Kommunisten den Weg zur Sozialdemokratie, was ihm 1933 nach der Machtergreifung der Nationalsozialisten seine Stellung als Ministerialrat im sächsischen Justizministerium kostete. Nach 1945 leitete er das Büro der sächsischen Landesverwaltung und war enger Mitarbeiter des Ministerpräsidenten Rudolf Friedrichs.

Walter Ulbricht, den die Geschehnisse in seiner sächsischen Heimat stets persönlich interessierten, warf Geyer dessen sozialdemokratische Vergangenheit vor und
behauptete, Geyer habe nach seinem Austritt aus der KPD antikommunistische
und antisowjetische Hetze betrieben. Umso lauter muss Ulbricht gewettert haben,
als Fritz Geyer 1950 in Berlin auftauchte, im »Städtchen« einer seiner Nachbarn
wurde und von Otto Grotewohl zum Leiter des Büros des Ministerpräsidenten ernannt wurde. Geyer, der »perfekte Bürokrat«, wurde Mitte 1955 von Grotewohl
entlassen und durch den vergleichsweise farblosen Anton Plenikowski ausge-
tauscht. Geyer lehrte ab 1956 als Professor für Völkerrecht an der Deutschen Akademie für Staats- und Rechtswissenschaft und war ab 1962 deren Prorektor.

Gold, Franz   1913 – 1977
Journalist, General im Ministerium für Staatssicherheit der DDR
Tschaikowskistraße 34, Majakowskiring 55
Der im tschechischen Botenwald geborene gelernte Fleischer war Mitglied im
Kommunistischen Jugendverband des Sudetenlandes, diente bis 1937 in der tsche-
chischen Armee und wurde 1938 nach dem Anschluss des Sudetenlandes an das
Deutsche Reich von der Gestapo verhaftet. Aus der Haft entlassen, kämpfte er ab
1940 im Zweiten Weltkrieg als Wehrmachtssoldat und geriet 1941 in sowjetische
Kriegsgefangenschaft. Als Kommissar nahm er 1944 am slowakischen Aufstand
gegen die faschistische Regierung in Bratislava teil. 1946 siedelte er in die Sowjetische Besatzungszone über und arbeitete als Journalist im sowjetischen Nachrich-
tenbüro SNB. In der DDR machte er schnell Karriere. Im neu gegründeten Ministerium für Staatssicherheit leitete er die Hauptverwaltung Personenschutz und
wurde zum Generalleutnant befördert. Gold, dem immer wieder eine enge Zusammenarbeit mit der sowjetischen Auslandsspionage nachgesagt wurde, war maßgeblich am Ausbau der Waldsiedlung Wandlitz beteiligt.

Gotsche, Otto   1904 – 1985
Politiker, Schriftsteller
Majakowskiring 10
Sein literarisches Debüt gab er im Jahre 1933 mit dem Roman »Märzstürme«, der
im gleichen Jahr von den Nazis verboten wurde. Eine Wiederauflage des Buches
erschien 1953. Als sein bedeutendstes Werk gilt »Die Fahne von Kriwoi Rog«. Das
Buch erzählt die Geschichte einer Fahne, die den Bergarbeitern im Mansfeld von
ihren sowjetischen Kollegen geschenkt wurde. Nach dem Roman entstand 1967
ein gleichnamiger Film. Auch das Buch »Unser kleiner Trompeter« wurde unter
dem Titel »Das Lied vom Trompeter« verfilmt. Otto Gotsche war ein Förderer der
Bewegung »Schreibender Arbeiter« in der DDR. Ohne Zweifel ist es ihm zu verdanken, dass diese Talentschmiede mitunter große positive Überraschungen her-
vorbrachte. Neben seiner schriftstellerischen Tätigkeit war er auch in der Politik

tätig. Seit 1949 gehörte er zu den engsten Mitarbeitern Walter Ulbrichts, war sein Persönlicher Referent und Leiter seiner Kanzlei. Von 1960 bis 1971 war er Sekretär des Staatsrates der DDR. Bis zu seinem Tod gehörte er dem Zentralkomitee der SED an.

Graetz, René   1908 – 1974
Bildhauer, Grafiker
Treskowstraße 5, Platanenstraße 9
Der in Genf aufgewachsene Bildhauer lebte von 1929 bis 1938 im südafrikanischen Kapstadt, später ging er nach London. Hier lernte er auch seine spätere Ehefrau, die Zeichnerin Elizabeth Shaw, kennen. 1946 beschloss das Ehepaar, in den Osten Deutschlands überzusiedeln. In der jungen DDR wurde René Graetz ein Opfer der »Formalismusdebatte«, seine Werke wurden verpönt, er selbst wurde in die »künstlerische Isolation« getrieben. Bis zu seinem Tod unterhielt er ein Atelier in der Platanenstraße 9. Seine künstlerische Wertigkeit beschrieb Lothar Lang: »Graetz wurde Schutzpatron jenes Teils der jungen Berliner Generation, die das freie Spiel mit Form und Farbe auf ihren Schild hob.« Zu seinen bekanntesten Werken gehören die Reliefstelen in der Nationalen Mahn- und Gedenkstätte Buchenwald und das von Arno Mohr vollendete Gemälde »Krieg und Frieden« für den Palast der Republik. 1959 erhielt er den Nationalpreis, 1973 wurde er mit dem Käthe-Kollwitz-Preis geehrt.

Gregor, Kurt   1907 – 1990
Ingenieur, Politiker
Güllweg 6
Wie viele seiner KPD-Genossen verbrachte auch Kurt Gregor die Dreißiger- und frühen Vierzigerjahre im sowjetischen Exil, wo er als Technischer Leiter in verschiedenen Industriebetrieben arbeitete. Nach seiner Rückkehr nach Deutschland wurde er 1950 Staatssekretär im Ministerium für Schwerindustrie und leitete von 1952 bis 1954 das Ministerium für Außenhandel und Innerdeutschen Handel. Eine strenge Parteirüge kostete ihn das Ministeramt, das dann bis 1961 von Heinrich Rau besetzt wurde. Ab dem 1. August 1958 war Gregor Stellvertretender Vorsitzender der Staatlichen Plankommission und ab dem 8. Dezember 1958 in dieser Funktion auch wieder Mitglied des Ministerrates der DDR.

Greßmann, Uwe   1933 – 1969
Schriftsteller, Lyriker
Berliner Straße 122
Kristin Schulz, Übersetzerin und Autorin, nannte ihn den »König von Berlin«, und »obwohl er im Literaturbetrieb seiner Zeit ein Außenseiter blieb und zu Lebzeiten nur einen einzigen Gedichtband publizierte, war Greßmanns Werk für

seine Zeitgenossen und auch die nachfolgende Generation vor allem ostdeutscher Lyriker von großer Bedeutung«. In der DDR-Underground- und Independence-Szene genoss er Kultstatus. »Der Vogel Frühling« hieß sein erster Gedichtband, den der mutige und weitsichtige Mitteldeutsche Verlag in Halle 1966 veröffentlichte. Die Zeitschrift »Sinn und Form« besprach das Buch beinahe euphorisch und erhob Greßmann in den Rang »einer der wichtigsten Stimmen der Lyrik ... unserer ... Zeit«. Für seinen Gönner und Freund Adolf Endler war er der »seltsamste und eigensinnigste Dichter der DDR in den Jahren nach 1960«. Uwe Greßmann litt an Tuberkulose und starb am 30. Oktober 1969 im Klinikum Berlin-Buch.

Grosse, Herwart   1908 – 1982
Schauspieler
Platanenstraße 103a
Wenn die DEFA für ein Filmprojekt einen »perfekten Schurken« suchte, musste das Besetzungsbüro nicht allzu lange im Katalog blättern: Schlussendlich landete man immer wieder bei dem grandiosen Schauspieler Hannjo Hasse, dem »Meister der perfiden Süffisanz«, der Christoph Waltz' Rolle als SS-Standartenführer Hans Landa in »Inglourious basterds« locker hätte spielen können. Und man hatte Herwart Grosse, den unumstrittenen Paradeschurken. Unvergessen seine Darstellung des Gestapo-Chefs und SS-Gruppenführers Heinrich Müller in »Der Fall Gleiwitz«, die den Betrachter noch heute frösteln lässt. Herwart Grosse war einer der wandlungsfähigsten und ohne Zweifel besten Bühnenschauspieler in der deutschen Nachkriegs-Theaterlandschaft, und auch im Film durfte er einige Male sein wunderbares komisches Talent ausleben. Köstlich und ebenso unvergessen seine Rolle als Graf Übbenau in dem DEFA-Klassiker »Mir nach, Canaillen« an der Seite von Manfred Krug.

Grotewohl, Hans   1924 – 1999
Architekt
Majakowskiring 61, Fritz-Erpenbeck-Ring 12 (früher: Straße 200)
Der erste Ministerpräsident der DDR, Otto Grotewohl, war – wie es sich für einen guten Papa gehört – stolz auf seinen Sohn Hans, den erfolgreichen Bauingenieur im »Nationalen Aufbauprogramm« der DDR, den talentierten Architekten und Schüler von Hans Scharoun an der Westberliner Technischen Hochschule. Politisch hielt sich Papas Stolz jedoch in Grenzen. Dessen Argumentation, der Sohn des Vorsitzenden der SED müsse doch zwangsläufig auch Mitglied der Partei werden, wollte Hans nicht so recht folgen. Stattdessen folgte er 1954 einem Ruf nach Nordkorea, um dort am Wiederaufbau des Landes nach dem verheerenden Krieg auf der Halbinsel zu helfen. Einige seiner architektonischen Arbeiten sind noch heute im Stadtgebiet der nordkoreanischen Hauptstadt Pjöngjang zu erkennen. Nach seiner Rückkehr in die DDR gehörte Hans Grotewohl neben Ludwig Deiters,

Horst Kutzat, Kurt Tausendschön, Hugo Namslauer und dem Bildhauer Fritz Cremer zu den Gestaltern der Mahn- und Gedenkstätte Buchenwald auf dem Ettersberg bei Weimar.

Grotewohl, Otto   1894 – 1964
Politiker, Ministerpräsident der DDR
Der erste Ministerpräsident der DDR – intelligent, feinsinnig, konziliant und nicht sonderlich willensstark – wollte so gar nicht in das Bild eines kämpferischen proletarischen Politikers passen, und auch seine offizielle Biografie musste einige notwendige Korrekturen erfahren. Tatsächlich wurde er 1938 verhaftet, die Anklage wegen Hochverrates wurde jedoch fallen gelassen. Im »Handbuch der Volkskammer« war später zu lesen, er sei einer »erneuten Verhaftung nur durch Untertauchen in die Illegalität« entgangen. Diese Darstellung ist beweisbar falsch, denn Grotewohl hat die Jahre zwischen 1939 und 1945 ziemlich unbeschadet überstanden. Auch der Eindruck, den er in einer Rede im Juni 1945 vor Funktionären der SPD vermitteln wollte, er sei »mit vielen Antifaschisten durch die Konzentrations- und Straflager« gegangen, lässt sich nicht aufrecht erhalten. Ein Blick in das Berliner Telefonbuch des Jahres 1941 lässt die Legende leicht platzen: Der »in der Illegalität untergetauchte« SPD-Politiker ist dort – ganz öffentlich – als »Otto Grotewohl, Kaufmann, Berlin W 30, Motzstraße 22« eingetragen. Im Ergebnis des Volksaufstandes am 17. Juni 1953 fand er als einer von wenigen DDR-Spitzenpolitikern klare Worte: »Wenn sich Menschen von uns abwenden, wenn neben der staatlichen und wirtschaftlichen Spaltung noch die menschlichen Beziehungen zwischen den Deutschen zerrissen werden, dann ist diese Politik falsch.«

Grünberg, Karl   1891 – 1972
Schriftsteller, Jurist
Majakowskiring 32, Leonhard-Frank-Straße 35
Kommunist, Journalist, Schriftsteller – für das geschriebene Wort im DDR-Sozialismus war das eine ideale Konstellation. Bei Karl Grünberg kam noch hinzu, dass seine Bücher am 10. Mai 1933 während der Bücherverbrennung von den Nazis in die Flammen geworfen wurden. Er beteiligte sich am kommunistischen Widerstand, wurde verhaftet und in das Konzentrationslager Sonnenburg verschleppt. 1945 war er Mitbegründer des »Volkskomitees Berlin-Pankow«, das sich bereits am 2. Mai an die Bevölkerung wandte und zum »Wiederaufbau in einer neuen, fortschrittlichen Gesellschaft« aufrief. Er selbst übernahm die Reformierung des Pankower Gerichtswesens. Mehrere Jahre arbeitete er als Redakteur bei der Zeitung »Tägliche Rundschau« und war bis zu seinem Tod als freiberuflicher Schriftsteller tätig. Zu Grünbergs bekanntesten Arbeiten zählen die Romane »Das Schattenquartett« und »Der Goldschatz in der Taiga« sowie das 1950 entstandene Theaterstück »Golden fließt der Stahl«.

Grüneberg, Gerhard   1921 – 1981
Politiker
Majakowskiring 33
1946 kam er aus Oldenburg in die Sowjetische Besatzungszone und startete eine
Bilderbuchkarriere als Funktionär der Sozialistischen Einheitspartei Deutschlands.
Im brandenburgischen Niederbarnim besuchte er die dortige Kreisparteischule,
und mit dem dort erworbenen Rüstzeug erhielt er zunächst eine Anstellung in der
SED-Kreisleitung Guben, stieg dann in die brandenburgische SED-Landesleitung
auf und war von 1952 bis 1958 Mitglied der Bezirksleitung Frankfurt (Oder) der
SED. Neben seiner Tätigkeit schloss er ein Fernstudium an der Parteihochschule
»Karl Marx« mit dem Diplom als Gesellschaftswissenschaftler ab. Bereits ein Jahr
später stieg er in das SED-Politbüro auf und beerbte Erich Mückenberger als Sekretär für Landwirtschaft. Das Ergebnis einer verfehlten Politik des neuen Sekretärs,
der die Industrialisierung in der Landwirtschaft durchsetzen wollte, war eine »dras-
tische Verschlechterung der Bevölkerungsversorgung mit Lebensmitteln«. In der
Einschätzung des Historikers Norbert Pötzl bewahrte die DDR-Landwirtschaft »einzig der Tod Grünebergs im Jahre 1981 vor dem totalen Zusammenbruch«.

Grünstein, Herbert   1912 – 1992
Chefinspekteur der Deutschen Volkspolizei der DDR
Köberlesteig 12, Güllweg 8
Nach seiner Emigration nach Palästina im Jahre 1935 und der Teilnahme am Spanischen Bürgerkrieg kam Grünstein in die Sowjetunion und heiratete dort die
Tochter von Ana Pauker, der späteren Außenministerin der Volksrepublik Rumänien. Nach seiner Rückkehr nach Deutschland wurde er 1951 als Nachfolger des
abgesetzten Generalinspekteurs Hans Klein Leiter der Hauptverwaltung Deutsche
Volkspolizei im Ministerium des Innern der DDR. Von 1955 bis 1957 war er Stellvertreter und von Februar 1957 bis Oktober 1973 Erster Stellvertreter des Ministers des Innern. Von 1974 bis 1984 war er stellvertretender Generalsekretär der
Gesellschaft für Deutsch-Sowjetische Freundschaft (DSF), 1976 bis 1989 Vorsitzender des Bezirkskomitees Berlin der »Antifaschistischen Widerstandskämpfer der
DDR« und gleichzeitig Mitglied der SED-Bezirksleitung Berlin. Zwanzig Jahre lang
war Herbert Grünstein neben Erich Mielke Zweiter Vorsitzender der Zentralen
Leitung der Sportvereinigung »Dynamo«.

Guhl, Adolf Fritz   1917 – 1977
Komponist
Fritz-Erpenbeck-Ring 17
Als Student für Kompositionslehre, Klavier, Orgel und Orchesterleitung in Berlin
gab er bereits als 17-Jähriger sein erstes Konzert. 1948 berief ihn die Städtische
Oper in West-Berlin zu ihrem Dirigenten, ein Jahr später übernahm er das Dirigat

des Großen Orchesters beim Berliner Rundfunk in der Masurenallee. Außerdem übernahm er 1950 die musikalische Leitung des Berliner Ensembles. Dort hatte er keinen leichten Stand. Bertolt Brecht und Helene Weigel waren bekanntlich enorm »wortfixiert«, und wenn man nicht Kurt Weill hieß, konnte es mit dem Schauspielgott und der Prinzipalin kein gutes Auskommen geben. Guhl jedoch konnte zumindest bis 1953 überzeugen, dankbar nahm er das Angebot einer Dozentur an der Berliner Hochschule für Musik an. Die Chefdirigate des DEFA-Sinfonieorchesters und des Großen Rundfunk-Orchesters Leipzig schlossen sich an. Guhls musikalisches Schaffen ist auf mehreren Langspielplatten des DDR-E-Musik-Labels ETERNA erhalten geblieben.

Hager, Kurt   1912 – 1998
Politiker
Achtermannstraße 43, Majakowskiring 55, Pfeilstraße 13
Im SED-Politbüro war er bis zum November 1989 für die Kultur- und Bildungspolitik zuständig, in dieser Funktion war er »ein Mann, der Karrieren befördern und Karrieren zerstören konnte«. Hager persönlich hatte 1979 einen Auftritt von Udo Lindenberg in der DDR verboten, in seinen theoretischen Schriften »bestritt Hager die Existenz einer einheitlichen deutschen Kulturnation und einer gemeinsamen deutschen Geschichte«. Am 9. April 1987 gab Hager in der bundesdeutschen Illustrierten »Stern« auf die Frage nach den Reformbemühungen Michail Gorbatschows in der Sowjetunion die legendäre Antwort: »Würden Sie, nebenbei gesagt, wenn Ihr Nachbar seine Wohnung neu tapeziert, sich verpflichtet fühlen, Ihre Wohnung ebenfalls neu zu tapezieren?« Diese offensichtliche Absage an Glasnost und Perestroika inspirierte Wolf Biermann zu seinem Lied »Ballade von den verdorbenen Greisen«, in dem er Hager als »Professor Tapeten-Kutte« bezeichnete. 1990 wurde Kurt Hager aus der SED-PDS ausgeschlossen, fünf Jahre später wurde er Mitglied der Deutschen Kommunistischen Partei.

Hahne, Ruthild   1910 – 2001
Bildhauerin
Straße 201 Nr. 1
Sie war seit 1930 Meisterschülerin von Wilhelm Gerstel, und hier befand sie sich in allerbester Gesellschaft. Auch Fritz Cremer, Gustav Seitz, Waldemar Grzimek und Cay von Brockdorff, der Ehemann der später von den Nazis ermordeten Widerstandskämpferin Erika von Brockdorff, gehörten Gerstels Meisterklasse an. Ruth, eigentlich Ruthild Hahne, nahm während ihres Studiums an der Hochschule für Bildende Künste auch Unterricht im Fach Monumentalplastik, ihr Dozent war Arno Breker. Während des Zweiten Weltkrieges fand Ruth Hahne Anschluss an die Widerstandsgruppe »Rote Kapelle« und stellte ihre damalige Wohnung in der Nachodstraße 20 in Berlin-Wilmersdorf für die Produktion der illegalen Zei-

tung »Die innere Front« zur Verfügung. In der DDR gehörte sie zu den bedeutendsten Bildhauerinnen, erhielt jedoch erst im Alter von 75 Jahren erstmals die Möglichkeit, ihr Werk in einer Personalausstellung zu zeigen.

Hauser, Harald   1912 – 1994
Schriftsteller
Hermann-Hesse-Straße 77
Für einen Journalisten gibt es nichts Schöneres, als eine Zeitschrift zu gründen, zu versuchen, sie am Leben zu erhalten und sie zu einem erfolgreichen und viel gelesenen Medium zu machen. Harald Hauser, im Zweiten Weltkrieg Emigrant und aktiver Widerständler in der französischen Resistance, ist dies gelungen. 1945 nach Deutschland zurückgekehrt, leitete er in der DDR als Chefredakteur die Zeitschrift »Die neue Gesellschaft«, nebenbei trieb er seine Idee, eine Illustrierte mit Bildern und Reportagen aus den »sozialistischen Bruderländern« auf den Markt zu bringen, mit Leidenschaft voran. Er war Mitte der Fünfzigerjahre Papa und Geburtshelfer, als die »Freie Welt«, die offizielle »Auslands-Illustrierte« der DDR, geboren wurde. Für die überaus beliebte Zeitschrift endete im März 1991 ein erfolgreiches Illustriertenleben. Brillant geschriebene Reisereportagen, professionell gestaltete Bildgeschichten, für die Hauser einst das Fundament schuf, hatten offenbar in der nunmehr gesamtdeutschen Print-Landschaft nichts mehr zu suchen.

Heidenreich, Gerhard   1916 – 2001
Politiker
Stille Straße 12, Majakowskiring 19
Heidenreich war ein enger Vertrauter des SED-Politbüromitgliedes Anton Ackermann und durfte seinem Arbeitgeber ab 1951 auch mit dem Einzug ins »Städtchen« besonders nahe sein. In jenem Jahr stieg er zum Leiter des »Außenpolitischen Nachrichtendienstes« auf, aus dem 1956 die Hauptverwaltung Aufklärung im Ministerium für Staatssicherheit entstand. Als Stellvertreter von Markus Wolf war er vor allem für die Neurekrutierung von geeigneten Kadern für die Auslandsspionage der DDR zuständig. 1979 ging er mit dem Dienstgrad Generalmajor des MfS in den Ruhestand.

Heine, Otto   1875 – 1942
Vertreter des Widerstandes
Pankgrafenstraße 8
Der Arm der Gestapo war lang, deren Spitzel arbeiteten effizient und unerbittlich. 1936 wurden sie auf den mittlerweile bereits 61 Jahre alten Pankower Maurer Otto Heine aufmerksam. Zu dem damals schon das Bauhandwerk bestimmenden Klischee, nachdem zu einem Stein auch ein Bier gehöre, gesellte sich für Otto Heine vornehmlich die Agitation und die politische Diskussion mit seinen Maurer- und

Zimmermanns-Kollegen am Arbeitsplatz. Ein in Otto Heines Arbeitsgruppe einge-
schleuster Gestapo-Agent hatte vergleichsweise leichtes Spiel. Schon am ersten Tag
verfasste er einen umfangreichen Bericht über Heines Haltung zum nationalsozialistischen Regime, der zu Heines Verhaftung führte. Im Gefängnis erkrankte Otto
Heine schwer und starb 1942.

Hennecke, Adolf   1905 – 1975
Bergarbeiter, erster Aktivist der DDR
Fritz-Erpenbeck-Ring 5 (früher: Straße 200)
1948 wurde im Karl-Liebknecht-Schacht im sächsischen Lugau-Oelsnitzer Stein-
kohlerevier der erste Nationalheld der noch nicht existenten DDR geboren: Der
43-jährige Bergmann Adolf Hennecke erhielt den Parteiauftrag, nach dem Vorbild
des sowjetischen Bergarbeiters Alexej Stachanow, eine die Norm sprengende Son-
derschicht zu fahren und damit eine landesweite Kampagne, später »Aktivistenbe-
wegung« genannt, ins Leben zu rufen. Hennecke tat dies in treuem Gehorsam
und überbot die Norm mit 387 Prozent. Sein Lohn waren 1,5 Kilogramm Fettzu-
lage, drei Schachteln Zigaretten, eine Flasche Schnaps, 50 Mark Geldprämie sowie
ein Blumenstrauß des Kollektivs. Hinzu kam der ewige Hass seiner Kollegen, der
ihm jedoch mit einem Eintrag in die Geschichtsbücher der DDR, einem Sitz in der
Volkskammer und dem mit 100.000 Mark dotierten Nationalpreis versüßt wurde.

Hensel, Max   1878 – 1951
Unternehmer
Stille Straße 4–5
Nicht lange, nachdem die Niederschönhausener Siedlung, die später als »Städtchen« bekannt wurde, 1945 von der Sowjetarmee eingenommen worden war, mussten die Einwohner – soweit sie nicht bereits geflüchtet waren – ihre Häuser verlassen. Zu ihnen gehörte der Kommerzienrat Max Hensel, der nach seiner Vertreibung
im West-Berliner Ortsteil Frohnau eine neue Heimat fand. Dort, an der Hermsdorfer Straße errichtete er seine neue Maschinenfabrik, deren übergroßer Schriftzug
die großen Werkshallen buchstäblich krönte. In Hensels Villa in der Stillen Straße
wohnte fortan der spätere DDR-Ministerpräsident Otto Grotewohl, bis dieser ein
Haus im Majakowskiring beziehen durfte. Max Hensel, dem die Sowjetische Militäradministration auch nach seiner Übersiedelung in den französischen Sektor
keine Steine in den Weg legte und den sie im Osten Berlins weiter arbeiten ließ, hat
nach dem Krieg einen unverzichtbaren Beitrag beim Wiederaufbau mehrerer Berliner Theater geleistet. Seine Firma setzte das Theater am Schiffbauerdamm wieder
instand, auch den Friedrichstadtpalast und die Komische Oper. Ewiger Dank ereilte den ehemaligen Niederschönhausener und dann Frohnauer Unternehmer jedoch, als er pünktlich zum 21. April 1946, dem Vereinigungsparteitag von KPD und
SPD zur SED, den Admiralspalast an der Friedrichstraße wieder herstellte.

Henselmann, Hermann   1905 – 1995

Architekt

Kuckhoffstraße 39b

Der später hoch dekorierte Lieblingsarchitekt Walter Ulbrichts genoss in der DDR »alle Privilegien, mit denen der SED-Staat seine Funktionäre und Leistungseliten belohnte«. Er wurde nicht müde, die erlittenen Repressalien, Verfolgungen und Berufsverbote während der Zeit des Nationalsozialismus zu thematisieren. Das passte zwar perfekt in das politische Bild der jungen DDR, entsprach jedoch nicht ganz den Tatsachen. Im Berliner Telefonbuch von 1941 ist er unter dem Eintrag »Henselmann und Wenzel, Architekten, W 15, Schaperstraße 21« aufgeführt. Henselmann beugte sich in der DDR als »begnadeter Opportunist den ideologischen Vorgaben und erntete dafür reichen Lohn«. Er war der Erbauer der Stalinallee, deren Anblick Bertolt Brecht zu dem Gedanken trieb, man möge »nicht nur an die Kraft des Sozialismus denken, sondern auch an die Kraft des Dynamits«.

Hentschke, Herbert   1919 – 1991

Politiker

Güllweg 10c

Der im ostsächsischen Oberseifersdorf geborene Sohn eines Dachdeckers absolvierte eine Lehre als Schlosser und trat sehr früh in den Kommunistischen Jugendverband Deutschlands und später in die Kommunistische Partei ein. 1934 emigrierte er mit seinen Eltern in die Sowjetunion, überstand die stalinschen Säuberungen und wurde im Zweiten Weltkrieg Frontbevollmächtigter des »Nationalkomitees Freies Deutschland«. Ab 1944 kämpfte er als Angehöriger einer sowjetischen Partisaneneinheit in Belorussland. Nach seiner Rückkehr nach Deutschland mit der Gruppe um Gustav Sobottka und nach seinem Eintritt in die SED stieg er schnell zu einem führenden Mitarbeiter der neu gegründeten Deutschen Volkspolizei auf. In den Fünfzigerjahren wechselte er in das Ministerium für Staatssicherheit.

Hermlin, Stephan   1915 – 1997

Schriftsteller

Kurt-Fischer-Straße 39 (heute: Hermann-Hesse-Straße)

Der einstmals persönliche Freund Erich Honeckers verstand sich als »Mittler zwischen Literatur und Politik«, was seinem mächtigen Freund seit den späten Fünfzigerjahren zunehmend weniger gefallen sollte. Hermlin rechtfertigte zwar den Mauerbau am 13. August 1961, hatte aber bereits grundsätzliche kritische Positionen im eigenen Umgang mit dem Sozialismus in der DDR bezogen. 1962 war er der Initiator einer Lyriklesung in der Akademie der Künste der DDR, an der unter anderem Volker Braun, Sarah Kirsch und Wolf Biermann teilnahmen und mit ihren Werken zumindest großes Erstaunen auslösten. Ebenso erstaunt schien die DDR-Kulturspitze gewesen sein, denn Stephan Hermlin verlor daraufhin seinen

Posten als Chef der Dichtkunst an der Akademie. Freund Honecker konnte, vielmehr wollte ihm nicht helfen. Auch nicht 1968, als Hermlin den Einmarsch der Armeen des Warschauer Vertrages in die ČSSR missbilligte, und erst recht nicht, als Hermlin als einer der Ersten die Protestresolution gegen die Ausbürgerung Wolf Biermanns unterzeichnete. Bis zu seinem Tode bezeichnete Stephan Hermlin sich als Kommunist, aber seine poststalinistischen Glaubensbrüder in der DDR hatten für den brillanten Wortkünstler keinen Platz mehr in ihrer Nähe.

Herrnstadt, Rudolf   1903 – 1966
Journalist, Schriftsteller, Politiker
Majakowskiring 58
Lang, sehr lang ist die Liste der SED-Spitzenpolitiker, die Walter Ulbricht in den Anfangsjahren der DDR unter aktiver Mithilfe seines sowjetischen Einflüsterers Nikita Chruschtschow, des Stalin-Nachfolgers, maßregelte, mit strengsten Parteistrafen belegte und sie aller politischen Ämter enthob. Rudolf Herrnstadt, Chefredakteur des »Neuen Deutschlands« und Kandidat des SED-Politbüros, gehörte zu jenen Genossen, die nach dem Tod des sowjetischen kommunistischen Gottes in Moskau für einen neuen Weg bei der Gestaltung der politischen Kultur in der DDR eintraten: »Es geht darum, eine Deutsche Demokratische Republik zu schaffen, die für ihren Wohlstand, ihre soziale Gerechtigkeit, ihre Rechtssicherheit, ihre zutiefst nationalen Wesenszüge und ihre freiheitliche Atmosphäre die Zustimmung aller ehrlichen Deutschen findet.« Zu viel für Ulbricht. Herrnstadt wurde wegen »parteifeindlicher Fraktionsbildung« aus der SED ausgeschlossen und verbrachte die Zeit bis zu seinem frühen Tod als wissenschaftlicher Mitarbeiter im Zentralarchiv Merseburg.

Heymann, Stefan   1896 – 1967
Journalist, Politiker
Stille Straße 11, Güllweg 6
Als ehemaliges Mitglied des kommunistischen Rotfrontkämpferbundes, der in der Weimarer Republik als Gegenpol zur nationalsozialistischen SA tätigen »kämpfenden Truppe«, wurde er 1933 von der Gestapo verhaftet und verbrachte die gesamte Zeit der Hitler-Herrschaft in den Konzentrationslagern Dachau, Auschwitz-Monowitz und Buchenwald. Nach 1945 übernahm er eine Funktion in der Abteilung Kultur und Erziehung im Zentralkomitee der SED und war von 1950 bis 1953 Botschafter der DDR in der Volksrepublik Ungarn, danach übte er diese Funktion bis 1957 in Polen aus. Er war Leiter der Presseabteilung im Ministerium für Auswärtige Angelegenheiten der DDR und lehrte ab 1960 als Professor an der Akademie für Staats- und Rechtswissenschaft »Walter Ulbricht«.

Hippler, Fritz   1909 – 2002
Reichsfilmintendant
Paul-Francke-Straße 11

Der an Alkoholsucht erkrankte »wichtigste Mann im deutschen Filmwesen« war der treueste Erfüllungsgehilfe seines obersten Dienstherrn im Reichspropagandaministerium. Goebbels' »Mann für's Grobe«, wurde von diesem jedoch wenig geschätzt, weil Hippler »zwar intelligent«, aber »dreist, widersprüchlich und unreif« sei. Hippler war maßgeblich an der Fertigung der Propagandafilme »Der ewige Jude« und »Jud Süß« beteiligt. 1943 wurde er von Goebbels entlassen, der Minister hatte eine »Desorganisierung« in der Filmabteilung seines Hauses ausgemacht. Im Nachhinein ein Glücksfall für Hippler: Im Nürnberger Hauptkriegsverbrecherprozess, an dem Goebbels aus »biologischen Gründen« nicht teilnehmen konnte, wäre Hippler die ideale Zweitbesetzung für seinen in Berlin verbrannten Chef gewesen, da er jedoch seit 1943 aus der deutschen Propaganda verschwunden war, entschieden sich die Alliierten für den farblosen Rundfunkagitator Hans Fritzsche als Goebbels' Stellvertreter auf der Anklagebank, der dann als viel zu kleines Licht prompt freigesprochen wurde. Hippler kam glimpflich davon, ließ sich – beinahe demonstrativ – in Berchtesgaden nieder und leugnete bis zuletzt seine führende Rolle in der Propagandamaschinerie des Dritten Reiches.

Hoffmann, Heinz   1910 – 1985
Politiker, Armeegeneral der Nationalen Volksarmee
Majakowskiweg 14 (heute: Rudolf-Ditzen-Weg)

Er war nicht nur Minister für Nationale Verteidigung der DDR, er war auch ein Lebemann und Womanizer vom exakt gezogenen Scheitel bis zur Sohle. Als junger Funktionär des Kommunistischen Jugendverbandes emigrierte er 1935 in die Schweiz, ging ein Jahr später nach Moskau und wurde an der Militärschule in Rjasan zum Offizier ausgebildet. Im Spanischen Bürgerkrieg kämpfte er als Politkommissar im legendären Hans-Beimler-Bataillon. Als Mitarbeiter von Wilhelm Pieck und Walter Ulbricht kam er nach dem Zweiten Weltkrieg nach Berlin zurück und machte schnell Karriere in der Kasernierten Volkspolizei und bei deren Nachfolgerin, der Nationalen Volksarmee der DDR, an deren Spitze er 1961 berufen wurde. Seinen »Einstand« als Minister gab er am 6. Oktober 1961 mit dem Schießbefehl an der Staatsgrenze, der die Grenztruppen der DDR verpflichtete, Flüchtlinge mit der Schusswaffe an der »Republikflucht« zu hindern: »Wer unsere Grenze nicht respektiert, der bekommt die Kugel zu spüren.« Eine Woche nach seinem 75. Geburtstag starb Heinz Hoffmann. Vermutet wird ein direkter Zusammenhang mit den ausschweifenden Jubiläumsfeierlichkeiten …

Homann, Heinrich   1911 – 1994

Politiker

Homeyerstraße 32

Der Sohn eines Reedereibesitzers aus Bremen hatte in Jena, Tübingen, Göttingen und Hamburg Rechtswissenschaft studiert und wurde Berufssoldat in der Reichswehr. Bereits in den späten Zwanzigerjahren fand er Zugang zu den Ideen des Nationalsozialismus und trat 1933 der NSDAP bei. Als Major der Wehrmacht und Abteilungskommandeur des Artillerieregimentes 83 nahm er an der Schlacht um Stalingrad teil, geriet in sowjetische Kriegsgefangenschaft und gehörte zu den Gründungsmitgliedern des »Nationalkomitees Freies Deutschland«. In der DDR übernahm er den Vorsitz der Nationaldemokratischen Partei Deutschlands und war damit beinahe automatisch einer der Stellvertreter des Vorsitzenden des Staatsrates. Nach der Wende 1989 verlor er alle seine politischen Ämter, selbst die beiden schlagenden Verbindungen »Corps Thuringia Jena« und «Brunswiga Göttingen«, in denen er – wie unschwer an seinem Äußeren zu erkennen war – jahrzehntelang aktives Mitglied war, entzogen ihm die Corps-Solidarität und leiteten »Ehrenverfahren« gegen Heinrich Homann ein.

Holz, Arno   1863 – 1929

Dramatiker, Lyriker

Viktoriastraße 4 (heute: Majakowskiring)

Neben seiner Pankower Adresse ist der Wohnort von Arno Holz in der Zeit von 1910 bis zu seinem Tod mit »Berlin-Schöneberg« angegeben. In seinem letzten Lebensjahr wurde er in die Kandidatenliste für den Literaturnobelpreis aufgenommen, die Jury entschied sich letztendlich jedoch für seinen deutschen Kollegen Thomas Mann. Als lyrisches Hauptwerk von Arno Holz wird heute sein 1898 erschienener Gedichtband »Phantasus« angesehen, in dem das Bild eines »dahindämmernden, hungernden Dichters» gezeichnet und das Milieu im Berliner Wedding widergespiegelt wird. Sein 1890 uraufgeführtes Schauspiel »Papa Hamlet«, entstanden aus der Auffassung, dass Kunst realistisch sein solle, wurde vom Großteil der Berliner Kritik abgelehnt. Jedoch fand sein neuer Ausdrucksstil durchaus auch Anhänger. Theodor Fontane gehörte zu denjenigen, die darin einen »hohen künstlerischen Wert« erkannten.

Honecker, Erich   1912 – 1994

Politiker, Generalsekretär des ZK der SED, Vorsitzender des Staatsrates der DDR

Majakowskiring 58, Majakowskiweg 14 (heute: Rudolf-Ditzen-Weg)

Ulbrichts politischer Ziehsohn, von seiner SED-Politbürogenossin Elli Schmidt einst als »das gute Kind« bezeichnet, hatte stets treu und ergeben seinem Herrn gedient, 1953 seine Politbürogenossen Rudolf Herrnstadt und Wilhelm Zaisser verteufelt, vier Jahre später für den Ausschluss von Karl Schirdewan und Ernst Wollweber aus der SED-Spitze gestimmt. Honecker folgte Ulbricht »wie ein Hund«, dem Hundeführer gefiel diese Ergebenheit so sehr, dass er den jungen Saarländer schon früh zu seinem Nachfolger bestimmte. Sehr zum Verdruss von Lotte Ulbricht, die Honecker nicht leiden konnte und alles Heimtückische, Schlechte und Intrigante in dessen politisches Tun hineingeheimniste. Und die gute Ehefrau sollte recht behalten: Nachdem sich »das gute Kind« den Segen aus Moskau abgeholt hatte, putschte es sich 1971 an die SED-Parteispitze. Oft wurde kolportiert, dies sei sogar mit Waffengewalt gegen den greisen Ulbricht geschehen. Das mag man im Wissen um den Ablauf diverser Machtkämpfe in Moskau und die Nibelungentreue des neuen starken Mannes zum sowjetischen System durchaus glauben.

Honecker, Margot   Geb. 1927
Pädagogin, Politikerin
Majakowskiweg 14 (heute: Rudolf-Ditzen-Weg)
Margot Feist, die bildhübsche, lustige 21-jährige Mitarbeiterin im FDJ-Kreisvorstand Halle an der Saale wurde 1948 in den Zentralrat der FDJ berufen und durfte als Vorsitzende die Pionierorganisation »Ernst Thälmann« übernehmen. Dort kamen sich die junge Funktionärin und ihr Chef Erich Honecker sehr schnell sehr nahe, die gemeinsame Tochter Sonja war das Ergebnis ihrer oft angezweifelten, aber durchaus ehrlich empfundenen großen Liebe. Auf Befehl der Partei wurde aus Margot Feist 1953 Margot Honecker, des hoffnungsvollen Erichs zweite Ehefrau. Margots Karriere sollte diese Heirat durchaus befeuern. Bis zum Ende der DDR war sie Ministerin für Volksbildung, brachte 1965 das »Gesetz über das einheitliche sozialistische Bildungssystem« auf den Weg und führte 1978 den Wehrunterricht für Schüler der 9. und 10. Klassen ein. 1992 floh sie nach Strafandrohungen durch die nunmehr gesamtdeutsche Justiz zu ihrer Tochter Sonja und deren Ehemann Leo nach Chile, wenig später konnte sie ihren Ehemann, dem man die Ausreise aus Deutschland erlaubt hatte, auf dem Flughafen von Santiago de Chile begrüßen. Von Chile aus sendet Margot Honecker, aufgrund ihrer künstlichen Haarfarbe in der DDR als »Lila Drachen« oder »Blaue Eminenz« bezeichnet und von Wolfgang Thierse »Miss Bildung« genannt, »ohnmächtige Schauer körnigen Eises« gegen das geeinte Deutschland und dessen verruchtes politisches System.

Husemann, Walter   1909 – 1943
Vertreter des Widerstandes
Florastraße 26
Der am 13. Mai 1943 in Berlin-Plötzensee ermordete aktive Widerständler gegen die Nazi-Diktatur erfuhr in der DDR viele Ehrungen. In zahlreichen Städten wurden Straßen nach ihm benannt, auch Schulen und Arbeitskollektive. Nach der friedlichen Revolution in der DDR wurde jedoch ein Kleinkrieg gegen das Andenken kommunistischer Antifaschisten im Osten Deutschlands angezettelt, deren

Namen aus der Öffentlichkeit flächendeckend verschwanden. Auch die Erinnerung an Walter Husemann sollte getilgt werden. Aber so recht wollte das nicht gelingen. An seinem Wohnhaus wurde eine Gedenktafel angebracht, in Berlin-Prenzlauer Berg gibt es noch immer die »Husemannstraße«, und in der Stadt Goldberg in Mecklenburg-Vorpommern trägt die dortige regionale Schule immer noch den Namen »Walter Husemann«.

Jungklaus, Rudolf   1882 – 1961
Pfarrer, Vertreter des Widerstandes
Lindenstraße 33 (heute: Elsa-Brändström-Straße)
Nach dem Studium der Theologie an der Berliner Friedrich-Wilhelms-Universität begann seine Laufbahn 1909 als Hilfsprediger in der evangelischen Gemeinde Pankow, am 12. September 1913 übernahm er die Pfarrstelle an der Hoffnungskirche in der heutigen Elsa-Brändström-Straße. Bereits 1932 prangerte Rudolf Jungklaus gemeinsam mit seinem Amtsbruder Paul Sämisch die nationalistische und zunehmend politische Ausrichtung der »Deutschen Christen« an, beide Theologen standen ab 1933 an der Seite von Superintendent Paul Fritsch und dessen Mitstreitern Hermann Pankow und Martin Maresch im Kirchenkampf. Pankow wurde ein starkes Element in der »Bekennenden Kirche«, wegen ihrer effizienten Arbeit oft mit der Kirchengemeinde Dahlem verglichen, wo Pastor Martin Niemöller wirkte und der »Pfarrernotbund« seinen Sitz hatte. Der Begriff »Dahlem des Nordens« tauchte immer wieder auf. Bis zum 1. April 1960 arbeitete Jungklaus an der Hoffnungskirche. Ewiges Gedenken wurde ihm durch die Jüdische Gemeinde zuteil: Pfarrer Jungklaus taufte während der Zeit des Nationalsozialismus in seiner Kirche dreiundzwanzig jüdische Mitbürger und rettete diesen somit das Leben.

Kamnitzer, Heinz   1917 – 2001
Schriftsteller
Kurt-Fischer-Straße 85 (heute: Hermann-Hesse-Straße)
1933 emigrierte der Sohn eines jüdischen Drogisten nach England, erst 1946 kam er aus dem Exil nach Deutschland zurück. Von 1950 bis 1954 war Kamnitzer Professor für Geschichte an der Humboldt-Universität in Berlin, seine akademische Laufbahn wurde jedoch wegen eines Plagiatsvorwurfes beendet. Ab 1955 war er als freischaffender Schriftsteller tätig. Eine besondere Beziehung entwickelte er zu dem literarischen Werk von Arnold Zweig. 1967 verweigerte er als »loyaler Bürger der DDR jüdischer Herkunft« die Unterschrift unter eine Resolution, die dem Staat Israel die alleinige Schuld am Nahostkrieg zuschob. Mit ihm solidarisch waren die Sängerin Lin Jaldati, der Verbandspräsident der Jüdischen Gemeinden Helmut Aris, der Vorsitzende der Ostberliner Jüdischen Gemeinde Heinz Schenk sowie die Schriftsteller Peter Edel und Arnold Zweig. Kamnitzer war bis 1989 Präsident des PEN-Zentrums in der DDR.

Keilson-Fuchs, Margarete   1905 – 1999
Politikerin
Majakowskiring 55
Sie war die Ehefrau des Atomphysikers und sowjetischen Meisterspions Klaus
Fuchs, der 1959 in die DDR übersiedelte und hier großen Einfluss auf die theore-
tische physikalische Forschung hatte. Margarete Keilson-Fuchs arbeitete in den
Dreißigerjahren als Sekretärin für Georgi Dimitrow und Wilhelm Pieck und leitete
in der DDR unter anderem die Abteilung Internationale Verbindungen beim Zen-
tralkomitee der SED.

Keilson, Max   1900 – 1953
Grafiker, Journalist, Politiker
Majakowskiring 55
Er war der erste Ehemann von Margarete Keilson, die er 1927 geheiratet hatte.
Bereits in der Weimarer Republik suchte er die Nähe zur Kommunistischen Partei
Deutschlands, war dann für die gesamte Außenwerbung der KPD verantwortlich
und übernahm 1926 die Leitung des »Zentralen Ateliers für Bildpropaganda« der
Partei. Während des Zweiten Weltkrieges war er als Journalist in der Sowjetunion
tätig und arbeitete als Rundfunkredakteur im »Nationalkomitee Freies Deutschland«. Nach seiner Rückkehr nach Berlin übernahm er verantwortliche Positionen
im Pressewesen der Sowjetischen Besatzungszone. In der DDR leitete er ab 1950
die »Abteilung UdSSR« im Ministerium für Auswärtige Angelegenheiten.

Keisch, Henryk   1913 – 1986
Schriftsteller
Straße 201 Nr. 9
Im Zweiten Weltkrieg arbeitete er unter dem Decknamen »Claude Chaillet« in der
französischen Resistance, nachdem er aus Deutschland emigrieren musste. Nach
dem Zusammenbruch des Naziregimes kam er in die Sowjetische Besatzungszone
und arbeitete als Journalist, Schriftsteller und Drehbuchautor. Beinahe unbekannt
ist heute sein großes Talent für die Gestaltung von Collagen, von denen nach seinem Tod Hunderte in seinem Haus auftauchten. Ende der Siebzigerjahre wurde
er zum Generalsekretär des PEN-Zentrums der DDR gewählt.

Kern, Käthe   1900 – 1985
Politikerin
Pfeilstraße 18
Katharina »Käthe« Kern wurde 1945 Mitglied des Zentralausschusses und Frauen-
sekretärin der SPD in Berlin. Auf dem Vereinigungsparteitag von KPD und SPD im
April 1946 wurde sie in den Parteivorstand der SED gewählt und leitete dort ge-
meinsam mit Elli Schmidt bis 1949 das Frauensekretariat der neuen Partei. 1947

zählte sie zu den Mitbegründern des Demokratischen Frauenbundes Deutschlands (DFD), in dem sie als eine der fünf stellvertretenden Vorsitzenden tätig war. Bis zu ihrem Tod blieb sie Mitglied des Vorstandes des DFD. Von 1949 bis 1970 leitete sie die Hauptabteilung Mutter und Kind im Ministerium für Gesundheitswesen.

Knobloch, Heinz   1926 – 2003
Schriftsteller
Masurenstraße 4
Über zwei Jahrzehnte erschien in der DDR-Zeitschrift »Wochenpost« seine Kolumne »Mit beiden Augen«. Mit seinen humorvollen, mitunter sarkastischen und dennoch liebevoll gezeichneten Feuilletons band er schnell eine große Leserschar an sich. Seine Recherchen zu Berliner Orten und Berliner Persönlichkeiten führten zu zahlreichen Buchveröffentlichungen, aus denen sein »Herr Moses in Berlin«, das Porträt des Philosophen Moses Mendelssohn, herausragt. Im Laufe der Jahre wurde Heinz Knobloch zu einem der besten Berlin-Kenner und Berlin-Chronisten, spannend geschriebene Beispiele dafür sind »Berlins alte Mitte – rund um den Lustgarten. Geschichte zum Begehen«, »Berliner Fenster – Feuilletons«, »Geisterbahnhöfe – Westlinien unter Ostberlin«, »Der Berliner zweifelt immer« und »Im Lustgarten – ein preußischer Garten im Herzen Berlins«.

Knorr, Ruth   1927 – 1978
Zeichnerin
Berliner Straße 1
Zum »hohen Stand der Buchillustration in der DDR« trug Ruth Knorr wesentlich bei. Die Schülerin von Arno Mohr und Werner Klemke, hatte »eine Technik entwickelt, die es ihr ermöglicht, die feinsten ... Halbtöne ... originalgetreu zu bieten«, schrieb Lothar Lang, der profunde Kenner, der Kunst- und Künstlerfreund, der »Papst« der Buchillustration. »Die Farben reichen von kräftigen Klängen bis zu delikatester Zartheit.« Ruth Knorr bereicherte mit ihrer Kunst Bücher wie »Die verzauberte Hirschkuh« von Giambattista Basile oder »Der Irrtum des Großen Zauberers« von Günter und Johanna Braun. Mehrmals wurde sie in den Wettbewerben um das »Schönste Buch des Jahres« ausgezeichnet und erhielt zahlreiche Preise. Trotzdem hat sie ihre bescheidene Pankower Wohnung, in der sie die Mäuse als ihre Mitbewohner bezeichnete, nie aufgegeben. Ihr Sterbedatum wird in manchen Publikationen irrtümlich mit 1987 angegeben.

Krauskopf, Bruno   1892 – 1960
Maler
Schönhauser Straße 42
Der Expressionist, der Anfang der Zwanzigerjahre zum impressionistischen Malstil wechselte, war Mitglied der Berliner Secession und der Novembergruppe um Otto

Dix, George Grosz und Hannah Höch. 1933 wurden seine Werke von den Nationalsozialisten als »entartete Kunst« diffamiert, daraufhin emigrierte Krauskopf nach Norwegen. Sein Sommerhaus im märkischen Bad Saarow erwarben Max Schmeling und dessen Frau Anny Ondra. Nach dem Zweiten Weltkrieg musste Krauskopf sein norwegisches Exil wegen des Vorwurfes der Spionage für Deutschland verlassen. Nach einem USA-Aufenthalt kam er 1959 nach Berlin zurück.

Krug, Manfred   Geb. 1937
Schauspieler

Mit einem Schreiben vom 22. August 2005 an den Verlag hat Manfred Krug die Veröffentlichung seiner ehemaligen Wohnadressen untersagt. Das bezieht sich auch auf seine Anschrift in Berlin-Niederschönhausen.

Kuhfuß, Paul   1883 – 1960
Maler
Amalienpark 7
Paul Kuhfuß stand »für Kontinuität und Tradition der Berliner Malerei im 20. Jahrhundert wie nur wenige andere«, beschrieb Detlef Lorenz in seinem meisterhaften lexikalischen Nachschlagewerk »Künstlerspuren in Berlin vom Barock bis heute«. Aus der Bilderwelt des Expressionismus »entwickelte sich seine Malerei zu einer naturverbundenen, märchenhaften Phantastik, die durchaus auch die Stadtlandschaft seines Heimatbezirkes einbezog«. Kuhfuß fungierte also als der »offizielle Pankower Inselmaler«, bei dessen Bildern sich Lothar Lang, das »schreibende Gewissen« der Berliner Malerei und Graphik, an Chagall erinnert sah. Kuhfuß war von 1945 bis 1960 Dozent für Malerei an der Volkshochschule Pankow, seine bekanntesten Werke waren die »Selbstbildnisse« von 1921, 1926 und 1938, »Blick aus dem Fenster« (1925) und die »Häuser am Amalienpark« (um 1929). Sein letztes Gemälde, »Der Traum des Künstlers«, schuf er im Mai 1960.

Kundermann, Aenne   1907 – 2000
Diplomatin
Majakowskiring 55, Majakowskiweg 24 (heute: Rudolf-Ditzen-Weg)
Die »erste Diplomatin der DDR« war bis 1951 Botschafterin in Bulgarien, anschließend bis 1953 in Polen. Nach dem Bürojob als Leiterin der Hauptabteilung Sowjetunion im DDR-Ministerium für Auswärtige Angelegenheiten übernahm sie 1960 wieder einen Botschafterposten, diesmal in der Volksrepublik Albanien. Hier wurde sie Zeit- und Augenzeugin, wie sich das kleine Balkanland von der Sowjetunion und der übrigen »sozialistischen Staatengemeinschaft« emanzipierte und einen »eigenen Weg beim Aufbau des Sozialismus« anstrebte. Nach ihrer Rückkehr nach Berlin leitete sie die Abteilung Koordinierung und Kontrolle im Außen-

ministerium, außerdem gehörte sie dem Zentralvorstand der »Gesellschaft für Deutsch-Sowjetische Freundschaft« an. Mit dem Vaterländischen Verdienstorden, dem Stern der Völkerfreundschaft und dem Karl-Marx-Orden besaß sie den kompletten Satz der höchsten Auszeichnungen der DDR.

Kupke, Johannes   1894 – 1988
Mediziner
Majakowskiweg 21 (heute: Rudolf-Ditzen-Weg)
In den Dreißigerjahren fand er den Weg zum Widerstand gegen das Nazi-Regime und bekam über Walter Husemann einen engen Kontakt zur »Roten Kapelle«. Seine Arztpraxis in Niederschönhausen war konspirativer Treffpunkt des Pankower Widerstandes. Nach 1945 wurde er von der sowjetischen Militäradministration als erster demokratischer Bürgermeister in Niederschönhausen eingesetzt, praktizierte jedoch weiterhin als Arzt. Zu seinen berühmten Patienten zählten Wilhelm Pieck und Hans Fallada.

Lammert, Will   1892 – 1957
Bildhauer
Waldstraße 82
Den Ersten Weltkrieg überlebte der gelernte Steinbildhauer mit einer schweren Gehbehinderung, die ihn zeit seines Lebens begleitete. 1932 trat er in die Kommunistische Partei Deutschlands ein, emigrierte ein Jahr später zunächst in die Niederlande, danach nach Frankreich, 1935 wurde er Bürger der Sowjetunion. Im Exil schuf er zahlreiche Stalin-Denkmäler. 1952 kehrte er nach Deutschland zurück und ließ sich in der Waldstraße nieder. Er schuf Büsten von Friedrich Wolf, Eduard von Winterstein, Wilhelm Pieck und Thomas Müntzer. Sein Hauptwerk, das Mahnmal im Frauenkonzentrationslager Ravensbrück, konnte Will Lammert aus gesundheitlichen Gründen nicht mehr fertig stellen. Aus den nicht zur Vollendung gekommenen Modellen wurde 1985 die bronzene Figurengruppe am Alten Jüdischen Friedhof in der Großen Hamburger Straße geformt, die an die Leiden der jüdischen Berliner Mitbürger während der Zeit des Nationalsozialismus erinnert. Die von Will Lammert geschaffene Karl-Marx-Büste im Eingangsbereich der Humboldt-Universität fiel während der Wendezeit nach 1989 der Wut neuer Denkmalsstürmer zum Opfer und wurde kurzerhand entfernt.

Langhoff, Wolfgang   1901 – 1966
Schauspieler, Regisseur, Intendant
Heinrich-Mann-Straße 16, Leonhard-Frank-Straße 11
Der Historikerin und Wolfgang-Langhoff-Biografin Esther Slevogt verdanken wir die folgende Geschichte, die sich Ende der Vierzigerjahre im Hause Langhoff in Berlin-Weißensee zugetragen hatte: »Das elterliche Haus markiert mit seinem feu-

dalen Lebensstil, Chauffeur, Gärtner und diversen Hausangestellten … zeigte …
in ganz besonderer Weise die Widersprüche zwischen den täglichen Erfahrungen
der Jungen und der Lebenswelt ihrer Eltern. ›Ihr seid ja gar keine Kommunisten!‹,
bricht es einmal aus dem sich dem Teenageralter nähernden Sohn Thomas heraus. ›Ihr habt ein riesengroßes Haus. Ihr habt Hausangestellte. Ihr habt einen
Fahrer, einen Gärtner, ein Dienstauto und ein Privatauto. Das haben Kommunisten nicht. Kommunisten haben so viel wie die anderen auch!‹ Vater Langhoff ant-
wortet irritiert: ›Ach, das verstehst du nicht … Wir haben uns das verdient. Wir
haben unser Leben lang gekämpft, und das alles hier, das habe ich als Künstler.
Ich kann doch ein arrivierter Künstler sein und trotzdem Kommunist.‹ ›Nein, das
kannst du nicht‹, sagt der Sohn, ›Kommunisten sind alle gleich.‹«

Lentzsch, Rudolf   1900 – 1945
Vertreter des Widerstandes
Achtermannstraße 37
Der aus dem mecklenburgischen Torgelow stammende Lentzsch kam 1924 nach
Berlin und engagierte sich sofort in der Gewerkschaftsbewegung. Nach der Macht-
ergreifung der Nationalsozialisten wurde er im März 1933 in »Schutzhaft« genommen, er war im Zuchthaus Brandenburg und im Konzentrationslager Sachsenhau-
sen interniert. 1938 wurde er entlassen, sofort nahm er Kontakt zu illegalen
kommunistischen Gewerkschaften auf und arbeitete eng mit Hans Jendretzky,
dem späteren Vorsitzenden des Freien Deutschen Gewerkschaftsbundes in der
DDR, zusammen. 1943 heiratete Lentzsch Ella Wolke, die ebenfalls seit den frühen
Dreißigerjahren dem kommunistischen Widerstand angehörte. Über den tragischen Tod Rudolf Lentzschs geben die beiden Autoren Hermann Weber und
Andreas Herbst im »Handbuch Deutsche Kommunisten« Auskunft: »Am Abend
des 27. April 1945 wurde Lentzsch unter dem Vorwand, ihm Brot und Speck für
die Hausgemeinschaft zu geben, auf die Straße gelockt. Dort entriss ihm ein sow-
jetischer Soldat die Lederjacke und gab einen Schuss auf ihn ab. An dessen Folgen
starb Rudolf Lentzsch am 29. April 1945.«

Lenzel, Joseph   1890 – 1942
Pfarrer
Platanenstraße 22
Vor der katholischen Kirche St. Maria Magdalena in der Niederschönhausener
Platanenstraße steht seit 1980 ein Denkmal für Pfarrer Joseph Lenzel, seit 1990
trägt auch eine Straße in Niederschönhausen seinen Namen. Als Seelsorger kümmerte er sich während der Zeit des Nationalsozialismus um die in Pankow einge-
setzten Zwangsarbeiter aus Osteuropa, wurde von der Gestapo beobachtet, 1942
verhaftet und in das Konzentrationslager Dachau verschleppt. Dort starb er kurz
nach seiner Einlieferung am 3. Juli 1942.

Leuschner, Bruno   1910 – 1965

Politiker

Pfeilstraße 14a

Von 1936 bis 1945 war er wegen »Hochverrats« in den Zuchthäusern Brandenburg und Sonnenburg sowie in den Konzentrationslagern Mauthausen und Sachsenhausen inhaftiert. Maßgeblich war er an der wirtschaftlichen Entwicklung in der Sowjetischen Besatzungszone und in der jungen DDR beteiligt. Als Leiter der Abteilung Wirtschaft und Finanzen beim Zentralkomitee der SED war er für die Wirtschaftsplanung zuständig, von 1952 bis 1961 bekleidete er den Posten des Vorsitzenden der Staatlichen Plankommission im Ministerrat der DDR. 1961 wurde er von dieser Funktion entbunden. Als Vorgänger von Gerhard Weiss vertrat er ab Juni 1962 die DDR im Rat für Gegenseitige Wirtschaftshilfe (RGW).

Liebknecht, Kurt   1905 – 1994

Architekt

Heinrich-Mann-Straße 34

Der Neffe von Karl Liebknecht hatte an der Technischen Hochschule in Berlin Architektur studiert, 1927 arbeitete er als Praktikant im Architekturbüro Mies van der Rohes. Nach erfolgreichem Studienabschluss wurde Hans Poelzig auf Liebknecht aufmerksam und holte den jungen Diplom-Ingenieur in sein Team. Hier war er für die Innengestaltung des neu geschaffenen Hauses des Rundfunks in der Masurenallee in Berlin-Westend verantwortlich. Von 1931 bis 1948 arbeitete er in der Sowjetunion und erhielt aufgrund seiner »Verdienste beim Aufbau des Sozialismus« 1937 die sowjetische Staatsbürgerschaft, geriet jedoch bald darauf in den »Großen Terror« und wurde Opfer der stalinschen Säuberungen. Nach seiner Rückkehr nach Deutschland wurde er mit der Schaffung der Deutschen Bauakademie beauftragt, deren erster Präsident er 1951 wurde. Beim international diskutierten Abriss des Berliner Stadtschlosses hatte sich Liebknecht auf die Seite der Zerstörungsbefürworter geschlagen, weil er – wie er später sagte – »sowieso keine Chance zur Erhaltung des Kaiserschlosses« sah, da an der »Entscheidung Ulbrichts nichts zu ändern war«.

Lindau, Rudolf   1888 – 1977

Politiker, Historiker

Majakowskiweg 13 (heute: Rudolf-Ditzen-Weg)

1960 geriet Rudolf Lindau mit Walter Ulbricht in einen offenen Konflikt, weil sich der SED-Parteichef und frisch gebackene Vorsitzende des Staatsrates durch Lindaus Buchveröffentlichung »Revolutionäre Kämpfe 1918/19« brüskiert sah. Lindau hatte in dem Buch die von Ulbricht herausgegebene offizielle Parteiargumentation, dass die Novemberrevolution von 1918 eine rein sozialistische und keine bürgerlich-demokratische Revolution war, infrage gestellt. Die geforderte »Selbstkritik« des Historikers blieb aus, was Ulbricht mit lebenslangem Liebesentzug für Lindau beantwortete. Der ehemalige Lehrer an verschiedenen Parteischulen und erster Direktor der SED-Parteihochschule »Karl Marx« hatte sich selbst ins politische Abseits gestellt.

Lingner, Max   1888 – 1959
Maler
Heinrich-Mann-Straße 38, Straße 201 Nr. 2
Der ehemalige Pressezeichner kam 1949 an die Kunsthochschule Berlin-Weißensee und übernahm dort eine Professur für Malerei des Zeitgeschehens. Ein Jahr später gehörte er zu den Gründungsmitgliedern der Deutschen Akademie der Künste in der DDR. In dieser Zeit geriet Max Lingner in den Verdacht, sich dem sozialistischen Realismus zu verschließen und nach kommunistischer Lesart prowestliche Stilelemente in die moderne Malerei einfließen zu lassen. Selbst das berühmte Wandbild »Aufbau der Republik«, an dem Max Lingner mitarbeitete und das noch heute am Bundesfinanzministerium in der Leipziger Straße zu besichtigen ist, erntete harsche Kritik seitens der »Formalismus-Debattierer«. Lingner wurde hier »nicht nur die für seinen französischen Stil typische Leichtigkeit der Figuren vorgeworfen, sondern auch, dass er einen Traktor auf dem Gemälde nicht dem tatsächlichen Modell entsprechend exakt dargestellt hatte.«

Litke, Carl   1893 – 1962
Politiker
Majakowskiring 16
Schon in der Weimarer Republik gehörte Carl Litke dem zentralen Parteivorstand der SPD an und war Mitglied der sozialdemokratischen Reichstagsfraktion. In der Zeit zwischen 1933 und 1945 wurde er mehrmals verhaftet und in den Haftanstalten Spandau und Brandenburg gefangen gehalten. Nach der Zwangsvereinigung von SPD und KPD wurde er 1945 SED-Mitglied und gehörte bis 1950 dem zentralen Parteivorstand an. Eine weitere Parteikarriere verhinderte offensichtlich seine frühere SPD-Vergangenheit. So brachte er es 1953 nach der Bildung des Ministeriums für Arbeit und Gesundheit nur noch zum Abteilungsleiter und zum stellvertretenden Vorsitzenden der »Volkssolidarität«. Bis zu seinem Tod durfte er die Zeitschrift »Sozialistische Briefe« herausgeben.

Litten, Hans   1902 – 1938
Jurist, Vertreter des Widerstandes
Straße 201 Nr. 5
Er machte sich vor allem als »Rechtsanwalt des Proletariats« einen Namen. Wichtige politisch-gesellschaftliche Ereignisse, die ihn prägten, waren u. a. die Antikriegsdemonstration am 1. Mai 1916 in Berlin, die Verhaftung und Ermordung

Karl Liebknechts und Rosa Luxemburgs sowie die Novemberereignisse des Jahres 1918. Bereits 1921 vertrat er eine Gruppe Arbeiter in einem Prozess wegen »organisierten Widerstandes« gegen den sozialdemokratischen preußischen Innenminister Carl Severing, 1929 verteidigte er die wegen Landfriedensbruchs angeklagten Teilnehmer einer aufgelösten Erste-Mai-Kundgebung in Berlin, bei der mehr als dreißig Demonstranten getötet und Hunderte verletzt wurden. Zur Vorbereitung der Verteidigung in diesem Prozess hatte Litten zusammen mit Alfred Döblin, Heinrich Mann und Carl von Ossietzky einen »Ausschuss zur Untersuchung der Berliner Maivorgänge« gegründet. Nach der Machtergreifung durch die Nationalsozialisten wurde Hans Litten in der Nacht des Reichstagsbrandes zunächst in »Schutzhaft« genommen und später im Zuchthaus Brandenburg sowie in den Konzentrationslagern Lichtenburg, Esterwegen und Buchenwald interniert. Nach seiner Verlegung in das KZ Dachau nahm er sich dort am 5. Februar 1938 das Leben.

Loch, Hans   1898 – 1960
Politiker
Majakowskiring 60
Am 12. Oktober 1949 wurde er als erster Minister für Finanzen der DDR vereidigt. Da jedoch Walter Ulbricht als Parteichef der SED und stellvertretender Ministerpräsident sein »doppeltes Stimmrecht« bei der Regierungsbildung und Besetzung der Ministerposten ausreizte, musste Hans Loch, der Vorsitzende der Liberaldemokratischen Partei (LDPD), »auf eigenen Wunsch« und »aus gesundheitlichen Gründen« aus dem DDR-Ministerrat ausscheiden. Das wichtige Finanzministerium wollte Ulbricht lieber in SED-Hand wissen und besetzte es mit seinem Parteifreund Willy Rumpf. Seit Januar 1954 war Loch Vorsitzender des durch den Ministerrat gebildeten Ausschusses für Deutsche Einheit und Mitglied des Präsidiums des Nationalrates der Nationalen Front.

Macker, Bruno   1905 – 1944
Vertreter des Widerstandes
Maximilianstraße 11b
An seinem Wohnhaus in der Maximilianstraße wurde 1980 eine Gedenktafel mit folgender Inschrift angebracht: »In diesem Hause wohnte der Widerstandskämpfer Bruno Macker, geb. am 8. 9. 1905. Nach langer Haft im KZ Sachsenhausen wurde er versetzt zum Straf-Bataillon 999. Er kehrte nie zurück.« Bruno Macker war ein entschiedener Gegner des Nazi-Regimes und des Krieges. Diese Meinung vertrat er auch während seines Zwangsdienstes bei den so genannten »999ern«. Ein Kriegsgericht verurteilte ihn zum Tode, am 25. Mai 1944 wurde er standrechtlich erschossen. Die Gedenktafel wurde um 1990 in der Wendezeit demontiert.

Maron, Karl   1903 – 1975

Politiker

Majakowskiweg 12 (heute: Rudolf-Ditzen-Weg), Pfeilstraße 28

Als Mitglied der »Gruppe Ulbricht« kam Karl Maron 1945 aus dem sowjetischen Exil nach Deutschland zurück und wurde als stellvertretender Oberbürgermeister von Berlin eingesetzt. 1949 gehörte er der Chefredaktion des SED-Zentralorgans »Neues Deutschland« an, 1950 wurde er als Generalmajor Nachfolger des verstorbenen Dr. Kurt Fischer als Chef der Deutschen Volkspolizei, von 1955 bis 1963 war er Minister des Innern der DDR im Range eines Generalobersten. Nach seiner Demissionierung leitete er ab 1964 das Institut für Meinungsforschung beim Zentralkomitee der SED. Karl Maron war der Stiefvater der Schriftstellerin Monika Maron.

Matern, Hermann   1893 – 1971

Politiker

Leonhard-Frank-Straße 37, Majakowskiring 26

Der knochenharte Parteiarbeiter und gelernte Alt-Stalinist war als Vorsitzender der Zentralen Parteikontrollkommission (ZPKK) der Großinquisitor der SED. Die Kommission wurde 1948 »für die organisatorische Festigung der Partei und für ihre Säuberung von feindlichen und entarteten Elementen« gegründet und war durch diese Begründung mit einem Freibrief zur Entfernung missliebiger Genossen aus der Partei ausgestattet. Matern war persönlich verantwortlich für die Repressalien gegen Anton Ackermann, Franz Dahlem, Max Fechner, Rudolf Herrnstadt, Karl Schirdewan, Paul Merker, Wilhelm Zaisser, Wolfgang Langhoff, Alexander Abusch und viele andere.

Melsheimer, Ernst   1897 – 1960

Jurist, Generalstaatsanwalt der DDR

Majakowskiring 59, Güllweg 8

Mitglied der Burschenschaft »Arminia«, Landgerichtsrat, Landgerichtsdirektor, Mitglied im Nationalsozialistischen Rechtswahrerbund, Kreisrechtsberater in der Nationalsozialistischen Volkswohlfahrt und Träger der »Treuemedaille des Führers« – die Karriere des ersten Generalstaatsanwaltes der DDR liest sich zumindest sehr interessant. Melsheimer beeilte sich, unmittelbar nach dem Ende der Nazi-Herrschaft in die Kommunistische Partei Deutschlands einzutreten, seine Tätigkeit als Staatsanwalt fortzusetzen und politisch motivierte Todesurteile zu beantragen. Er war der Chefankläger in den berüchtigten »Waldheim-Prozessen« und im Schauprozess gegen Walter Janka, den Leiter des Aufbau-Verlages, der sich 1956 einer Anklage wegen »konterrevolutionärer Verschwörung« gegenübersah. Melsheimer setzte sich in diesem Prozess über alle rechtsstaatlichen Gepflogenheiten hinweg, indem er Zeugen, die für Janka aussagten, mit der Verhaftung drohte.

Mendel, Emanuel   1839 – 1907

Mediziner

Breite Straße 44

Mendel befasste sich vorwiegend mit der Erforschung und Therapie der progressiven Paralyse, der Manie und der Epilepsie. Bereits 1868 hatte er in der Pankower Breite Straße eine Nervenklinik eingerichtet, in der Folgezeit hospitierte er bei Rudolf Virchow und Wilhelm Griesinger und lehrte als Professor für Neurologie und Psychiatrie an der Berliner Friedrich-Wilhelms-Universität. Auf seine Initiative hin wurde 1905 der Bau des Krankenhauses Pankow in der Galenusstraße beschlossen. Im Gedenken an Emanuel Mendel wurde 1911 durch die Gemeinde Pankow im Garten des 1906 fertig gestellten Krankenhauses eine Marmorbüste aufgestellt, die 1935 von den Nationalsozialisten entfernt wurde und seither verschollen ist. Bis 1887 war Mendel Abgeordneter des Reichstages.

Mewis, Karl   1907 – 1987

Politiker

Majakowskiweg 12 (heute: Rudolf-Ditzen-Weg)

Der lange Arm der Partei ist manchmal überlang und der Rache der Partei entgeht niemand, egal wie lang es dauert. Das war in der SED oft gelebte Wirklichkeit. 1963, sechs lange Jahre nach der Zerschlagung der »parteifeindlichen Gruppierung« um Karl Schirdewan und Ernst Wollweber, »entdeckten« Walter Ulbricht und Hermann Matern eine – von ihnen konstruierte – Verbindung von Karl Mewis zu den bereits gemaßregelten und in die Provinz verbannten »Abweichlern«. Mewis, immerhin Kandidat des Politbüros, Mitglied des Präsidiums des Ministerrates und Vorsitzender der Staatlichen Plankommission, wurde vom Hof gejagt und fand sich als Botschafter in Warschau wieder.

Michael-Pankow, Oscar   1861 – 1930

Maler, Grafiker

Schloßstraße 9 (heute: Ossietzkystraße)

Er lebte von 1903 bis zu seinem Tod in der Schloßstraße. Seine künstlerische Ausbildung erhielt er an der Berliner Akademie, über sein Werk ist heute nur noch sehr wenig bekannt.

Mielke, Erich   1907 – 2000

Politiker

Stille Straße 10

Ungeheuerliches hatte sich im Sommer 2012 in der Stillen Straße 10, dem ehemaligen Wohnhaus des allmächtigen Erich Mielke, getan. Die vom Pankower Bezirksamt verwaltete Villa, »verborgen von Hecken, Bäumen und Büschen« und als Seniorentreff eingerichtet, sollte für 2,5 Millionen Euro restauriert werden. Das

Bezirksamt hatte das Geld nicht, die Senioren auch nicht, also blieb als Ergebnis nur die Schließung des Seniorentreffs. Das war mit den Senioren nicht zu machen, also probten sie den Aufstand und eine Hausbesetzung der besonderen Art. Mit Erfolg: Am 7. Januar 2013 wurde eine Nutzungsvereinbarung für die »Begegnungsstätte Stille Straße« unter der Trägerschaft der Volkssolidarität unterzeichnet. Im ehemaligen Haus des Stasi-Chefs Erich Mielke hatte die Demokratie Einzug gehalten.

Mückenberger, Erich   1910 – 1998
Politiker
Köberlesteig 10
Als 1971 das Politbüromitglied Hermann Matern starb, suchte man einen Nachfolger als Chef der Zentralen Parteikontrollkommission und fand ihn schnell in dem farblosen und unauffälligen SED-Bezirkschef von Frankfurt (Oder) Erich Mückenberger. Bereits seit 1950 hatte er dem Politbüro angehört, zunächst als Kandidat und seit 1958 als Vollmitglied. Er war der typische Apparatschik, der treu ergebene Parteifunktionär, der zunächst Walter Ulbricht, dann Erich Honecker in unbedingtem Gehorsam diente. Sein Ansehen in der Bevölkerung tendierte gegen Null, der willfährige Mitläufer in der Parteispitze wurde einfach nicht wahrgenommen. Nur einmal, in den Sechzigerjahren, machte er auf sich aufmerksam, als ihm die verfehlte Agrarpolitik der Partei angelastet wurde. Aber auch diese Phase überstand Mückenberger schadlos. Den 8. November 1989 überstand er jedoch nicht. An diesem Tag wurde er aus dem SED-Politbüro entfernt, wenige Wochen später erfolgte sein Parteiausschluss.

Müller, Heiner   1929 – 1995
Dramatiker, Regisseur
Kissingenplatz 12
Die DDR und ihre Dramatiker – eine ewig spannende Geschichte, zu der auch Heiner Müller einige Kapitel beitragen konnte. Seine ersten Theaterstücke wie »Zehn Tage, die die Welt erschütterten«, »Die Korrektur« und »Der Lohndrücker« gelangten in den Fünfzigerjahren zwar in Berlin zur Aufführung, aber die Partei war bereits auf ihn aufmerksam geworden. Als Heiner Müller 1961 »Die Umsiedlerin« auf die Bühne des Maxim-Gorki-Theaters brachte, verwandelte sich die Aufmerksamkeit in revolutionäres Handeln: Das Stück wurde abgesetzt, der Regisseur B. K. Tragelehn zur Bewährung in irgendeine Industrieklitsche in der Provinz verbannt, der Autor Müller aus dem Schriftstellerverband ausgeschlossen und mit einem Berufsverbot belegt. Beinahe fünf Jahre hielt sich Müller mit Arbeiten für das Fernsehen und die DEFA über Wasser, dann versuchte er mit dem Stück »Der Bau« einen Neuanfang als Dramatiker. Ohne Erfolg. Auch »Der Bau« fiel den Parteizensoren zum Opfer, Heiner Müller hatte den Bogen endgültig überspannt.

Erst nach heftiger Intervention der unantastbaren Regisseurin Ruth Berghaus im SED-Zentralkomitee wurde Müller rehabilitiert. Im Rückblick auf die Theatergeschichte der DDR beansprucht er für immer einen der herausragenden Plätze.

Nerlinger, Oskar   1893 – 1969

Maler

Waldstraße 80

An der Kunstgewerbeschule Straßburg erhielt er seine Ausbildung, 1921 schloss er sich Herwarth Waldens »Sturm-Galerie« an. In der Nazizeit gehörte er zu den zahlreichen Künstlern, denen ein Ausstellungsverbot erteilt wurde. Gemeinsam mit Karl Hofer gab er von 1947 bis 1949 die viel beachtete Zeitschrift »Bildende Kunst« heraus, und 1951 wurde Oskar Nerlinger aufgrund seiner »kommunistenfreundlichen Gesinnung« aus seiner Professur an der Hochschule für bildende Künste in Berlin-Charlottenburg entlassen. Nerlingers Antwort darauf war konsequent und logisch: Er verlegte seinen Wohnsitz in die DDR. Gemeinsam mit seiner Ehefrau Alice Lex-Nerlinger, mit der er bereits seit 1919 verheiratet war, fand er eine neue Heimstatt in der Waldstraße in Niederschönhausen. Oskar Nerlinger lehrte fortan als Professor an der Kunsthochschule Berlin-Weißensee. Zu seinen bekanntesten Werken gehören die Gemälde »An die Arbeit« (1930), »Stadtbahn von Berlin« (1930) und »Inbesitznahme der Fabriken« (1947).

Nipkow, Paul   1860 – 1940

Fernsehpionier, Erfinder

Wollankstraße 134, Parkstraße 5, Parkstraße 12a

Dem Deutschen Fernsehmuseum verdanken wir die Geschichte, dass Paul Nipkows bahnbrechende Erfindung des Fernsehens 1884 beinahe am Geld gescheitert wäre: »… zur Anmeldung beim Kaiserlichen Patentamt fehlten ihm dreißig Mark. Es war etwa der Betrag, von dem der junge Student einen ganzen Monat leben musste. Zwischen diesen fehlenden 30 Mark und dem Fernsehen von heute standen – wie schon so oft – die Liebe und das Vertrauen einer Frau. Sie hieß Sophie, war Lehrerin und wohnte im Berliner Nordwesten, in der Luisenstraße – gar nicht weit von Nipkow entfernt. Er hatte sie zuerst durch sein Fernrohr beobachtet und eines Tages, so ungewöhnlich das damals auch war, einfach angesprochen. Nicht nur in seiner technischen Phantasie war Paul Nipkow kühn. Und seitdem trafen sich die beiden gelegentlich. Kein Wunder, dass er ihr von seiner Idee erzählte und auch davon, dass er das Geld für seine Patentanmeldung nicht aufbringen könne. Und Sophie war nicht weniger kühn, obwohl man damals doch einem Mann, mit dem man bisher weder verlobt noch verheiratet war, unmöglich Geld anbieten konnte! Aber sie tat es trotzdem. Und was sonst vielleicht vergessen worden wäre und wovon niemand mehr sprechen würde, das bewirkten diese 30 Goldmark. So machte Sophie den Namen des Mannes, den sie eines Tages heiraten sollte, unsterblich.«

Norden, Albert   1904 – 1982

Politiker

Pfeilstraße 21

In der Führungsspitze der SED nahm Albert Norden beinahe eine Sonderstellung ein. Er war redegewandt, klar und schlüssig in der öffentlichen Diskussion, das logische Wort war ihm nicht fremd, und er konnte seine hohe Intelligenz, mit der er sich von manch anderem Arbeiterführer absetzte, gewinnbringend für sich einsetzen. Den ehemaligen Journalisten und Professor für Deutsche Geschichte an der Humboldt-Universität wollte Walter Ulbricht unbedingt in seiner unmittelbaren Nähe wissen und machte den brillanten Historiker zum Mitglied des Politbüros der SED. Norden veröffentlichte mehrere »Braunbücher«, in denen er Nationalsozialisten und Kriegsverbrecher in führenden Positionen in der Bundesrepublik Deutschland auflistete.

Oelßner, Fred   1903 – 1977

Ökonom, Politiker

Majakowskiring 58, Rolandstraße 68

Dem Professor für Wirtschaftswissenschaften am Institut für Gesellschaftswissenschaften beim Zentralkomitee der SED wurde seine – auf ökonomischen Gesetzmäßigkeiten – basierende Auffassung von der effizienten Entwicklung der DDR-Wirtschaft zum Verhängnis. Oelßner gehörte zu jenen Realpolitikern, die den von der SED eingeschlagenen Weg zur ökonomischen Entwicklung des Landes zumindest als »überdenkenswert« bezeichneten. Aber gegen die Argumente, Befehle und Weisungen des unfehlbaren Wirtschaftsexperten Ulbricht hatten Oelßner und die anderen Ökonomen keine Chance. 1958 wurde Fred Oelßner mit der oppositionellen Gruppe um Karl Schirdewan in Verbindung gebracht und verlor seinen Sitz im Politbüro.

Opitz, Max   1890 – 1982

Politiker

Majakowskiring 51

1951 stieg der Oberbürgermeister von Leipzig Max Opitz in den inneren Kreis der DDR-Zentralverwaltung auf und wurde Chef der Präsidialkanzlei des Staatspräsidenten. Bis zum Tode Wilhelm Piecks im Jahre 1960 behielt er diese Funktion. In seinem neu gegründeten Staatsrat hatte Walter Ulbricht für den eifrigen Bürokraten Opitz keine Verwendung mehr, allerdings durfte er sein Volkskammermandat behalten und eine kleine Funktion in der »Interparlamentarischen Gruppe der Volkskammer der DDR« übernehmen.

Ossietzky, Carl von   1889 – 1938

Publizist, Journalist

Wisbyer Straße 45

Als einer der besten, kritischsten, aufregendsten deutschen Journalisten des 20. Jahrhunderts arbeitete er eng mit Kurt Tucholsky und Siegfried Jacobsohn zusammen und übernahm 1927 nach dessen Tod die Chefredaktion der »Weltbühne«. Bei den Wahlen zum Reichstag 1932 sprach er sich offen für den Kandidaten der Kommunistischen Partei, Ernst Thälmann, als Kontrahenten von Hindenburg und Hitler aus, obwohl er noch kurze Zeit vorher »in der allerunmöglichsten Weise« auf die Kandidatur Thälmanns reagiert hatte. Immer wieder wurde Ossietzky in der Weimarer Republik wegen seiner gesellschaftskritischen Veröffentlichungen mit Prozessen überzogen. 1933 wurde er von den Nationalsozialisten verhaftet und im KZ Esterwegen festgehalten. Aufgrund seines durch die brutale Behandlung äußerst angegriffenen Gesundheitszustandes wurde er im Mai 1936 in das Berliner Polizeikrankenhaus verlegt. Am 4. Mai 1938 starb er im Sanatorium Nordend.

Petri, Otto   1860 – 1942

Bildhauer

Parkstraße 24

1892 bezog Otto Petri, Schüler des Bildhauers Ludwig Manzel, eine Wohnung im zweiten Stock der Parkstraße 24. Seine Skulpturen sind exakt gearbeitet und strahlen bis heute eine beinahe liebevolle Detailtreue aus. Zu Petris bekanntesten Werken gehören das »Mädchen beim Brunnen« (1900), das »Mädchen mit Windhund« (1905) sowie die 1920 entstandene »Versuchung des Heiligen Antonius«. Das »Museum & Besucherbergwerk Weltkulturerbe Rammelsberg« in Niedersachsen konnte sich 2011 über eine Neuerwerbung freuen: »… die Skulptur eines Zementarbeiters des Berliner Bildhauers Otto Petri, die einen Arbeiter beim Verladen von zwei Zementsäcken darstellt. Diese Figur entstand wohl im Jahre 1913/1914, da zuvor der Zement in Fässern und nicht in Säcken verpackt wurde. Auf den vier Sockelseiten ist mit hoher Wahrscheinlichkeit das Zementwerk Rüdersdorf dargestellt. Daneben werden einzelne Produktionsstufen bis hin zum Versand dargestellt.«

Pieck, Wilhelm   1876 – 1960

Politiker, Staatspräsident der DDR

Majakowskiring 29

So richtig wohl fühlte sich Wilhelm Pieck in seiner Villa eigentlich nie. Zu groß und zu geräumig war sie, zwar vollgestopft mit Teppichen, Bildern und klobigem Mobiliar, aber »menschenleer«. Und so nutzte der Präsident jede Möglichkeit, sich Gäste ins Haus zu holen, die auch gern über Nacht bleiben durften. Maurice Thorez, der Vorsitzende der Kommunistischen Partei Frankreichs gehörte zu ihnen, auch ehemalige Kampfgefährten aus Piecks Bremer Zeiten und viele Politiker aus den »sozialistischen Bruderländern« durften die Piecksche Gastfreundschaft genießen.

Pisternik, Rudolf Walter   1904 – 1991
Gewerkschaftler, Vertreter des Widerstandes
Bungestraße 27 (heute: Hödurstraße)
Er gehörte zu der Untergrundgruppe »Neu Beginnen« des marxistischen Theoretikers Walter Löwenstein und fungierte dort als enger Mitarbeiter des Spitzenfunktionärs Dr. Eliasberg. 1936 wurde er von der Gestapo verhaftet und im Gefängnis Berlin-Moabit interniert. In seiner Anklageschrift hieß es, er habe zu den ausgewählten Mitgliedern der Gruppe gehört, da er »… das Buch ›Neu Beginnen‹ ausgehändigt erhielt«. Am 9. Januar 1937 verurteilte ihn das Berliner Kammergericht zu einer zweieinhalbjährigen Zuchthausstrafe, die er in Brandenburg und in Vechta bei Oldenburg verbüßte. In der DDR war Pisternik u. a. Mitarbeiter in der Bauakademie.

Puschkin, Georgi   1909 – 1963
Diplomat
Majakowskiring 58
Gern wurde in der DDR der jeweilige diplomatische Vertreter der Sowjetunion als »Regierender Botschafter» bezeichnet, besonders bedient wurde dieser »Titel« durch Pjotr Abrassimow, der sich von 1962 bis 1971 als »Außerordentlicher und Bevollmächtigter Botschafter der UdSSR in der DDR« sehr oft, sehr gern und sehr ungestraft in die Innen- und Außenpolitik der DDR einmischte. Georgi Puschkin war von November 1949 bis Mai 1952 der erste Botschafter der UdSSR in der DDR und gab eine unheilvolle Rolle als herrschsüchtiger und unfehlbarer »selbsternannter Vizekönig in der ostdeutschen Kolonie«. Puschkins Tätigkeit in der DDR war ein Sprungbrett für seine weitere Karriere: Vier sowjetischen Außenministern – Andrej Wyschinski, Wjatscheslaw Molotow, Dimitri Schepilow und Andrej Gromyko – diente er von 1952 bis 1963 als Amts-Stellvertreter.

Rapoport, Samuel Mitja   1912 – 2004
Wissenschaftler, Biochemiker
Kuckhoffstraße 45
Das ursprünglich aus der Ukraine stammende akademische Multitalent gehört auf dem Gebiet der Medizin und der Biochemie zu den erfolgreichsten Wissenschaftlern, die je in der DDR geforscht und gewirkt haben. Man geht davon aus, dass er mehr als 600 Publikationen zu seinen Forschungen veröffentlicht hat. Zu seinen Forschungsgebieten gehörte der Wasser- und Elektrolythaushalt sowie der Stoffwechsel der Erythrozyten, also der roten Blutkörperchen. Rapoport hatte ab 1938

in den USA studiert und anschließend am Kinderkrankenhaus in Cincinnati gearbeitet. Dort lernte er 1944 seine Ehefrau Ingeborg kennen, mit der er 1952 in die DDR kam. Ingeborg Rapoport erhielt 1964 eine Professur und hatte von 1969 bis zu ihrer Emeritierung 1973 den Lehrstuhl für Neonatologie an der Charité inne.

Rau, Heinrich   1899 – 1961
Politiker
Majakowskiring 50
Auch Heinrich Rau ging durch das Stahlbad des Spanischen Bürgerkrieges. Ab 1937 war er Stabschef der XII. Internationalen Brigade und Brigadekommandeur der XI. Internationalen Brigade. Bis 1939 war er Leiter des Hilfskomitees der deutschen und österreichischen Spanienkämpfer und Mitglied der KPD-Landesleitung in Paris. 1939 wurde Rau in Frankreich interniert und 1942 an die Gestapo ausgeliefert. Bis zum Kriegsende saß er im Konzentrationslager Mauthausen. In der DDR gehörte er der SED-Führungsspitze als Mitglied des Politbüros an und bekleidete seit 1950 mehrere Ministerposten. Von 1955 bis zu seinem Tod war er Minister für Außenhandel und Innerdeutschen Handel.

Reetz, Wilhelm   1887 – 1946
Maler, Illustrator, Journalist
Parkstraße 17a
Seit 1920 wohnte der Absolvent der Kunsthochschule Berlin in der Pankower Parkstraße zwischen der Schloß- und der Neuen Schönholzer Straße. In den Dreißigerjahren nahm er seinen Wohnsitz in Berlin-Südende. Als Illustrator lieferte er in den Zwanzigerjahren die Bilder für Gustav W. Eberleins »Pelzmärtel. Ein Nürnberger Spielzeugroman« und für Karl Ferdinand von Vleutens »Der Sommergarten. Ausgewählte Kinderlieder«. Im Ersten Weltkrieg mit dem Eisernen Kreuz Erster und Zweiter Klasse ausgezeichnet, fand Wilhelm Reetz nach 1933 schnell die Nähe zu den neuen Machthabern. Er wurde Hauptschriftleiter des »Reichssportblattes« und gab 1936 die »Olympia-Zeitung«, das amtliche Blatt des »Propagandaausschusses für die Olympischen Spiele«, heraus. Von 1940 bis 1942 gehörte er der Chefredaktion der Wochenzeitung »Das Reich« an. Nach dem Zweiten Weltkrieg wurde er verhaftet und starb am 4. Februar 1946 im sowjetischen Speziallager Buchenwald.

Rehfeldt, Robert   1931 – 1993
Maler
Mendelstraße 19
An der Kunsthochschule im Osten Berlins wurde 1946 das Talent des gelernten Steinmetzes und Transportarbeiters als zu leicht befunden, daher schrieb er sich an der Hochschule für bildende Künste in Berlin-Charlottenburg ein und arbeite-

te – wieder in den Osten zurückgekehrt – ab 1953 als Pressezeichner, Grafiker und Bildjournalist. Seit 1963 war er freischaffend tätig und gehörte zu den innovativsten experimentellen Künstlern im Ostteil der Stadt. In dieser Eigenschaft entwickelte er revolutionäre Visionen, die in einer Zusammenarbeit mit Künstlern der internationalen Mail-Art-Szene mündeten. Er knüpfte ein weltweit gut funktionierendes Netzwerk und konnte damit Künstler aus Ost- und Westeuropa sowie aus Nord- und Lateinamerika zu einer gemeinsamen Arbeit inspirieren. Rehfeldt selbst stand in regem Austausch mit Wolf Vostell, Robert Filliou und Dick Higgins. Der international hochgeachtete »Mail Artist« Robert Rehfeldt hatte den Postverkehr zur Kunstform erhoben. Sein Atelier in Berlin-Pankow wurde für andere DDR-Künstler zum Informationsbüro über westliche Kunstentwicklungen. Und »über Joseph Beuys«, erzählte Eugen Blume, der Direktor des Museums im Hamburger Bahnhof, »konnte Rehfeldt erzählen wie über einen Nachbarn«. Die DDR-Kulturführung witterte hinter dieser neuen Kunstform »eine Möglichkeit der Kontaktaufnahme zum Klassenfeind« und verbot 1986 den von Rehfeldt angeregten 1. Dezentralen Mail-Art-Weltkongress. Der Kongress fand dennoch statt: In Rehfeldts Atelierwohnung in der Mendelstraße 19.

Reimann, Max   1898 – 1977
Politiker
Majakowskiring 45, Majakowskiweg 14 (heute: Rudolf-Ditzen-Weg)
Da die Fusion zwischen der KPD und der SPD zur SED in den drei Westzonen nicht anerkannt wurde, übernahm Max Reimann den Vorsitz der neu gegründeten Kommunistischen Partei Deutschlands und war Mitglied des Parlamentarischen Rates, in dem 1948 und 1949 das Grundgesetz für die Bundesrepublik Deutschland ausgearbeitet wurde. Bis 1953 war er Abgeordneter des Bundestages und Chef der KPD-Fraktion. 1954 übersiedelte er in die DDR, blieb aber KPD-Vorsitzender.

Renn, Ludwig   1889 – 1979
Schriftsteller
Kuckhoffstraße 39
Seinen eigentlichen Namen, Arnold Friedrich Vieth von Golßenau, hatte er 1930 aus Protest gegen den aufkommenden Nationalsozialismus abgelegt und nannte sich fortan Ludwig Renn. 1936 nahm er am Spanischen Bürgerkrieg als Kämpfer in der »Thälmannkolonne« und ab November 1936 als Offizier im Generalstab der XI. Internationalen Brigade teil. Renn hatte sich bereits seit 1928 schriftstellerisch betätigt, sein Erstlingsroman »Krieg« sorgte für große Aufmerksamkeit. Im mexikanischen Exil entstand 1944 sein Werk »Adel im Untergang«, das in den Fünfzigerjahren zum Lehrstoff im Literaturunterricht an den DDR-Schulen gehörte. Zu seinen bekanntesten und erfolgreichsten Büchern gehören die Kinderbücher »Trini. Die Geschichte eines Indianerjungen« (1954) sowie »Der Neger

Nobi«, das seit 1962 nur noch unter dem Namen »Nobi« verlegt wurde. Mit seinem Lebensgefährten, dem Maler Max Hunger, und ihrem gemeinsamen Freund Hans Pierschel, lebte Ludwig Renn ab 1952 bis zu seinem Tod in Berlin-Kaulsdorf.

Rieth, Otto   1893 – 1965
Unternehmer
Viktoriastraße 23 (heute: Majakowskiring 28), Seckendorffstraße 24 (heute: Heinrich-Mann-Straße)
Im August 1945 musste Otto Rieth sein Haus im heutigen Majakowskiring räumen, da sich Walter Ulbricht sehr intensiv für diese Villa interessierte. Für Otto Winzer, damals Stadtrat für Volksbildung und Kultur und zuständig für die Vergabe der Häuser im »Städtchen«, war es kein Problem, seinem Freund Ulbricht die schmucke Rieth-Villa zuzuschanzen. Obwohl Otto Rieth sein Haus in allerkürzester Zeit verlassen musste, hatte man ihm – was nicht die Regel für die anderen Enteigneten war – sofort ein neues Haus in der Seckendorffstraße zur Verfügung gestellt.

Rummel, Jürgen   Geb. 1941
Schauspieler, Entertainer
Straße 106 Nr. 17 (heute: Boris-Pasternak-Weg)
In der Verfilmung des Dieter-Noll-Romans »Die Abenteuer des Werner Holt« gab er 1965 sein Debüt vor der DEFA-Kamera in der Rolle des Luftwaffen-Oberhelfers Günsche, der sich laut Drehbuch mit Gilbert Wolzow, gespielt von Manfred Karge, eine Prügelei liefern musste. Es ist verbürgt, dass der kräftig gebaute Karge dem damals eher schmächtigen Jürgen Rummel während der Dreharbeiten mehrfach die Nase lädierte. In seiner weiteren Karriere holte sich Rummel jedoch kein Nasenbluten mehr, er verlegte seine Haupttätigkeit von der Bühne in die Rundfunkstudios und gehört heute zu den Berliner »Radio-Urgesteinen«. Er moderierte für die Sender »Stimme der DDR« und »Radio-DDR-Ferienwelle« sowie – nach der Wende – u. a. für «Antenne Brandenburg« und »Hundert,6«. Außerdem ist er seit den Siebzigerjahren als Bühnensprecher, Talkmaster und Conferencier unterwegs.

Saar, Fritz   1887 – 1948
Gewerkschaftsfunktionär, Vertreter des Widerstandes
Lindenpromenade 43 (heute: Elsa-Brändström-Straße)
Er war in den Zwanzigerjahren im Vorstand der Berliner Gewerkschaft im Allgemeinen Deutschen Gewerkschaftsbund und im Zentralvorstand der Hotel-, Restaurant- und Caféhausangestellten in führender Position aktiv. Vor seiner Emigration in die Niederlande Mitte der Dreißigerjahre leitete er den Berliner Hotelangestelltenverband. Auch im Ausland engagierte sich Fritz Saar in den Exilorganisationen seiner Berufssparte und unterhielt enge Kontakte zu illegalen Gewerkschaftsgruppen in Deutschland. Nach der Besetzung der Niederlande durch

die Wehrmacht wurde er verhaftet und 1942 wegen »Hochverrats« vom Volksgerichtshof zu einer lebenslangen Freiheitsstrafe verurteilt. Saar überlebte das Ende des Nazi-Regimes, die sowjetische Militärverwaltung setzte ihn als Bezirksbürgermeister von Berlin-Friedrichshain ein, doch bereits 1948 verstarb er an den Spätfolgen der Zuchthaushaft.

Saefkow, Anton   1903 – 1944
Vertreter des Widerstandes
Trelleborger Straße 26
Nach dem deutschen Überfall auf die Sowjetunion baute Anton Saefkow gemeinsam mit Franz Jacob und Bernhard Bästlein in Berlin die größte kommunistische Widerstandsgruppe auf, im April 1944 gab es einen Kontakt mit dem sozialdemokratischen Widerstand um Julius Leber und Adolf Reichwein, um eine Aktionseinheit in der Vorbereitung eines Attentates auf Adolf Hitler zu erreichen. Nach dem missglückten Anschlag vom 20. Juli 1944 wurde Anton Saefkow verhaftet, vor den Volksgerichtshof gestellt und am 18. September 1944 durch das Fallbeil hingerichtet. Kurz vor seinem Tod schrieb er an seine Ehefrau Anne: »Schon mit diesem Brief will ich Dir, mein Kamerad, danken für das Große und Schöne, das Du mir in unserem gemeinsamen Leben gegeben hast … Erst heute, mit diesen Zeilen, habe ich wegen der Gedanken an Euch die ersten nassen Augen nach dem Urteil. Denn das Weh, das mich zerreißen könnte, hält der Verstand zurück. Du weißt, ich bin ein kämpferischer Mensch und werde tapfer sterben. Ich wollte immer nur das Gute.«

Sandberg, Herbert   1908 – 1991
Zeichner, Grafiker
Homeyerstraße 33, Platanenstraße 107
Er war einer der populärsten Grafiker und Karikaturisten der DDR, er zeichnete mit »spitzer Feder« für das Zentralorgan der SED »Neues Deutschland«, stellte in der Rubrik »Der freche Zeichenstift« in dem Monatsheft »Das Magazin« andere Karikaturistenkollegen aus dem In- und Ausland vor und gestaltete in der »Neuen Berliner Illustrierten« (NBI) die Reihe »Sandbergs kleine Galerie«. Von 1938 bis 1945 war er im Konzentrationslager Buchenwald interniert, dort entstanden 1944 achtzehn Zeichnungen, die er aus Ruß und Schlämmkreise fertigte und in der DDR in seinem Zyklus »Eine Freundschaft« veröffentlichte. 1976 protestierte er gemeinsam mit Fritz Cremer und Theo Balden mit der Erklärung »Vielleicht könnte man die getroffene Maßnahme noch einmal überdenken« gegen die Ausbürgerung Wolf Biermanns und war offensichtlich derjenige Künstler, der Fritz Cremer nach dessen Aussagen mit dieser Erklärung am »Krankenbett überrascht und überrumpelt« und zur Unterschrift genötigt habe. Sandbergs Zyklus »Erinnerungen an Brecht«, der zwischen 1959 bis 1968 entstand, gehört heute zu seinen grafischen Hauptwerken.

Sasse, Ernst   Gest. 1945

Vertreter des Widerstandes

Florastraße 95

Während der Nazizeit emigrierte er nach Dänemark und geriet nach der deutschen Besetzung 1940 in die Hände der Gestapo. Er wurde zu zwölf Jahren Haft verurteilt und erlebte 1945 die Befreiung des Zuchthauses Brandenburg. Kurze Zeit später verstarb er an den Spätfolgen der Folter und Haft.

Schälike, Fritz   1899 – 1963

Journalist, Verleger

Majakowskiring 66

Der 1927 vom Reichsgericht wegen »literarischen Hochverrats« zu Festungshaft verurteilte Autor gehörte auch zu den Auserwählten, die nach dem Zweiten Weltkrieg im »Städtchen« ein Haus beziehen durften. Er war ein enger Freund des SED-Spitzenfunktionärs Anton Ackermann, gab zunächst in Dresden die »Sächsische Volkszeitung« heraus und kam 1946 nach Berlin, um das Verlagswesen zu reformieren. Von 1947 bis 1962 war er Leiter des Dietz Verlages. Dort erschienen unter anderem die Werkausgaben von J. W. Stalin, W. I. Lenin und ab 1956 die »Werke von Karl Marx und Friedrich Engels« in hohen Auflagen.

Schilde, Hans   1910 – ?

Ökonom, Politiker

Majakowskiring 66

1925 war er dem Kommunistischen Jugendverband Deutschlands beigetreten, 1930 wurde er Mitglied der KPD. Die Zeit des Nationalsozialismus verbrachte er in der Illegalität und arbeitete für die KPD in der Sowjetunion, in den Niederlanden, der Tschechoslowakei und in England. Nach 1945 war er aktiv an der Bildung des Freien Deutschen Gewerkschaftsbundes (FDGB) der DDR beteiligt, später war er Vorsitzender des Bezirkswirtschaftsrates und stellvertretender Vorsitzender des Rates des Bezirkes Dresden.

Schirdewan, Karl   1907 – 1998

Politiker

Elisabethstraße 10, Majakowskiring 33

1957 war in der Sowjetunion eine »parteifeindliche« Gruppierung innerhalb des Politbüros der Kommunistischen Partei ausgemacht und zerschlagen worden. Wjatscheslaw Molotow, Stalins engster Mitarbeiter, wurde verdächtigt, der Kopf dieser »Verschwörung gegen die Generallinie der Partei« gewesen zu sein und gemeinsam mit Georgi Malenkow, Nikolai Bulganin, Lasar Kaganowitsch, Kliment Woroschilow, Georgi Schukow, Michail Perwuchin, Dimitri Schepilow und Maxim Saburow einen Putsch gegen den Parteichef Nikita Chruschtschow geplant zu haben. Walter Ulbricht muss das gut gefallen haben, denn auch er wähnte ein ähnlich heimtückisches Verbrechen in seiner unmittelbaren Umgebung, das nach aktuellem sowjetischem Vorbild mit den höchsten Parteistrafen geahndet werden musste. Endlich konnte sich Ulbricht seines Rivalen Karl Schirdewan entledigen. Aus dem zweiten Mann der SED machte Ulbricht den Leiter eines Archivs in Potsdam.

Schirmer-Pröscher, Wilhelmine 1889 – 1992
Politikerin
Straße 106 Nr. 2a, Straße 106 Nr. 4a (heute: Boris-Pasternak-Weg)
Die gelernte Drogistin schloss sich kurz nach dem Ersten Weltkrieg der liberal ausgerichteten Deutschen Demokratischen Partei an und unterstützte Dr. Wilhelm Külz in dessen Wahlkampf zur Weimarer Nationalversammlung. Von 1919 bis 1945 nahm sie sich eine politische Auszeit, die sie als Besitzerin einer Apotheke in Berlin-Mariendorf ausfüllte. Nach dem Zweiten Weltkrieg gehörte sie zu den Gründungsmitgliedern der Liberaldemokratischen Partei Deutschlands (LDPD), wurde Abgeordnete der DDR-Volkskammer und 1971 deren Alterspräsidentin. Nach der politischen Wende erhielt sie 1990 das Parteibuch der FDP. Obwohl sie damit ihre Ankunft im vereinten Deutschland demonstrativ unter Beweis gestellt hatte, wurde ihr, gemeinsam mit Wilhelm Pieck, Walter Ulbricht, Friedrich Ebert jr. und anderen kommunistischen Funktionsträgern, die Ehrenbürgerschaft von Gesamt-Berlin entzogen.

Schmidt, Elli   1908 – 1980
Politikerin
Majakowskiring 26
Ihre Ehe mit dem SED-Spitzenfunktionär Anton Ackermann wurde 1949 geschieden, beide allerdings arbeiteten im Politbüro des ZK der SED bis 1953 weiter zusammen. In dem männerdominierten SED-Führungszirkel war Elli Schmidt seit 1950 die gelittene Exotin, die »verdienstvolle Kommunistin«, die jedoch nicht viel zu sagen hatte bzw. »nicht viel sagen sollte«. Und diese Rolle spielte Elli Schmidt äußerst schlecht: Sie sagte viel, sie kritisierte viel und aus ihrer persönlichen Abneigung gegen Walter Ulbricht und seinem jungen Polit-Gespielen Erich Honecker machte sie kein Geheimnis. Walter Ulbricht, der 1953 nach dem Tod Stalins mit einer politischen Kräftigungsspritze aus Moskau versehen wurde und das halbe SED-Politbüro austauschen durfte, traf neben Rudolf Herrnstadt, Wilhelm Zaisser, Hans Jendretzky und Franz Dahlem auch Elli Schmidt mit seinem Bannstrahl und fand für sie eine Anstellung in der Bekleidungsindustrie. Bis 1967 arbeitete sie dann als Direktorin des Deutschen Modeinstitutes.

Schönherr, Alfred   1909 – 1986

Polizist, Kundschafter, Politiker

Majakowskiring 26

Im Ministerium für Staatssicherheit hatte Alfred Schönherr in den frühen Fünfzigerjahren Funktionen als Parteisekretär der dortigen Kreisleitung der SED übernommen, im Mai 1957 musste er jedoch seinen Sessel räumen, da er sich in dem Konflikt zwischen Walter Ulbricht und dem Minister für Staatssicherheit Ernst Wollweber auf die Seite seines Chefs schlug. Innerhalb des Ministeriums durchlief er »zur Strafe« einige als zweitrangig anzusehende Posten, bis er sich im November 1957 in der Bezirksverwaltung Frankfurt (Oder) wiederfand und anschließend auf eine »Ochsentour« mit immer einflussloseren Verwaltungsfunktionen quer durch die Republik geschickt wurde. Auch Alfred Schönherr gehörte zu den Ulbricht-Kritikern innerhalb der Staatssicherheit, die nach der Inthronisierung des Ulbricht-Intimus Erich Mielke als Stasi-Minister ins politische Abseits gestellt wurden.

Schoß, Gunter   Geb. 1940

Schauspieler

Kurt-Fischer-Straße (heute: Hermann-Hesse-Straße)

Der immer noch jungenhaft wirkende Mittsiebziger, der locker auch als Endvierziger durchgehen könnte, hält seit vielen Jahrzehnten einen Spitzenwert auf der nach oben offenen Beliebtheits- und Sympathieskala. Seine filmische Karriere begann 1964 mit der Titelrolle des Egon Brümmer in der TV-Verfilmung des Joachim-Wohlgemuth-Romans »Egon und das achte Weltwunder«. In diesem Streifen wird mit viel Verschmitztheit und Humor die Wandlung des ehemaligen Strafgefangenen Egon zu einem »wertvollen Mitglied der Gesellschaft« erzählt, selbstverständlich unterstützt durch ein FDJ-Kollektiv. Und durch die Liebe einer blaubehemdeten Blondine, allerliebst gespielt von Traudl Kulikowsky. 1972 lieferte Gunter Schoß sein schauspielerisches Gesellenstück als Frank Schattmann in dem TV-Vierteiler »Die Bilder des Zeugen Schattmann«, nach dem Buch von Peter Edel, das »auf emotional eindringliche Weise den Holocaust thematisiert«. Seit 1999 moderiert Gunter Schoß verschiedene Sendungen im Fernsehen des Mitteldeutschen Rundfunks (MDR).

Schreiner, Albert   1892 – 1979

Historiker

Majakowskiring 64

Die unruhigen Zwanzigerjahre, in denen die Kommunistische Partei Deutschlands von zahlreichen Flügelkämpfen zerrüttet schien, fanden ihre Opfer in den führenden Parteimitgliedern, die den radikalen Kurs der Führung um Ruth Fischer, Arkadi Maslow und später Ernst Thälmann nicht mitgehen wollten. Auch Albert Schreiner wurde als »Partei-Rechter« bezeichnet und 1929 aus der KPD entfernt.

Er schloss sich der »Kommunistischen Partei-Opposition« (KPO) um Heinrich Brandler und August Thalheimer an, emigrierte 1933 nach Frankreich und wurde wieder in die KPD aufgenommen. 1946 kehrte Albert Schreiner nach Deutschland zurück, übernahm eine Professur an der Leipziger Universität und wurde Dekan an der gesellschaftswissenschaftlichen Fakultät. Die späte Rache der SED an den ehemaligen KPO-Mitgliedern ereilte 1952 auch Albert Schreiner, er durfte sich jedoch als Mitarbeiter im Museum für Deutsche Geschichte »bewähren« und sich als Anerkennung für seine wissenschaftliche Arbeit immerhin den Nationalpreis der DDR umhängen lassen.

Schultz-Liebisch, Paul   1905 – 1996
Maler
Wolfshagener Straße 82
Er war ein Künstler, der Heinrich Zille und Hans Baluschek tief verehrte und der – wie sich schon leicht an diesen beiden Namen ablesen lässt – die unterschiedlichsten Genres bediente. Paul Schultz-Liebisch, der Anfang der Sechzigerjahre aus der Schulzendorfer Straße im Berliner Nordwesten nach Pankow kam, malte Ölbilder im postexpressionistischen Stil, ebenso schuf er Lithographien, Siebdrucke, Holz- und Linolschnitte. Mit zunehmendem Alter verlegte er sich auf das vereinfachte, erzählende Malen von oft kleinformatigen Bildern, die von der Kunstkritik in die Schublade der »Naiven Malerei« abgelegt wurden. Gegen diese Klassifizierung hatte er sich immer gewehrt. Unvergessene Verdienste um die Pankower Kunstszene erwarb sich Schultz-Liebisch 1963, als er mit Freunden das »Fest an der Panke« ins Leben rief. Diese alljährlich stattfindende Kunst- und Kunstgewerbeschau, die die Breite bzw. Johannes-R.-Becher-Straße in einen Künstlerboulevard verwandelte, ist immer noch das kulturelle Highlight im Bezirk. Und Paul Schultz-Liebisch war bis zu seinem Tod beinahe immer mit einem eigenen Stand dabei, mit grauem Arbeitskittel und grauer Baskenmütze bekleidet und umgeben von einer ansteckenden, herzlichen Freundlichkeit – und mit einer vollen Kasse, denn seine Miniaturen fanden zahllose Liebhaber. Mit Stolz kann der Autor verkünden, dass er selbst Besitzer von einigen Arbeiten des Künstlers ist.

Schwab, Sepp   1897 – 1977
Journalist
Majakowskiweg 24 (heute: Rudolf-Ditzen-Weg), Majakowskiring 64
Den in München geborenen Ur-Bayern Max-Joseph Schwab hat es 1930 aus seiner Heimat in die Sowjetunion gezogen. Dort arbeitete er u. a. als Redakteur in der Deutschlandabteilung von Radio Moskau und gehörte dem Deutschlandreferat des Exekutivkomitees der Kommunistischen Internationale an. Seine politische Reifeprüfung hatte er bereits 1919 als Regierungsmitglied in der Münchener Räterepublik erfahren. Nach deren Zerschlagung wurde Sepp Schwab zu vier Jahren

Festungshaft verurteilt. In der Sowjetischen Besatzungszone war er 1946 der erste Chefredakteur des »Neuen Deutschland«, in den Fünfzigerjahren vertrat er die DDR als Botschafter in Ungarn, anschließend war er bis 1965 stellvertretender Außenminister der DDR.

Seitz, Gustav   1906 – 1969
Bildhauer
Treskowstraße 11
1950 kam Gustav Seitz aus West-Berlin und ließ sich in der Treskowstraße nieder. Als Bürger West-Berlins hatte er Ende 1949 für seine Arbeit am Mahnmal für die Opfer des Faschismus in Berlin-Weißensee den Nationalpreis der gerade gegründeten DDR erhalten, eine Auszeichnung, die seinen Arbeitgebern an der West-Berliner Hochschule für bildenden Künste überhaupt nicht gefallen wollte. Seitz wurde die Lehrerlaubnis entzogen, als Zugabe bekam er ein Hausverbot ausgesprochen. Bis 1958 wurde er von der DDR-Kulturspitze umhegt und gefördert, er wurde Mitglied der Akademie der Künste und Leiter eines Meisterateliers, er schuf zahlreiche weibliche Akte, aber auch Büsten von Bertolt Brecht, Thomas Mann, Heinrich Mann und Ernst Bloch. Nur einmal hatte Gustav Seitz total daneben gegriffen. Nach einer Reise durch die Volksrepublik China erschien 1952 das Buch »Gustav Seitz – Studienblätter aus China« mit einem Vorwort von Anna Seghers. Die gesamte Auflage wurde aus »politischen Gründen« noch am Erscheinungstag wieder eingestampft. Die letzten elf Jahre seines Lebens verbrachte Seitz in Hamburg. Sein »Ausstand« aus der DDR war 1958 die Fertigstellung des Gipsmodells für das Käthe-Kollwitz-Denkmal, das 1960 in Berlin-Prenzlauer Berg aufgestellt wurde.

Shaw, Elizabeth   1920 – 1992
Zeichnerin, Illustratorin
Treskowstraße 5
1959 hatte sich die erfolgreiche Illustratorin und Kinderbuchautorin an eine große Aufgabe herangewagt: Sie porträtierte in dem ihr eigenen Zeichenstil dreiundvierzig Mitglieder der Akademie der Künste der DDR und erhielt für diese offensichtlich liebevoll ausgeführte Arbeit beinahe uneingeschränktes Lob ihrer Modelle. Shaw illustrierte Bücher von Bertolt Brecht, Mark Twain, Lothar Kusche, Erich Kästner, Heinz Kahlau und vielen anderen. Auch der von Richard Sperl 1968 zusammengestellten Karl-Marx-Compilation »Englischer Alltag« gab sie mit ihren Zeichnungen ein angenehmes äußeres Bild. Unter ihren Bilderbüchern für Kinder ragen besonders »Die Schildkröte hat Geburtstag«, »Wildschwein Walter« und »Bettina bummelt« heraus.

Siewert, Robert　　　　　1887 – 1973
Politiker
Majakowskiring 64
Mit seiner Kommunistischen Partei lag er bereits seit den Zwanzigerjahren über
Kreuz. Die Ausrichtung der KPD auf den aufkeimenden Stalinismus in der Sowjetunion ließ ihn in Opposition zur damaligen ultralinken Parteispitze geraten, die
ihm dafür den Stempel eines »Abweichlers« und »Brandleristen« aufdrückte und
ihn 1929 sogar aus der Partei ausschloss. Diesen Makel verzieh ihm auch die
SED-Führung Jahrzehnte später nicht. Obwohl er während seiner Haft im Konzentrationslager Buchenwald am Aufbau einer illegalen kommunistischen Organisation beteiligt war, hatte er in der späteren DDR nur wenig Chancen auf eine erfolgreiche Parteikarriere. Diese beschränkte sich auf eine marginale Funktion im
Ministerium für Bauwesen. Immerhin wurde er 1973 in dem offiziellen Nachruf
der SED-Parteispitze als »engster Kampfgefährte Ernst Thälmanns« gewürdigt.

Sindermann, Horst　　　　　1915 – 1990
Politiker
Majakowskiring 55a, Majakowskiring 21, Majakowskiring 5
Bis 1989 Präsident der DDR-Volkskammer, fand er 1990 klare Worte: »Ich habe in
den vierzig Jahren DDR immer auf Schwachstellen und auf Fehler hingewiesen,
habe Verbesserungen und Reformen verlangt. Aber ich habe mich allzu oft damit
abgefunden, dass meine Kritik abgewehrt wurde, meine Vorschläge verworfen
wurden. In der Disziplin, mit der ich diese Einstellung vor mir selbst begründete,
steckt natürlich ein gehöriges Stück Opportunismus. Und weil ich mir weit mehr
Kritik hätte erlauben können als andere, empfinde ich wahrscheinlich auch mehr
Schuld als andere.« Zu dieser Einschätzung seiner Rolle in der soeben untergegangenen DDR kam Horst Sindermann in einem Gespräch mit dem »Spiegel«.
Und er lieferte Gründe für das Scheitern der DDR: »Die Parteidisziplin, die uns
unfähig machte, richtig zu handeln, ist ein Grund. Ein zweiter: Wir … also diese-
nigen, die in der SED die Verantwortung trugen, also das Politbüro insbesondere,
haben unsere Erfolge überschätzt. Wir haben die Erfolge, die es zweifellos gab,
übertrieben dargestellt und Probleme fast ganz verschwiegen. Am Ende standen
wir einer Volksstimmung gegenüber, die umgekehrt fast nur die Probleme und
fast keine Erfolge mehr sah.«

Skladanowsky, Max　　　　　1863 – 1939
Filmpionier
Berliner Straße 27, Berliner Straße 40, Waldowstraße 28
Die letzte Ruhestätte des Pankower Filmpioniers befindet sich auf dem Friedhof
Pankow IV in der Blankenburger Straße in Niederschönhausen. Skladanowskys
langjähriges Wohnhaus in der Waldowstraße ziert eine Gedenktafel, auch auf dem

Berliner »Boulevard der Stars« erinnert ein Stern an ihn und seine Verdienste. Bereits 1951 hatte die Wrangelstraße in Niederschönhausen den Namen Skladanowskys erhalten. Er erhielt zahlreiche Ehrungen, doch immer wieder wird seine Entwicklung des »Bioscop«-Wiedergabegerätes dem erfinderischen Schaffen und den Ideen der französischen Brüder Lumiere gegenüber gestellt. Sein Original-»Bioscop« befindet sich heute im Potsdamer Filmmuseum.

Stahlmann, Richard   1891 – 1974
Leiter der Hauptverwaltung Aufklärung im Ministerium für Staatssicherheit
Majakowskiweg 19 (heute: Rudolf-Ditzen-Weg), Köberlesteig 8
Bereits 1924 hatte Stahlmann Deutschland den Rücken gekehrt, um in der Sowjetunion seine berufliche und politische Zukunft zu finden. Er wurde Mitglied der KPdSU, erhielt eine militärische Ausbildung und kämpfte während des Spanischen Bürgerkrieges in den Reihen der Internationalen Brigaden. Gemeinsam mit Herbert Wehner leitete er aus dem schwedischen Exil heraus den Widerstandskampf gegen das Hitler-Regime. Nach dem Zweiten Weltkrieg kehrte er nach Deutschland zurück und bekleidete in der DDR höchste Positionen im Ministerium für Staatssicherheit.

Steinhoff, Hans
Unternehmer
Kronprinzenstraße 12 (heute: Majakowskiring 51), Grabbeallee 35
Hans Steinhoff, der Inhaber des Unternehmens »Steinhoff Colonialwaren engros«, wohnte 1945, nachdem er sein Haus im Majakowskiring an Max Opitz, den späteren Chef der Kanzlei des Präsidenten der DDR, verloren hatte, in der Grabbeallee 35. Der ständige Blick aus seinem Küchenfenster auf sein ehemaliges Haus veranlasste ihn am 23. Oktober zu einem Beschwerdebrief an Wilhelm Pieck, in dem er einen angemessenen finanziellen Ausgleich einforderte: »… möchte ich noch bemerken, dass ich mit vielen tausend Mark für Reparaturen … für das beschlagnahmte Haus … belastet bin, die zur Beseitigung von Schäden notwendig wurden, als das Haus … leer stand und bestimmt nicht erforderlich gewesen wären, wenn ich selbst mein Haus hätte bewohnen und pflegen können.« Selbstverständlich blieb das Schreiben unbeantwortet.

Steinhoff, Karl   1892 – 1981
Jurist, Politiker
Majakowskiring 16
Das ehemalige SPD-Mitglied bekleidete von 1946 bis 1949 das Amt des brandenburgischen Ministerpräsidenten, 1949 stieg er als Kandidat in das Politbüro der SED auf, 1952 wurde er Minister des Innern der DDR. In seiner Nebenrolle als stellvertretender Ministerpräsident veranlasste SED-Parteichef Walter Ulbricht

bereits ein Jahr später die Absetzung Steinhoffs als Minister. 1954 verlor er auch sämtliche Parteiämter und übernahm eine Tätigkeit im Potsdamer Bezirksfriedensrat.

Stern, Jeanne   1908 – 1998
Drehbuchautorin, Übersetzerin
Straße 201 Nr. 7
Jeanne Stern hatte während der Zeit der Weimarer Republik in Berlin Germanistik studiert und dort ihren späteren Ehemann Kurt Stern kennen gelernt. Durch ihn fand sie Zugang zur Kommunistischen Bewegung. 1932 ging das Paar, das 1934 heiratete, nach Paris, dort schloss sich Jeanne Stern der Kommunistischen Partei Frankreichs an. Während des Spanischen Bürgerkrieges arbeitete sie in der Presseagentur der spanischen republikanischen Regierung und emigrierte 1942 mit ihrem Mann Kurt nach Mexiko. In der DDR betätigte sie sich, gemeinsam mit ihrem Mann, als Drehbuchautorin. Aus beider Feder stammt die Textvorlage zu dem Film »Stärker als die Nacht«, der den Alltag im faschistischen Deutschland beschreibt. Slatan Dudow führte in diesem beeindruckenden Film Regie, in den Hauptrollen waren Helga Göring, Wilhelm Koch-Hooge und Helmut Schreiber zu sehen.

Stern, Kurt   1907 – 1989
Journalist, Schriftsteller, Drehbuchautor
Straße 201 Nr. 7
Der enge Freund von Johannes R. Becher, Anna Seghers und Christa Wolf kehrte 1946 aus dem mexikanischen Exil nach Deutschland zurück, wurde Mitglied der SED und arbeitete als Journalist, Schriftsteller und Drehbuchautor. Gemeinsam mit seiner Ehefrau Jeanne schrieb er das Drehbuch zu dem 1952 entstandenen DEFA-Film »Das verurteilte Dorf«, in dem sich bayerische Dorfbewohner gegen die Zerstörung ihrer Häuser zugunsten des Baues eines amerikanischen Militärflugplatzes zur Wehr setzen. Die Regie in diesem propagandistischen Auftragswerk führte Martin Hellberg, in der Besetzungsliste tauchen zahlreiche DEFA-Publikumslieblinge wie Helga Göring, Günther Simon, Eduard von Winterstein, Wolf Kaiser, Paul R. Henker und der junge Dieter Perlwitz auf. Für »Das verurteilte Dorf« wurde das Ehepaar Stern mit dem Internationalen Friedenspreis und dem Nationalpreis der DDR ausgezeichnet.

Stoph, Willi   1914 – 1999
Politiker
Majakowskiring 64
Nach der Gründung der Nationalen Volksarmee der DDR im Jahre 1956 ernannte ihn Otto Grotewohl zum ersten Minister für Nationale Verteidigung. Militärische

Kenntnisse hatte der Träger des Eisernen Kreuzes während des Zweiten Weltkrieges als Angehöriger der Deutschen Wehrmacht gesammelt, aufgrund einer schweren Verwundung, die er sich im so genannten »Russland-Feldzug« zugezogen hatte, wurde er bereits 1942 aus dem aktiven Wehrdienst entlassen. In der DDR beerbte Willi Stoph 1964 den verstorbenen Otto Grotewohl als Ministerpräsident, 1973 wechselte er für drei Jahre in die Funktion des Vorsitzenden des Staatsrates. Da Erich Honecker die beiden höchsten Ämter – Partei- und Staatschef – für sich beanspruchte, kehrte Stoph 1976 an die Spitze des Ministerrates zurück und behielt diese Funktion bis zum 7. November 1989. Nach der Wende wurden gegen Stoph mehrere Anklagen erhoben, das letzte Verfahren wurde im Juni 1993 wegen Verhandlungsunfähigkeit eingestellt.

Strampfer, Herbert   1913 – 1995
Ingenieur, Elektrotechniker
Güllweg 10b
Die zahlreichen verschiedenen Funktionen von Herbert Strampfer in der DDR können auf die vielseitigen Qualifikationen des Ingenieurs und Politikers hinweisen. Er war Chefredakteur der »Thüringischen Volkszeitung« in Weimar, Prokurist bei der Thüringischen Verwaltungs-GmbH, Abteilungsleiter für Wirtschaft im Landesvorstand Thüringen der SED, Werkleiter in der Kammgarnspinnerei in Wernshausen, Arbeitsminister in der thüringischen Landesregierung, Hauptabteilungsleiter im DDR-Ministerium für Handel und Versorgung sowie 1. Sekretär der Kammer der Technik (KDT). Bis zu seinem Ruhestand arbeitete er am Zentralinstitut für Information und Dokumentation.

Streit, Josef   1911 – 1987
Jurist
Majakowskiring 45
1962 wurde Josef Streit als Nachfolger des verstorbenen Ernst Melsheimer Generalstaatsanwalt der DDR. Melsheimer hatte sich bei den Schauprozessen gegen Wolfgang Harich und Walter Janka sowie bei den so genannten »Waldheim-Prozessen« bei der SED-Führung äußerst beliebt gemacht, da er sich in seiner Prozessführung in direkter Tradition zu dem sowjetischen Chefankläger der Moskauer Schauprozesse Andrej Wyschinski befand. Josef Streit vertrat im Juli 1963 vor dem Obersten Gericht der DDR die Anklage im Prozess gegen den Staatssekretär im Bundeskanzleramt und Kommentator der Nürnberger Rassegesetze, Hans Globke, an dessen Ende der Adenauer-Intimus Globke in Abwesenheit zu lebenslanger Haft verurteilt wurde.

Strempel, Horst   1904 – 1975

Maler

Mühlenstraße 71

Zu den engen Freunden der Illustratorin Elizabeth Shaw gehörte der Maler Horst Strempel. Der überaus talentierte Schüler von Otto Mueller, Oskar Moll und Karl Hofer hatte Deutschland 1933 verlassen, lebte und arbeitete in Paris. Im Juni 1945 kehrte er nach Deutschland zurück und stellte seine Kunst von Anfang an bedingungslos dem Wiederaufbau Berlins zur Verfügung. Vor allem durch ein großes Fresko im Bahnhof Berlin-Friedrichstraße wurde er bekannt, der Großteil seiner Arbeiten hatte die Auseinandersetzung mit dem untergegangenen Nationalsozialismus und die Erneuerung Deutschlands zum Inhalt. Sein 1946 fertig gestelltes Hauptwerk »Nacht über Deutschland« steht beinahe exemplarisch für seinen künstlerischen und politischen Anspruch. Anfang der Fünfzigerjahre wurde die Diskussion um den »Sozialistischen Realismus« in der Kunst entfacht, Strempel wurde »Formalismus« vorgeworfen, und nachdem sein Werk »Trümmer weg – baut auf« im Straßenbild am Bahnhof Friedrichstraße in einer Nacht- und Nebelaktion überstrichen wurde, nahm er »sein Bettzeug und ging nachts nach West-Berlin«.

Süßbach, Willi   1904 – 1973

Pfarrer

Florastraße 66

Der evangelische Pfarrer sah sich selbst als Vertreter der »Religiösen Sozialisten« und stand in den Zwanzigerjahren der SPD sehr nahe. »Er galt als ein kritischer, aber auch als offener und warmherziger Mensch.« Der persönliche Freund von Dietrich Bonhoeffer war ein erklärter Gegner der mit den Nazis kollaborierenden »Deutschen Christen« und setzte sich mit ihnen »kompromisslos auseinander«. In einem Bericht des Berliner Konsistoriums an die Oberste Kirchenleitung wurde am 10. November 1937 ein Angriff auf den Pfarrer gemeldet: »… wurde er auf der Chaussee von Brielow nach Brandenburg von zwei SA-Männern vom Rade gerissen und misshandelt. Durch das Hinzukommen Vorübergehender wurden die Misshandlungen eingestellt. … Der Oberstaatsanwalt bei dem Landgericht in Potsdam hat mitgeteilt, dass er das Verfahren … gegen die SA-Leute … mangels öffentlichen Interesses eingestellt habe.«

Titel, Werner   1931 – 1971

Agrarökonom, Politiker

Majakowskiring 33

Der Funktionär der Demokratischen Bauernpartei der DDR (DBD) hatte 1965 an der Humboldt-Universität im Bereich Landwirtschaftswissenschaften promoviert, zu dieser Zeit hatte er bereits eine FDJ-Karriere als Mitglied des Zentralrates hinter sich gebracht. 1966 schaffte er den großen Sprung: Der DDR-Ministerpräsident

Willi Stoph holte das gerade 35 Jahre alt gewordene Politik- und Agrar-Talent in seine unmittelbare Nähe und ernannte ihn zu seinem Stellvertreter. Kurz vor seinem frühen Tod wurde Titel erster Minister für Umweltschutz der DDR.

Triebel, Axel   1899 – 1976
Schauspieler
Neumannstraße
Die sympathischste Vollglatze der DDR war »ein brillanter Komiker und Meister der Burleske«, spielte am Berliner Ensemble unter Bertolt Brecht und wurde Stammgast in den DEFA-Aufnahmestudios. Unvergessen sein urpreußischer »Major Kunze« in Wolfgang Staudtes Film »Der Untertan«, seine Doppelrolle als Hotelportier und Pförtner eines Ferienheimes in der Komödie »Der Reserveheld« an der Seite von Rolf Herricht, Herbert Köfer und Marita Böhme sowie seine Gastauftritte in der TV-Serie »Polizeiruf 110«. Sein Motto »Wo Triebel ist, da ist auch Trubel« hatte er kurz vor seinem Tod in meisterhafter Manier umgesetzt, als er bei einem DDR-Rockfestival, allein auf großer Bühne in einem Ohrensessel sitzend, das vieltausendköpfige Publikum zu unbändigem Lachen und ohrenbetäubenden Beifallsstürmen hinreißen konnte.

Tschesno-Hell, Michael   1902 – 1980
Drehbuchautor, Kulturpolitiker
Hermann-Hesse-Straße 81
Eine illustre Runde hatte sich gegen Ende des Zweiten Weltkrieges im Schweizer Exil zusammen gefunden: Der Literaturwissenschaftler Hans Mayer, der Schriftsteller und spätere DDR-Kritiker Stephan Hermlin sowie Michael Tschesno-Hell, der ein Jahrzehnt später zu den bekanntesten Drehbuchautoren der DDR zählte. Gemeinsam brachte das Trio die Schrift »Über die Grenzen« heraus, nach dem Ende der Nazi-Herrschaft kamen sie in die Sowjetische Besatzungszone, allein Hans Mayer wechselte noch einmal die Grenzen, um sich als Honorarprofessor in Tübingen niederzulassen. Tschesno-Hell, dessen Grundhaltung »die Glorifizierung der Sowjetunion und der Roten Armee sowie die Heroisierung der kommunistischen Bewegung und von Funktionären der KPD« war, durfte 1954 und 1955 die Drehbücher für die Filme »Ernst Thälmann – Sohn seiner Klasse« und »Ernst Thälmann – Führer seiner Klasse« schreiben und sich dafür insgesamt drei Nationalpreise der DDR umhängen lassen. Für den 1972 entstandenen Karl-Liebknecht-Film »Trotz alledem« gab es als Zugabe noch den Vaterländischen Verdienstorden in Gold sowie den Karl-Marx-Orden.

Turner, Julius C.   1881 – 1948
Maler, Radierer
Treskowstraße 54
1930 hatte der Schüler der Berliner Akademie seine Wohnung in der Treskowstraße, 1936 floh er vor den Nazis ins belgische Exil. Zu seinen bekanntesten Werken zählen ein Porträt Friedrichs des Großen sowie das bedrückende Gemälde »Deportation« aus dem Jahre 1942. Noch heute tauchen Turners Werke bei verschiedenen Auktionen auf, so die 1923 entstandene »Fabrikszene« und das 1932 entstandene Gemälde »Drei nackte Jünglinge am Strand beim Bogenschießen«.

Tzschorn, Hans   1904 – 1980
Ökonom
Majakowskiring 12
Er war der persönliche Referent des ersten Ministerpräsidenten der DDR, Otto Grotewohl, und nicht frei von eigenen Meinungen zur politischen Wirklichkeit in der DDR. Der Historiker und Autor Helge Heidemeyer beschreibt Tzschorns Stellung zur Republikflucht in den Fünfzigerjahren: »Das Passgesetz … der DDR … wird als Willkür und Härte, als Eingriff in Familienbeziehungen empfunden. Weithin verbreitet ist die Auffassung, dass die Verfolgung von Republikflüchtigen und ihre Bestrafung mit den Bestimmungen der Freizügigkeit der Verfassung im Widerspruch stehen. Das macht es schwer, planmäßig den Wegzug zu bekämpfen.«

Uecker, Maximilian   1896 – 1987
Vertreter des Widerstandes in Pankow
Finnländische Straße 12
Maximilian Uecker, nicht zu verwechseln mit dem Bildschnitzer und Holzrestaurator gleichen Namens, gehörte in den Dreißigerjahren zu den führenden Kräften im Pankower Widerstand gegen das Hitler-Regime. 1937 wurde er verhaftet und zu sechs Jahren Zuchthaus verurteilt. Im Anschluss an die Haftzeit wurde er in ein Konzentrationslager verschleppt. Am 24. Dezember 1976 meldete das »Neue Deutschland« die herzlichsten Glückwünsche des Zentralkomitees der SED und des Staatsrates der DDR zum 80. Geburtstag »an den Arbeiterveteran Maximilian Uecker in Berlin, der seit über fünfzig Jahren Mitglied der Partei ist.«

Uhse, Bodo   1904 – 1963
Schriftsteller
Kuckhoffstraße 39b
Der Sohn eines preußischen Offiziers schien nach dem Ersten Weltkrieg eine stark rechtsorientierte politische Haltung einnehmen zu wollen. Bereits als Jugendlicher war er aktiver Teilnehmer am Kapp-Putsch, er lernte den antisemitischen Hysteriker Julius Streicher kennen und wurde Mitglied der NSDAP und deren lin-

ken Flügel um Gregor Strasser. Der Bruch mit den Nationalsozialisten erfolgte 1930 und Uhse wurde als Kommunist ein erbitterter Hitler-Gegner. In der DDR war er ein viel gelesener und geschätzter Autor. Zu seinen Hauptwerken gehören die Romane »Leutnant Bertram«, »Wir Söhne«, »Die Patrioten« sowie seine »Mexikanischen Erzählungen«.

Ulbricht, Lotte   1903 – 2002
Sekretärin, Frauenpolitikerin
Majakowskiring 28, Majakowskiring 12
Lotte Kühn, die ihren zweiten Ehemann Walter Ulbricht erst 1951 heiratete, erhielt 1946 vom Berliner Jugendamt die Genehmigung, ein anderthalb Jahre altes russisches Mädchen zu adoptieren. Ihr wurde der Name »Beate« gegeben. Beate war in den Fünfzigerjahren die ideale Ergänzung für die Zurschaustellung der ebenso idealen Ulbrichtschen Familie. Die DDR-Zeitungen und die DEFA-Wochenschau waren voll von Bildern über das späte Elternglück im Majakowskiring: Beate bei den Hausaufgaben, Beate mit Lotte und Walter im thüringischen Oberhof, Beate mit Lotte auf der Stalinallee. Beate selbst fand das weniger spannend, ihre Mitschüler in der Pankower Russisch-Spezialschule noch weniger. Beate wurde verprügelt, gemieden und musste sich stets dafür rechtfertigen, die Tochter Walter Ulbrichts zu sein. Zeitlebens wurde sie damit nicht fertig. Sie flüchtete sich in den Alkohol und wurde im Dezember 1991 erschlagen aufgefunden. Ihr Mörder wurde nie gefasst. Die Beerdigung von Beate, die nach eigenen Aussagen »Zwang, Fluchten und Einsamkeiten« in der Familie Ulbricht erlebte, fand ohne ihre Adoptivmutter Lotte Ulbricht statt.

Ulbricht, Walter   1893 – 1973
Politiker
Majakowskiring 28
Legendär ist seine Antwort auf die Frage der westdeutschen Journalistin Annamarie Doherr auf einer Pressekonferenz am 15. Juni 1961 nach einer geplanten Abgrenzung zwischen Ost- und West-Berlin: »Ich verstehe Ihre Frage so, dass es Menschen in Westdeutschland gibt, die wünschen, dass wir die Bauarbeiter der Hauptstadt der DDR mobilisieren, um eine Mauer aufzurichten, ja? Ääh, mir ist nicht bekannt, dass solche Absicht besteht, da sich die Bauarbeiter in der Hauptstadt hauptsächlich mit Wohnungsbau beschäftigen und ihre Arbeitskraft dafür voll ausgenutzt wird, voll eingesetzt wird. Niemand hat die Absicht, eine Mauer zu errichten!« Und niemand hatte übrigens nach einer Mauer gefragt. Für diesen bei der DDR-Führung verpönten Begriff für den zwei Monate später dennoch errichteten »antifaschistischen Schutzwall« gehört allein Walter Ulbricht das Copyright.

Ulrich, Franz   1851 – 1930

Maler

Hartwigstraße 30 (heute: Wolfshagener Straße)

Zwischen 1913 und 1930 wohnte der Genre- und Tiermaler in der Parterrewohnung des Hauses Nr. 30 in der nicht mehr existenten Hartwigstraße. Ulrichs Werk ist heute weitgehend in Vergessenheit geraten.

Verner, Paul   1911 – 1986

Politiker

Majakowskiweg 12 (heute: Rudolf-Ditzen-Weg)

Er war nicht nur ein brauchbarer und durch seine Mitgliedschaft in der SED geförderter guter Journalist und übersichtiger Chefredakteur im Verlag »Neues Leben«. Gemeinsam mit Erich Honecker war er Gründer der Freien Deutschen Jugend (FDJ), die enge Verbindung zwischen Verner und Honecker sollte zeitlebens bestehen bleiben. Verners Parteikarriere begann 1949 als Leiter der Organisationsabteilung im Zentralkomitee der SED, kurze Zeit später übernahm er die Abteilung für Gesamtdeutsche Fragen im ZK, ab 1958 gehörte er dem inneren Zirkel der SED-Spitze als Kandidat sowie als Mitglied des Politbüros an. Der Begriff »aus gesundheitlichen Gründen zurückgetreten«, der gern für die Absetzung eines Parteipolitikers verwendet wurde, war jedoch 1984 der tatsächliche Grund für Paul Verners Rückzug aus der Politik. Er starb 1986, seine Urne wurde in der Gedenkstätte der Sozialisten in Berlin-Friedrichsfelde beigesetzt.

Verner, Waldemar   1914 – 1982

Admiral

Majakowskiring 19, Köberlesteig 10

Der Bruder von Paul Verner, ursprünglich aus dem sächsischen Chemnitz stammend, erfüllte nach dem Vereinigungsparteitag von SPD und KPD einen Parteiauftrag und ließ sich als treuer Parteisoldat nach Mecklenburg-Vorpommern exportieren, um die »neuen Ideen bis in den letzten Winkel des demokratischen Deutschlands« zu transportieren. Dieser letzte Winkel trug den Namen Hagenow, zwei Jahre später leitete Verner seine Missionstätigkeit bereits von Stralsund aus. Die aktivistische Heldentat von Adolf Hennecke inspirierte ihn, den Stralsunder Maurer Paul Sack zu einer vergleichbaren Höchstleistung zu überreden. 1950 begann Verner eine Offizierslaufbahn, die in der Position des Chefs der Seestreitkräfte der DDR und des Leiters der Politischen Hauptverwaltung der Nationalen Volksarmee gipfelte. Die Stadt Stralsund verlieh ihm 1980 die Ehrenbürgerschaft, die ihm posthum nach 1989 wieder aberkannt wurde.

Victor, Walther   1895 – 1971
Schriftsteller, Publizist
Kurt-Fischer-Straße 79 (heute: Hermann-Hesse-Straße)
Er war einer der Mitbegründer des »Deutschen Schriftstellerverbandes«, bereits 1949 hatte er gegenüber Johannes R. Becher die Notwendigkeit der Schaffung eines »wirklichen Schriftstellerverbandes« betont. Das Anliegen Victors fand bei Becher ein offenes Ohr, der Dachverband der DDR-Literaten wurde sehr zeitnah gegründet, und Victor übernahm dessen Leitung als Geschäftsführer. Dennoch ließ sich ein ausgemacht schlechtes Verhältnis von Victor zu Becher, den es inzwischen auf den Sessel des Kulturministers getragen hatte, nicht verheimlichen. Dieser Umstand wie auch die Tatsache, dass er sich während der Zeit der Nazi-Diktatur als »West-Emigrant« in den USA aufgehalten hatte, verhinderten höhere Anerkennungen für den politischen Autor.

Vrštala, Jiří   1920 – 1999
Schauspieler
Tschaikowskistraße 62
Das markante Gesicht des tschechoslowakischen Schauspielers ließ sich vor den DEFA- und TV-Kameras bestens vermarkten, wenn es sich nicht gerade unter der Maske des von allen Kindern heiß geliebten »Clown Ferdinands« versteckte. In dem Joachim-Hasler-Film »Chronik eines Mordes« übernahm er an der Seite von Angelica Domröse, mit der er bald verheiratet war, die Rolle des Dr. Hoffmann, ein Jahr später war er »Red Fox« in dem DDR-Western »Die Söhne der großen Bärin«, mit dem Gojko Mitic seinen Ruhm als »DEFA-Chefindianer« begründen konnte. In dem 1967 entstandenen Film »Die gefrorenen Blitze«, der die Geschichte der Produktion von Nazi-»Wunderwaffen« in Peenemünde zum Inhalt hatte, ließ man den ausdrucksstarken Mimen die Rolle des Professors Rahn spielen.

Walter, Otto   1902 – 1983
Politiker
Majakowskiring 36
Wenn man von der unrühmlichen Ausnahme Erich Mielke absieht, hatte es die DDR mit den Ministern und stellvertretenden Ministern für Staatssicherheit nicht immer einfach. Wilhelm Zaisser wurde einer parteifeindlichen Verschwörung bezichtigt, Ernst Wollweber erging es ähnlich, Markus Wolf hatte 1986 von selbst das Handtuch geworfen. Von 1957 bis 1964 gab es Probleme mit dem Ersten Stellvertreter des Ministers, Otto Walter. Unter den Nazis wurde er wegen Hochverrats zu einer langjährigen Haftstrafe verurteilt, die er bis 1945 u. a. im Konzentrationslager Sachsenhausen verbüßen musste. Nach der Befreiung vom Faschismus war er maßgeblich am Aufbau der Vorläuferbehörde des Ministeriums für Staatssicherheit, der »Hauptverwaltung zum Schutz der Volkswirtschaft«, beteiligt und stieg

später zu »Mielkes zweitem Mann« auf. Seinen Chef ließ er deutlich spüren, dass er nicht viel von ihm, seiner Person und seinem stalinistisch geprägten Arbeitsstil hielt. 1964 wurde Walter all seiner Funktionen enthoben.

Wandel, Paul   1905 – 1995
Politiker
Pfeilstraße 13, Güllweg 10c
Von 1949 bis 1952 war er Minister für Volksbildung der DDR, dann jedoch muss Ärgerliches passiert sein, denn er musste den Ministerposten gegen die Tätigkeit des Leiters der Koordinierungsstelle für Kultur und Volksbildung eintauschen. 1957 erhielt er eine strenge Parteirüge, die seine Absetzung als Minister im Nachhinein durchaus erklären könnte: Dem ehemaligen Sekretär Wilhelm Piecks während des Moskauer Exils wurde »ungenügende Härte bei der Durchsetzung der kulturpolitischen Linie der SED« vorgeworfen. Diplomatisches Geschick allerdings war dem alten Kommunisten noch zuzutrauen: Wandel durfte sich von 1957 bis 1961 als Botschafter in der Volksrepublik China bewähren, anschließend war er Präsident beziehungsweise Vizepräsident der DDR-Liga für Völkerfreundschaft. Seine letzte Ruhestätte fand er 1995 auf dem Friedhof Pankow III.

Warnke, Herbert   1902 – 1975
Politiker
Majakowskiring 32
Er gehörte zu den wenigen Parteisoldaten der SED, die nicht von Anfang an im »Städtchen« wohnten. Obwohl schon seit 1950 Sekretär des Zentralkomitees der SED und seit 1948 Vorsitzender des Freien Deutschen Gewerkschaftsbundes der DDR, konnte er sich in Berlin-Grünau, Ammerseestraße 16, und später in Berlin-Köpenick, am Hämmerling 111, so etwas wie ein bisschen Privatsphäre, fernab von seinen Genossen in Niederschönhausen, bewahren. Mit diesem »Alleingang« war 1953 Schluss. Warnke wurde Kandidat des SED-Politbüros und Vizepräsident des Weltgewerkschaftsbundes. Damit gehörte Warnke endgültig zur obersten SED-Elite und musste sein Grundstück im Südosten Berlins gegen die Villa im Majakowskiring eintauschen. Auch am 1960 erfolgten Umzug in das politische Ghetto Wandlitz kam der gebürtige Hamburger nicht vorbei. Dort lebte er bis zu seinem Tod im Haus 12.

Weinberger, Bernd   1904 – 1957
Wirtschaftswissenschaftler, Politiker
Majakowskiring 10
Der reformfreudige Wirtschaftswissenschaftler, der an ein Aufbrechen der Stalinschen Verkrustung des Parteiapparates nach dem Tod des »Vaters aller Völker« glaubte, wurde 1953 von der Ulbrichtschen Wirklichkeit eingeholt. Weinberger,

der als Generalmajor der Kasernen Volkspolizei auch Leiter des Büros für Wirtschafts- und Rüstungsfragen beim Ministerpräsidenten war und 1952 zum Minister für Landwirtschaftsbau berufen wurde, entging der »Säuberung der Parteireihen« nach dem 17. Juni 1953 nicht. Nicht Walter Ulbricht, Hermann Matern oder Erich Honecker wurde die Verantwortung für den Volksaufstand angelastet, sondern Bernd Weinberger, dem, wie einigen anderen Regierungsmitgliedern, »Verletzung der revolutionären Wachsamkeit« und »Kapitulantentum« vorgeworfen wurde. Nachdem er 1953 den Ministerposten räumen musste, wurde er ein Jahr später aus allen Parteifunktionen entfernt.

Weinert, Erich   1890 – 1953
Schriftsteller, Dichter
Seckendorffstraße 22 (heute: Heinrich-Mann-Straße), Straße 201 Nr. 4
Der einstige Agitator, Schauspieler und Kabarettist, der in den Zwanzigerjahren aufgrund seiner kommunistischen Grundausrichtung in Preußen mit einem Rede- und Auftrittsverbot belegt wurde, trat 1929 der Kommunistischen Partei Deutschlands bei und arbeitete als Redakteur bei der »Roten Fahne«, der Zeitung der KPD. In dieser Zeit verband ihn eine enge Freundschaft und Zusammenarbeit mit Hanns Eisler und Ernst Busch. Nach der Machtübernahme durch die Nationalsozialisten emigrierte er in die Sowjetunion und überstand die Säuberungsaktionen des NKWD, auch weil er sich gemeinsam mit anderen deutschen Schriftstellern in »entblößender Selbstkritik und wechselseitiger Denunziation« übte. Für seinen großen Führer Stalin fand er 1940 zu dessen Geburtstag in dem Gedicht »Im Kreml brennt noch Licht« diese Worte: »Ich schau zum Kreml. Ruhig schläft das Land. Sein Herz blieb wach.«

Weiss, Gerhard   1919 – 1986
Politiker
Leonhard-Frank-Straße 25
Der clevere und umtriebige Wirtschaftsfunktionär hatte einen großen Anteil an dem relativ hohen Lebensstandard in der DDR im Vergleich zu den anderen »sozialistischen Bruderländern«. Nicht ohne Grund hatte ihn die DDR-Regierung als Ständigen Vertreter im von der Sowjetunion dominierten »Rat für Gegenseitige Wirtschaftshilfe« platziert. Und jeder im Rat wusste: Seltsame Exporttauschgeschäfte (»die Mongolen wollen für drei Felle zwanzig Landmaschinen haben«) waren mit der DDR nicht zu machen. Aber in der Kommentierung der Wünsche der Sowjetunion an die DDR, die selbstverständlich bereitwilligst erfüllt wurden, hielt sich Gerhard Weiss äußerst bedeckt.

Weltlinger, Siegmund   1886 – 1974
Vorstandsmitglied der Jüdischen Gemeinde
Prenzlauer Promenade 128
In der Moltkestraße 8–11 in Niederschönhausen, der heutigen Wilhelm-Wolff-Straße, gab es noch während der Nazizeit ein jüdisches Säuglings- und Kleinkinder-
heim. 1942 wurden alle kleinen und großen Bewohner des Hauses auf Lastwagen
verladen, verschleppt und in verschiedenen Konzentrationslagern ermordet. Weltlinger, der bis 1943 in der Leitung der Jüdischen Gemeinde in Berlin tätig war,
erinnerte sich 1954 an die damalige Haltung der Bevölkerung: »… Im Krieg waren
die meisten zu sehr mit sich und ihren Sorgen beschäftigt, um sich um das trauri-
ge Los der jüdischen Mitbürger zu kümmern. Die Trägheit des Herzens ist nun
einmal unter den Menschen sehr groß, und meist hat man für andere erst dann
Verständnis, wenn das gleiche Schicksal an die eigene Tür pocht. Die große Masse
blieb träge … man sollte jedoch nie verallgemeinern, und deshalb sei … hier ein-
geschaltet, dass es auch bei uns in Berlin nicht wenige rühmliche Ausnahmen
gab.« Siegmund Weltlinger war bis 1967 Abgeordneter des West-Berliner Abgeord-
netenhauses und anschließend dessen Alterspräsident.

Wendt, Erich   1902 – 1965
Journalist, Verleger, Politiker
Stille Straße 10
In der schnelllebigen deutschen Geschichte des 20. Jahrhunderts ist beinahe un-
tergegangen, dass es Anfang der Sechzigerjahre Verhandlungen zwischen dem
Senat von West-Berlin und der Regierung der DDR über eine Passierscheinrege-
lung gab, die den Bürgern West-Berlins Besuche im Ostteil der Stadt ermöglichen
sollte. Die Verhandlungsführer waren Horst Korber auf der West- und Erich Wendt
auf der Ostseite. Am 17. Dezember 1963 unterzeichneten beide das erste Passier-
scheinabkommen. Erich Wendt ist ein gutes Beispiel dafür, dass es in der Politik
auch »familiär« zugehen kann. In erster Ehe war er mit Lotte Kühn verheiratet,
aus der später Lotte Ulbricht wurde. Wendts zweite Ehefrau Charlotte Treuber,
Tochter des KPD-Funktionärs Julius Treuber, war die frühere Lebensgefährtin von
Herbert Wehner.

Wieland, Deba   1916 – 1992
Grafikerin, Journalistin
Am Schlosspark 24, Majakowskiweg 19 (heute: Rudolf-Ditzen-Weg)
1916 wurde sie in Moskau geboren, im lettischen Riga ging sie zur Schule. Danach
studierte sie in Brüssel und Straßburg Gebrauchsgrafik, nahm am Spanischen Bürgerkrieg teil und lebte bis 1946 in der Sowjetunion. Ihr Ehemann war der 1980
verstorbene Journalist und Kaderpolitiker der SED Heinz Wieland, der in erster
Ehe mit der Widerstandskämpferin Käthe Niederkirchner verheiratet war. Deba

Wieland war in der DDR von 1952 bis 1977 Leiterin der amtlichen Nachrichten-agentur »Allgemeiner Deutscher Nachrichtendienst« (ADN).

Willmann, Heinz 1906 – 1991
Publizist
Majakowskiring 34, Borkumstraße 23a
Der Mitbegründer und Generalsekretär des Kulturbundes der DDR, bewohnte zwischen 1945 und 1948 das Obergeschoss der Villa seines Freundes Johannes R. Becher, der in Willmann einen wichtigen Vertrauten und Gesprächspartner unter all den kommunistischen Funktionären in seiner unmittelbaren Nachbarschaft sah. Hans-Michael Schulze schrieb über Becher in seinem beachtenswerten Buch »In den Wohnzimmern der Macht«: »Menschliche Kontakte zu seinen Nachbarn, … deren persönliche Gefühle stets hinter dem politischen Kalkül zurück stehen mussten, gab es so gut wie nicht.« Willmann erging es ähnlich. Am 20. Januar 1948 konnte er dem seltsamen Leben im »Städtchen« entrinnen und bezog mit seiner jungen Ehefrau Johanna eine Wohnung in der Borkumstraße. Johannes R. Becher war wohl »sehr erbost« über den Weggang seines Freundes Willmann und betrach-tete dessen Schritt als »persönlichen Affront«. Willmann war von 1966 bis 1968 Botschafter der DDR in der ČSSR.

Winter, Elly 1898 – 1987
Sekretärin, Archivarin
Majakowskiring 29
Elly Winter war die Tochter von Wilhelm Pieck, dem ersten und einzigen Präsiden-ten der DDR. In der sowjetischen Emigration arbeitete sie für ihren Vater als Se-kretärin, eine Funktion, die sie nach der gemeinsamen Rückkehr nach Deutsch-land bis zum Tod ihres Vaters am 7. September 1960 innehatte. Von September bis Dezember 1960 war sie Abteilungsleiterin in der Kanzlei des Staatsrates, ab 1961 leitete sie das Wilhelm-Pieck-Archiv des Institutes für Marxismus-Leninismus. Im Majakowskiring 29 wohnte Elly Winter bis 1975, dann wurde ihr eine Wohnung auf der Fischerinsel in Berlin-Mitte zugewiesen.

Winter, Ernst 1893 – 1939
Vertreter des Widerstandes
Prenzlauer Promenade 177
Nach seiner zweijährigen Teilnahme am Ersten Weltkrieg, als er die Höllen des Gaskrieges an der Westfront miterleben musste, hatte sich der gelernte Feinme-chaniker zu einem glühenden und überzeugten Pazifisten gewandelt und sich vor-nehmlich für die sozialen Interessen seiner Arbeitskollegen eingesetzt. An seiner antinazistischen Einstellung hielt er in den Dreißigerjahren auch in der öffentli-chen Diskussion fest. Ein Gestapo-Spitzel verriet ihn, am 21. Dezember 1939

wurde Ernst Winter verhaftet. Seiner Ehefrau wurde zwei Tage später mitgeteilt, ihr Mann habe in der Untersuchungshaft Selbstmord verübt.

Winzer, Otto   1923 – 1975
Politiker
Majakowskiweg 13 (heute: Rudolf-Ditzen-Weg)
Während seiner Emigration in der Sowjetunion erlebte der kommunistische Funktionär in den Dreißigerjahren die Auswüchse der Stalinschen »Säuberungen« hautnah im berüchtigten Moskauer »Hotel Lux«, in dem zahlreiche deutsche Kommunisten untergebracht waren, die vor den Nazis aus Deutschland geflohen waren und sich nun den Repressalien des sowjetischen Geheimdienstes NKWD unter der Leitung des »blutigen Zwerges« Nikolai Jeschow ausgesetzt sahen. Otto Winzers persönlicher Freund Erich Wendt, der erste Ehemann von Lotte Ulbricht, wurde 1935 als »Trotzkist«, als »Sinowjewist« und als »Bucharinist« verhaftet und bis 1938 in einem NKWD-Lager im mittelrussischen Saratow festgehalten. Otto Winzer selbst wurde daraufhin aus der Kontrollkommission der Kommunistischen Internationale entlassen, jedoch 1941 rehabilitiert. In der DDR bekleidete er verschiedene Funktionen. Er stand der Abteilung Presse, Rundfunk und Information des Zentralkomitees der SED vor, war Chef der Privatkanzlei des DDR-Präsidenten Wilhelm Pieck, stellvertretender Außenminister und ab 1965 Minister für Auswärtige Angelegenheiten der DDR.

Witte, Otto   1872 – 1958
Schausteller, 5-Tage-König von Albanien
Wollankstraße
Die Spuren des phatansievollen Schaustellers und Hochstaplers, der sich Zeit seines Lebens als »ehemaliger König von Albanien« ansprechen ließ, reichen bis in die Gegenwart. Einige Mitglieder der Familie erbten nicht nur den Schaustellerberuf, sondern auch den Drang nach Höherem. Enkel Norbert Witte, im Westen längst pleite, hatte nach der Wende mit seiner Spreepark GmbH den Vergnügungspark im Ostberliner Plänterwald in den Ruin getrieben und sich nach Südamerika abgesetzt, wo er wegen Drogenschmuggels in Haft kam. Auch Otto Wittes Urenkel Marcel versuchte sich als Drogenbaron und landete vor einem peruanischen Gericht.

Wittkugel, Klaus   1910 – 1985
Gebrauchsgrafiker
Kurt-Fischer-Straße 81 (heute: Hermann-Hesse-Straße)
Sein umfangreiches Schaffen erschloss sich dem Betrachter auf den unterschiedlichsten Ebenen. Er arbeitete als Schrift- und Plakatkünstler, als Zeichner, Designer und Grafiker. Anfang der Fünfzigerjahre gestaltete er die Plakate für die DE-

FA-Filme »Das kalte Herz« sowie für die beiden Ernst-Thälmann-Filme »Sohn seiner Klasse« und »Führer seiner Klasse«. 1956 und 1958 entwarf er zwei Sonderbriefmarkensätze anlässlich der Rückführung von Kunstschätzen aus der Sowjetunion in die DDR sowie eine Briefmarke zum III. Deutschen Turn- und Sportfest. Zwischen 1975 und 1978 gestaltete er für die Staatsbank der DDR mehrere 10- und 20-Mark-Gedenkmünzen. Die Schriftzüge am »Kino International« sowie am »Café Moskau« in der Berliner Karl-Marx-Allee stammen ebenfalls von ihm. Am Wettbewerb um das Signet für den neuen »Palast der Republik« nahm er mit einem zarten, fein geschwungenen kursiven Schriftzug »PdR« teil und konnte sich damit gegen die Vorbehalte der SED-Parteiführung, die es gern etwas kämpferischer haben wollte, durchsetzen.

Wittler, August 1881 – 1946
Unternehmer
Kronprinzenstraße 19 (heute: Majakowskiring 46/48)
1898 wurde in der Müllerstraße 33/34 im Berliner Stadtbezirk Wedding die Brotfabrik der beiden Brüder Heinrich und August Wittler gegründet. »Neben der Einführung neuer Technik wie Teigknet- und Teigteilmaschinen und der Anwendung von Mehlmisch- und Siebanlagen entwickelten die Brüder Wittler um 1900 ein System der Belieferung von Verkaufsstellen der Firma und einzelner Kunden.« In den Dreißigerjahren entwickelte sich die einst kleine Manufaktur zu einem der größten europäischen Backbetriebe. Schon 1930 betrug die Tagesproduktion rund 200.000 Brote verschiedenster Art. »In beiden Weltkriegen war die … Brotfabrik der Brüder Wittler Hauptlieferant für die deutschen Armeen. Während der Olympischen Spiele 1936 lieferte die Fabrik »allen Teilnehmern jeden Morgen die gewohnte heimische Brotart«.

Wolf, Christa 1929 – 2011
Schriftstellerin
Amalienpark 7
Christa Wolfs Bücher »Der geteilte Himmel«, »Nachdenken über Christa T.«, »Kassandra« und »Störfall« gehört zum Besten, das jemals in der DDR geschrieben wurde. Die Erinnerung an sie erschließt sich aus ihren eigenen Werken – und aus den zahllosen Beiträgen über die begnadete Autorin. 2013 veröffentlichte Jana Simon, die Enkelin von Christa und Gerhard Wolf, ein viel beachtetes Buch, für dessen Titel sie die Worte »Sei dennoch unverzagt« wählte, die der deutsche Barockdichter Paul Fleming im 17. Jahrhundert all den Menschen, die eine Wende erlebten, »in getroster Gottergebenheit« mit auf den Weg gab: »Manche nehmen es gelassen, andere neigen zur Schwermut und werden womöglich von Ängsten heimgesucht … Sei dennoch unverzagt, gib dennoch unverloren.« Jana Simon beschreibt in diesem Buch zahlreiche Gespräche mit ihren Großeltern, deren Ant-

worten das Buch zu einer der wichtigsten Editionen der Gegenwart erhebt, obwohl die Autorin einige Lücken feststellen musste: »Was meine Großeltern tatsächlich bewegte, was ihr Leben ausmachte – über ihre Kämpfe der Vergangenheit, erfuhr ich wenig.«

Wolf, Friedrich   1888 – 1953
Schriftsteller, Dramatiker
Elsa-Brändström-Straße 22
Am 15. April 1922 hatte Friedrich Wolf, der Schriftsteller und kommunistische Politiker, die Kindergärtnerin Else, genannt Eva, Dreibholz geheiratet. Zwei Söhne sind aus dieser Ehe hervorgegangen. 1923 wurde Markus geboren, der von 1952 bis zu seinem freiwilligen Rückzug 1986 stellvertretender Minister für Staatssicherheit und Leiter der Hauptabteilung Aufklärung war. Konrad, der zweite Sohn, wurde 1925 geboren und feierte mit den DEFA-Klassikern »Sterne«, »Professor Mamlock«, »Der geteilte Himmel« nach dem Roman von Christa Wolf, »Ich war neunzehn« und »Solo Sunny« große Erfolge als Filmregisseur. 1933 war die Familie Wolf in die Sowjetunion emigriert, 1945, nach der Rückkehr nach Deutschland, war Friedrich Wolf maßgeblich an der Gründung der DEFA beteiligt. Der Autor des Bühnendramas »Die Matrosen von Cattaro«, war von 1949 bis 1951 erster DDR-Botschafter in der Volksrepublik Polen.

Wolf, Gerhard   Geb. 1928
Schriftsteller
Amalienpark 7
Als Schriftsteller betätigt sich Gerhard Wolf, der Ehemann von Christa Wolf, seit 1957. Vorher hatte er Germanistik und Geschichte an der Universität Jena studiert und in Leipzig und Berlin als Redakteur im Rundfunk der DDR gearbeitet. In der Folgezeit war er auch als Essayist, Kritiker und Autor von Filmdrehbüchern tätig und gilt noch heute als »Wegbereiter und Förderer« einer ganzen Generation von jungen Lyrikern. Dies brachte ihm eine ständige Beobachtung durch das Ministerium für Staatssicherheit ein. Seine Unterzeichnung der Resolution gegen die Ausbürgerung Wolf Biermanns 1976 hatte gar seinen Ausschluss aus der SED, der er seit 1946 angehört hatte, zur Folge. In den Achtzigerjahren gab er gemeinsam mit Günther de Bruyn die Reihe »Märkischer Dichtergarten« heraus, die eine »wichtige Rolle bei der Neurezeption der deutschen Romantik in der DDR spielte«. In der bis 1991 erschienenen Publikationsserie »Außer der Reihe« konnten zahlreiche junge Autoren, die der im Berliner Prenzlauer Berg beheimateten Gruppe von DDR-Dissidenten zugeordnet wurden, ihre Werke veröffentlichen.

Wolf, Hanna   1908 – 1999
Politikerin
Pfeilstraße 18
Die im ostpolnischen Goniadz geborene Hanna Haschka war zunächst Mitglied im
polnischen Jugendverband, studierte ab 1927 in Berlin und trat 1930 der Kommunistischen Partei Deutschlands bei. 1932 ging sie in die Sowjetunion, arbeitete als
Lehrerin an der Internationalen Lenin-Schule der Kommunistischen Internationale und übernahm 1943 die Leitung der Zentralschule für deutsche Kriegsgefan-
gene in Krasnojarsk. Nach ihrer Rückkehr nach Deutschland wurde sie in den
Parteiapparat der SED eingebunden und leitete von 1950 bis 1983 als Direktorin
die Parteihochschule der SED »Karl Marx«. Hanna Wolf war unnahbar, und obwohl sie jahrzehntelang in der Pfeilstraße wohnte, haben sie ihre Nachbarn nur
höchst selten zu Gesicht bekommen. Für Aufsehen sorgte sie jedoch nach ihrer
Demissionierung, als sie 1983 vor ihrem Haus eine rund zwölf Meter lange absolu-
te Parkverbotszone verfügte, da sie – wie der stets bestens informierte Architekt
Kurt Liebknecht wusste – »… es nicht leiden konnte, wenn da irgendwelche Autos
auf der Straße 'rumstehen …«

Wolf, Markus   1923 – 2006
Leiter der Hauptverwaltung Aufklärung im Ministerium für Staatssicherheit
Heinrich-Mann-Platz 16, Majakowskiweg 18/20 (heute: Rudolf-Ditzen-Weg)
Der Sohn des Schriftstellers und Mediziners Friedrich Wolf und Bruder des Film-
regisseurs Konrad Wolf war nicht einmal dreißig Jahre alt, als er die Leitung des
»Außenpolitischen Nachrichtendienstes« der DDR übernahm, aus dem dann 1956
die »Hauptverwaltung Aufklärung« des Ministeriums für Staatssicherheit hervor-
ging. Der Spionagechef der DDR, mit zutiefst humanistischer Erziehung und
einer überdurchschnittlich hohen Intelligenz ausgestattet, wurde jahrzehntelang
als »Mielkes bester Mann bezeichnet«, und es gelang der Mythos vom »Mann ohne
Gesicht«. Erst 1979 tauchte im Nachrichtenmagazin »Der Spiegel« ein erstes Foto
von ihm auf. 1986, inzwischen zum Generaloberst befördert, erfolgte auf eigenen
Wunsch seine Entlassung aus dem MfS, Markus »Mischa« Wolfs zweite Karriere als
Schriftsteller hatte begonnen. Mit einem Paukenschlag, denn der im Aufbau Ver-
lag erschienene Roman »Die Troika« wurde zum Best- und Longseller. In den
Neunzigerjahren hatte er sich mehrfach vor dem Oberlandesgericht Düsseldorf
wegen »Landesverrats, Spionage, Bestechung, Freiheitsberaubung, Nötigung und
Körperverletzung« zu verantworten. Ein Angebot der CIA, seinen Wohnsitz in die
USA zu verlegen, lehnte er ab.

Wünsche, Kurt   Geb. 1929

Jurist, Politiker
Majakowskiring 12

1946 wurde er Mitglied der Liberaldemokratischen Partei Deutschlands und stieg in der ehemaligen DDR-Blockpartei ab 1954 zum stellvertretenden Generalsekretär und zum Stellvertreter des Parteivorsitzenden Manfred Gerlach auf. Ein Umweg hierzu war jedoch 1953 eine mehrmonatige Haft nach dem 17. Juni 1953, als er der Agententätigkeit verdächtigt wurde. Als unschuldig angesehen und aus der Haft entlassen, tauschte er 1954 die Zellenpritsche beinahe nahtlos mit der Abgeordnetenbank in der Volkskammer der DDR. Elf Jahre später hatte er es bis zum stellvertretenden Ministerpräsidenten der DDR gebracht, 1967 übernahm er als Nachfolger von Hilde Benjamin das Justizministerium. Bereits 1972 trat er jedoch zurück, da es in »Fragen des Rechtswesens« zu Konflikten mit der offiziellen DDR-Staatspolitik gekommen war. Bis zur Wendezeit arbeitete Wünsche als Ordentlicher Professor für Gerichtsverfassungsrecht an der Berliner Humboldt-Universität. 1990 bekleidete er in der Regierung von Ministerpräsident Hans Modrow erneut den Rang des Justizministers und wurde in dieser Funktion – nicht ohne Vorbehalte – auch in die Regierung von Lothar de Maizière übernommen.

Wünscher, Marianne   1930 – 1990

Schauspielerin
Blankenburger Straße 16, Heinrich-Mann-Straße 16

1980 wurde Marianne Wünscher, der »fülligen Volksschauspielerin«, ein lang gehegter Wunsch erfüllt. Helmut Straßburger und Ernst Hering hatten Gerhart Hauptmanns »Biberpelz« inszeniert und sie mit der Rolle der Waschfrau Wolff, der »Mutter Wolffen«, besetzt. Sehr viel von der schlichten und dennoch so tiefgründigen Philosophie dieser einfachen Frau hat die Schauspielerin fasziniert: »Mutter Wolffen hat dem Amtsvorsteher Werhan gesagt, sie sei immer ›geradezu‹«, erinnerte sich Marianne Wünscher. »Diese Antwort dieser Frau ist mir sehr sympathisch. Ich bin auch gern ›geradezu‹, und jeder, der mich kennt, der weiß das. … Ich muss mit dem Maul vorneweg sein. Es ist meine Pflicht, mit den Mitteln der Kunst aufzurufen, zu mahnen, wachzurütteln, Stellung zu nehmen, Standpunkte zu beziehen, Einsichten zu vermitteln, Emotionen auszulösen, zum Denken anzuregen, richtige Schlussfolgerungen zu ermöglichen, Lachen und Weinen hervorzurufen …« Marianne Wünscher, die personifizierte Ernsthaftigkeit, sah im Wesentlichen ihres Schauspielerberufes übrigens die Proben, »… nicht die Vorstellung. In den Proben gibt es die Lust am Entdecken von Menschen, und das Ausprobieren solcher Entdeckungen ist das belebende Element der künstlerischen Arbeit.«

Zaisser, Elisabeth   1898 – 1987

Pädagogin, Politikerin, Lektorin

Stille Straße 4–5

1922 hatte Elisabeth Knipp den jungen Kommunisten Wilhelm Zaisser geheiratet, fortan verband beide nicht nur der gemeinsame Lebensweg, sondern auch die politische Arbeit in der Emigration und später in der DDR. Elisabeth Zaisser war von 1934 bis 1946 Dozentin für deutsche Sprache am Moskauer Staatlichen Pädagogischen Institut. Nach ihrer Rückkehr nach Deutschland erhielt sie eine Professur für »Sowjetpädagogik und Methodik des Russischunterrichtes« an der Technischen Hochschule Dresden, arbeitete ab 1950 als Staatssekretärin im DDR-Ministerium für Volksbildung und beerbte 1952 den zurückgetretenen Paul Wandel als Ministerin. Die existenziellen Konflikte, die die SED-Führung ab 1953 in aller Härte mit ihrem Ehemann austrug, erreichte in alter Stalinscher Tradition der »Sippenhaft« auch Elisabeth Zaisser. Sie musste ihr Ministeramt aufgeben und arbeitete später als freischaffende Übersetzerin und Lektorin im Verlag Volk und Welt.

Zaisser, Wilhelm   1893 – 1958

Politiker

Stille Straße 4–5

Als legendärer »General Gomez« nahm er von 1936 bis 1939 am Spanischen Bürgerkrieg teil und befehligte die XIII. Internationale Brigade. Bereits 1927 war er in die noch junge Sowjetunion übergesiedelt, wurde Mitglied der KPdSU und leitete verschiedene militärische Nachrichtendienste innerhalb der Roten Armee. 1947 kam er nach Deutschland zurück, stieg 1950 in das Zentralkomitee der SED auf und wurde mit Unterstützung der sowjetischen Politiker Lawrenti Beria und Georgi Malenkow zum ersten Minister für Staatssicherheit der DDR ernannt. Nach dem Arbeiteraufstand vom 17. Juni 1953 kritisierten Wilhelm Zaisser und Rudolf Herrnstadt, ebenfalls Mitglied der Parteispitze und Chefredakteur des »Neuen Deutschland«, den »bürokratischen und diktatorischen Führungsstil« Walter Ulbrichts – mit dem Ergebnis, dass Zaisser und Herrnstadt nicht nur ihre Posten in Partei, Regierung und Presse verloren, sondern 1954 als »Parteifeinde« aus der SED ausgeschlossen wurden. Bis zu seinem Tode war Zaisser als Übersetzer am Institut für Marxismus-Leninismus tätig.

Ziegler, Wolfgang   Geb. 1943

Musiker

Wolfshagener Straße

Er wird zu Recht als eine der wichtigsten Figuren in der Geschichte der DDR-Rockmusik bezeichnet, obwohl – sicher ebenfalls zu Recht – immer wieder stilistische Zweifel an dieser absoluten Klassifizierung laut werden. Als »lupenreiner Rocker« hat er sich wohl selbst nie gesehen, vielmehr ist es die gelungene, beinahe perfekte Verbindung von eingängigem Pop mit hammerharten Rockelementen, die seine Popularität und die Beliebtheit der von ihm und dem Lyriker und Texter Jens Gerlach 1972 gegründeten Gruppe »WIR« ausmachten. Der Autor hatte damals das Glück, die neue Band bei ihren ersten vier öffentlichen Konzerten zu begleiten. Der Höhepunkt dieser Mini-Tour war der Support für die ungarische Superband »Omega« im Berliner Friedrichstadt-Palast, eine nervenaufreibende, lampenfiebrig begleitete Herausforderung, die die Band jedoch – auch mit der phantastischen Unterstützung des Publikums – grandios meisterte. 1986, nach sehr erfolgreichen Jahren mit der Gruppe »WIR«, startete Ziegler eine viel beachtete Solokarriere, die bis heute anhält. Obwohl ihm in dieser Zeit traumhafte Lieder gelangen (»Du fehlst mir sehr«, »Verführ' mich« und »Will dich einfach nur lieben«), ist und bleibt die Nummer »Verdammt« aus dem Jahre 1988 sein ewiger, höchstpersönlicher Klassiker.

Ziller, Gerhart   1912 – 1957
Ingenieur, Wirtschaftspolitiker
Majakowskiring 64, Majakowskiring 55a
Eine Bilderbuchkarriere im Partei- und Regierungsapparat war vorgezeichnet für den jungen Kommunisten, der während der Zeit des Nationalsozialismus im Zuchthaus Waldheim und im Konzentrationslager Sachsenhausen inhaftiert war. 1950 holte ihn DDR-Ministerpräsident Otto Grotewohl für das Ressort Maschinenbau in den Ministerrat. 1954 wurde Gerhart Ziller Minister für Schwermaschinenbau und als Sekretär für Wirtschaft im Zentralkomitee der SED Vorvorgänger von Günter Mittag. 1957 geriet er in Konflikt mit Walter Ulbricht und schloss sich der so genannten Schirdewan-Wollweber-Gruppe an, der »parteischädigendes Verhalten« vorgeworfen wurde, da sie die ideologische Ausrichtung der SED und die DDR-Wirtschaftspolitik massiv kritisierte und tiefgreifende Reformen anmahnte. Karl Schirdewan, der zweite Mann der Partei, Staatssicherheitsminister Ernst Wollweber, Gerhart Ziller und der Wirtschaftsfunktionär Fred Oelßner wurden wegen »Fraktionstätigkeit und Opposition gegen Walter Ulbricht« von ihren Funktionen entbunden. Ziller hat diesem Druck nicht standgehalten. Am 14. Dezember 1957 nahm er sich im Haus Majakowskiring 55a das Leben.

Zinner, Hedda   1905 – 1994
Schriftstellerin
Straße 200 Nr. 10 (heute: Fritz-Erpenbeck-Ring)
Die Ehefrau des Schriftstellers Fritz Erpenbeck galt als ein Multitalent. Sie war Schauspielerin, Rezitatorin, Kabarettistin, Journalistin, Schriftstellerin, Dichterin und Spielleiterin im Haus des Rundfunks in der Masurenallee. Die gebürtige Ukrainerin lebte seit 1929 in Berlin, schon seit 1925 war sie in Deutschland an den Theatern in Stuttgart, Baden-Baden und Breslau engagiert. Ab 1930 publizierte sie

ihre Gedichte in der »Roten Fahne«, dem Zentralorgan der Kommunistischen Partei Deutschlands, sie schrieb für die »Arbeiter Illustrierte Zeitung«, die »Arbeiterstimme« und für das »Magazin für alle«. 1935 emigrierte sie in die Sowjetunion und arbeitete bis 1945 als Hörspielautorin für den Moskauer Rundfunk. Bis zu ihrem Tode war sie als Schriftstellerin tätig und veröffentlichte Romane wie »Nur eine Frau« (1954), »Katja« (1980), »Die Lösung« (1981), »Arrangement mit dem Tod« (1984) und die Romantrilogie »Ahnen und Erben« (1968 bis 1973). Nach ihrem Tode hieß es in der Würdigung des »Neuen Deutschland«: »Der Schriftsteller muss alle Möglichkeiten und Medien seiner Kunst erproben und erobern. Das etwa hat Hedda Zinner getan. Und was die Kunst dabei war: Sie ist, unternehmungslustig von Branche zu Branche, beschwingt von Ast zu Ast, immer hübsch auf dem Teppich geblieben.«

Zobel, Paul   1891 – 1945
Politiker, Redakteur
Berliner Straße 78/79
Der engagierte Arbeitersportler, Mitglied des Arbeitersportvereins »Fichte« und Funktionär in der Sportabteilung des Zentralkomitees der Kommunistischen Partei Deutschlands wurde bereits in der Zeit der Weimarer Republik wegen der »Herausgabe revolutionärer Literatur« zu einer Haftstrafe in der Festung Gollnow verurteilt. 1928 wurde er für seine Partei in den Preußischen Landtag gewählt. In der Nacht des Reichstagsbrandes wurde er erneut verhaftet und im Konzentrationslager Sonnenburg in »Schutzhaft« genommen. Nach seiner Entlassung ging Zobel in den Untergrund und fand Kontakt zu den Widerstandsgruppen um Robert Uhrig und Anton Saefkow. Auch er gehörte im Juli 1944 zu den Opfern des Gestapospitzels Rambow und wurde in das Konzentrationslager Dachau eingeliefert. Dort starb er kurz vor Kriegsende an den Entbehrungen der Lagerhaft. Heute trägt das Heimstadion des VfB Einheit zu Pankow in der Hermann-Hesse-Straße 80 den Namen »Paul-Zobel-Sportplatz«.

Zweig, Arnold   1887 – 1968
Schriftsteller
Homeyerstraße 13
Das Haus in der Homeyerstraße wurde für Arnold Zweig und seine Ehefrau nach den schweren Jahren im palästinensischen Exil zur idealen Heimstatt. Zweig wohnte und arbeitete achtzehn Jahre dort. »Hier schuf er – obwohl mit fortschreitendem Alter nahezu erblindet – in großer geistiger Regsamkeit sein umfangreiches Alterswerk: Romane, Erzählungen und Novellen, Gedichte und Essays, nicht zuletzt zahlreiche politische Aufsätze und Stellungnahmen zu den Ereignissen der Zeit.« 1987, beinahe zwanzig Jahre nach seinem Tod, wurde in der Homeyerstraße 13 ein Literaturmuseum eingerichtet, zu besichtigen war u. a. Zweigs Bibliothek,

die rund 4.500 Bücher umfasste. Das Museum überstand die Wendejahre nicht. Es wurde, wie es der Zweig-Biograf Dieter Götze mit einem Wort treffend bezeichnete: »abgewickelt«.

Zweig, Beatrice   1892 – 1971
Malerin, Grafikerin
Homeyerstraße 13
1916 hatte Arnold Zweig seine Cousine, die Malerin Beatrice Zweig, geheiratet. Aus der Ehe gingen die beiden Söhne Adam und Michael hervor. Im Mai 1950 zog das Ehepaar in die Homeyerstraße 13, wo Arnold Zweig ausreichend Platz für seine Bücher, für Manuskripte, Kunstgegenstände und Bilder fand, und sich seine Ehefrau über »viel Licht« für ihre Grafikarbeiten freute. Ein Garten, der die Villa umgab, bot – das war beiden immer wichtig – Naturnähe, ebenso die Schönholzer Heide, die zu kürzeren oder längeren Spaziergängen einlud. In unmittelbarer Nachbarschaft wohnten alte Freunde, zum Beispiel der Komponist Hanns Eisler mit seiner Frau Louise, eine Kunstwissenschaftlerin und Übersetzerin, und die Dichter Louis Fürnberg und Johannes R. Becher. Heute verwaltet die Akademie der Künste den Nachlass von Beatrice Zweig: Insgesamt 51 Gemälde und Ölstudien sowie rund 1.000 Zeichnungen und 20 Druckgrafiken.

Danksagung

Herzlich zu danken ist allen Personen und Institutionen, die Informationen gaben, Material, Fotos, Dokumente und Veröffentlichungen zur Verfügung gestellt haben. Besonderer Dank gilt (in alphabetischer Reihenfolge):

Tom Balkow
Bezirksamt Pankow, Vermessungsamt
Thomas Herrmann (Happy End Film- und Fernsehproduktion)
Astrid Landero
Ruth Misselwitz
Rüdiger Reitmeier
Thomas Sandberg
Hans-Michael Schulze
Jana Simon
Zirkusarchiv Gisela und Dietmar Winkler

Harry Balkow-Gölitzer, geboren 1949 in Weilar/Rhön, ist Hörfunkjourna-
list und Buchautor. Als Hauptautor wirkte er auch bei den Prominen-
ten-Bänden zu Berlin-Dahlem (2005), Berlin-Wannsee (2006), Berlin-Westend (2007), Berlin-Lichterfelde (2008), Berlin-Friedenau (2013) und am
PreußenKrimiKochbuch (2007) mit.

Ralph Hoppe, geboren 1962, arbeitete als Museumsführer in den Staatlichen Schlössern und Gärten Wörlitz und studierte Kunstwissenschaften
an der Humboldt-Universität zu Berlin. Seit 1990 ist er als Stadtführer und
Reiseleiter in Berlin und Brandenburg unterwegs. Von ihm erschienen
zahlreiche Publikationen zur Stadtgeschichte, zuletzt im be.bra verlag
»Pankow – Zwischen Idylle und Metropole« (2013)

Berlin und seine Prominenten

Harry Balkow-Gölitzer – Rüdiger Reitmeier –
Bettina Biedermann – Jörg Riedel

Eine noble Adresse – Prominente in Dahlem und ihre Geschichten

»Das Schöne an den Spaziergängen …:
Sie sind tatsächlich wie BUNTE lesen – nur ohne
schlechtes Gewissen.«
Berliner Zeitung

ISBN 978-3-8148-0136-0
EUR 19,90

Prominente in Berlin-Wannsee und ihre Geschichten

»Der Wannsee ist ein Mythos. Aber er ist
auch eine Adresse.«
Der Tagesspiegel

ISBN 978-3-8148-0146-9
EUR 19,90

Prominente in Berlin-Grunewald und ihre Geschichten

»Wer ohne das Buch durch die Gegend läuft,
sieht oftmals ›den Wald vor lauter Villen‹
nicht.«
Berliner Morgenpost

ISBN 978-3-8148-0149-0
EUR 19,90

www.bebraverlag.de

Berlin und seine Prominenten

Harry Balkow-Gölitzer – Rüdiger Reitmeier –
Bettina Biedermann – Jörg Riedel

Prominente in Berlin-Westend und ihre Geschichten

»Das ist ein klasse Reiseführer durch Westend.«
Ursula Kiesling, Buchhändlerin in Berlin-Westend

ISBN 978-3-8148-0158-2
EUR 19,90

Prominente in Berlin-Lichterfelde und ihre Geschichten

»Ein Kiezspaziergang, der mit viel Wissen belohnt.«
KIEZ.Magazin

ISBN 978-3-8148-0164-3
EUR 19,90

Prominente in Berlin-Friedenau und ihre Geschichten

»Das Viertel der Dichter …«
Gießener Allgemeine

ISBN 978-3-8148-0171-1
EUR 19,95

www.bebraverlag.de